沃州叢話

보배섬 진도설화

2

[설화조사위원(가나다 순)]

김명선
김현숙
박영관
박정석
박주언
윤홍기

[설화 정리 및 편집]
사단법인 남도학연구소

沃州叢話
보배섬 진도설화 2
고군면, 의신면, 부록

ⓒ 진도문화원, 2018

2018년 6월 4일 초판 1쇄 인쇄
2018년 6월 11일 초판 1쇄 발행

지은이 진도문화원
펴낸이 박해진
펴낸곳 도서출판 학고재
등록   2013년 6월 18일 제2013-000186호
주소   04168 서울시 마포구 새창로 7, SNU장학빌딩 17층
전화   02-745-1722(편집) 070-7404-2810(마케팅)
팩스   02-3210-2775
이메일 hakgojae@gmail.com

ISBN 978-89-5625-372-5

沃州叢話

보배섬 진도설화

2

학고재

[일러두기]

1. 읍면별 설화 수록 순서는 진도군 행정 체재를 따름

2. 설화 원문은 가급적 구술한 발음을 그대로 표기하되, 이해하기 어려운 방언은 ( )에 설명을 넣음

3. 구연 도중에 이야기 구성상 필요한 조사자와 청중의 말은( )로 표기함. 생략된 말, 제보자의 구연 동작이나
   구연 상황은 [ ]로 표기함

4. 제보자가 구연한 설화 내용이 대화체 형식이면 " ", 강조하는 문구이면 ' '로 정리함

5. 설화 원문에 등장하는 이름을 밝힐 수 없는 경우에 '이○○'와 같이 표시함

6. 설화의 내용을 이해하기 쉽도록 설화의 줄거리를 별도로 정리함

7. 각각의 설화에는 자료코드, 조사장소, 조사일시, 조사자, 제보자 등의 정보가 포함되어 있는데, 이 가운데
   자료코드는 다음의 기준에 준해 정리함
   자료코드: 진도군 우편번호_설화 구분_조사년월일_조사마을_제보자_001
   예)589_FOTA_20170420_SDR_PJS_001
   −진도군 우편번호: 589
   −설화구분: FOTA 또는 MONA
   *FOTA는 folktale의 약자로 구전설화, MONA는 modern narration의 약자로 근현대 경험담
   −조사년월일: 20170420의 순으로 표기함
   −조사마을과 제보자는 영문 이니셜로 표기함

목 차

진도 설화를 발간하며…

한반도 최서남단에 위치한 보배의 땅 진도는 명량의 세찬 물살과 신비의 바닷길, 첨찰산 상록수림, 그리고 다도해 해상국립공원이 절경을 이룬 명승처이다. 아울러 섬이면서도 드넓은 들판과 비옥한 갯벌이 풍요를 이루며, 예로부터 시서화가 뛰어나고 진도아리랑, 강강술래가 흥겨운 민속문화예술의 보고로 널리 알려져 왔다.

역사적으로 고려 때에는 세계를 제패한 몽골제국에 항거하여 삼별초군이 또 하나의 고려 해상왕국을 이곳에 세웠으나, 여몽연합군에 패배하여 웅지를 꺾어야 했다. 또, 왜구의 침략으로 섬을 비우고 영암과 해남을 전전하며 살아야 했던 유랑의 시대도 있었다.

조선조 정유재란 때에는 충무공 이순신 장군이 향민들과 더불어 사즉생(死則生)의 결의로 세계 해전사에 빛나는 명량대첩을 이룬 전쟁의 중심에 우리 고장 진도가 있었다. 또한 서울에서 멀리 떨어진 변방의 섬으로 노수신, 이덕리, 김이익, 정만조 등 대학자와 선비들이 길게는 20여 년이 넘는 시간을 살다간 유배의 땅이었으며, 온 섬에 말떼들이 들을 덮는 국영목장이기도 하였다.

이러한 자연과 역사적 배경 속에서 선비문화와 토속문화가 어우러진 진도 특유의 문화유산이 생성되었고, 역사와 인물, 마을과 지명, 권선징악과 희로애락, 자연과 풍수에 얽힌 수많은 이야기들이 전해 내려오고 있다.

우리 고장 설화 가운데 조선조 중기 김몽규가 『옥주지』에 쓴 '강도(糠島)의 전설'이 있다. '옛날 인진도(因珍島)가 아직 행정구역을 정하지 않았을 때에 무안과 나주가 다투다가 대바구니에 등겨를 담고 각각 고을 이름을 써서 바다에 띄워 놓았다. 무안의 대바구니는 정처 없이 떠돌아 어디론지 가버리고, 나주의 대바구니는 조수에 따라 떠다니다가 진도군 임회면 연동리 이름 없는 섬에 닿게 되어서 도착한 작은 섬을 강도(糠島)라 부르게 되었다. 이에 따라 진도는 나주군 관할이 되었으며 이로부터 진도를 '바구니섬'이라 부르게 되었다.'는 이야기 이다.

진도의 구비문학은 1980년 전남대 지춘상 교수가 한국정신문화연구원에서 실시한 구비자료조사에 참여하여 『한국구비문학대계 진도군편』을 출간하였고, 김정호 전 진도문화원장이 『전남의 전설』에서 진도군의 구비설화 자료를 수합하였다. 이외에도 『진도군지』와 『옥주의 얼』, 그리고 진도문화원에서 발간하는 『진도문화』, 『예향진도』와 박주언씨가 발행한 『계간 진도 사람들』에도 실려 있다.

이번 설화 조사 사업은 진도에서 살아온 사람들의 이야기를 찾아 구술한 내용을 영상 촬영하여 디지털로 아카이빙하고 이를 채록하고 정리하여 책자로 발간하는 것이다. 수집된 설화에는 조상들의 숨결이 담겨 있을 뿐 아니라 진도 사람들의 웃음과 눈물, 역경을 헤쳐온 삶의 지혜들이 켜켜이 쌓여 있었다. 구술한 영상을 보거나 설화를 읽는 사람들은 시간과 공간을 넘나들며 과거와 현재가 조율함을 경험하게 될 것이다.

이번 사업을 통해 750여 편의 설화가 수집 채록되는 값진 성과를 이룩했지만 아직도 수많은 이야기가 군민들 사이에서 회자되고 새로운 이야기로 변화하고 재창조되고 있음을 간과해서는 안 될 것이다. 이에 따라 진도문화원에서는 앞으로도 조상들의 얼이 서린 설화 수집을 위해 지속적인 노력을 기울여나가고자 한다. 선인들의 삶이 흠뻑 담겨진 설화들을 문화콘텐츠의 씨앗으로 삼아 스토리가 있는 문화관광자원으로 새롭게 싹을 틔

워야 하겠다.

　그동안 애써 구술해 주신 어르신들의 노고에 진심으로 감사
드리며 자료수집에 열정을 가지고 채록해 주신 김명선, 김현숙,
박영관, 박주언, 윤홍기 조사위원 여러분의 정성에 감사드린다.
아울러 이를 정리하고 편집해 주신 남도학연구소 서해숙 대표,
이옥희 박사, 홍은숙, 김미라, 김영미 연구원과 사업을 총괄한
서만석 사무국장의 노고에 감사드린다.

　특히 설화사업을 추진할 수 있도록 물심양면으로 도움을 주
신 전라남도와 진도군, 진도군의회에 경의와 감사를 드린다.

2018년 3월
진도문화원장 박 정 석

진도의 특별한 이야기

묵향(律鄕) 설화

진도는 묵향의 깊이가 남다른 지역이다. 소치 허련, 미산 허형, 소전 손재형 등 남종화와 서예의 대가들에 관한 이야기와, 서당, 서재, 학행비, 학계 등 학문에 관한 설화들이 다수 전하고 있다.

율향(歌鄕) 설화

진도 사람들의 음악적 재능과 소리에 대한 사랑은 자타가 공인할 만큼 특별하다. 민요, 판소리, 대금 등에 관한 이야기들이 풍부하게 넘쳐난다. 박종기 대금, 강강술래, 진도아리랑, 엿타령, 섬타령, 닻배노래 등 음악과 민요에 관한 이야기들이 다수 전하고 있다.

예향(藝鄕) 설화

율향 만으로는 충분히 담아낼 수 없는 예향 진도의 면모를 담은 이야기들이 다채롭게 펼쳐진다. 노래 외에도 영화, 창극, 포장극단, 씻김굿, 풍물 등 진도의 예능에 관한 이야기들이 다수 전하고 있다.

소전박물관

의향(義鄕) 설화

나라가 위기에 처했을 때, 정의가 필요할 때 물러서지 않았던 진도 사람들에 관한 이야기가 여러 편 전하고 있다. 삼별초, 임진왜란, 한국전쟁, 5·18 등에 관한 이야기이다.

해향(海鄕) 설화

진도의 바다에서 생산되는 해조류와 어패류에 대한 다양한 이야기와 섬 사람들의 웃음과 눈물이 깃든 설화들이 셀 수 없이 많다. 진도김, 진도미역, 꽃게파시, 삼치파시, 고기잡이, 그물, 김 양식, 전복 양식, 어류 양식, 해조류로 만든 음식, 고기잡이 떠난 남편 기다리는 삶 등에 관한 이야기들이 다수 전하고 있다.

울돌목

3

고군면
설화

고군면 개관

고군면은 북서쪽으로 군내면, 남서쪽으로 의신면과 접하고, 동쪽은 바다에 면한다. 부속 도서로는 1개의 유인도와 5개의 무인도가 있다. 진도의 동쪽을 남북으로 길게 차지하는 면으로, 대부분이 해발고도 200~400m의 산지이고, 동남부와 북부에 간척지가 조성되어 있다. 선사시대 유적인 고인돌이 고성리, 오산리, 지막리, 석현리 등에 산재하고 있어 이 시기에도 많은 사람들이 거주한 것으로 보인다.

백제시대에는 인진도군(因珍島郡)의 치소가 고군면 고성리에 있었다. 『옥주지』에서는 외이현(外耳縣, 현재의 고성리)에 있던 치소를 고려 현종 9년(1018)에 용장성으로 옮겼다고 기록하고 있고, 『여지승람』에서는 세종 22년(1440)에 외이리(外耳里, 현재의 고성리)에 있던 치소를 진도읍으로 옮겼다고 기록하고 있다. 『호구총수』, 『여지도서』 등 조선시대 문헌에는 이 지역이 고군내면(古郡內面)으로 나타난다. 1895년 전국이 23부제로 개편되었다가, 1896년 23부제가 폐지되고 13도제가 실시되는 등 행정구역개편이 이루어지면서 고군면이 고일면(古一面)과 고이면(古二面)으로 분리된다.

구한말 당시 고일면 관할리는 11개리로 오상, 하율, 가계, 오하, 벌포, 회동, 지수, 원포, 금호, 지막, 향동이고, 고이면 관할리는 14개리로 석현, 평산, 벽동, 마산, 모사, 도론, 벽정, 황조, 신리, 유교, 연동, 고성, 오류, 내동이다. 1914년 행정구역 개편으로 고일면과 고이면을 고군면으로 통합한다. 개편 당시 고군면 관할리는 석현리(석현, 모산 각 일부), 고성리(신리, 모산, 고성, 평산 각 일부), 도평리(도론, 평산 각 일부), 오류리(오류, 유교, 벽정 각 일부), 벽파리(연동, 벽동, 벽정, 군일면 용장 각 일부), 내산리(내동, 마산, 황조, 오상, 원포 각 일부), 오산리(지수, 오상, 오하, 고성, 황조 각 일부), 원포리(오하, 하율, 원포 각 일부), 지막리(지막, 벌포, 하율 각 일부), 향동리(향동), 금계리(가계, 회동, 금호 각 일부)이다.

1976년 이전에 오일시리가 분리되었는데, 오일시는 무냄기, 무내미로 불리어 오다가 오일시장이 열리면서 닷새장터로 불리우다가 오일시리로 정식명명되었다. 1980년에는 용호리가 분리된다. 교통편은 녹진과 진도읍을 잇는 18번과 국도가 고군면을 통과했으나 군내면으로 통하는 길이 새로 나면서 교통량이 현저히 줄었다. 지방어항으로 벌포항, 용호항이 있다. 벽파항은 지방어항이었으나 2005년 해제 고시되었다.

명승 및 문화유적으로는 오산리 선돌과 고성리 고인돌 등 많은 지석묘군, 향동굴바위를 비롯하여 회동리 신비의 바닷길과 신비의 바닷길 축제, 가계해수욕장, 해양생태관, 피에르랑디공원, 이충무공벽파진 전첩비, 벽파정 등이 있다.

〈참고문헌〉

『진도군지』(진도군지편찬위원회, 2007)

고군면

조사마을

고군면 가계리 가계마을

가계리(가계마을)는 주산인 가인봉(佳人峰, 291m)의 '가'자를 따고 지경(地境) 계(界)자를 붙여서 가계리(佳界里)라 부르게 되었다고 한다. 가계리는 1914년 행정 구역 개편에 따라 금계리에 병합되어 고군면으로 편입되었다. 1980년 가계리 동쪽에 있던 용호리가 가계리에서 분리되었다.

지리적으로 첨찰산에서 남서쪽으로 뻗은 가인봉과 죽제산에서 남서쪽으로 뻗은 미봉(米峰, 242m) 사이에 형성된 사빈 해안 지형을 이룬다. 산지 사이로 향동천(香洞川)이 북쪽에서 남쪽으로 흐르고 있다. 동쪽은 바다와 접하고 있고 향동천을 따라서 남서 방향으로 논밭이 길게 형성되어 있다.

주민들의 주요 소득원은 김과 전복이며, 민박을 겸하는 가구도 있다. 마을 공동 재산으로는 마을회관과 경로당이 있다. 마을 조직으로는 어촌계와 영농회가 있다. 유물 유적으로 가계리 마을 앞 소나무가 있다. 주요 기관 및 시설로는 가계해수욕장, 진도청소년수련관, 진도 해양생태관, 진도유스호스텔, 경찰수련원, 진도성문교회 등이 있다. 금호도와 모도가 가까워 피서지와 낚시터로 잘 알려져 있다. 가계해수욕장은 신비의 바닷길과 인접해 있어 관광객들이 많이 찾는다.

2017년 12월 현재 총 72세대에서 162명의 주민이 살고 있다. 인구 구성에서 남자가 94명, 여자가 81명으로 진도의 다른 지역과 달리 남자들이 많은 남촌 지역이다. 현재 주요 성씨는 김씨와 박씨로 각각 11호와 7호가 살고 있다.

고군면 고성리 오일시마을

오일시리(오일시마을)는 고성리에 있는 행정리로, 본래 진도군 고이면 지역으로서 옛 진도읍성이 있었으므로 고성(古城)이라 하였는데, 1914년 행정구역 폐합에 따라 신리와 오산리, 평산리의 각 일부를 병합하여 고성리라 했다. 현재는 행정리 오일시, 고성, 신리를 합쳐서 법정리인 고성리에 속해 고군면에 편입되었다.

지리적으로 첨찰산(尖察山, 485m)에서 북서쪽 방향으로 이어진 산록을 따라서 제봉(303m)을 따라 내려오는 산줄기는 석현리와 고성리를 나누는 산릉이면서 오일시리의 주산이다. 이 산릉 끝자락에 오일시리가 자리하고 있다. 오일시리는 고성의 곡저와 석현의 내륙분지가 교차하는 곳이며, 또한 오일시리 앞 97m의 산자락으로 연결되는 안부에 위치하고 있는 길목이다. 장시기능으로 평야보다는 구조선이 통과하는 길목에 발달한 촌락이다.

오일시는 진도의 출입로인 벽파항을 지나는 길목으로서 고성의 입구에서 매우 중요한 통로 역할을 하였고, 근대 교통로의 발달과 함께 장시가 발달하여 오늘날과 같은 장시마을로 발전하게 되었다. 그러나 교통로의 확장으로 18호선의 국도가 우회하고 진도읍과 접근성이 좋아짐으로써 점차 장시로서의 기능이 쇠퇴하고 있다.

2017년 12월 현재 오일시는 총 187세대에서 423명의 주민이 살고 있으며, 논 11.9ha, 밭 8.2ha, 임야 80ha가 있다. 주민들의 주요 소득원은 장시에 의한 상업 위주의 활동이고, 농작물은 쌀과 고추, 배추, 파 등이 경작되고 있다. 마을의 공동 재산으로는 경로당과 마을회관이 있으며, 주요 성씨로는 김해김씨, 밀양박씨와 창녕조씨 등이 거주하고 있다. 주요 기관 및 시설로는 선진농협, 고군 농공단지, 선진농협정미소, 고군우체국이 있다. 또한 2002년부터 진도군의 유일한 농공단지인 고군농공단지가 건너편 산자락 아래에 입지하고 있다.

고군면 금계리 금호도마을

고군면 금호도마을 전경

고군면 금계리에 속하는 행정리이다. 금호리란 명칭은 마을이 위치한 금호도에서 유래되었다. 금호도는 금(金)섬이라고 불리다가 섬과 섬 사이의 바다가 호수처럼 잔잔하다고 하여 금호도로 바뀌었다는 설이 있다. 섬에 보물이 많아서 붙여진 이름이라는 설도 있고, 삼별초 항쟁 당시 정4품 벼슬을 한 김시랑이 들어와 살았다고 해서 그의 성(姓)을 따서 김(金)씨섬이라고도 불렀다고 한다. 1389년 나주정씨와 김씨가 건너와 정주하면서 마을이 형성되었다. 목포에서 40.2㎞ 떨어져 있으며 가장 가까운 섬은 모도로 0.7km 떨어져 있다. 회동리와 금호도 사이를 오가는 정기 여객선이 운항된다.

2017년 12월 현재 금호리에는 총 38세대에서 72명이 살고 있으며, 주요 성씨는 정씨와 김씨로서 각각 11가구와 8가구가 살고 있다. 주민들의 주 소득원은 김과 전복, 멸치이다. 마을 공동 재산으로 마을회관과 경로당이 있고, 마을조직으로는 42가구로 구성된 어촌계가 있다. 오산초등학교 금호도분교가 있다.

또한 정민익(1781-1861)을 모신 사우(祠宇) 묵재사(黙齋祠)가 있고, 매년 음력 1월 6일과 7일에 산신제와 용왕제를 모시고 있다.

고군면 금계리 회동마을

고군면 회동마을 전경

회동리(회동마을)는 고군면 금계리의 행정리로, 일찍이 김양식을 시작하였고 지금도 김 채취선 및 김 가공공장이 들어서 있다. 최근 전복양식도 함께 이루어지면서 회동, 모세미, 가계지역을 중심으로 전국의 약 60%를 생산하고 있어 이곳의 주 소득원이 되고 있다. 주민의 대부분이 어업을 하고 있는 어업중심의 마을이다. 진도가 대부분 농가인데 비하여 이처럼 일찍부터 어업을 발달했다는 것과 이곳에서 풍신을 기원하는 영등제가 남아 있다는 것은 바다 중심의 자연환경과 삶이 배경이 되었다고 볼 수 있다.

또한 회동마을은 '진도 신비의 바닷길 축제'가 열리는 곳으로 유명하다. 2000년에는 명승지 제9호로 지정되어 군에서는 현재 랑디 대사를 기념하는 공원을 조성하였는데, 흉상과 기념비를 세웠고 바다가 열리는 날을 중심으로 신비의 바닷길 축제를 열고 있다. 주요 성씨는 박씨와 김씨가 살고 있다. 마을의 공동 재산으로는 마을회관과 경로당이 있다.

2017년 12월 현재 총 139세대에서 280명의 주민이 살고 있으며, 논 9.5ha, 밭 17ha, 임야 97ha가 있다. 주요 농산물로는 약간의 농사를 하지만 주민들의 주요 소득원은 김양식과 다수의 전복양식도 한다.

고군면 내산리 내동마을

내동리(내동마을)는 고군면 내산리에 속하는 행정리이다. 이 마을의 주민은 본래 죽리(竹里)라는 마을에서 거주하였는데, 인근 밤나무골이란 곳에 하율리가 있어서 두 마을의 세력다툼으로 죽리마을은 현 내동으로 자리를 잡고, 밤나무골의 하율리는 과거 바다 만 건너편인 현 하율리로 이사했다고 한다.

이 마을은 진도 용장성 산릉과 연결되는 제봉(150m) 남쪽 산록에 배산임수형으로 자리하고 있다. 마을 주변의 산록은 경사지로 대부분이 밭이며, 마을 앞쪽은 방조제로 이루어진 고군면에서 가장 큰 간척지가 있다. 간척이 되기 전에는 이곳은 고군천이 흘러나가고 바닷물이 흘러드는 만이었다.

면의 중 동북부에 있으며, 동쪽은 마산과 바다, 서쪽과 남쪽은 오산리, 북쪽은 벽파리와 각각 접하고 있다. 마을의 위치는 북위 34°30′20″ 동경 126°21′

39″이다. 교통은 마을 앞으로 도로가 동서로 지나 오상과 오하로 연결되어 있어 국도와 만나고, 801호선은 마산저수지 근처인 방조제에서 만나고 있으나 좋은 편은 아니다.

2017년 12월 현재 총 35세대에서 76명의 주민이 살고 있으며, 농경지는 논 27.1ha, 밭 39.3ha, 임야 133ha가 있다. 주요 농산물로는 쌀과 김 양식, 배추, 담배, 대파 등이 생산되고 있다. 마을의 공동 재산으로는 마을회관이 있으며, 주요 성씨로는 전주이씨와 연안차씨 등이 거주하고 있다. 유적으로는 바위에 새겨진 삼별초의 윷판이 있다.

고군면 내산리 마산마을

고군면 마산마을 전경

마산리(마산마을)는 고군면 내산리에 속한 행정리로, 고려시대에 현재 향동일
대에 목장이 있었는데 역에서 사육하는 말을 마산리 해안에서 육지로 반출하
였기로 거기를 '마재보(馬載步)'라 했다는 연유로 마산이라 불리게 되었다고 한
다.

본래 진도군 고이면의 지역으로서 1914년 행정구역 폐합에 따라 내동리, 마산
리, 황조리 일부와 고일면의 오상리, 원포리의 각 일부를 병합하여, 내동과 마
산의 이름을 따서 내산리라 하여 고군면에 편입되었다.

지리적으로 용장산의 남동산릉이 이어진 삼봉산(157m)의 남서면에 자리하고
있다. 마을 바로 앞에는 마산저수지가 있는데, 저수지의 물을 이용하여 이 지
역의 농경지에 농업용수를 제공하고 있다. 또한, 저수지 아래에 있는 간척지
는 간척이전에는 바닷물이 흘러드는 만이었다.

2017년 12월 현재 총 36세대에서 59명의 주민이 살고 있으며, 농경지는 논
10.8ha, 밭 16ha, 임야 24ha가 있다. 주요 농산물로는 쌀과 봄배추, 물김 등이
생산되고 있으며, 마을의 공동 재산으로는 마을회관이 있다.

고군면 내산리 황조마을

황조리(황조마을)는 고군면 내산리에 있는 행정리로, 마을명이 특이하게 황조(皇朝)여서 유래가 많다. 일설에 황혼락조(黃昏落照)가 아름다워서 황조(黃照)라고 했다는 설도 있지만 신빙성이 낮다고 한다. 마을을 성립한 성씨가 황성(皇城)김씨여서 동명에 '황(皇)'자를 따고 '조(朝)'자를 붙여서 미화시킨 이름이라고 알려져 있다.

황조리가 속한 내산리는 본래 진도군 고이면의 지역으로서, 1914년 행정구역 폐합에 따라 내동리, 마산리, 황조리 일부와 고일면의 오상리, 원포리의 각 일부를 병합하여 내동과 마산의 이름을 따서 내산리라 하여 고군면에 편입되었다. 지리적으로 삼마산(147m)과 금날산(97m)이 이루는 곡저부에 자리하며 북사면에 자리하고 있다. 마을 앞으로는 마산과 연결되는 방조제가 건설되어 간척되었다. 간척 전에 이곳은 배가 드나들 수 있는 해안지역이었다.

2017년 12월 현재 총 30세대에서 71명의 주민이 살고 있으며, 논 13.3ha, 밭 10ha, 임야 89ha가 있다. 주요 농산물로는 쌀과 봄배추, 대파, 고추 등이 생산된다. 이외에도 김양식도 하는 반농반어촌이다. 마을의 공동 재산으로는 마을회관이 있고, 주요 성씨로는 조씨, 김씨, 박씨 등이 거주하고 있다. 유물유적으로는 260년 된 적송이 있고, 소치선생의 묘와 홍주를 최초로 빚어낸 곳인 임성포구가 있다. 지명으로는 황조(黃潮)라는 큰 조수가 있었다고 전해지며 황조나루가 있었다고 한다. 이 나루에는 1789년에 옛날 중국 황제가 왔다갔다고 하는 설이 있다.

고군면 도평리 도론마을

고군면 도론마을 전경

도론리(도론마을)는 본래 진도군 고이면의 지역으로서 1914년 행정구역 폐합에 따라 도론리와 평산리 일부를 병합하여 도평리가 되면서 고군면에 편입되었다. 도론리는 진도 용장성으로 넘어가는 고갯길 바로 밑에 있는 마을로 경주 이씨가 집성촌을 이루고 있어, 최초로 경주이씨가 입촌한 것으로 보인다. 또한 길옆에 논이라는 의미가 한자화하여 도론으로 변한 것이라 한다.

지리적으로 계안산암질 화산암으로 된 진도 용장성 줄기가 북쪽으로 감싸고 상봉(266m)과 출일봉(226m)의 산릉이 마을 왼쪽과 앞쪽을 감싸는 분지이면서 분지 내의 'ㄷ'자 모양 곡저에 해당한다. 평균 해발 약60m의 진도 용장성 서쪽 능선 남산록부에 자리하고 있다. 생밑에골, 큰골, 임사재골, 압사골에서 내려와 군내천으로 빠져나가는 소계류를 마을 앞 곡저에서 제방을 막아 저수지를 축조하여 농업용수로 사용하고 있다. 산록부는 대개 밭으로 이용되고 있으나 저수지 아래쪽에는 평지가 관개되어 논으로 이용되고 있다.

2017년 12월 현재 총 23세대에서 45명의 주민이 살고 있으며, 농경지는 논 17.9ha, 밭 17ha, 임야 57ha가 있다. 주요 농산물은 쌀이지만, 상봉과 출석봉으로 둘러싸인 계곡에서는 주로 대파와 배추와 같은 작물을 재배한다. 도평저수지의 앞에 전개되는 둥근 분지저의 평야에서는 주로 벼농사를 한다. 논과 밭의 비율은 서로 비슷하나 규모가 크지 않다. 마을의 공동 재산으로는 마을회관과 경로당이 있고, 조직으로는 호상계가 있다. 임사재골과 압사골 사이에 경주이씨의 재실이 있다.

고군면 벽파리 벽파마을

벽파리(벽파마을)는 고군면에 있는 법정리이자 행정리로, 벽파정(碧波亭)이 있었으므로 벽파정 또는 벽정(碧亭), 벽동(碧洞)이라 하였다. 벽파정이 벽파장으로 와전되었으며, 뱀파장, 별파장 등도 모두 벽파정의 와전이다. 벽파는 해변의 벽도를 미화해서 붙인 이름이고, 벽파항이라고도 한다. 이 마을은 1500년경 형성되어 마을의 입향조는 이천서씨이다. 본래 진도군 고일면의 지역으로서, 1914년 행정구역 폐합에 따라 연동리, 벽동리와 군일면의 용장리를 병합하여 고군면에 편입되었다.

지리적으로 남서쪽의 선황산이 있으며, 여기서 흘러나온 계류는 연동저수지에 모여 농경지에 이용되고 있다. 북서쪽에서 불어오는 바람을 막아주는 야산이 서쪽에 에워싸면서 나루터를 보호하고 있다. 산지가 단애로 급벽을 이루고 있어 수심이 깊고 접안이 가능한 곳이다. 앞에는 감보도, 송도, 석도, 소래도 등이 뱃길을 함께하여 빠른 물살을 피할 수 있다.

벽파진은 진도대교가 개통되기 전 진도의 관문이었다. 실제로 진도 사람들은 진도대교가 준공되기 이전에는 벽파진을 통하여 해남군 삼지원 땅을 거쳐 육지를 드나들었다. 과거 해남의 육지를 연결하는 철부선이 왕복하고 제주도를 가는 배편이 있을 정도로 진도 최대의 나루였으나, 1984년에 진도대교가 연륙되면서 육상교통의 발달로 이곳은 항구기능이 쇠퇴하였다.

2017년 현재 총 64세대에서 109명의 주민이 살고 있으며, 농경지는 논 25ha, 밭 22.3ha, 임야 103ha가 있다. 주요 농산물로는 쌀과 대파, 봄배추 등이 생산된다. 벽파방조제로 생긴 간척지가 농경지로 중요한 터전이 되고, 벽파염전과 일부 새우양식장으로 생활환경의 변화가 이루어지고 있다.

현재 벽파항은 지방어항은 연안어업 지원의 근거지로서 현지어선의 수가 20척 이상이고, 그 합계 총톤수가 50톤 이상인 항포구로 지정되어 있다. 유적으로는 이 충무공 전첩비와 벽파정, 공적비 5개가 있다. 주요기관 및 시설로 벽파항과 벽파교회, 공동창고, 오교남 전도사 순교기념비가 있다. 마을의 공동 재산으로는 마을회관과 마을창고가 있으며, 조직으로는 애사시에 상부상조하는 상조계와 마을민 전체가 회원으로 친목도모 및 상부상조를 위한 동계가 있다. 주요 성씨로는 김해김씨, 이천서씨, 밀양손씨, 밀양박씨 등이 살고 있다.

고군면 석현리 석현마을

석현리(석현마을)는 고군면의 법정리이자 행정리로, 돌고개 밑이 되므로 돌게, 돌고개 또는 석현이라 하였다. 석현리는 본래 진도군 고일면의 지역으로서 돌고개 밑이 되므로 돌게, 돌고개 또는 석현이라고 하였는데, 1914년 행정구역 폐합에 따라 모산리의 일부를 병합하여 석현리라 해서 고군면에 편입되었다.
지리적으로 군내천의 한 지류인 고군면의 석현천은 첨찰산의 북서산줄기인
돌갯재(석현)와 칠산(七山,179m) 위로 오일시와 경계산릉을 분수계로 하여 북향
하여 흐르다가 사동의 물줄기와 고성리에서 물줄기가 합쳐져 서쪽의 군내천
으로 합류되어 바다로 흘러든다. 마을 뒤로 첨찰산 산줄기와 서쪽으로 칠산
이 함께하고 앞쪽으로는 북서풍을 막아주는 100m 이내의 배봉과 모정산 산
자락이 가로막고 그 앞에 평야가 자리한 분지형이다.
2017년 12월 현재 총 84세대에서 150명의 주민이 살고 있으며, 농경지는 논
43.2ha, 밭 39.6ha, 임야 143ha가 있다. 첨찰산의 북서줄기인 돌갯재 계곡 아래
의 계류를 막은 석현저수지가 마을 남쪽에 자리하고 마을은 이 저수지 아래
산자락에 자리하면서 앞쪽으로는 넓은 들이 전개된 분지로서 농업을 주업으
로 하고 있다. 어업가구는 한 가구도 없는 전통적인 배산임수형의 농촌이다.
주요 농산물로는 쌀과 봄배추, 고추, 파 등이 생산된다. 마을의 공동 재산으로
는 마을회관과 경로당이 있으며, 조직으로는 애사시에 상부상조하는 상두계
가 있다. 주요 성씨로는 밀양박씨, 김해김씨 등이 거주하고 있다.
1963년에 고성리에 세워졌던 고군우체국이 1987년에 석현리로 이전하였으
며, 유물유적으로는 충록사, 충절사, 충현사, 응곡사, 별향사, 오현사, 사정사
등의 사우가 있다.

고군면 원포리 원포마을

원포리(원포마을)는 고군면의 법정리이자 행정리로, 며흘포, 마흘포가 멀포로

변하여 의역된 것으로서 지금은 원포로 불리게 되어 '멀고 험하고 외진곳'이라는 뜻으로 고정된 이름이 되었다. 본래 진도군 고일면의 지역으로서 갯가가 되므로 먼개 또는 원포라 하였는데, 1914년 행정구역 폐합에 따라 오하리, 하율리의 각 일부를 병합하여 원포리라 해서 고군면에 편입되었다.

2014년 11월 2일 현재 원포리에는 총 54세대에 131명의 주민이 살고 있으며, 농경지는 논 6ha, 밭 20ha, 임야 49ha가 있다. 주요 농산물은 쌀이며, 이외에도 김, 전복 등의 수산물도 난다. 마을의 공동 재산으로 마을회관이 있고, 마을 조직으로는 청년회, 어촌계, 부녀회, 노인회가 있다. 주요 성씨로는 김해김씨와 나주임씨 등이 거주하고 있다. 유물유적으로는 당제 사당 1개소와 고인돌이 있다. 고인돌은 18기가 있는데, 대부분 밭과 구릉에 일정한 군집형태 없이 산재되어 있다.

고군면 소재지 동쪽 진도의 최동단에 원포해안 마을이 있다. 마을 앞 드넓은 뻘밭에서는 낙지와 굴이 생산되며, 앞바다에선 김 양식으로 어촌 소득을 크게 올리고 있다. 원포마을 동쪽, 진도군의 최동단에 섬처럼 떨어진 작은 산을 금이 나온다 하여 금날산이라 하고, 그 사이에 평지를 속칭 '노루목'이라 한다.

고군면 지막리 지막마을

지막리(지막마을)는 고군면에 있는 법정리이자 행정리로 예전엔 금학리(金鶴里), 지학리(芝鶴里)라고 불리기도 했는데, 1789년 기록에는 종이를 만들던 지막(紙幕)이라 했다는 것으로 보아 이에 의한 유래가 유력하다. 입향조는 1300여 년 전에 처음 들어온 밀양박씨이며, 그 뒤 창녕조씨 등이 들어와 마을을 형성했다고 한다.

본래 진도군 고일면의 지역으로서, 제막이 있었으므로 지막골, 제막, 지막 또는 금학리라 하였는데, 1914년 행정구역 폐합에 따라 벌포리와 하율리 일부를 병합하여 지막리라 해서 고군면에 편입되었다.

지리적으로 첨찰산의 동북산록의 죽제산(424m)과 주봉재의 능선이 이어지는 산록부 아래에 자리하고 있다. 이 산줄기 사이로 계류가 흐르고 이를 지막저수지와 1제, 2제가 있다. 마을 앞은 예전에는 만으로 바다였으나 지금은 간척지로 변하였다. 주봉재 동쪽 해안으로는 산록부에 봄배추 등 밭이 발달하였고, 곡저 사이사이에는 작은 곡저가 발달하여 논으로 이용되고 있다.

2017년 12월 현재 총 150세대에서 304명의 주민이 살고 있으며, 논 82.9ha, 밭 66.4ha, 임야 82.9ha가 있다. 고군면에서 오일시 다음으로 큰 마을이다. 마을이 커서 윗동네(1개반)와 아랫동네(5개반)로 나뉘어졌다. 주요 농산물로는 쌀과 양배추, 배추, 대파, 고추 등으로 농업 위주의 촌락이다. 마을의 공동 재산으로 마을창고가 있고, 마을조직으로는 1980년 창립되어 회원 140명이 상부상조하는 상여계와 1985년에 창립되어 회원 20명으로 양질생산을 목적으로 하는 양배추 작목반이 있다.

주민의 주요 성씨로는 밀양박씨, 창녕조씨 등이 거주하고 있다. 유물유적으로는 김재수 효행비와 문덕심 효열비, 숙인 밀양박씨 효열비, 숙인 무안박씨 효열비가 있다. 주요 시설로는 마을회관, 남도문화제 우수상 기념비, 서학사와 소망교회가 있다.

고군면 지수리 지수마을

고군면 지수마을 전경

지수리(지수마을)는 고군면 오산리에 있는 행정리로, 확실한 명칭유래는 알 수 없으나, 한자어로 진도의 명주인 홍주를 만드는 지초 지(芝)와 물 수(水)를 의미한다. 본래 지수리가 속한 오산리는 진도군 고일면의 지역으로서 외딴 산이 있으므로 '오미' 또는 '오산'이라고 하였는데, 1914년 행정구역 폐합에 따라 지수리, 오상리, 오하리의 각 일부와 고이면의 고성리, 황조리의 각 일부를 병합하여 오산리라 해서 고군면에 편입되었다.

지수리는 오상하리와 함께 첨찰산(尖察山,458m)의 동동북산록부에 자리하고 있으며 오산리의 가장 아래에 있는 마을이다. 지방 2급 하천인 지수천이 흐르고 이곳은 과거에 배가 드나든 곳이었다. 바다로 이어지던 앞의 만은 현재 황조와 마산을 잇는 방조제로 간척되어 있다.

2017년 12월 현재 지수리에는 총 135세대에서 247명의 주민이 살고 있으며, 논 19.7ha, 밭 11ha, 임야 83ha가 있다. 주요 농산물은 쌀이며, 양배추, 대파, 구기자, 고추 등이 생산되고 있다. 주요 기관으로는 고군면의 행정중심지로서 면사무소와 파출소, 보건지소, 농협, 오산초등학교가 있다. 고군파출소 앞에는 한국동란 때 희생된 학우 추모비가 있다. 마을의 공동 재산으로는 마을회관과 경로당이 있으며, 조직으로는 상두계가 있어 애사시에 상부상조를 하고 있다. 주요 성씨로는 박씨, 조씨, 김씨 등이 거주 하고 있다.

고군면 하율리 하율마을

하율리(하율마을)는 고군면 원포리에 있는 행정리로, 마을에 처음 들어온 성씨는 무안박씨로 입도조 박희정은 1505년 영암군수로 재직 중이던 그의 형 박종정(朴從貞) 군수를 따라갔다가 진도가 살기 좋다는 얘기를 듣고 고군면 하율(下栗)로 들어와 터를 잡았다고 전해온다. 본래 진도군 고일면의 지역으로서, 외딴 산이 있으므로 오미 또는 오산이라 하였는데, 1914년 행정구역 폐합에 따라 오하리, 하율리의 각 일부가 병합되어 원포리라 해서 고군면에 편입되었다.

지리적으로 외딴 산인 삼마산(145m)을 오른쪽에 두고 오산간척지 사이에 얕은 구릉으로 마을이 가려져 있다. 마을 앞으로 작은 계류를 따라서 곡지가 있고 이곳에서 논농사가 행해지고 있다.

2017년 12월 현재 총 64세대에서 109명의 주민이 살고 있으며, 논 39.1ha, 밭 34ha, 임야 61ha가 있다. 주요 농산물로는 쌀과 양배추, 배추, 고추 등이 생산되고 있다. 마을의 공동 재산으로 밭 3필지(1,000평), 마을회관, 농기계 보관창고, 대지 300평이 있다. 마을조직으로는 청년회, 노인회, 어촌계, 부녀회, 상여계가 있다. 마을의 주요 성씨는 창녕조씨와 무안박씨 등이 거주하고 있다. 유물유적으로 무안박씨 문중 사당 1개소가 있고, 선사유적인 고인돌은 1기가 있다. 남동쪽으로는 말 무덤이 있으며 좌측으로 민가가 밀집해 있다. 마을에서 도로를 낼 때 현재의 위치로 옮겨졌으며 상석 일부가 파괴되어 있다.

고군면 향동리 모사마을

모사리(모사마을)는 고군면 향동리에 속한 행정리이다. 모사는 모세미를 음역하여 모사라 한 것인데, 실제로 띠풀이(茅)는 차음한 것에 불과하며 모세미의 뜻은 조개껍질 부서진 모래가 많이 모여 있다는 뜻이다. 본래 진도군 고일면의 지역으로서 지형이 목처럼 되었으므로 상목골 또는 향막동, 향동이라 하였는데, 1914년 행정구역 폐합에 따라 향동리라 하여 고군면에 편입되었다.

지리적으로 해안에 발달한 사빈으로 해안평야가 형성된 해수욕장이다. 사빈 뒤로는 사구지형이 형성되어 있고 송림으로 피복되어 사구가 고정되어 있다. 주봉재에서 발원하는 계류를 모아 모사저수지가 축조되었고 이를 해안지역에 관개하고 있다.

면의 남부 해안에 접하고 있으며, 동쪽은 바다, 서쪽은 향동리, 남쪽은 가계리, 북쪽은 지막리와 각각 접하고 있다. 마을의 위치는 북위 34°27′45″, 동경 126°21′39″이다. 교통은 소릿재 고개를 넘는 18번 국도가 마을의 위쪽을 동서로 지나면서 향동-회동-의신면과도 연결되어 있다. 그리고, 군도로는 해안가를 타고 모사해수욕장에서 가계리의 가계해수욕장으로도 연결되어 있다.

2017년 12월 현재 총 90세대에서 217명의 주민이 살고 있으며, 농경지는 논

11.6ha, 밭 20.3ha, 임야 125ha가 있다. 주요 농산물로는 쌀과 채소류의 배추, 양배추, 대파 등이 생산되나 주 소득원은 치패를 생산하는 전복양식과 김양식을 하고 있다. 실제로 모래가 많고 구곡사가 많아서 농용석회공장이 있음으로 보아 알 수 있으며, 지금의 가계해수욕장이 개장되기 전에는 진도군 제일의 해수욕장이었다.

마을의 공동 재산으로는 마을복지회관과 마을 전당이 있으며, 조직으로는 마을청년회와 부녀회, 상도계가 있다. 기관은 향동초등학교 분교가 있다.

고군면 향동리 향동마을

향동리(향동마을)는 고군면에 있는 법정리이자 행정리로, 1570년에 뽕나무가 많아서 마을 이름을 '뽕골'에서 '상목동'으로 의역했다가 약 300년 전에 상을 향으로 개칭하여 '향목동' 또는 '향목구미'라고도 하였다. 본래 진도군 고일면의 지역으로서, 지형이 목처럼 되었으므로 상목골 또는 향막동, 향동이라 하였는데, 1914년 행정구역 폐합에 따라 향동리라 하여 고군면에 편입되었다.

지리적으로 향동리는 첨찰산 줄기와 죽제산-주봉재-미봉으로 이어지는 산줄기로 이루어진 능선과, 첨찰산 등에서 발원하는 향동천이 남동방향으로 흐르면서 형성한 긴 곡저지형이면서 하나의 분지이다. 덕신산의 동사면 산록에 마을이 입지하고 있다. 향동천 곡저를 따라서 제4기층을 이루어 논으로 이용되며, 화강암 관입부는 산록부를 이루어 밭으로 이용되고 있다. 주변의 산지는 화산암으로 이루어져 향동천에 의해서 차별 침식된 곡저임을 알 수 있다.

2017년 12월 현재 향동리에는 총 97세대에서 174명의 주민이 살고 있으며, 논

67ha, 밭 70ha, 임야 33ha가 있다. 주요 농산물은 쌀이며, 주 소득원은 채소류로서 배추, 양배추, 대파 등이 생산되고 있다. 마을의 공동 재산으로는 마을회관, 마을경로당, 마을 전당이 있고, 마을조직으로는 마을청년회, 부녀회, 상도계가 있다. 마을의 성씨로는 창녕조씨와 밀양박씨 등이 거주하며, 향동초등학교가 있었으나 폐교되었다.

〈참고문헌〉
디지털진도문화대전(http://jindo.grandculture.net)
『진도군지』(진도군지편찬위원회, 2007)

고군면

설화를 들려준 사람들

허광무 (남, 72세, 1946년생)

제보자는 가계마을 토박이로, 진도농업고등학교를 졸업하고 전복양식사업을 하고 있다. 진도파크골프회 회장으로 활동하면서 마을과 지역에 대한 자부심이 강하다. 그래서 이와 관련한 이야기를 들려주었는데, 특히 나라와 고을의 미래를 걱정하던 조상들의 지혜를 세밀하게 구연하였다. 덧붙여서 지역에 대한 넘치는 애정과 관심으로 많은 젊은 세대들이 희망을 갖고 어촌에 정착하길 간곡히 당부하기도 했다.

제공 자료 목록

589_FOTA_20170506_GGR_HGM_001 중국에는 장가계 진도에는 안가계
589_FOTA_20170506_GGR_HGM_002 개응 물줄기로 고을의 길흉을 점치다

곽채술 (남, 88세, 1930년생)

제보자는 한국전쟁 때 소위로 임관되어 참전하였고, 이후 초등학교에서 교직생활을 하다가 교장으로 정년퇴임하였다. 퇴직 후엔 6·25 참전용사회장과 각종 사회단체장을 역임하였다. 현재는 지역문화에 대한 관심을 가지고 있으며, 진도문화원 이사로도 활동한 바 있다.

제공 자료 목록

589_FOTA_20170521_OISR_KCS_001   붉은 뱀의 혈자리에서 유래한 단사골
589_FOTA_20170521_OISR_KCS_002   고성성터와 성안 샘
589_FOTA_20170521_OISR_KCS_003   건너 마을의 남근바위

양재복 (남, 71 세, 1947년생)

제보자는 금호도에서 출생하여 한평생 이곳에서 살면서 아름다운 마을을 만들기 위해 노력하였고, 어려서부터 서당에서 배운 한자와 서예에 조예가 깊어 지금은 한시, 서예 작가로 활동 중이다. 누구보다 마을에 대한 깊은 애정과 관심을 가지고 있는데, 특히 마을의 역사와 문화에 대해 해박한 지식을 가지고 있다. 그래서 전해오는 설화가 잘 기록되어 오래도록 보전되기를 희망하였다.

제공 자료 목록

589_FOTA_20170426_GHDR_YJB_001	용꼬리 흠집이 있는 용담바위
589_FOTA_20170426_GHDR_YJB_002	금호도 숲속 암반 위에서 모시는 당제
589_FOTA_20170426_GHDR_YJB_003	범벅과 설 음식 나눠먹기
589_FOTA_20170426_GHDR_YJB_004	나무 위에 아이를 업혀놓는 장례 풍습
589_FOTA_20170426_GHDR_YJB_005	낭골 굴바위와 통하는 마을 앞굴
589_FOTA_20170426_GHDR_YJB_006	금호도에서 신성시한 김시중 묘
589_FOTA_20170426_GHDR_YJB_007	묵재 정민익 선생이 세운 서당 관해정

용홍심 (여, 90세, 1928년생)

제보자는 고군면 회동리에서 출생하여 마을을 떠나지 않고 한 평생 살아왔다. 그간 농사를 지으면서 생활하다가 최근에는 소일하면서 지낸다. 비교적 성격이 조용하고 차분한 편인데, 신기한 팽나무 이야기를 재미있게 구연해주었다.

제공 자료 목록

589_FOTA_20170507_HDR_YHS_001   잎을 피워 비를 점치는 팽나무

용홍태 (남, 86세, 1932년생)

제보자는 회동리에서 출생하여 목포공고를 졸업하였고, 마을 이장과 노인회장을 역임하였다. 마을 발전을 위해 젊은 시절 이래 지금까지 최선을 다하고 있으며 애향심이 남다른 분이다. 지역에 얽힌 옛이야기를 비교적 잘 기억하고 있어서 칫등, 방죽골 등의 마을 지명과 일제강점기의 마을에 관한 이야기를 들려주었다.

제공 자료 목록

589__FOTA_20170507_HDR_YHT_001   바닷물이 갈라지는 칫등(峙嶝)
589_ FOTA_20170507_HDR_YHT_002   봉할머니의 기도
589_ MONA_20170507_HDR_YHT_001   방죽골 밑 저수지
589_ MONA_20170507_HDR_YHT_002   일제강점기 당시 바다를 관리한 사람

고용범 (남, 84세, 1934년생)

제보자는 내동마을 토박이로, 평생 농사를 지으며 생활하고 있다. 기억력이 좋은 편이어서 마을과 지역에 관한 이야기, 젊은 시절에 겪은 이야기 등을 구성지게 들려주었다. 어린시절에 훈장님이었던 아버지에게서 들은 한시를 지금까지 정확하게 기억하고 있어 조사자를 깜짝 놀라게 했다. 지금은 농사지으면서 지역에 대해 관심을 가지고 진도문화원의 회원으로 활동 중이다.

제공 자료 목록

589_FOTA_20170420_NDR_GYB_001 왜군을 놀라게 한 허새비재
589_FOTA_20170420_NDR_GYB_002 중을 제물로 삼은 임선포와 걸어가다 멈춘 선모산
589_FOTA_20170420_NDR_GYB_003 생이바우 천장에 새겨진 한시

41

이정국 (남, 69세, 1949년생)

제보자는 현대중공업에서 5년간 근무 후, 다시 농어촌공사로
전직하여 20여 년간 근무하고 퇴직 후, 마을을 위해 봉사하는
마음으로 이장을 수년 간 맡아 활동하였다. 현재는 미꾸라지 양
식업과 농업에 종사하며 생활하고 있다.

제공 자료 목록

589_FOTA_20170526_MSR_LJK_001 왜군들의 시신을 매장한 왜덕산과 왜병골짜기

조윤환 (남, 56세, 1962년생)

제보자는 고군면 황조마을 출신으로, 향학열에 불타 세한대학교 4학년에 재학 중이다. 현재 진해수산영어조합법인 대표를 하며 김육상 채묘장, 전복 치패와 성패 사업을 하고 있다. 진도김 연합회장, 수협이사 3선을 역임했으며 진도 수산업 발전에 최선을 다하고 있다.

제공 자료 목록

589_FOTA_20170705_HJR_JYH_001	황조마을의 유래
589_FOTA_20170705_HJR_JYH_002	방아 찧는 소리가 들리는 방애꾸미
589_FOTA_20170705_HJR_JYH_003	소나무와 동백나무 숲이 우거졌던 황조마을
589_FOTA_20170705_HJR_JYH_004	소치선생을 모신 양천 허씨 선산
589_MONA_20170705_HJR_JYH_001	물이 빠져 멀어진 선창

이영목 (남, 73세, 1945년생)

제보자는 목포공고를 졸업한 후 2등 항해사 자격을 취득했다. 원양어선을 타다가 그만 둔 뒤에는 부산에서 생활하다 고향으로 내려왔다. 농사를 지으면서 이장, 진도군농촌지도자회장, 진도향교 유도회장을 역임했다. 서예와 한국화를 다년간 공부하여 각종 대회에서 다수 입상하였다. 대한민국기로미술협회에서 한자서예부문 추천작가증서를 취득하였으며, 운림산방남도전통미술관에서 형제 가족 서화전을 열어 실력을 공인 받는 등 예술혼을 불태우는 중이다.

제공 자료 목록

589_FOTA_20170703_DRR_LYM_001   도룡뇽 형국의 도론리
589_FOTA_20170703_DRR_LYM_002   고려 말 충신 이제현 선생을 모신 영당
589_FOTA_20170703_DRR_LYM_003   도론리에서 발굴된 고려자기
589_FOTA_20170703_DRR_LYM_004   석현리 김해김씨들과의 묘역 갈등
589_FOTA_20170703_DRR_LYM_005   경주이씨들이 도론리에 터를 잡은 이유
589_FOTA_20170703_DRR_LYM_006   원님이 행차하고 들어오는 길

김필윤 (남, 84세, 1934년생)

제보자는 일찍이 한학을 독학하여 명리학에 밝아 주변 지인들에게 작명과 주요 날짜 택일 등을 해주고 있다. 비교적 성품이 차분하고 긍정적이며 순박하다. 조상들의 말씀과 지혜가 깃든 옛 이야기를 들려줄 때는 목소리에 자부심과 긍지가 느껴지기도 했다.

제공 자료 목록

589_FOTA_20170424_BPR_KPY_001 자식 이름을 지어주고 풍랑도 예견한 당할아버지
589_FOTA_20170424_BPR_KPY_002 감보도 앞바다 지네와 용의 결투

박영준 (남, 91세, 1927년생)

제보자는 진도군에서 공무원으로 공직생활을 하다가 퇴직한 뒤에는 고향에 내려와 생활하고 있다. 기억력이 좋아 이야기를 전할 때 명확하게 시대와 명칭을 잘 전달해주었다.

제공 자료 목록

589_MONA_20170505_BPR_PYJ_001 소맥분 팔아 만든 제2 방조제

박석환 (남, 81세, 1937년생)

제보자는 석현리 사동마을 토박이로 농사를 지으며 근면하게 살아가고 있으며, 현재 마을 노인회장을 맡고 있다. 온화하고 차분한 성품으로 마을을 위해 노력하고 있어서 마을 사람들로부터 존경을 받고 있다.

제공 자료 목록

589_FOTA_20170424_SDR_PSH_001   솥뚜껑으로 시험한 오누이고랑

임경웅 (남, 75세, 1942년생)

제보자는 원포마을 토박이로, 성품이 차분하고 기억력이 좋아 어린 시절에 들은 마을 주변의 지명과 자연환경에 얽힌 이야기를 상세하게 들려주었다. 마을의 대소사에 관여하고 있으며 마을의 당제에 관한 이야기도 차분하면서 구성지게 구연해 주었다.

제공 자료 목록

589_FOTA_20170422_WFR_LKW_001	마을을 지켜주는 원포 당제
589_FOTA_20170422_WFR_LKW_002	금날산에서 찾지 못한 금
589_FOTA_20170422_WFR_LKW_003	자연산 석화와 뻘낙지가 유명한 원포마을
589_FOTA_20170422_WFR_LKW_004	노적봉 쌓아 배로 실어나른 원포 선착장
589_FOTA_20170422_WFR_LKW_005	제주와 추자의 고깃배도 모여들던 원포 선착장
589_FOTA_20170422_WFR_LKW_006	노루 사냥터로 이름난 노루목
589_FOTA_20170422_WFR_LKW_007	허씨 문중 시제는 온 동네 잔칫날
589_FOTA_20170422_WFR_LKW_008	정월 대보름 당심애굴 통과하기
589_FOTA_20170422_WFR_LKW_009	수백 년된 소나무로 배를 만든 사람

박석근 (남, 85세, 1933년생)

제보자는 지막마을 토박이로 지금까지 농사를 지으면서 살고 있다. 마을농악회를 만들고 고군면 지뽕산타령 보존회, 진도군 국악협회를 만드는 등 진도군 민속예술의 활성화와 보존을 위해 한평생 심혈을 기울이고 있다.

제공 자료 목록

589_MONA_20170409_JMR_PSG_001	만병통치약 진도 토종 석류
589_MONA_20170409_JMR_PSG_002	생명을 구한 침술
589_MONA_20170409_JMR_PSG_003	머슴들과 나무하며 부른 지뽕산 타령
589_MONA_20170409_JMR_PSG_004	친정 온 누나와 동생이 주고받은 산타령
589_MONA_20170409_JMR_PSG_005	굵은 소금은 만병통치약
589_MONA_20170409_JMR_PSG_006	한국전쟁 때 목격한 마을 참극

조병재 (남, 71세, 1947년생)

제보자는 지막마을 토박이로, 지금까지 농사를 지으면서 생활하고 있다. 그러면서 진도의 지역문화에 관심을 갖고 꾸준히 연구에 전념하고 있다. 성품이 온화하고 차분한 편이여서 마을의 지명에 관한 이야기나 경험담을 들려줄 때 상세하게 들려주었다.

제공 자료 목록

589_FOTA_20170503_JMR_JBJ_001	물이 흘러 미끄럽고 빛이 나는 기름바위
589_FOTA_20170503_JMR_JBJ_002	땅이 비옥한 지막마을 들녘
589_FOTA_20170503_JMR_JBJ_003	지막리에 있는 산과 바위들
589_FOTA_20170503_JMR_JBJ_004	학의 혈인 지막리
589_MONA_20170503_JMR_JBJ_001	마을에 큰 도움을 준 두 분의 공로비

김서규 (남, 81 세, 1937년생)

제보자는 역사에 해박한 지식을 가진 분으로, 이 지역 출신 항일운동가 발굴에 지대한 관심과 열정을 가지고 있다. 구술을 시작하자 이야기가 꼬리를 물고 줄줄줄 이어졌다. 마을 유래에 관한 이야기는 조상들에게 들은 이야기라 하여 생생하게 들려주었다. 특히 밀주 단속에 관한 이야기를 할 때에는 청중들이 배꼽이 떨어지도록 웃기도 했다.

제공 자료 목록

589_FOTA_20170423_JSR_KSG_001	돔박골에서 하율로 불리는 유래
589_FOTA_20170423_JSR_KSG_002	이순신 장군과 함께 전사한 판관 박만재
589_FOTA_20170423_JSR_KSG_003	나무하기 어려운 오산리 코베기산
589_MONA_20170423_JSR_KSG_001	일제강점기 가마니치
589_MONA_20170423_JSR_KSG_002	일본인 교장을 쫓아낸 곽충로 선생
589_MONA_20170423_JSR_KSG_003	밀주 단속을 피한 주인마님의 재치
589_MONA_20170423_JSR_KSG_004	1·4후퇴 때 나주부대의 만행
589_MONA_20170423_JSR_KSG_005	역사적 슬픔이 깃든 마산리 흰재
589_MONA_20170423_JSR_KSG_006	고군면 출신 항일운동가 이기환 열사

박양언 (남, 84세, 1934년생)

제보자는 오산마을에서 태어나 지역을 위해 많은 일을 하였으며, 군의원에 당선되어 지역을 대변하는 활동을 해왔다. 특히 많은 지방자치 경험을 통해 지역에 필요한 것이 무엇인가 항상 고민하며 실천하고 있는 분이다. 성실하고 적극적으로 활동하고 있기 때문에 일찍이 지역사람들부터 인정받고 있다.

제공 자료 목록

589_FOTA_20170411_JSR_PYU_001   신성한 탕건바위
589_FOTA_20170411_JSR_PYU_002   노루 잡은 개바위
589_FOTA_20170411_JSR_PYU_003   기세당당한 오메 사람들
589_FOTA_20170411_JSR_PYU_004   거북이가 알을 낳는 구자뜰
589_FOTA_20170716_JSR_PYU_005   물이 풍부한 지막리와 지수리

김맹우 (남, 88세, 1930년생)

제보자는 하율마을 토박이로 농사를 지으면서 한학에 열중하고 있다. 한학 외에도 육자배기 등 민요에 관심을 가지고 활동 중이다. 그는 성품이 온화하여 이웃들과 돈독한 신뢰를 쌓으면서 생활하고 있다. (※사진찍기를 좋아하지 않았다.)

제공 자료 목록

589_FOTA_20170503_HYR_KMW_001   율파선생 추모를 위해 헌신한 제자 이순목

김정환 (남, 69세, 1949년생)

제보자는 마을 이장과 새마을협의회장, 청년회명예회장과 진
도문화원 이사를 역임했으며, 부자마을을 만드는 공로를 인정
받아 국무총리상과 새어민상을 수상하였다. 그는 지역을 위해
열정을 갖고 일하던 지난 시간들을 자랑스러워했고, 진도 사람
으로서 자부심과 긍지를 느낀다고 하였다.

제공 자료 목록

589_MONA_20170507_MSR_KJH_001   진도를 부유하게 해준 전복 사업
589_MONA_20170507_MSR_KJH_002   종묘 사업에서 가두리로 전환

김영일 (남, 80세, 1938년생)

제보자는 향동마을에서 태어나 마을 서당에서 한학을 배웠다. 젊은 시절에 대전에서 생활을 하다가 이후 고향으로 돌아와 농사를 짓고 가게를 운영하면서 생활하고 있다. 현재 한시협회와 서예협회에서 활동하고 있다. 그는 마을의 지명과 생활에 얽힌 사연들을 차분하게 들려주었다.

제공 자료 목록

589_FOTA_20170409_HDR_KYI_001   반골만 매고 놀자는 반골레
589_FOTA_20170409_HDR_KYI_002   세 번 이사한 향동마을
589_FOTA_20170409_HDR_KYI_003   제자들이 세운 향동리 학행비
589_FOTA_20170409_HDR_KYI_004   물이 너무 좋은 중리 큰샘
589_FOTA_20170409_HDR_KYI_005   공룡 발자국이 있는 초상재 넙적바위
589_FOTA_20170409_HDR_KYI_006   노래 부르고 넘어 오는 소릿재

박상철 (남, 78세, 1940년생)

제보자는 향동리 출신으로 태평양아모레화장품 차장으로 근무한 후 송죽화장품을 창업하며 공장을 직접 경영하다 귀향하였다. 재경향동향우회 창립회장, 진도향우회이사, 재경향동초 동문회장을 하였고, 현재도 적극적으로 사회활동을 하고 있다. 이외에도 진도문화원의 회원으로 참여하면서 진도의 역사와 문화에 많은 관심을 가지고 활동하고 있다.

제공 자료 목록

589_FOTA_20170711_HDR_PSC_001   향동 굴바위 추억
589_FOTA_20170711_HDR_PSC_002   원툿재를 넘다가 돌아가신 할머니
589_FOTA_20170711_HDR_PSC_003   호랑이에 팔 잃은 세배씨 한을 풀어준 마을 사람들
589_FOTA_20170711_HDR_PSC_004   향동마을의 5봉 5재
589_MONA_20170711_HDR_PSC_001   향동초등학교의 유래

고군면

마을에 전해오는 설화

고군면 가계리 가계마을

중국에는 장가계, 진도에는 안가계

자료코드   589_FOTA_20170506_GGR_HGM_001
조사장소   진도군 고군면 가계리 가계마을 제보자 자택
조사일시   2017. 5. 6
조 사 자   박영관, 박정석
제 보 자   허광무(남, 72세, 1946년생)

> **줄거리** 안가계는 뒤로는 산이 높고 앞으로는 풍요로운 들녘과 넓은 바다가 펼쳐져 있어서, 그 경치가 매우 뛰어나 중국 장가계에 비견할만하다.

전해 내려오는 어르신들 말씀에 의하면은 우리 가계가 저 가인동 뒷산이 높이 있고 또 앞에는 넓은 바다가 있어서 참 경치가 좋기로 아주 유명하다고 그랬습니다.

더군다나 또 가계 들녘이 있어갖고 아주 풍요롭고 바다는 말할 것도 없고, 그때 당시에는 잘 몰랐는데 지금 신비의 바닷길이 열리고 축제가 이루어지고 또 이 앞에서 전복 치패(종자)라던지 기타 여러 가지 김양식이라던지 최근에 해조류가 굉장히 사람 건강에 좋다고 그런 붐을 맞고 있습니다.

그래서 그만큼 우리가 잘 살 수 있는 터전이 되고, 또 중국에는 장가계가 있다시피 우리 한국에는 안가계가 자랑할만 하지 않는가 이렇게 생각하고 있습니다. 지금 생각할 때 선인들이 어떻게 그렇게 앞을 내다보고 이름을 잘 지었는지 참 감탄을 아니 할 수가 없습니다.

지금 우리 마을은 앞으로도 아주 풍요로운 그런 마을이 되지 않을까? 또 우리

가 관리만 잘 하고 깨끗하게 유지하면은 대대손손 풍요로운 마을이 되지 않을까 이렇게 생각합니다.

개웅 물줄기로 고을의 길흉을 점치다

자료코드   589_FOTA_20170506_GGR_HGM_002
조사장소   진도군 고군면 가계리 가계마을 제보자 자택
조사일시   2017. 5. 6
조 사 자   박영관, 박정석
제 보 자   허광무(남, 72세, 1946년생)

줄거리 바닷물과 개울물이 만나는 곳을 '개웅'이라고 하는데, 개웅이 아래쪽 회동으로 내려가면 나라와 고을에 궂은 일이 생기고, 위쪽으로 흐르면 좋은 일이 생긴다고 한다.

여기서 벌판 길이가 한 2킬로 정도 됩니다. 2킬로 정도 되는데 아주 옛날 먼 옛날에 봄 되고 4월, 5월 지나면 여름에 계절풍이 많이 붑니다. 한 9월까지 계절풍이 많이 부는데 그때 이케(이렇게) 만호(萬戶)가, 바다에서 살았던 그 조개를 사람이 먹지는 않았습니다. 먹지 않는 작은 조개룬데 그것이 한 3년 정도 되믄 자연폐사가 되야서 그것이 쌓이고 쌓여서 이러트믄(말하자면) 큰 모래언덕을 이루었습니다. 그 모래언덕이 파도가 계절풍 때문에 밀려와서 그 높이가 일정하니 이케 반반하니 길게 밭처럼 있어서 장밭이라고 그렇게 이름을 지었습니다. 장밭에 다른 거는 없었습니다. 잡초, 풀하고 그 외 아열대 지방에서 잘 사는 순풍나무라고 하는 것이 주로 서식을 했었는데 지금 여기 향동천입니다. 향동천

을 우리는 개웅(개울)이라고 합니다.

바닷물하고 육지 냇물하고 왔다 갔다 하는 데를 개웅이라고 했는데 이 개웅이 이쪽 아랫쪽 회동쪽으로 내려오면은 나라에 또는 이 고을에 궂은 일이 생기고, 이 개웅이 저 웃쪽으로 가면은 좋은 일이 생기고 그란다는 유래가 있습니다. 왜냐하면은 모래로 되야 있으니까.

향동천에서 흐르는 물이 범람할 때는 물 힘에 의해서 이것이 이쪽으로 바로 나갈 수도 있고 또 이것이 올라갈 수도 있고 그래서 뭐이라 하까 국가의 안위적인 그런 얘기가 있습니다. 물이 이케 회동쪽으로 많이 밀려가면은 좋지 않은 일이 생기고, 또 저쪽으로 가면은 좋은 일이 생기고 그란다고 그런 유래가 있습니다.

그리고 저기 마을 선착장 끝이 옛날 지명으로는 청룡 끝입니다. 우리가 생각할 때 풍수로 얘기를 할 것 같으면 이쪽 가인동 쪽을 우백호, 저쪽에 뫼봉, 쌀미봉입니다. 미봉이라 하는데 그 미봉 제일 끝을 청룡이라고 봤을 때, 거기가 청룡 끝입니다. 선인들이 청룡 끝이라고 얘기를 해가지고 지금까지 전해오고 있습니다.

그래서 아마 좌청룡, 우백호, 그 안에 또 안가계가 있고, 또 장밭이 있었고 또 마지막으로 이 만호, 만호 인구가 먹고 살 수 있다는 이 풍요로운 바다를 좌청룡, 우백호가 이렇게 탁 싸고 지금까지 수산물이 풍성해가지고 여기 사람들이 다른데 시골보다는 농수산물이 풍요롭게 생산되는 바람에 쫌 생활이 낫지 않을까 생각합니다. 지금도 우리 마을이나 요 주변 마을에는 외지에서 젊은 사람들이 들어옵니다. 지금 대부분 젊은 사람들이 탈농어촌 시댄데 말입니다. 오히려 지금 다른 마을보다 잘 사는 이런 마을이 되고 있습니다. 앞으로 제일 걱정스러운 것은 우리가 이 황금바다를 잘 관리하고 유지하고 오염시키지 않고 꼭 보존이 잘 되야서 우리 자손만대 아주 풍요를 노래할 수 있는 그런 좋은 곳이 되길 간절히 희망합니다.

고군면 고성리 오일시마을

붉은 뱀의 혈자리에서 유래한 단사골

자료코드   589_FOTA_20170521_OISR_KCS_001
조사장소   진도군 고군면 고성리 오일시마을 제보자 자택
조사일시   2017. 5. 21
조 사 자   박영관, 박정석
제 보 자   곽채술(남, 88세, 1930년생)

> **줄거리** 단사골이란 지명은 두 가지가 전하는데, 하나는 풍수적으로 붉은 뱀의 혈자리라는 데서
> 유래하였고, 다른 하나는 마을 뒷산에 있는 소나무 밑에 큰 바위를 '단사바위'라고 부
> 른 데에서 유래했다고 한다.

단사골도 군지에는 설명을 그 뭐이라 하까 비합리적이로 설명을 하고 뭐 서당
골이 있으니까 단사골이라 하는데, 그것은 이치에 안 맞고 발음상 그렇게 서
당골이 어째 단사골이 되것어요.

그 신리 뒷산 산줄기, 산봉오리 줄기를 그것을 단사혈에 붉은 단(丹)자, 뱀 사
(蛇)자, 단사혈이라 풍수지리학상 그렇게 했다 그래요.

그래서 단사골이라 되얏다 그런 설도 있고 또 하나는 신리마을 뒤에 큰 소나
무가 있는데 그 밑에 큰 바위가 있어요. 그 바위를 단사바위라 해서 단사골이
라 했다는 이런 전설이 있습니다.

고성성터와 성안 샘

자료코드   589_FOTA_20170521_OISR_KCS_002
조사장소   진도군 고군면 고성리 오일시마을 제보자 자택
조사일시   2017. 5. 21
조 사 자   박영관, 박정석
제 보 자   곽채술(남, 88세, 1930년생)

줄거리   마을 앞에 오래된 고성성터가 있는데, 시간이 흘러 지금은 성벽만 남아 있다. 예전에는 성안에 물이 좋고 수량이 많은 샘이 있어서 많은 사람들이 이 샘물을 마셨는데 지금은 경지정리로 그 흔적을 찾을 수 없다.

우리 마을 앞에 오래된 고성성터가 있습니다. 이곳은 진도에서 최초의 공부였던 읍성터입니다. 이 성은 백제 성왕15년 서기537년에 최초로 진도읍성으로 세워진 성인데, 쭉 거그서 행정을 하다가 나중에 진도 읍이로(읍으로) 이사했는데 그것은 세종 때로 건너가 잘 모르겠습니다.

하여튼 세종대왕 때 진도가 고려말엽에 저 공도시에가 있었어요. 고려말엽에 통치, 그때 고려가 망할 시기가 되어 국력이 약하니까 국방이 허술해서 왜구를 다 막지 못하니까 진도가 텅 비게 되얐어요(되었어요).

관청을 지키던 병사들이 다 떠나버려 진도군민을 보호하지 못하니까 정부에서 쩌그 육지로 또 피난을 시켰어요. 해남이로(해남으로) 영암이로 모도(모두). 그 기간이 87년 동안에요.

그동안에 비었다가 다시 조정이 바뀌고 이조시대가 되야서 이조 국력이 회복되고 행정 질서가 잽히고(잡히고) 국방력이 강해져서 세종시대에 읍에다 성을 다시 짓고 그리(거기) 읍에로 갔습니다. 그러기 때문에 오랫동안 이르트면(말하자면) 고성이 진도읍성이었죠.

제일 첨부터 진도읍이로 이사 가기까지 그러기 때문에 거기에 대한 여러 가지

명칭도 있고 지명이 있습니다. 제일 아쉬운 것은 그 성이 해방 후까지 완전히 형태가 남아 있었고 기초 돌도 다 있었습니다.

그런데 해방 후에 정부의 무관심과 행정의 무관심으로 방치해두니까 전부 지역 주민들이 돌을 가져다가 모도(모두) 건축에 쓰고, 저수지 막는데 쓰고 이렇게 해서 다 없애졌는데(없어졌는데) 지금 다소나믄(조금이라도) 있는 그 자리라도 문화재로 되얏쓰면(되었으면) 했는데 그리 안 된 것이 안타깝습니다.

그것을 문화재로 만들려고 고성성지보존위원회를 만들어서 활동했지만 아직까지 못하고 있습니다. 쪼금(조금) 서운한 것은 진도군에서 경지정리하면서 문화재 보호한다고 하면서 그 성을 전부 돌을 만들어 부렀습니다. 또한 농민들은 농지내봐라 하고.

석도가 하나도 없이 성은 아주 흔적도 없이 사라졌고 단지 쪼금 남은 것은 고성초등학교 주위 성벽 한 30m 정도만 남아있지만은 그것이 문화재로 아직 지정이 안되야서 쪼금 아쉽습니다. 그것마저 없어질까봐 두렵습니다.

고성에 따른 지역의 지명이 고성마을 옆에 사냥터라고 있습니다. 상당히 넓은 평지가 있었고 거기에 후박나무도 있고 그렇게 사냥터니까 옛날에 활쏘는 장소겠지요. 요샛말로 사격장이가 있었어요. 그리고 신리 저수지 옆에 관청들이라는 명칭이 있었는데 거가 성에 일부 형(刑), 이르트면(말하자면) 감방 같은게 있었던가 뭐 성에 따른 관청이 있어서 거가 관청들이라고 하는거 같애요.

끙께(그러니까) 거가 담도 뭐냐 쭉 그 산인데도 담이 쌓여있고 그런 것을 봤습니다만은 지금은 그 담이 있는가 없는가 모르겠습니다. 그리고 성안에 좋은 샘이 있었어요. 여그 초등학교 바로 옆에서 한 20미터 거립니다. 초등학교 담벽 한 20미터 거리에 있는 샘인데 그렇게 성내에 있는 사람들이 그 물을 먹고 살았겠지요.

그 샘이 아주 좋게 판석이로 꼭 나무로 깎아 만든 그 판자 같이로(같이) 그게 두께는 상당히 두껍죠. 그놈이.

그렇게 만든 판석이로(판석으로) 좌우 전후를 막고 욱에(위에) 두께까지 덮이개까지 판석이로 덮고 사람이 바로 두레박를 쓰지 않고 바가지로 이케 물을 떠서 쓸 정도로 그렇게 얕은 샘이지만은 물이 잘나서 있었어요.

그래 그 샘물로 성안뜰 논을 전부 농사를 짓고 살았지요. 그러니까 그 샘이 있다면 문화재랄까 그거이 참 유적이랄까 유물이랄까 그런 좋은 자료가 될 거인데 아쉽게도 경지정리 하면서 그 샘이 없어지고 말았습니다. 그것이 또 무척 아쉬운 점이죠.

건너 마을의 남근바위

자료코드 589_FOTA_20170521_OISR_KCS_003
조사장소 진도군 고군면 고성리 오일시마을 제보자 자택
조사일시 2017. 5. 21
조 사 자 박영관, 박정석
제 보 자 곽채술(남, 88세, 1930년생)

줄거리 건너편 마을에서 남근바위를 세우자 고성마을 여자들이 바람나서 나간다고 하여, 마을 청년들이 그 남근바위를 뽑아서 넘어뜨리거나 두드려 부수고 하였는데, 지금은 숲이 우거져 남근바위를 찾기가 어렵다.

우리 마을에 옛날부터 내려오는 전설 가운데 남근바위라고 하는게 있는데 요 것을 표현상 남근바위라 하제. 그때는 그렇게 안부르고 좆바위라 그렇게 불렀어요.

쩌그(저기) 관매도쪽 바다에 있는 거그도 남근바위라 하는데 옛날에는 그렇게 안했을 거이요. 표현상 이케(이렇게) 부르고 있는데. 거가 꼭 남자 성기같이 생긴

그런 바위가 우리 키보다 더 커요. 큰 바위가 있었어요.

그란데 그 바위가 우리 마을에서 신리에서는 안 보이는데 쩌기 다른 마을에서는 보여요. 그 바위를 세워 놓으믄 그 마을 여자들이 바람나 나간다는 그런 전설이 있었어요. 그라니 그놈 세워놓면 고성, 여가 고성인께 다른 동네 사람들이, 청년들이 가서 자빨쳐불고(넘겨뜨리고) 정(釘)이로(정으로) 이케 부수고 그랬다 그래요.

나도 그 바위를 보긴 봤는데 지금은 찾아라 하믄 찾지도 못할 거 같애요. 숲이 우거지고 길이 원 맥혀서(막혀서) 못찾아요. 예전에 그런 바위가 있었습니다.

(조사자 : 그 바위가 지금은 안보이면 없습니까?)

신리는 그때부터 안보이니까 신리는 관계없는데 쩌그 다른 마을을 볼라고 하믄 보이죠.

(조사자 : 다른 마을이라 하믄 어느 마을에서 보입니까?)

고성이요. 고성. 그라니까 고성사람들이 가서 자빨셔불고(넘어뜨려 버리고) 정이로막 옆에 와서 막 뚜드리고 그랬어요. 그란데 요새는 누가 가서 일으킬 사람도 없고 뭐 그래 없어진지가 꽤 되었죠. 찾을란가 모르겠어요. 숲이 우거져 뿔어서(우거져서).

고군면 금계리 금호도마을

용꼬리 흠집이 있는 용담바위

자료코드   589_FOTA_20170426_GHDR_YJB_001
조사장소   진도군 고군면 금계리 금호도마을 제보자 자택
조사일시   2017. 4. 26
조 사 자   박영관, 박정석
제 보 자   양재복(남, 71세, 1947년생)

줄거리 금호도 대전 큰담비골에 있는 용담바위는 용이 승천하면서 꼬리를 세게 쳐서 바위가 폭
포 무늬로 흠집이 생겼다고 한다.

용담바위

용담바위는 금호도 대전이라는 큰담비꼴에가 있는데 바닷물이 나가면은
드러나는 용담은 조그마한 바위웅덩이고 바위암석 색깔은 노란색을 띈 것

이 특이해요. 거기는.

그리고 그 위에 산으로 올라가는 경사지에는 용이 꼬리를 꼬리를 치면서 올라가다가 부딪쳐, 용이 꼬리를 쳤다 해서 바위가 톱니바퀴식으로 길게 폭포처럼 이어져 있는 것이 용담이라고 그래요.

어렸을 때는 그게 용이 서리고 있다가 승천하면서 꼬리를 치면서 그 바위에 흠집을 냈다고 그렇게 듣고 있거든요.

그거이 용담바위입니다.

금호도 숲속 암반 위에서 모시는 당제

자료코드   589_FOTA_20170426_GHDR_YJB_002
조사장소   진도군 고군면 금계리 금호도마을 제보자 자택
조사일시   2017. 4. 26
조 사 자   박영관, 박정석
제 보 자   양재복(남, 71세, 1947년생)

줄거리 옛날부터 정월 초사흗날이면 금호도 뒤쪽 숲 넓은 암반에 제관들이 들어가 신호에 맞춰 마을의 무병과 풍년을 기원하는 당제를 모시는데, 용왕바위에서 용왕제를 모시고 이어서 공동우물에서 우물굿을 쳤다. 마을 사람들은 이 제사를 거리제라고도 불렀다.

당제는 우리 금호도 역사가 생긴 이래 언제 그걸 시작했는지는 모르겠는데 우리가 아주 철이 들기 전부터 어려서 초등학교 이전부터 그걸 계속한 것을 보면 상당히 역사가 오랜 걸로 알고 있습니다.

금호도 뒷쪽 북쪽에 천연 숲이 있는데, 그 숲에 이상하게 암반이 딱 깔려있는 거기에 항상 그 솥은 가져오지 않고 거기다 항상 엎어놔요. 그 솥을.

그래가지고 정월 초삿날 청년들이 전부 동원돼서 천막이나 텐트, 멍석 이런 집기 전부 가지고 가고 제관들은 정월 초하룻날부터 재계를 하고 집에는 금줄을 치고 일체 두문분출, 수신제계를 한 다음에 그날 3일날 저녁에 해가 짐과 동시에 산으로 올라가서 하룻밤을 꼬박 거그서 잠은 절대 잘 수 없고 꼬박 자다가 자정이 되면 여기서 징으로 신호를 해주믄 밥을 지어가지고 제사를 모시고 내려와요. 그것이 당젭니다.

거기서 대개 하는 것은 마을의 무병과 풍년을 들기를 기원하는 거고 다른 얘기는 없다고 그래요. 간단하게

"마을 질병이 없고 풍년들게 해주십시오"

한다고만 그렇게만 빈다고 그래요. 풍년만 빌어요. 제대로 전부 한다고 하면은

농사도 여기가 밭이 한 780마지기 되거든요. 대게 농사풍년을 빌고 질병이 없기를.

정월 삿날(사흘날) 저녁에 올라가서 사일날 새벽에 내려와요. 그래가지고 칠일날 저녁에, 바로 하는 게 아니라 칠일 날 저녁에는 인제 여기 사장, 회관 팽나무 밑에 사장에다가 텐트를 치고 제수를 마련해요.

그때는 풍습이 꼭 돼지를 잡아서 통째 듬북 넣서 큰 가마솥에 돼지를 삶아요. 그냥 산 돼지 잡아먹을 수 있게. 그래가지고 저녁 해질 무렵에 용왕제를 모시거든요. 그래 거기서 모시고 일부는 차를 가지고 여기 용왕바위라고 이 아래 바위에 내려가서 거기서 또 다시 모시고.

그런 다음에는 전부 둘러앉아서 마을 사람들이 전부 저녁식사를 한 다음에는 징, 꽹과리 모두 들고 사물놀이, 각 집을 다 돌아주면서 사물놀이 하고 마지막으로 여기는 제일 중요하게 식수였거든요. 그러니까 우물굿이라고. 우물도 일일이 돌아다니면서 여 우물이 한 십여군 데 되는데 마을 공동우물이 그 우물굿도 다, 그 우물에서도 풍악을 올리고.

그것이 인제 풍어제 겸 거리제라고 그랬어요. 우리는. 거리제에 '가' 자만 써서 가제. '거리 街(가)' 자. 그것이 인제 보면은 가제(街祭)에서 용왕제 했어요. 풍어제 했어요. 그것은 풍어제였고.

범벅과 설 음식 나눠먹기

자료코드   589_FOTA_20170426_GHDR_YJB_003
조사장소   진도군 고군면 금계리 금호도마을 제보자 자택
조사일시   2017. 4. 26
조 사 자   박영관, 박정석
제 보 자   양재복(남, 71세, 1947년생)

줄거리 당제 때 좁쌀로 조그맣게 고물 묻힌 범벅을 해서 뿌리는데, 그것을 주워먹으면 한 해 동안 건강하게 지낸다고 한다. 그리고 저녁에는 각 가정에서 설 음식을 가져와 마을회관에서 함께 모여 나눠 먹으며 화합과 친목을 도모한다.

거기서 한 가지 특이한 것은 범벅이라고 떡을 해요. 무슨 떡이냐 하면 쌀이 귀할 때는 좁쌀로 했어요. 좁쌀로 인절미처럼. 그란데 우리 요근래에는 쌀로 했어요. 그냥 고물 묻혀서 그냥 우리 인절미 같아요. 그대신 쪼그맣게. 이래가지고 여기서 제사를 막 모신 다음에는 막 뿌려요.

그람 그걸 주워 먹으믄 일 년 내 더위도 안 타고 병이 안 걸린다고 고걸 서로 주워 먹을라고 막 어른이고 애기고 서로 싸움하고 그랬거든요. 그런 풍습도 있었고 또 그날 저녁에는 각 가정에서 냉장고가 없는 시절이라 설에 음식을 될 수 있으면 어뜨케(어떻게) 남겨났다가 그날 한상 크게 차려와요.

회관에, 집집마다. 그라믄 어떻게 보믄 그날 그 음식경연대회여. 누 집은 어떻게 해먹고 어떻게 음식을 하는지 다 알 수가 있어. 최고로 차려요. 부녀자, 아녀자들이 전부 이고 와서 상을 차려서 각 자기 호주들, 그 가장들 앞에다 전부 상을 차려요. 빙 둘러서. 그라믄 거기서 그 음식을 먹으면서 이장도 뽑고 반장도 뽑고 마을개발위원도 뽑고 그랬었어요. 회관이에요. 마을회관. 공회당이라고 그래가지고.

그런 때는 지금처럼 뭐 말다툼도 없고 뭣하고 분위기 그렇게 좋게 마을 제사

모시고 용왕제 모신 뒤로는 서로 화합하며 음식을 서로 나눠 먹으면서 그냥 마을 일도 잘 됐고 그랬었죠.

근데 그게 계속 이어져 오다가 끊어버린지 지금 삼 년째 됩니다. 단 용왕제는 해요, 지금도.

나무 위에 아이를 업혀놓는 장례 풍습

자료코드   589_FOTA_20170426_GHDR_YJB_004
조사장소   진도군 고군면 금계리 금호도마을 제보자 자택
조사일시   2017. 4. 26
조 사 자   박영관, 박정석
제 보 자   양재복(남, 71세, 1947년생)

줄거리 옛날에는 돌림병이 많아 아이들이 많이 죽었는데, 금호도에서는 아이가 죽으면 땅에 묻지 않고 나무 위에 올려놓는 장례를 치렀다.

옛날에는 돌림병이 많아 가지고 어린애들이 생존율이 낮았거든요. 그래서 여기 너매(넘어) 가면은 춘앙골이라는 데가 있는데 이 바로 너매에 큰 숲이 있는데 대개(대체로) 여기는 애기들이 죽으면 달아맸어요.

나무에다 이케 엎혀 놨어요. 나무에다 업어놨어요 이렇게. 안 묻었어요. 나무에다 이렇게 올려서 딱 사람이 업은 것처럼 나뭇가지에다가 큰 고목에다가 그 고목가지 욱으로(위로) 올라가서 나무에 해논당게.

여기는 그걸 추장이라고 그랬어요. 그러니까 그 추장이 내가 생각할 때는 '달

69

아맬 추(縋)자' 인지 모르겠어요.

나무에다 이케 달아맨다 해서. 우리가 요즘 생각해 보믄은 풍장이 맞아요. 그 아래 어렸을 때 우리가 초등학교때 가보면은 해골이 많이 있었어요. 애기들, 쪼그만 애기들. 여기서 옛날에는 애기들이 죽으믄 절대 땅에 안 묻었어요. 거기 아주 장례식하는 숲이 있었어요.

낭골 굴바위와 통하는 마을 앞굴

자료코드 589_FOTA_20170426_GHDR_YJB_005
조사장소 진도군 고군면 금계리 금호도마을 제보자 자택
조사일시 2017. 4. 26
조 사 자 박영관, 박정석
제 보 자 양재복(남, 71세, 1947년생)

줄거리 낭골 굴바위와 통하는 앞굴이 있어서 파도가 치면 반대쪽에서 쿵 소리가 들린다고 하는데, 지금은 발파작업으로 사라졌다고 한다. 그리고 넘이, 너매들이라는 명칭이 한자로 바뀌어 월동이라 부르고 있다

낭골 굴바위는 금호도 바로 들어오면은 오른편에 또 굴이 하나 있는데 그 굴하고 통해 있다는 전설이 있었어요. 그래서 파도가 심하게 치는 날에는 낭골 굴바위에서 파도가 치면 요쪽에서 귀를 대고 있어도 쿵 소리가 들린다고.

그래서 서로 이 굴이 사람은 들어갈 수 없었지만 서로 통해 있다고 어르신들이 그랬거든요.

그런데 이 금호도 마을 앞굴은 물량장 조성공사 때 발파작업으로 지금은 없

물량장 조성 공사로 없어진 앞굴터

어지고 낭골 굴바위는 현존 그대로 존재하고 있습니다. 낭동이라고 그래요.
지적도 상에서. 물결 낭(浪)자 써서. 동(洞)은 무슨 동, 무슨 동 할때 그 동자. 여
기 전부 그래요.

여기 이 너매 저 추산골이라고 하는 것도 월동이라고 우린 넘이라고 그러거든
요. 너매들이라고 그러는데. 거그는 월동(越洞).

그리고 아까 그 용담이라고 하는 것이 있는 바위가 있는 곳은 큰 담밑이라고
그러는데 우리가 거그를 우리말로 할 때 대전동(大田洞)이라고 그래요. 대전동
큰밭. 아까 김시중 묘 있는 곳은 낭동, 낭골.

낭골 굴바위가 우리가 들어간 기억으로는 10미터 정도. 그란데 물이 만조 시
에는 들어갈 수가 없고 썰물 간조에만, 간조에만 들어갈 수 있어요. 입구는 넓
어요. 갈수록 좁아져 가지고 끝나더라구요.

금호도에서 신성시한 김시중 묘

자료코드   589_FOTA_20170426_GHDR_YJB_006
조사장소   진도군 고군면 금계리 금호도마을 제보자 자택
조사일시   2017. 4. 26
조 사 자   박영관, 박정석
제 보 자   양재복(남, 71세, 1947년생)

> **줄거리** 삼별초난 때 금호도에 들어와 일생을 낚시로 소일하다가 죽은 김시중의 묘가 금호도마을 맞은편 낭골에 있다. 그리고 김시중이 입도조가 되어 김씨 후손들이 살고 있다고 해서 '김섬'이라고 한다. 그래서 이 마을 사람들은 묘를 쓰거나 풀을 뜯을 때도 김시중 묘 근처는 가지 않을만큼 신성하게 여긴다.

삼별초난 때 금호도로 들어와서 일생을 금호도에서 낚시로 소일하다가 돌아가셨다는 도원수 김시중(김연, 金鉛)의 묘는 금호도 마을 정반대편에 있는 낭골이라는 곳에 있는데, 여기 사람들도 항상 거기는 쫌 경외시하고 그 주위에는 묘를 쓰는 사람도 없이 상당히 신성시하던 곳이었는데 한 십이삼 년 전에 후손들이 묘를 이장해 가서 지금은 파묘된 상탭니다.

전혀 정부에서는 김시중 묘에 대해서 관심이 없었고 금호도, 여기 사람들은 '김섬'이라는 유래가 김시중 때문에 김씨들이 처음 입도조가 돼서 김섬이라고 알고 있어요.

그런데 그게 되게 와전돼서 짐성, 짐섬 그랬는데 사실은 김섬이거든요. '성 김자' 김섬.

여기 사람들은 김시중 그분이 처음 들어와서 금호도 입도조가 됐다는 걸 전부 알거든요. 어렸을 때부터 전부 구전으로 듣고. 거기는 우리가 어렸을 때 염소나 소를 많이 키웠는데 풀을 먹이러 이렇게 끌코 다녀도 거기는 인제 안 갔었어요. 우리 스스로.

누가 시켜서 한게 아니라 우리 스스로 여기 사람들이 신앙처럼 쫌 그렇게 터부

시했을 뿐이지. 거그 누가 하라마라 뭐 거그 못들어간다 그렇게 시킨 것은 없었어요.

묵재 정민익 선생이 세운 서당 관해정

자료코드 589_FOTA_20170426_GHDR_YJB_007
조사장소 진도군 고군면 금계리 금호도마을 제보자 자택
조사일시 2017. 4. 26
조 사 자 박영관, 박정석
제 보 자 양재복(남, 71세, 1947년생)

> **줄거리** 조선 후기 유학자 묵재선생이 후학을 양성하기 위해 금호도에 서당 관해정을 세웠다. 인근 해남, 진도 등 각지의 사람들이 이곳에서 수학하였는데, 신학문이 들어오면서 서당은 쇠퇴해져 지금은 단지 정씨 문중 제각으로 쓰이고 있다.

이곳은 옛날 이 근동에서는 유명했던 서당 관해정 텁니다. 지금은 보시다시피 정씨 문중의 제각이 되어 있지만은 이 터는 관해정 텁니다. 이곳은 조선후기 유학자였던 앞에 정씨 민익 묵재선생이 고향의 워낙 낙후된 실정을 한탄해 귀향을 하셔가지고 서당을 세워서 후배를 양성하던 곳입니다.

해남은 물론 진도 본도에서도 수많은 학도들이 와서 공부를 하였지만 바로 옆 진도 금호도 초등학교가 설립되고 신학문이 들어오면서 점점 쇠퇴해져서 수강하는 학생들이 점차 줄어들면서 폐강을 하게 되었습니다. 그래서 그 뒤로 버려져 있다가 지난 사라호 태풍 때 붕괴되어 자취를 감췄습니다.

제가 듣기로는 최달호 선생님도 제주로 귀양가시는 길에 여기를 들렸었고, 진

도에 12년간 유배생활을 하신 무정 정만조 선생이 직접 오셔서 주무시고 시를 남기기도 한 이 관해정은 그 이름만큼이나 유서 깊은 곳입니다.

그러나 지금은 그 후손들이, 그 후예들이 세웠던 묵재사가, 스승을 모시는 묵재사가 저 대숲 속에 지금 허물어져 가고 있고, 진도군 내무과장을 역임했던 정규선씨가 작년에 돌아가셨지만 돌아가시기 직전에 이 제각을 지어서 묵재 선생님을 이리로 모셨습니다. 그래서 지금은 관해사라는 이름의 정씨 문중의 제각이 되었습니다. 스물 두분을 같이 제향을 했다고 알고 있거든요. 묵제 선생님하고. 여기 ○○이가 있는데. ○○○이가 여그 후손이거든요.

제가 아는 것은 덕원 선생님 정도지. 그전에 상당히 급제도 하신 분들이 계신 다는데 알 수가 없어. ○○씨나 가지고 있으믄 가지고 있을 것이여. 그란데 돌아가시고. 해남 화산하고 송지면 분들이 많이 오셨고 또 해남 윤씨들도 여기서 수학을 했다고 그라는데 지금은 그 자료를 찾을 길이 없어요.

고군면 금계리 회동마을

비를 점치는 팽나무

자료코드   589_FOTA_20170507_HDR_YHS_001
조사장소   진도군 고군면 진도군 고군면 금계리 회동마을 제보자 자택
조사일시   2017. 5. 7
조 사 자   박영관, 박정석
제 보 자   용홍심 (여, 90세, 1928년생)

줄거리 수백 년 된 마을 앞 팽나무가 한 번에 다 피면 큰비가 오고 두 번 세 번 나눠서 잎이 피
면 그때마다 비가 오기 때문에, 그것을 신호로 알고 그때에 맞춰 모를 심고 물을 받았다
고 한다.

저 나무가 수백 년 된 나무라. 그랑께(그러니까) 저케(저렇게) 나이를 먹응께 저절
로 안죽어부요(죽어버리지 않소?). 저 나무 젊어서랑은 저 이파리에 풀이 한 번에
안 피었어. 한 번 피고, 두 번 피고, 시번(잎이 세 번) 피었어. 시번 피믄 인자 그런
때는 방조이(방죽이) 없응께.

팽나무에서 풀이 피어나면 그때마다 비가 오니까 물을 쓸 수 있응께 모도 또
심고 농삿일도 흐고(하고) 저것 팽나무가 풀 한 번 피면 비가 오고 또 뭐하고 또
두번 피믄 물이 없응께 비오믄 얼른 뭐하고 팽나무 피면은 물이 몇 번, 비가 몇
번 오는지를, 안 온지를 알았어요.

그란데 한뻔에(한번에) 인자 나무 잎이 싹 펴면은(피면) 비가 많아이 와서 전부 모
를 하고 풍년이 들었구만요. 옛날에는 여가 세그룬가(세그루가) 있었다고 그러대
요. 여 팽나무가 세그루가 나란히 있었다고. 시게(세 개) 나란히 있었어요. 시게
나란히 있었는데 두 개가 죽어갖고 지금 주저앉아 부렀어. 쩌리(저쪽으로) 아, 주

저앉아 부렀어. 저놈만 지금 죽어갖고 저케 저절로 까끔까끔(조금씩조금씩) 저케 뭉그러지요. 인자 저것도 금방 자빠지것소.

그 바로 밑에 대나무들이 있는데 옛날에 그 밑에는 집이 한 채 있었어요. 그것을 그 주인네가 그케 명일에는 설에고, 보름에고, 추석에고 그런때는 그 팽나무 밑에다가 밥 차라(차려서) 갖다논 것입디다(갖다 놓았다고 그럽니다). 아~ 밥을 차라놓고. 잔뜩 인자 오래된 팽나무께. 아주 신령스런 팽나무구만요.

백년, 수백년 되얏제. 저기에 새싹이 한뻔에(한번에) 팍 피면 아~올해는 풍년들 것다 그러고. 저거이 두 번 시 번 나눠서 피믄 모를 두 번 시 번 하고 그랬어요. 그러믄은 인자 비가 찔끔찔끔해서 그러것다 했고 그라믄 또 모를 하고 그랬어요. 물이 없응께.

요 우게 저수지는 막은지 오래돼야요. 한 이십년 될 것이요. 우리 동네는 물세도 안 물고 상수도 물 먹습니다. 요그 이 밑에 모도 몽리답들(바다를 매립하여 조성한 논) 거기는 저수지 물로 농사도 짓고 그라죠.

바닷물이 갈라지는 칫등(峙登)

자료코드   589_FOTA_20170507_HDR_YHT_001
조사장소   진도군 고군면 금계리 회동마을 제보자 자택
조사일시   2017. 5. 7
조 사 자   박영관, 박정석
제 보 자   용홍태(남, 86세, 1932년생)

줄거리 진도 칫등에 바닷물이 갈라지면 바지락을 잡고 가져온 음식을 먹으며 한바탕 흥겹게 놀았는데, 지금은 영등제 행사로 자리잡아 전국에서 관광객이 모여든다.

우리가 옛날 어렸을 때는 칫등에 물이 갈라지믄은 바지락을 캐기 위해서 동네 사람들은 물론 외지사람이 모도(모두) 와서 기달리다가(기다리다가) 칫등에 물이 스면은(빠지면) 거가서(거기에서) 반지락을 파서 모도 음식을 갖고 와서 먹고 개별 적으로 놀기도 하고 또는 남자들은 술 갖고 와서 술 마시면서 막걸리 마시면서 윷도 떤지고(던지고) 그르케(그렇게) 하다가 바다가 갈라지믄은 모도 가서 너나 할 거 없이 바다에 가서 반지락을 캐고 그랬습니다.

그라고 반지락을 캐갖고 오면은 또 재미가 나서 좋고 가다가 낙지도 잡을 수 있습니다. 낙지를 잡으믄 옛날에는 그놈을 들고 보고 서루(서로) 좋다고 발을 하나썩(하나씩) 띠어서(떼서) 바다에서 먹고 그 재미가 아 이루 말할 수 없이 좋았습니다.

그러나 그 후로 차차(서서히) 물이 갈라진다는 것이 소문이 나가지고 영등제 행사를 하게 되었습니다. 그전에는 벨 다른(별다른) 행사가 없고 동네사람들이 그저 몇몇이 모여가지고 그 물 썰면은(물 빠지면) 낙지 잡는다, 소라 잡는다, 바지락캔다 그렇게 흥겨웁게 놀기 위해서 막걸리를 사다놓고 먹고 놀다가 항상 그렇게 뛰고 놀고 재미있게 살았습니다.

농악 치면서 바다에도 모도 들어가고 막걸리를 갖고 가서 옛날에는 거그서 낙지 잡으믄 맨(맨날) 훑어서 막 입에다 넣고 먹음시로(먹으면서) 막걸리 먹고 춤도 치고(추고) 그렇게 하고 놀았어요. 회동마을에도 동네 농악 아주 뭣이 다 있지라.

뽕할머니의 기도

자료코드   589_FOTA_20170507_HDR_YHT_002
조사장소   진도군 고군면 금계리 회동마을 제보자 자택
조사일시   2017. 5. 7
조 사 자   박영관, 박정석
제 보 자   용홍태(남, 86세, 1932년생)

> **줄거리** 영등제는 농사의 풍년을 빌고 바다의 만선을 기원하여 영든신에게 지내는 제사이다. 뽕할머니가 바다 건너 회동을 지나 진도에 와서 시주를 받아 바다를 건너가려는데, 태풍이 불고 파도가 쳐서 기다리고 있는 자손들을 위해 기도한 것에서 유래되었다고 한다.

언제나 팔월 보름날에는 잡귀를 물리친다고 동네 호호 방문해서 그런 때는 기양(그냥) 돈을 내라 이라(이렇게) 안 하고, 우리가 없이 살기 때문에 집집마다 댕기믄(다니면) 자기 집이 와서 무당을, 무당들이 하대끼(하듯이) 잡신을 몰아내고 행복한 길운이 온다 그래서 집집마다 댕김서 쭉 조상에다 물 떠놓고 그 조리중하고 포수하고 안 있었든가. 굿치고(굿하고) 댕기믄 그 사람들이 막 비손하고(손 모아 빌고) 뭐 포수쟁이가 총을 이케 꽹해고(꽝하고) 쏘면서 잡귀를 물리친다고 그런 놀이를 많이 했습니다.

영등제 때도 딱 모도(모두) 모여가지고 바다에 저기여 농사도 풍년되고 바다도 해산물이 모도 풍족하니 그케(그렇게) 되라고 거그서 간단하니 비손하고(손모아 빌고) 그런 것을 했습니다. 영전이 농어촌 풍년해서 우리 모도 잘 살자 잘 살게 해주쇼 하고 기원을 했습니다. 바다 영등신한테 했구만요.

영전한테 그때는 그 뽕할머니라는 사람이 원래는 모도에서 살았어요. 전설에는 모도에서 살았는데, 그분이 흉년이 들어서 본데(본디) 모도에서 물이 갈라져서 회동이로 나와서 진도 와서 시주를 받아갖고 자기 손자들을 멕여 살릴라 한데(하는데) 건네(건너) 올 때는 바다가 좋게 갈라졌어요.

그래서 무사히 우리 동네와서 진도 본도에서 시주를 해가지고 갈라한께(갈려고 하니까) 막 태풍이 불데끼(부는 것 같이) 하고 파도가 쳐가지고 도저히 갈 수가 없어요.

영등이 자기 후손들을 자기가 시주한 것을 갖고가서 밥을 해 멕여(먹여) 살려야 손자들이 살거인데, 태풍불대끼 갑자기 바다에가 막 바람불어가지고 파도치고 갈라치듯이 안갈라지고 그랑께(그러니까) 그분이 성의껏 하나님한테 기도를 했어요.

'내가 시주 받아온 놈을(것을) 가지고 가서 내 아들 손자들을 멕여 살려야 할거인데' 하고 기도를 해서, 그 험한 파도와 바람이 일시적으로 딱 잠잠하니 되야서 건너가서 자기 자손들을 멕여 살렸다는 그런 전설이 있어.

그래갖고 75년도에 프랑스 대사가 여기를 와가지고 바닷길 현장을 보고 하나님한테 감사기원을 하는 그 현장을 봤습니다. 그것이 세계적으로, 군에서 행사를 하고 그래갖꼬 78년도에 영등제를 시작했는데, 그때 처음 시작할 때 여제사는 그때 사당이, 지금 영락이라고 그라는데, 그때는 사당도 없었고 기냥(그냥) 노지에서 뭣했어요. 팽풍(병풍) 하나 쳐놓고.

그때부터는 헌관이 그 박선배, 저 군수님이 내랑 선배님부터 했어. 쭉 그렇게 했습니다. 그렇게 그때 유세차~뭐하고 축관하시고. 처음에 우리 할 때는 두루매기 입고 하고 낸중에부터(나중에) 군에서 할 때는 군에서 옷을 가지고 와서 했어요.

처음엔 기양(그냥) 이케(이렇게) 요놈(이것) 입고 아무놈(아무거나) 입고 두루매기만 입고 그렇게 했습니다. 그래갖고 영등제가 시작이 되얏구만요.

방죽골 밑 저수지

자료코드   589_MONA_20170507_HDR_YHT_001
조사장소   진도군 고군면 금계리 회동마을 제보자 자택
조사일시   2017. 5. 7
조 사 자   박영관, 박정석
제 보 자   용홍태(남, 86세, 1932년생)

> **줄거리** 1967년도에 가뭄이 심해지자 물이 없어 벼농사를 짓지 못했다. 이후 국가에서 물을 가두어 방죽을 만들어 상수도를 설치하고 농업용수로도 풍족하게 쓸 수 있었다. 회동리는 지금까지 물세를 내지 않고 저수지물을 식수와 농업용수로 유용하게 쓰고 있다.

회동 방죽에 대해서 말씀드릴랍니다. 옛날에 방죽골이라고 그랬습니다. 그란데 67년, 68년 한해(旱害)가 심해가지고 우리 동네가 천수답입니다. 그래서 나락 한 꼭지도 못 먹고 말았는데 그래서 박정희 대통령 당시,

"느그가(군민들이) 그냥 밀가루 공짜로 먹으믄 안되고 밀가루를 줄테니 느그가 밀가루를 먹으믄서 방죽을 좋게 만들으라"

그래서 그 밀가루 가지고 동네 주민들, 또 이웃마을 사람들이까지 다 와서 그때 방죽을 그케(그렇게) 순탈하게 되었습디다.

그래서 지금에 와서는 상수도 물이 그렇게 좋고 , 그 후로 우리가 방죽 가지고

걱정없이 농사를 지었는데 군에서 부군수님 이하 과장들이 오세가지고(오셔서) 우리 동네하고 계약을 했습니다. 회동리에는 상수도는 무료, 세금없이 요금없이 무료로 쓰기로 하고 농협에서 무료로 쓰기로 하고 계약을 했습니다.

그래서 지금은 증설해가지고 군에서 다시 한 20억 넘어 들어서 방죽을 만들어 가지고 24시간 군이로(군으로) 그 물이 가고 우리 동네는 그전 이상으로 깨끗한 물로 우리가 식수할 수 있고 농업용수도 일 년 내 씁니다. 농사도 지을 수가 있고 아주 참 좋은 일이 되얏습니다. 그란데 저수지가 방죽골 밑에가 딱 막아졌어. 저수지 옆에가 방죽골이라고 했어. 짧지마이(짧지막이) 되야.

안에는 이케(이렇게) 넓고 그 뱅(병)모가지 모양이로 그 안에가 방죽골이라고 있어. 고 밑에가 딱 막아져 있어. 옛날 사람들이 지혜가 보통이 아니여. 그 방죽골이라 그란데 영락없이 옛날 말이 딱 들어맞게 방죽골이라고.

일제강점기 당시 바다를 관리한 사람

자료코드   589_MONA_20170507_HDR_YHT_002
조사장소   진도군 고군면 금계리 회동마을 제보자 자택
조사일시   2017. 5. 7
조 사 자   박영관, 박정석
제 보 자   용홍태(남, 86세, 1932년생)

줄거리 일제강점기 때 바다에 관리인을 두어 그 사람의 관리 감독 하에 마을 사람들이 바다에 나가 김, 미역, 톳 등을 채취하여 먹거나 읍내에 나가 팔아서 곡식과 바꾸기도 했다.

옛날에는 동네 사람이라도 우리 동네 앞 바다에 아무 때나 가서 매지도 못했어요. 바다 감시하는 사람이 있어 가지고 그 사람이 물때에 맞춰서, 때에 맞춰서 바다에 가서 채취할 때는 동네 그 할아부지가 이케(이렇게) 외쳤습니다.

"오늘은 바다에 가서 미역이나 김을 매시오." 그라믄 동네사람들이 전부 가서 바다를 매다가 그놈을(캔 것, 딴 것) 자기 집에 가지고 가서 아그들하고 먹고 그라고 했습니다.

아무 때나 가서 못 매고 외지사람들은 또 못 허게(하게) 합니다. 그 사람이, 그 바다 감시하는 사람이 물때와 날씨를 맞춰서 딱 매라하믄 매고, 못 매게 하믄 못 매는 그런 제도가 있었습니다.

그분이 관리하기 때문에 바다가 보존되었고 외치면은 언제나 많은 해산물이 풍부해서 아무 걱정 없이 동네사람들이 마음대로 가서 매다먹고, 그렇게 참 오순도순 살았습니다. 아마도 그때가 일제강점기였습니다.

여기에 해산물이 미역, 김, 그때 지금 같은 저 돌김 모냥(같은) 그런 김, 돌에가 붙은 김이었어. 돌김 채취 해다가 칼로 조사가지고(쪼아서) 짚이로(짚으로) 이케(이렇게) 딱 요만하니 엮어갖고 거그다 이케(이렇게) 틀을 놔두고 물에다 떠서 일갈에다 이케 그런때는 논두럭 이런데다 햇빛 잘 몰리게(마르게) 밖에 그렇게 했고 미역은 요리케(요렇게) 그것도 짚이로 이케 엮었지라. 일부러 엮고, 글안하믄(그렇지않으면) 옥달, 옥달을 비어다가(베다가) 이케 엮어가지고 요만치나 엮어갖고 거그따(거기에) 한짝씩 미역을 딱 놓습니다.

이짝이로(이쪽으로) 머리놓고 요짝이로(이쪽으로) 머리놓고 가운데로 이케 다 요만썩(요만큼씩) 해서 가닥미역으로 그래가지고 팔기도 하고 그랬지라. 미역하고 김하고 톳 같은 것이 많이 났어라.(나왔어요) 톳은 보통 기냥(그냥) 막 매갖고(뜯어서) 무쳐 먹으믄 그렇게 맛있어. 그라고 말려서 팔기도 하고.

옛날에 없는 사람들은 그런 걸 갖고 이고 가서 집집마다 댕기면서 팔기도 하고 그랬어라. 그래가지고 쌀하고 그런 뭣하고 농산물하고 바꿔 먹고. 옛날에는 회동이 아주 가난해서 주로 의신쪽으로 해서 읍이로(읍으로) 까지 갔습니다.

고군면 내산리 내동마을

왜군을 놀라게 한 허새비재

자료코드   589_FOTA_20170420_NDR_GYB_001
조사장소   진도군 고군면 내산리 내동마을 제보자 자택
조사일시   2017. 4. 20
조 사 자   박영관, 박정석
제 보 자   고용범(남, 84세, 1934년생)

> **줄거리** 임진왜란 때 이순신 장군이 '허새비재'라는 곳에 허수아비를 많이 만들어 세웠는데, 왜
> 군들이 이를 조선군의 병력으로 알고 위압감을 느꼈고 사기가 저하되었다. 이는 이순신
> 장군의 고도의 심리전술로, 허새비를 세운 곳을 지금도 '허새비재'라 부른다.

허수아비를 세웠던 허새비재

옛날에 왜적덜이(왜적들이) 우리나라를 침입할라고 헐 그 무렵, 이순신 장군이
허새비재라는 거그다가 허수아비를 많이 만드라서(만들어서) 세웠던 것입디다

(세웠나봅니다).

그것을 세워서 왜적덜이 볼 때 '조선도 이렇게나 사람이 많다, 병력들이 많다'
이런 식이로(식으로) 놀래게 할라고(놀라게 하려고) 요렇게 이렇게 시워놓고(세워놓
고) 뭣해낫어도(뭔가를 해놨어도) 허새비재라는(허수아비재) 별명이 지금까지 있습니
다.

그래갖고 지금 거그는(거기는) 산뽕이라는 산이 있는데 산 밑에까지 그렇게 해
서 그런 전설이 있습니다.

바다에서 봐도 되고, 육지에서 봐도 되고 미묘하니 능선이 이렇게 있시요(있어
요). 거기는 황조하고 임선포하고 연결하는 재입니다.

중을 제물로 삼은 임선포와 걸어가다 멈춘 선모산

자료코드 589_FOTA_20170420_NDR_GYB_002
조사장소 진도군 고군면 내산리 내동마을 제보자 자택
조사일시 2017. 4. 20
조 사 자 박영관, 박정석
제 보 자 고용범(남, 84세, 1934년생)

> **줄거리** 저수지 둑이 자꾸 터지자 임자 없는 중을 제물로 바쳐 둑을 막았다 해서 '임선포'라 부르
> 고, 산이 걸어가다가 여자의 말을 듣고 멈췄다 해서 '선모산'이라 부르게 되었다.

선모산과 임선포라는 것이 내산리 옆에 거가(거기에) 있습니다만은 개를(바다를)
막아서 있는데 옛날에는 원을(저수지를) 막으믄 자꾸 터져요. 그것 땜시(때문에)

황조리와 하율리 사이의 선모산(삼미산) 사진의 중앙 부분 우뚝 솟은 산, 가뭄 시 하율리에서 기우제를 모심

곡식 농사를 못해먹게 되는데 거그서 임자 없는(절 없는) 중을 제숙으루(제삿감으로) 해서 들어갔다 해얏꼬(해갖고) 임선포라 한다는 그런 전설이 있어요.
임선포가 황조서 마산이로(마산으로) 나는(지나가는) 원입니다. 임자 없는 중, 중 보고 스님이라 안하요. 그랑께 원을 막을라고 임자없는 중을 제숙으로 들였다 해얏꼬(해갖고) 임선포라고 그케 이름을 지었다고 그럽디다.
그 둑을 왜정시대 때 막었는디 원이 하도 터지고 그랑께 원을 막을 때 임자 없는(절 없는) 중이 들어갔다 해얏꼬 제숙으로 들어 갔다고 임선포라고. 제물이 들어갔다 바로 나왔제.
그랑께 임선포라는 데는(곳은) 옛날에 전설로 이상(아주) 유명했던 것입니다. 예전 시절에는. 그 유둘이, 벽파 거그 가는 질목(길목) 남해안에서 올라오는 그 질목이라(길목) 거가 그렇게 되얏는 것입디다.
그 선모산이라는 것은 옛날에 축지법으루 해서 그 산을 몰고 이케(이렇게) 해찰이로(회초리로) 몰고 마르도(마라도)로 부칠라고 몰고 가는데 한 여자가 애기를 데리고 있다가,
"저 산도 걸어가는데 왜 너는 안 걸어 가느냐?"
방정맞은 여자가 이렇게 말했기 때문에 그래서 그 산이 섰다케서(섰다고 해서) 선

85

모산이라고. 지금도 그케(그렇게) 산이 딱 끊어져갖고 있어요.

산이 걸어가다 섰다 해서 선모산이라고 했답니다. 삼마산이라고도 합니다. 황조 옆에 거그 가서 딱 짤라져(끊어져)갖고 있어요. 동시랑이 있고 반꾸머리가 선마산이요.

거그 삼선에서 원포 뒷산하고 하월 앞에 있는 거그 섰는 것이 선모산이라 그라지요.

옛날에 임선포 노른들은(너른들은) 강강수월래에도 그런 설이 있든 모양입디다. 뭐 그란데 그런 것은 모르고. 그라고 전에 어렸을 때 깨벗고(발가벗고) 짱뚱이 잡으러 뛰어다닌 기억이 있습니다. 예적시에 봤드란데 그런 것은 모르것습니다. 우리 어렸을 때까지도 거그는 물이 들어와서 못해 먹었시오. 완전히 하여튼 우리 동네 내동 마산 앞까지도 물이 들어왔어요. 옛날 일본사람들이 막은 굴뚝이(둑이) 있었어요. 그래 거까지는 물이 들어서 못해묵꼬(농사를 못짓고) 우덜 (우리들)짱뚱이 잡으로 깨벗고(발가벗고) 뛰어대는 거 그런 거는 기억이 납니다.

생이바우 천장에 새겨진 한시

자료코드 589_FOTA_20170420_NDR_GYB_002
조사장소 진도군 고군면 내산리 내동마을 제보자 자택
조사일시 2017. 4. 20
조 사 자 박영관, 박정석
제 보 자 고용범(남, 84세, 1934년생)

줄거리 어릴 때 구렁골 골짜기 '생이바우'에 소를 먹이러 갔다. 바위 위에 최치원의 한시가 새겨져 있으나 지금은 숲이 우거져 들어가기가 힘들다고 한다.

'생이바우'라는 바우가(바위가) 있습니다. 구렁골에는 골착에가(골짜기에) 생이바우라는 바우가 있는데 우리가 소 믹이러(먹이러) 댕임서(다니면서) 소 나두고 와서 우리들이 이케(이렇게) 보믄(보면) 삿갓 모양으로 우게가(위가) 덮여졌는데 밑에서 이케 쳐다 보믄은 거가 이케

'단단석중물 반대반한금 함정유통 야야지 휴시오,'

그렇게 써 있습니다. 그란데 그러는 것이 써있는데 우리 원장님이 와서 뭐다 혼자 가셔서 뭣몬하고(못찾고) 나는 걸음을 못 걷기 때문에 거까지 못 올라가꼬 못뭣했습니다(아무것도 하지 못했습니다). 그란데 그런 것이 지금 봐도 있을거인디 내가 가믄(가면) 찾것는데 거그를 한번 놀러 가보는 것을 못하고 있네요.

내가 가면 분명히 찾습니다. 그 글씨가 잘 쓴 글씨예요. 정자로 짝짝 썼어 욱에다(위에) 이케 썼어. 천장이 생이바우가 이제 쭉 누워 있으믄 사람이 들어가서 보믄 욱에다 이케 썼습니다. 욱에가(위에) 절터라 하는데 넓은 그게 뭣이 있어요.

그란데 거가 절터라 케갖고(해서) 층층이 있는데 용장성 가기 전에 망조라는 것이 제일 밑에가 있습니다. 우리 어렸을 때 속이로(속으로 들어가도) 되고 그란께 전

87

부 알았는데 지금은 이제 숲이 하도 우거져서 갈란가 어쩔란가 모르것습니다만은 그 그저 글씨 쓴 생이바우까지는 갈 수 있는가 모르것습니다. 낫이나 들고 가서 쉬고 오드란가(온다면) 몰라도.

어렸을 때 속이로 가서 소 놔두고 놀러가서 그 우기로(위로) 놀러가서 밥뭐다고 글씨가 써졌는거이다 이렇케 생각만 했지요. 어르신들한테는 인자 물어봐도 그란것을 누가 갈차줄라(가르쳐줄려고) 생각 안하고 농사일 때문에 우리 서당에 댕길 때 그런 것을 모도(모두) 쫌(좀) 뭣했지요. 시간적이 날 때 우리 아부지가 서당 선생이었습니다. 그래서 원장님(문화원장)한테 우리 아버지가 그거이 뭐이라고 어문 뒤풀이라고 책하고 갖다 준 기억이 있는데. 이래(이렇게) 써졌어요. 달걀을 말한 거는 기억이 나네.

단단석중물 (團團石中物, 둥글고둥근돌가운데물건은)

반옥반한금 (半玉半黃金, 반은하얗고반은황금이구나)

야야지시조 (夜夜知時鳥, 밤마다때를알아우는새가)

함정미토음 (含情未吐音, 정을머금고소리를내지못하네그려)

(최치원 시*)

---

*최지원의 시다. 최지원은 신라 말 유학자로 12세기 당나라로 유학을 떠나 당의 과거에 급제했다. 그는 생전에 많은 시와 문장을 남겼다. 아래는 위 시의 전문이다.

추야우중(秋夜雨中)
秋風惟苦吟 (추풍유고음) 가을바람에 쓸쓸한 마음을 달래기 위해
世路少知音 (세로소지음) 시를 읊지만 세상에는 내마음 아는 이 적네
窓外三更雨 (창외삼경우) 창밖에는 밤 깊도록 비가 내리고
燈前萬里心 (등전만리심) 등불 앞에는 만리고국을 달리고 있네.
團團石中物 (단단석중물) 뚜렷한 돌 속의 물건은
半玉半黃金 (반옥반황금) 반은 백옥이고 반은 황금이라
夜夜知時鳥 (야야지시조) 밤마다 때를 알리는 새가
含情未吐音 (함정미토음) 정만 품고 소리는 토하지 못했구나.

고군면 내산리 마산마을

왜군들의 시신을 매장한 왜덕산과 왜병골짜기

자료코드   589_FOTA_20170526_MSR_LJK_001
조사장소   진도군 고군면 내산리 마산마을 제보자 자택
조사일시   2017. 5.26
조 사 자   박영관, 박정석
제 보 자   이정국(남, 69세, 1949년생)

> **줄거리** 임진왜란 때 참패한 왜군들의 시신이 지수리로 밀려갔다가 들물 때에 다시 조산등으로
> 밀려와서 굴곡진 위치에 모이자 마을 어르신들이 주변 산에 시신들을 매장해서 그 곳을
> '왜덕산'이라 부르고 그 골짜기를 '왜병골짜기'라 부르게 되었다.

왜덕산에 대해서 말씀을 드리겠습니다. 그때 저는 어렸습니다만은 저희 집 사
랑방에는 저희 아버지, 그리고 나이 많이 드신 할아버지 일고여덟(7, 8) 분이 석
기(새끼) 꼬면서 하신 얘기를 그대로 전해드리겠습니다.

왜덕산은 옛날 이순신 장군께서 임진왜란 때 대승을 하시어 아마 그때 당시
많은 왜적선에 왜적들이 죽었는데 썰물 시기라, 아마 모란까지 많은 시체가 떠
내려갔다가 들물 시에 올로면서(올라오면서) 우리 마을 앞에 지수리라는 배가 다
니던 거기까지 갔다가 다시 돌아서 '조산등'이라는 우리 마을 오른쪽 어귀가
있는 동산이 있는데, 여기가 굴곡이 져가지고 모든 것이 이 들물에 올라가다
가 걸릴 수 있는 위칩니다.

그래서 많은 시체가 거기서 걸려서 아마 그 옆 마을 내동, 또 우리 내산동네 여
러 이웃 어르신들이 아마 그 시체들을 그 우에 왜덕산에 안장하지 않았냐 이
렇게 생각되고요.

두 번째는 왜병골이라는 지명이 또 하나 있습니다. 거기는 바로 우리 마을 앞에 창목이라는 하나의 중간 주막이 있던 곳이 있는데 지금은 방조제가 있습니다. 다만은 옛날에는 지수리까지 가지않고 거기서 일단 셨다(쉬었다) 가는 배들이 오고, 옹기장시(항아리장사) 배들이 왔다갔다는 그 배들이 정박하게 했던 인배, 거기를 일단 들어와가지고 들물과 썰물 울돌목 물이 써가지고 만조, 간조에 4시간차로 해서 간조에 다시 밀물이 세차게 올로면서 일부 시체가 왜병골 골짜기에 많이 쌓여 있어서 지금도 그곳을 왜병골, 또는 왜병골짜기로 부른다고 제가 들었습니다.

제가 덧붙여서 드리고 싶은 것은 삼십년 전에 농업지방소에 근무하면서 해남 농업지방소하고 진도 우리 어민들과 많은 분쟁이 있었습니다.

해남 고천암이 완공은 되얐으나(되었지만) 그 안에 가경작하던 농민들이 벼 수확을 하기 위해서 논안의 담수를 바다에 배수를 해야 되는데, 그 배수물이 우리 마을 인근 해역 생업에 지장이 있어서 김발이나 해태에 많은 지장이 초래돼서 몇 년간 민원이 많이 야기됐었으나 사실여부를 확인하기 위해 마지막으로 해남지방공사에서 목포와 광주지역 교수님들과 연구자들을 초빙, 어민과 어촌계, 지역 주민들과 교수들과 합의하에 해남 고천암 방류지점에서 부표를 십

여 개 만들어서 썰물에 내려보냈어요.

그게 원암 저 밑에까지 내려갔다가 네 시간 후 우리 마을 김양식장, 쉽게 말해서 마을 앞 한120헥타르 정도 그 부분까지 정점으로 해서 부표를 몇 개 발견해 가지고 농업용수 방류가 확실히 실질적인 피해가 있다 하고 결론이 나게 되었습니다.

그런 것을 볼때 아마 왜구도 썰물에 저 밑에까지 내려갔다가 올로는(올라오는) 과정에서 우리 마을 지수리까지 가가지고, 또 지나면서 왜덕산 앞에 조산덕 거 그에 일부, 또 나머지는 우리가 어장, 어망 같으면은 고기가 많이 들어가는 것을 하나의 통이라 그렇습니다만은.

그 방금 제가 말하고자 하는 왜병골짜기가 브이자형으로 뭐가 한번 딱 들오면은 나가기가 쫌 힘든 약간의 골짜기에 많은 왜구들 시체가 쌓여 있어 가지고 아마 지금도 그 지점을 왜병골짜기라 부르고 그 이름이 그대로 내려오고 있는 것으로 생각됩니다.

91

고군면 내산리 황조마을

황조마을의 유래

자료코드　589_FOTA_20170705_HJR_JYH_001
조사장소　진도군 고군면 내산리 황조마을 제보자 자택
조사일시　2017. 7. 5
조 사 자　박영관, 박정석
제 보 자　조윤환(남, 56세, 1962년생)

> **줄거리** 옛날에 임금님이 우리 마을에 오셔서 하룻밤 주무시고 아침에 다른 데로 가셨다고 해서 마을 이름을 '임금 황' '아침 조' 이렇게 '황조'라 부르게 되었다고 한다.

저는 아직 젊습니다만은 옛날 어려서 어르신들 얘기를 듣고 생각했는데, 임금 황(皇)자를 쓰는 마을은 전국에 거의 없는 걸로 얘기를 들었고요.

마을 이름에 임금 황(皇)자를 왜 썼냐그믄(썼냐하면), 지금 생각해 보믄 아주 옛날에 삼별초난 때라든지 이럴 때 임금님이 어떤 큰 어려움을 만나서 저녁에 여그 우리 마을을 오셔갖고 하룻저녁 주무시고 아침에 다른 데로 이케(이렇게) 가셨다고 그래갖고 '임금 황(皇)' 자 쓰고 또 '아침 조(朝)' 자를 써서 황조라고 그렇게 한다고 들어서 기쁘게 생각하고 있습니다.

방아 찧는 소리가 들리는 방애꾸미

자료코드   589_FOTA_20170705_HJR_JYH_002
조사장소   진도군 고군면 내산리 황조마을 제보자 자택
조사일시   2017. 7. 5
조 사 자   박영관, 박정석
제 보 자   조윤환(남, 56세, 1962년생)

> **줄거리** 임성포구에 임성재가 있는데, 바람이 많이 불어 파도가 쳐서 방아 찧는 소리처럼 들린
> 다 해서 이를 '방애꾸미(방꾸멀)'이라고 했다.

저희 마을에는 임성포라는 포구가 있습니다. 임성포구는 아주 오래 전에 양천
허씨 대(垈; 진도 입도조)란 분이 들어오셔서 쭉 오래 사시면서 그 양천 허씨 집안
의 홍주, 지금 유명해진 홍주를 여기서 발현한 걸로 그렇게 생각이 듭니다.

여기 삼별초 용장성이 저쪽에가 있거든요. 그래서 여기를 '임성포'라 하고 또
거그(거기) 재를 '임성재'라 그러고, 여기 뚝도(둑도) '임성계재' 그러고도 하는데
여가 방애꾸미(방아기미) 자리가 바로 임성재 자리입니다.

임성골이죠. 방꾸멀.(방애기미) 근데 방꾸멀은 저희들은 오래전에 그 바람이 많
이 이케(이렇게) 닿고 파도소리는 잘 모르겠어요. 그란데 옛날 어르신들은 그러
드라고요. 바람이 많다해서 바람, 방꾸멀이라 했다고 하는데, 또 아울러서 울
돌목 물이 아주 조수가 세게 치는 지역이다 그래요.

바닷물이 마을 쪽으로 흐르는데 여기 방꾸멀이 톡 튀어나온데 거그를 때리기
때문에, 그래서 방애를(방아를) 찧는 것 같다고 또 그런 이야기도 있어요. 그래
서 쿵쿵한다 하는 그런 얘기도 전하거든요.

소나무와 동백나무 숲이 우거졌던 황조마을

자료코드   589_FOTA_20170705_HJR_JYH_003
조사장소   진도군 고군면 내산리 황조마을 제보자 자택
조사일시   2017. 7. 5
조 사 자   박영관, 박정석
제 보 자   조윤환(남, 56세, 1962년생)

줄거리 황조마을은 원래 울창한 동백나무 숲과 아름드리 소나무가 많아 경치가 아름다웠는데,
도로가 나면서 예전만 못하게 되었다.

여기가 양천 허씨 분들이 몇(몇) 가구가 사신 걸로 저는 알고 있습니다. 그리고
그 뒷 판 가운데 그 옛날에 큰 동백나무, 노송이라든지 이쪽 지역에가 소나무
가 엄청나게 많앴나봐요(많았나봅니다).

그란데 저희들 한 초등학교 5, 6학년 되던 그런 시절에 소나무를 많이들 막 비
어간걸로(베어간 것으로) 그렇게 생각이 들고요. 근데 양천 허씨 중 홍주를 막 생
산하는 집에 나무들 밑에 철령도 있고 그런 걸로 생각이 듭니다.

요 부근에 동백나무가 있고 그 욱이로(위로) 소나무들, 아주 노송들이 우거지
고 그 옆에 바닷가에는 석회석 모래사장이 또 아름답게 있었다는데. 뭐 지금
은 다 없어진 일입니다만은 우리 초등학교 다닐 때만 해도 그때까지, 여기 도
로가 나기 전까지만 해도 소나무가 많이 비어졌지만은 솔찮이(제법) 많앴어요.
동백나무도 막 집단을 이룰 정도로 아주 많앴습니다.

그란데 언젠부턴가 그것도 없어졌습니다만은 바닷가에는 도로가 날 그 시기
까지만 해도 막 아름드리 된 소나무들이 엄청나게 많애 가지고 아주 경치가 좋
은 지역이었단 말이에요.

우리 어려서 목욕도 하고 해수욕도 하고 그런 지역이었습니다만은 또 모래가

좋았는데 아마 동네에서 욱에(위에) 밭주인들이 그 모래를 인천지역에 있는 어떤 회사에 판 거 같아요. 석회질 모랜데 그래서 지금은 둑만 쫌 앙상해진 그런 상태로 된 걸로 알고 있습니다.

소치선생을 모신 양천 허씨 선산

자료코드   589_FOTA_20170705_HJR_JYH_004
조사장소   진도군 고군면 내산리 황조마을 제보자 자택
조사일시   2017. 7. 5
조 사 자   박영관, 박정석
제 보 자   조윤환(남, 56세, 1962년생)

줄거리 황조마을은 조선 중기 양천 허씨의 입도조가 들어온 곳으로, 양천 허씨들의 선산과 소치 선생의 묘가 이곳에 모셔져 있다.

소치 선생님이 사천리 운림산방 거기에서 돌아가셔갖고 여기가 꽤나 먼 거린데, 양천 허씨 선산을 찾어와서 모셨다든만요. 지금 여기 바로 옆에가 양천 허씨 선산이 이케 큰 벌간을 하고 되게 크거든요. 거기 정중앙에 소치선생 묘가 있고, 또 그 옆에는 미산선생님 묘도 있고 지금 그렇게 알고 있습니다. 지금도 거기를 보러 예술하는 분들이 종종 많이 오시드라고요.

그런께 여기가 조선조 중기에 진도 입도조가 들온 곳이고 또 아울러서 선산이 여기 있어 갖고 소치선생님이 여기에 묻히고 해서 양천 허씨들로 해서는 여기가 아주 성지인 셈이죠.

그래서 지금도 남아있는 그 분들의 산이나 땅은 옛날부터 우리 동네 분들이 농사를 많이 짓고 했어요. 지금 농사짓고 있는 땅을 보면 양천 허씨들 땅이 많애요. 옛날 원 등기에 보믄은. 그라고 지금도 남아있는 선산이라던지 주위에 산덜이(산들이) 양천 허씨들 소유의 산덜이 많습니다.

물이 빠져 멀어진 선창

자료코드   589_MONA_20170705_HJR_JYH_001
조사장소   진도군 고군면 내산리 황조마을 제보자 자택
조사일시   2017. 7. 5
조 사 자   박영관, 박정석
제 보 자   조윤환(남, 56세, 1962년생)

줄거리 예전에는 마을 앞까지 물이 들어와 배를 댔는데, 지금은 조수간만의 차가 커져서 보통 100m 이상 나가야 할 만큼 바다 지형이 변하고 있다고 한다.

저희들 어려서는 사리 때는 말할 것도 없지만은, 조금이라고 그럽니다만은 조금에도 저기 우리 동네 앞에까지 이케 물이 들어있었단 말입니다.

그래서 지금같이 큰 배는 못 다녔습니다만은 쪼그만 노 젓는 배는 거의 지장 없이 선창에 대고 했습니다만은, 근래에 들어서는 조수간만의 차가 엄청 심해서 조금살이 되믄은(조금살이 되면) 거의 물이 안들을(없을) 정도로 뭐 전혀 옛날에 비교하믄 한 1킬로 정도가 물이 빠져부는(빠져버리는) 그런 자연현상이 되고 있습니다.

왜 그런고 생각해보니까 우리 진도 뿐만이 아니고 전 지구적인 문제입니다만
은 방조제를 많이 막고 또 옛날에는 선창 자체가 없었지 않습니까?

저그 여기 우리 동네도 임성포하고 제일 끝터리가 동네 끝터리라 합니다만은
뭐 동네 끝터리에다 배를 대고 저 둑 위로 걸어오고 그런 시대에는 아마 물이
자연 그대로 이케 소통을 했으니까 그런 걸로 알고 있는데, 지금은 인근 마을
다 그렇습니다만은 게중 안나간 선창이 백메텁니다.

뭐 저희 마을만 봐도 선창이 바다로 한 이백미터정도 이케 나가있는데 그러다
보니까 조수간만의 차가 심하지 않은가 그런 생각이 들어요.

옛날에는 우리 진도가 전부 리아스식 해안이로 해서 고글고글하니(꼬불꼬불하
고) 그랬는데, 지금은 둥그런 바구니 섬이 기양(그냥) 돼 부렀어요. 그래서 물이
들고 나는 이런 곳에 전부 제방을 막고 또 선착장을 질게(길게) 내고 모도 조수
가 이런 변화 현상을 나타난거 같애요.

그런데 어차피 저도 어업을 하고 삽니다만은, 또 이 먹고 사는 일이 제일 큰일
이라 물론 자연에 어떤 위배는 됩니다만 선창을 또 안 만들 수는 없단 말이에
요. 그러다 보니까 저희들 때 벌써 이 자연환경의 변화를 직접 체험을 하죠.

고군면 도평리 도론마을

도룡농 형국의 도론리

자료코드 589_FOTA_20170703_DRR_LYM_001
조사장소 진도군 고군면 도평리 도론마을 제보자 자택
조사일시 2017. 7. 3
조 사 자 박영관, 박정석
제 보 자 이영목(남, 73세, 1945년생

> **줄거리** 고려 말 몽골의 침입을 피해 진도에 들어온 입도조의 후손이 도론리에 들어왔다. 처음 경주이씨 집성촌으로 형성된 용반리는 훗날 형세가 도룡농 형국이라 도론리로 마을 이름을 바꾸었다.

현재는 도론입니다만은 옛날 마을이 형성되기 전에는 용반리였습니다. 용반리는 경주이씨 집성촌으로 형성됐고, 마을이 만들어진 것은 약 고려 말 정도 됐습니다. 진도 입도조가 고려 말 몽골을 피해서 진도에 입도조로 들어오고 그 후손 한 명이 도론리에 들와서 자자 입촌을 형성했는데, 그 당시 우리 마을은 참 산자수려하고 따뜻하고 아주 토지도 비옥하고 그래서 여기에 딱 터를 마련한 거 같아요.

그란디 어째서 용반이라고 했느냐믄, 형세를 딱 보니까 용이 서린 자국이다 그래갖고 용반리로 했습니다. 최근에 와서 그 이름을 도론리로 바꿔갖고 개명을 해서 지금 도론리로 살고 있습니다. 옛날에 쩌이 여기 산세가 도룡농 형국여갖고(형국이어서) 여가 도론리다 그런 얘기를 했는데, 그런 근거로 여그를 훗날 그렇게 한거 같애요.

그것도 일리가 있는 말인데 또 다른 의견에는, 최근에 와서 도론리라고 '길 도

(道)' 자에 '논할 론(論)' 자, 도론리로 개명을 해갖고 사투리로 도론굴, 도론굴 허니까 소전 손재형 선생이 아, 여기는 '도룡동'으로 명칭을 명명하면 쓰것다 하고는, 한참 제일 젊었을 때 힘찬 필치로 해서 도룡동이라는 글씨를 마을 안 상석에다가 기록을 한 것이 있습니다.

고려 말 충신 이제현 선생을 모신 영당

자료코드 589_FOTA_20170703_DRR_LYM_002
조사장소 진도군 고군면 도평리 도론마을 제보자 자택
조사일시 2017. 7. 3
조 사 자 박영관, 박정석
제 보 자 이영목(남, 73세, 1945년생)

줄거리 기미년에 진도에 사는 경주이씨 문중이 돈을 모아 도론리에 고려말 충신 이제현의 영당을 짓고 영정을 모셔 매년 봄가을에 시제를 모셔왔다. 최근에 영정을 도난당하였고, 후손이 많아지면서 재실이 협소하자, 재각을 임회면 광전리로 옮겨 영정을 다시 제작하여 제를 계속 모시고 있다.

도론리 영당은 고려 말의 충신이요, 대학자인 이제현 선생으로 경주이씨, 도론리 이씨로 항은파조 할아버진데, 기미년 도론리에다가 진도군 경주이씨들 전체가 십시일반 돈을 모으고 부역을 하고 해서 영정을 모시고 영당을 지었습니다.

매년 춘추로 정월 중정, 가을 추 중정으로 봄 가을로 해서 시제를 모시고, 그때는 진도군 전체 경주이씨들이 다 와서 정말 경건하게 시제를 모시고 했는데, 최근에 그 영정을 도난을 당하고, 또 후손은 많은데 재실도 협소하고 그래서 지금은 임회면 광전리로 재실을 옮기고 영당도 광전에다가 새로 건축해서 영정을 또 거기다가 새로 제작해서 모셨습니다.

도론리에서 발굴된 고려자기

자료코드   589_FOTA_20170703_DRR_LYM_003
조사장소   진도군 고군면 도평리 도론마을 제보자 자택
조사일시   2017. 7. 3
조 사 자   박영관, 박정석
제 보 자   이영목(남, 73세, 1945년생)

> **줄거리** 고려시대 유적인 용장산성에 왕궁이 있었는데 왕궁에는 묘를 둘 수 없어서 산 너머 도론리에 묘를 안장했다고 한다. 그래서 이곳에서 고려자기가 많이 출토되고 있다.

우리 동네 도론리에서 고려자기가 상당히 많이 출토가 됐는데 아주 고가고 좋은 게 많이 나왔다고 해요. 출토되기 전에 지형하고 용장산성 그 용반을 조사할라고 중앙부에서 언제 어떤 발굴조사단들이 왔습니다.

조사단이 '아, 도론리는 고려자기가 많이 묻혀있을 지형이구나' 함서 조사를 하고 갔는데, 사실 용장산성에 왕궁터가 있는데 어째서 산 너메(산 너머에) 도론리에다가 묘를 안장을 했겠느냐 하고 보니까, 그 왕궁터 안에는 묘를 형성할 수가 없어서 아마 용장산성 너머 여그 도론리에다가 묘를 많이 형성한 거 같습니다.

그래갖고 밭작물을 함서 뭐 쟁기질을 하고 갈다 보니깐 고려자기 한 점씩, 두

점씩 출토가 됐어요. 그걸 이상히 생각하고 발굴단 아래 하부 조직들이 와서 그 땅을 뒤지기 시작했습니다.

창대로 뒤져가지고 상당히 많은 고려자기를 발굴을 해서 고물상하는 사람에게 팔아서 넘기고, 아마 여기가 뭐 고려장 터도 긴거(였던 짓) 같습니다. 그래서 도론리 여기서 고려자기가 많이 나온 거 같습니다.

석현리 김해김씨들과의 묘역 갈등

자료코드 589_FOTA_20170703_DRR_LYM_004
조사장소 진도군 고군면 도평리 도론마을 제보자 자택
조사일시 2017. 7. 3
조 사 자 박영관, 박정석
제 보 자 이영목(남, 73세, 1945년생)

줄거리 경주이씨 입도조 할아버지를 선산에 모셨는데, 그 묘 위쪽에 석현리 김해김씨들이 김참사 묘를 안장해서, 이것으로 집안간의 싸움이 일어나서 법적소송까지 번지게 되었다.

우리 도론리에 들어온 최초 입도조 할아버지, '후' 자, '인' 자 할아버지가 돌아가셔서 그 묘를 현재 우리 도론리 선산에다가 안장을 했는데, 그 후로 석현리 김해김씨들이 '김참사' 묘역을 우리 할아버지 우에다가 도장을 했습니다.

옛날 사람들은 참 도장을 한다는 거는 완전히 어떤 씨족에 굴복을 하는 모습이고 그래서 아주 갈등이 심해 갖고 싸움이 일어났는데, 그 싸움이 격하다보니까 도론리 이씨들이 그 김참사 묘역 상석하고 비문을 갖다가 훼손하고 못등

101

을 갖다 평을 쳐버렸습니다(반반하게 해버리다).

평을 쳐버리고 나니까 김해김씨들은 법적으로 인자 소송을 한 겁니다. 소송을 하고 또 평을 친 묘역을 어뜨케든(어떻게든지) 찾아야 되는데 찾을 수가 없으니까는 인제 황소를 끌어다가 '황소가 서 있는 자리가 묘역일 것이다' 해가지고 대충 묘역을 찾아갖고 지금은 봉분을 해서 다시 만들었는데, 그거에 대한 입석, 김참사 입석 묘비는 정만조씨가 찬을 하고 또 소전 손재형 선생이 여가(여기가) 도론굴이니까 '도룡동'이라고 상석을 써서 지금까지 내려오고 있습니다.

경주이씨들이 도론리에 터를 잡은 이유

자료코드   589_FOTA_20170703_DRR_LYM_005
조사장소   진도군 고군면 도평리 도론마을 제보자 자택
조사일시   2017. 7. 3
조 사 자   박영관, 박정석
제 보 자   이영목(남, 73세, 1945년생)

> **줄거리** 경주이씨들이 최초로 자리 잡은 곳은 성재 아래였는데, 도둑이 많아서 마을 안쪽으로 깊숙이 들어가게 되었다. 그곳에는 이미 청주한씨들이 몇 가구 살고 있었는데, 나중에는 그들이 평산리로 이주하여 도론리는 완전히 경주이씨 집성촌이 되었다

·도론마을이 형성된 그 시기는 당초에 동구 밖에 낡은 터라고 있는데 그 길이 성재, 성깃재라고도 하고 벽파에서 진도로 들어가는 입, 모든 통로가 되는 입구가 성재를 통해서 진도읍까지 모도(모두) 나가는 제일 큰 도로였습니다.

그 성재 밑에가 우리 이씨들이 형성이 되갖고 자리를 잡았는데, 도둑이 들끓

어서 아, 이거 안 되겠구나 해서 현재 있는 마을 안쪽으로 들어오게 됐습니다.
근데 지금 마을 안쪽에는 마을이 이미 형성이 돼 있었는데, 청주한씨들이 쫌 몇 가구 살고 있는데 거기로 우리 경주이씨들이 들어온 겁니다.

들어와 가지고 살다보니까 청주한씨들이 인제 밀려서 마을 앞 평산리로 이거 (移居)를 하고, 현재 도론리로 완전히 경주이씨 집성촌으로 자리를 잡게 된 것입니다. 현재까지 마을이 집성촌으로 이뤄지고 있습니다.

원님이 행차하고 들어오는 길

자료코드   589_FOTA_20170703_DRR_LYM_006
조사장소   진도군 고군면 도평리 도론마을 제보자 자택
조사일시   2017. 7. 3
조 사 자   박영관, 박정석
제 보 자   이영목(남, 73세, 1945년생)

> **줄거리** 옛날 원님이 행차할 때 벽파에서 용장을 거쳐 성재에서 말 타고 들어와 솔모래길로 해서 고성에 들어갔고 거기서 진도읍으로 나갔다.

낡은 저 성재라는 길은 옛날에 진도군 원님이 행차하고 들어오실 때 그 성재 길을 말을 타고 들어와갖고 무명용사 묘역인 솔모래길로 해서 고성으로 들어 갔습니다. 고성에서 또 진도읍으로 연결된 도로를 타고 갔습니다.

그니까 원님이 젤 처음에 벽파에서 용장을 거쳐 가지고 용장성 끝 성재를 거 쳐서 무명용사 묘역인 솔모래길을 통과해서 옛날 읍터인 고성 읍터로 갔던 것

입니다.

거기서 진도읍이로 갈때는 오일시 길로 통해서 석현 길로 해서 진도읍으로 들어가게 되었습니다. 솔모래길은 현재 무명용사 묘역 길이 거가 솔모래길이라고 해요.

고군면 벽파리 벽파마을

자식 이름을 지어주고 풍랑도 예견한 당할아버지

자료코드   589_FOTA_20170424_BPR_KPY_001
조사장소   진도군 고군면 벽파리 벽파마을 제보자 자택
조사일시   2017. 4. 24
조 사 자   박영관, 박정석
제 보 자   김필윤(남, 84세, 1934년생)

> **줄거리** 영험한 벽파 당할아버지가 제보자 어머니의 꿈에 나타나 태어날 아들의 이름을 지어주었다고 하며, 풍랑에 주민들이 큰 사고를 당할뻔 한 것을 당할아버지 도움으로 막을 수 있었다고 한다. 그동안 마을 사람들이 당집에서 당할아버지 제사를 모셔왔는데, 교회 다니는 사람 때문에 당집이 없어졌다. 근래 들어 진도군의 지원으로 당집을 복원할 계획이라고 한다

옛날에 어무니가 자는데 꿈에 당영감이 탁 나타나드니 지금 현재 기배가 살고 있는 집자리, 그 집자리가 우리 집자리였어요. 거그서 어무니가 주무시는데 꿈에 지름을 탁 입고 막 들어오는 입구에다 감나무 옆에다 기름을 탁 박아놓고 이르트면 당영감이라는 영감이 지금 거저 당을 모시는 당영감이여.

"느그는 첫 아들을 이름을 잘못 지어서 잃었다. 이번에 난 아들은 내 틀림없이 아들이 난다. 아들을 낳는데 그 아들은 클 홍, 진실로 윤. 홍윤(洪允)이라고 지어라."

그랑께 어무니가 인자 귀담아 들어서 깨어놓고 보니 인자 꿈이거든. 그래서는 마치 새북참(새벽 무렵)이 되는데 그때 일어나서 인원이네 집이가 있어. 인수네 집, 거그 사랑방에서 모도 어런덜이(어른들) 전부 모도 놀고 있는데 아부지를 부른께 아부지가 인제 나왔어. 그래서 이래저래한 꿈을 꿨으니 근께 아부지가 그때는 인자 볼펜을 찾아서 들고는,

"이담에 낳는 애기는 틀림없이 아들을 낳는다. 그 성명은 클 홍, 그 진실로 윤으로 홍윤이라고 지어라."

하고 그대로 써놨어요. 그래서 내 욱애 욱에 형님을 김홍윤이라고 지었어요. 홍윤, 클 홍, 진실로 윤. 그래가지고 그 밑에 영윤이, 내가 필윤인데 필윤이, 아버지가 작명을 했죠.

그후로는 다시 뭐 우리가 남 사는데로 사형젠데, 제일 큰 형은 인자 내동에서 죽고 삼형제가 살아갖고 인자 다 돌아가시고 나만 있어. 홍윤이 형님은 아주 기계기술자 있죠. 예. 어디가나 홍윤이라고 하든 다 알아요. 하물며 영산포에 살았죠. 인자 목포에 살다가 영산포로 이사, 이전을 했죠. 기계감리로.

서울 가서 있으믄은 미국사람이 한국 사람을 저 뭣을 비서를 데리고 형님을 찾으러 댕겼어. 여관으로 막. 그래가 찾아갖고 이래저래 해서 부속을 또 갖고 가서 이 기계가 고장났으니 좀 봐주쇼. 그래갖고 그런 사례가 있습니다.

당한압세가(당할아버지) 그게 영했는데 인자 교회 다니는 사람이 그 단지를 갖다 바다에 던져 부렀닥 해.

던져 부렀는데 그래도 마을에서 하던 것을 인자 안 할 수가 없응게 다시 또 거그다 쪼끄막게 해얏고 쩌그 전에 지서 앞에 거그다가 쪼끄막게 해서 꼭 요마하니 해서 해놨어. 모셔놨어. 그래놓고 해마다 이 마을에서 제를 모셔. 이 음력이로 섣달 금날(그믐날).

그라는데 인자 어서 뭣한 사람들은 뭔 굿한다고 거그 가서 굿하고 나서 돈도 여그다 여놨어. 지금.

우리가 거그 청소하고 그라는데 돈도 한 이만 원 있듬마. 그랑게 가만 놔둬. 그란데 인자 이장이 군이다 말해갖고 거그 당한 합씨 지각을(당할아버지 제각을) 오백만 원으로 올해 지슬락해(짓으려고 해). 그라 인자 거그 올해 지슨다(짓는다요). 오백 원 들여서 지슨다고 지금 하고 있어.

나룻배가 인자 쩌만큼 떠서 갔다여. 손님 싣고. 그라고 가는데 거그는 하얀 우아래 입고 두루마기 입고 그런 점잖은 어린이(어른), 한아부지가

"이리오니라, 이리오니라."

막 불렀다게. 그랑께는 인자 어째 저케 그라는가고 돌아서서 하공이(사공이) 배, 저 선창에 닿는데 막 닿고 난께는 막 풍파가 일어나드래. 막 바람이 불고 그래서 그 당한압씨땜에 사고 안나고 다행히 아조 여그 도착했닥해. 그런 얘기를 할머니가 해. 그런 얘기를 들었어.

그라고 인제 그 뒤로 부터는 당한압씨를(당할아버지) 그게 열심히 제를 모셨는데 그 교회 다니는 사람 때문에 그거이 없어져 불었어.

다시 인자 쪼끄맣게 해놓고 하는데 누가 와서 보드라도 너무 초라하다고 지금 오백만 원 군에서 지원해줬어. 지금 오백만 원한치 지슨다고 하고 있어.

감보도 앞바다 지네와 용의 결투

자료코드	589_FOTA_20170424_BPR_KPY_002
조사장소	진도군 고군면 벽파리 벽파마을 제보자 자택
조사일시	2017. 4. 24
조 사 자	박영관, 박정석
제 보 자	김필윤(남, 84세, 1934년생)

줄거리 감보도 앞바다에 나룻배 같이 큰 지네가 튀어나와 용과 한판 결투를 할 때면 물이 하늘로 높이 치솟는 것처럼 장관을 이루었다고 한다.

뭐 감보도 앞바다에서 풍파가 일어났는데 지네가 나룻배 같이 너무나 큰 지네가, 발이, 발이 너무나 커갖고 그런 지네가 나오믄 마을 사람들이 무서라고 어쨌다 카드라.

용이 나와갖고 싸우고 그람 인자 마을 사람들이 무서라고 애기들은 이불속에 들어가고 어른들도 모도 무서워 해쌌고 그란데.

(조사자 : 벽파 이 바다에서 지네하고 큰 구렁이하고 싸움을 했어요?)

뒤집어졌다고. 물이 아주 막 하늘 높이 솟아. 하늘로 막 솟은 것처럼 장관을 이뤘다고 모도 그런 얘기들이 있는데 뭐 들었죠이.

소맥분 팔아 만든 제2 방조제

자료코드 589_MONA_20170505_BPR_PYJ_001
조사장소 진도군 고군면 벽파리 벽파마을 제보자 자택
조사일시 2017. 5. 5
조 사 자 박영관, 박정석
제 보 자 박영준(남, 91세, 1927년생)

> **줄거리** 지금 벽파마을 양어장은 예전에 한씨 성을 가진 분이 구호물자로 나온 소맥분 원조로 제2방조제를 만들어 염전으로 수입을 올렸다.

지금 양어장으로 되어있는 데가 옛적에는 염전이 되어서 많은 소금을 모아서 주민들이 수입을 올렸는데 지금은 양어장으로 변했습니다.

방조제가 제1방조제, 제2방조제 있는데, 옛적에 2방조제는 한씨가 그 구호물 자로 소맥분이 많이 나와서 그 소맥분 원조가지고 제2방조제를 만들었습니 다. 그래가지고 염전이 된 것입니다.

고군면 석현리 사동마을

솥뚜껑으로 시험한 오누이고랑

자료코드   589_FOTA_20170424_SDR_PSH_001
조사장소   진도군 고군면 석현리 사동마을 제보자 자택
조사일시   2017. 4. 24
조 사 자   박영관, 박정석
제 보 자   박석환(남, 81세, 1937년생)

> **줄거리** 산에서 솥뚜껑을 굴려서 소리가 나게 부딪히면 함께 살자고 한 '오누이고랑'과 절이
> 있는 마을이라 해서 '사동', 스님 말대로 세운 '불장사'가 있었다.

그 오누이고랑에 대해서 내가 아는대로 말씀 드릴게요. 그 당시 삼별초 시기에 진도군민이 사람이 왠통(온통, 전부 다) 얼마 없고 아까 말한 바와 같이 쩌기가 오누이고랑이 양이쪽 쩌기 산이 이르케 골창이(골짜기가) 있어. 우에서 소드랑땡을(솥뚜껑을) 굴려서 딱 밑에 하산에 가서 착 부닥치면(부딪히면) 구부러서 살자. 오누이기랑. [오누이랑] 사람이 없으니까.

그런 전설이 있어갖고 내가 오누이고랑이다 그 말만 들었고, 이 사동이라는 마을은 원래 그저 '뱀 사(蛇)'자 아니고 '절 사(寺)'자 사동이여. 하이 절 동네라 그 말이거든요.

그러믄 쩌그 저 절터라고 있는데 지금 현 장소는 그전에 우덜 내가 어렸을 때 소믹이로 댕기고 할 때는 지줏독도 있고 기왓장도 나오고 그런 것들이 있었거든요.

그런데 세월이 원체 많이 흐르고 그라 인자 전담 논두렁 산에 독을 모도 바우

를 줏어 가분께 지금은 흔적이 별로 없는데, 그 밑으로 불장사 스님이 거그를 갈차주라 하대. 거그는 너무 깊다 그말이여. 그전 자리는. 그래 현 위치로 불장사 스님이 여기가 좋다고 그래갖고 이제 불장사를 세울라고 해서 임시로 지금 하고 있어요.

쩌그 저거는 그 너메 골창이 있어. 불장사 건네 건네여. 양이쪽. 그라믄 현장에 가서 봐도 이케 딱 되야 있당게. 그 골창이. 그 안에가 가믄 저 신호대도 있고 옛날에는 지골지심은 대나무를 심었잖아요이.

그랑께 대가 있다는 것은 호랭이가 그런 짐승들이 힘을 못하게 그랬든가 집터에는 다 대나무가 있어이. 맞어 거그. 거가 기여. 기왓장도 있당께. 그래서 아 옛날에는 저 골창까지 있든가 모도 그랬든가 뭐있단 그 말이여. 별것이사 나는 들인대로(들은대로) 말씀했제. 완전 오래된 것이라.

고군면 원포리 원포마을

마을을 지켜주는 원포 당제

자료코드   589_FOTA_20170422_WFR_LKW_001
조사장소   진도군 고군면 원포리 원포마을 제보자 자택
조사일시   2017. 4. 22
조 사 자   박영관, 박정석
제 보 자   임경웅(남, 75세, 1942년생)

> **줄거리** 원포마을에서는 수천 년 동안 여러 곳에서 당제를 모셔왔다. 후에 젊은이들이 간소화해
> 서 당제를 두 곳으로 줄이고 3일에서 하루로 줄였다. 그러자 마을에 피해가 오고 사람
> 이 죽고 해서 젊은이들이 깨닫고 다시 예전처럼 더욱 정성들여 당제를 모시고 있다.

옛날 선조들이 우리 마을에서 수천백 년 당제사를 모셨는데, 동서남북으로
해서 아까 그 뭐 당을, 젊은 사람들이 성장하면서, 모셨는데 없애자 해서 큰 당
제를 모신 데를 없애 버리고, 마을 주변에 네 군데 두 곳만 하고 원 당에서 한
군데는 빼 버렸는데 마을에서 상당한 피해를 많이 보고 그런 주장을 한 사람
들이 얘기를 하고 해서 어르신들이,

"뭐 좋은 일 있겠냐?"

하고 그 사람들이 주장한 대로, 젊은 사람들이 말한 그대로 했는데 2년 동안
에 별세를 해 부렀어. 그런 연유가 있었고 그 다음에 원포가 금달산….

(조사자 : 당제를 언제 모셨습니까?)

당제는 정월 초하룻날부터 3일 치상, 3일간 했는데 3일 치상을 당일로 하자, 3
일을 하루만 하자, 글로 인해서 젊은 사람들이 갑자기 죽기도 하고 마을에 피
해가 가서 저녁에 동네 사람들 3일 치상하고 파장 굿을 쳤는데 사람들이 죽고

피해를 봐서 지금은 젊은 사람들이 참석해서 열심히 제사를 모시고 있습니다.

(조사자 : 옛날에 굿을 할 때 어떻게 했어요?)

그랑께 전부 깃대 세우고 꼬깔을 쓰고 장구, 북을 치고 마을이 크니까 그때는 사오십명씩 전부 마을에서 굿 친다 해 가지고 집집마다 다 치고 저 위에 가서 첫날 하루만 한 것이 아니고 사흘간 계속했지요. 계속해 가지고 노인들이 없어지고 젊은 사람들이 나오면서 뭐 고생하며 이렇게까지 해야 되냐? 하루만 하지 해서 피해를 봤어.

(조사자 : 사신할 때 거기에 가서 또 칩니까?)

그런께 내전을 세 군데 하는데 세 군데 하는 데는 산이 높아가지고 눈이 와도 눈에 빳고(빠지고) 그 어려운 산비탈로 가서 꼭 제사를 모시고 했는데, 그것이 힘드니까 젊은 사람들이 없애자 해서 안하고 동쪽은 안하고 남쪽하고 서쪽만 내전을 하고 있습니다.

당집은 군에서 보조를 받아 좋게 잘 보존해가지고 관리하고 있습니다. 마을에서는 당집이 제일 높지요.

금날산에서 찾지 못한 금

자료코드 589_FOTA_20170422_WFR_LKW_002
조사장소 진도군 고군면 원포리 원포마을 제보자 자택
조사일시 2017. 4. 22
조 사 자 박영관, 박정석
제 보 자 임경웅(남, 75세, 1942년생)

> **줄거리** 금날산에는 옛날부터 금이 있다고 해서 10미터 깊이로 굴을 팠으나 결국 찾지 못했다
> 고 한다.

이 산이 상당히 높은데 지적도에 금날산이라고 기재도 되어 있고 금날산에 금
이 거가 많이 쟁여져(쌓여져) 있다 해갖고, 그 금날산에서 금을 팠던 사람은 옛
날 사람이라서 이름은 잘 모르겄는데.

근 10미터 가차이 굴을 뚫어서 걸쳐서 파는 역사가 있습니다. 전설로 해서는
바다 속에 금이 있다 그래가지고 한 사람이 금을 많이 못 팠고 결국 실패했다
고 하는 말씀을 들은 얘기가 흘러 나왔습니다.

자연산 석화와 뻘낙지가 유명한 원포마을

자료코드   589_FOTA_20170422_WFR_LKW_003
조사장소   진도군 고군면 원포리 원포마을 제보자 자택
조사일시   2017. 4. 22
조 사 자   박영관, 박정석
제 보 자   임경웅(남, 75세, 1942년생)

줄거리 바위가 많고 뻘이 좋기로 유명한 원포마을 앞바다는 자연산 석화와 뻘낙지 맛이 좋아서 마을 사람들이 허가를 받아 공동으로 작업을 하고 있다.

각 해안에서 원포마을이 마을로 해서는 제일 많이 석화를 유지하고 있어요. 원포가 바욱독(바윗돌)도 제일 많이 해안 쪽으로 가지고는 있는데, 그 바욱독에서 나오는 자연산 석화가 그대로 잘잘해가지고 그 석화를 먹으면 고숩고(고소하고) 해요.

석화도 상당히 많이 나왔고 또 낙자도 뻘낙자(뻘낙지)라 진도 내에서는 제일 알아 주는 이 뻘낙자를 해갖고 생계를 유지를 했는데, 한 분이 뻘낙자를 하러 가갖고 거기서 뻘낙자 파다가 춥고 거기서 자질대어서 마을 사람들이 뻘로 가서 그 다라를 끌고 가서, 그 여자를 싣고 나와갖고 병원에 갔는데 병원에서 그냥 그대로 돌아가셨어요. 한 십오년, 십오년 안 되았긋제.

(청중 : 거작 그캐 되았제. 젊은 여자라 그랬어요.)

(조사자 : 여기에 전부 뻘만 보이던데 석화가 많이 있습니까?)

저 금날산쪽 전부 바욱독(바윗돌)이제.

(조사자 : 아, 쩌 쪽으로 그랑께 해남쪽으로 저쪽으로가 석화가 많이 나와요?)

제일 많하제. 진도서도 돌석화 자연산으로 해서는 원포가 뻘이 좋으니까 다 맛있고.

(조사자 : 거기 해안선은 전부 땅 소유자 것 아닙니까?)

아닙니다. 마을 전부 마을 면허로 석화 면허지, 낙자(낙지) 면허지 지금 현재 전부 허가를 내갖고 사용을 하고 있습니다.

노적봉 쌓아 배로 실어 나른 원포 선착장

자료코드   589_FOTA_20170422_WFR_LKW_004
조사장소   진도군 고군면 원포리 원포마을 제보자 자택
조사일시   2017. 4. 22
조 사 자   박영관, 박정석
제 보 자   임경웅(남, 75세, 1942년생)

> **줄거리** 옛날에는 원포마을이 유일한 선착장이어서 해남 우포리 이참판댁 마름이었던 임경웅의 친할아버지께서 진도의 노적을 걷어 배 세 척에 가득 실어보냈다고 한다.

현재 제가 살고 있는 집이 제가 듣는 전설로 해서는 해남 우항리 이참파(이참판) 그러니까 이씨 조선때 진도 전라남도 쪽으로 일부 땅을 조아꼬(줘서) 말하자면은 그 집 모름(마름)을 했는데, 진도군 것은 원포리, 그 당시 바다나 선착장이 될 여건이 원포백에 없어서.

그래가지고 그 선착장으로 차도 오고 구루마도 오고 전부 바다는 노 젖고 댕길 판국이라 전부 바다쪽으로 해서 실어다가 선착장에 해았고 현재 살고 있는 우리 집에다가 이 노적봉을 진도것 전부 걷어다가 쌓은 예가 있습니다.

그래갖고 그놈을 또 싣고 해남 옥동, 해남 우항리 그리 가져 갈라니까 옥동 고

리(그곳으로) 갔다가 전부 퍼라 하았고 갖고 가다가, 듣는 말에 의해서는 배가 세차엔가 싣고 가다가 바람 불어갖고 엎어진 그런 사례들이 있었다고 그런 전설이 있었습니다.

저는 할아버지때 마름을 해놔서 지금 대충 한 팔십, 이 건네 팔십 한 다섯, 넷 정도 잡순 사람들은 그 모름을, 노적봉을 쌓은 것을 아는 사람들은 기억을 할란가 모르지만은 우리는 그때 어릴 때라 모르제. 몰래라 모르고. 긍께 한 야든 다섯, 여섯살 정도 먹은 사람들은 그 노적봉을 싼 것을 알 것입니다.

(조사자 : 그라믄 그 조상들 웃대 조상들부터 마름일을 하셨어요?)

했는데 우리는 그것은 인자 듣는 말이 '현재 이 집에다가 노적봉을 쌓다.' 예, 우리 할아버지 바로 우리 친할아버지께서 했는데 우리들은 어려서 노적봉도 못 보고, 진도 것 전부 걷어다가 배로 실어다가 가져갔다고 전설로 해서 듣는 말이 나오고요

그 당시에는 진도 전체에는 우리 원포마을 선착장이 하나뿐이라고 제가 알기로는 딴 데는 없었다고 보죠. 내가 태어나서 사용할 당시에는 그때 선착장이 진도에 하나도 없고 원포만 있었은게.

내가 진도 돌아다녀 봤는데 지금 선착장이 전부 새마을 사업하면서부터 선착장이 생겼제, 그 전에는 진도가 선착장이 하나도 없었어요.

(조사자 : 그랑께 그 옛날 책을 보면 소가포, 저 지산면 소포를 소가포라 했고 거기 요쪽으로는 임성포라고 그랬는데 임성포가 바로 여기였던가 모르겠어요. 이쪽에는 특히 하나밖에 없다 하니까.)

그라제. 포구들이 많이 있는데… 선착장이 없었어요. 벽파도 없었어요.내가 알기로는 없었어요. 전부 최근에 만든 것이제. 우리 모르는 선착장들은 없었어. 그때 당시에

(조사자 : 벽파는 바로 해남하고 들어오는 관문이라나서 큰 바로 대진이 있었제. 하나의 진이예요.)

관문이제. 말하자면 관문이제.

그런 때는 녹진 이런데 선착장 하나도 없었고 없었제. 전부 이 바웅독 같은 놈을 갖다가 지금 그 바웅독이(바윗돌) 선착장에 쌓져 가지고 그리 가지고 최근에 군에서 모도 지원 받아갖고 욱으로 전부 쎄멘해서(시멘트칠해서) 전부 선착장을 다시 그 돌갖고 정리만 해서 다시 만들어 놨제. 보존하기 위해서 .

제주와 추자의 고깃배도 모여들던 원포 선착장

자료코드   589_FOTA_20170422_WFR_LKW_005
조사장소   진도군 고군면 원포리 원포마을 제보자 자택
조사일시   2017. 4. 22
조 사 자   박영관, 박정석
제 보 자   임경웅(남, 75세, 1942년생)

줄거리 제주나 추자도에서 잡은 멸치나 멸치젓이 원포마을 선착장으로 모이면 남자 여자들이 이것을 이고 지고 다니며 팔기도 했다. 그 당시 추자도에서는 이곳 원포로 시집을 많이 왔으며, 미처 다 팔지 못한 고기나 젓갈은 영산포항까지 가져갔다.

이 진도서 선착장이 원포밲에(원포 외에는) 없어서 제주나 추자 사람들이 멸치나 멸치젓이나 고기나 상어 이런 것을 신고 오면 전부 원포 선착장이 있기 때문에 원포로 전부 들어오고, 그래서 그것이 서로 유통이 돼가지고 추자 사람들이 추자에서 많이 살다가 와 가지고 원포서 살고.
추자 사람들이 원포사람들한테 결혼도 많이 하고 또 때로는 원포사람들이 추자로 가서 결혼을 하고 사는 사람들도 상당수 있고, 추자 여자들이 주로 원포로 결혼을 많이 와서 살고 있습니다.

그때 당시에는 고기가 어째 딴데서 별로 나지 않고 그라니까 원포 선착장이 만들어져 있고, 그래서 바람이 불어도 피할 수 있고 그랑깨 전부 제주나 추자에서 고기가 원포로 다 완(온) 유래가 있습니다.

(청중 : 그라므는 추자의 고기가 오면은 그것을 모도 읍으로 가고…)

보부상들이 이고 많이 팔로 갔제, 읍으로.

그러면 마을이 농토는 별라 없고 인구는 마을이 줄어들었응께 그라지만은 인구가 그때 당시에는 많고. 농토는 없고 그래서, 여자들이 많이 이고 다니면서 오산, 지막리, 대촌 같은 데로 많이 다니면서 팔고, 남자들도 지게에다 지고 고기를 싣고 나가 가지고 나가서 팔기도 하고 그런 유래가 많이 있었습니다.

추자도 고기나 진도는 전부 이 원포 선착장으로만 전부 전부 들어오고 딴 데는 선착장이 없고. 바람이 불어도 배 쉴 데도 없고 그러니까 원포를 제주서나 추자도서 고기를 전부 싣고 들어오고.

가계 중선도, 가계 마을에는 그 언강망(안강망)이라는데, 가계에는 옛날에는 그 중선이란 배도 태풍이 불면은 선착장이 있기 때문에 상당히 여러 척들이 피선 와서 많이 들어오고 그랬습니다. 예, 옛날에.

(조사자 : 추자 고기가 물론 진도의 원포로 오지만 인자 저~기 또 목포, 또 영

산포까지 갔어요?)

원포로 밖에 오지 않에요. 예 그리고 원포로 들어와서 판매를 못한 놈은 목포, 응 저 영산포, 영산포까지 멸치, 멸치젓, 고기젓, 멸치 전부 영산포로 싣고 가서 제주도, 추자 사람들이 영산포항에 싣고 가서 팔고 원포에서 못 폰 놈은 전부 그리 싣고 가서 팔고 그랬습니다.

노루 사냥터로 이름난 노루목

자료코드   589_FOTA_20170422_WFR_LKW_006
조사장소   진도군 고군면 원포리 원포마을 제보자 자택
조사일시   2017. 4. 22
조 사 자   박영관, 박정석
제 보 자   임경웅(남, 75세, 1942년생)

줄거리 금날산은 숲이 울창하여 노루가 많이 살았는데, 광주에서 포수들이 노루목으로 사냥을 오면 십 여 마리까지 잡아가곤 했다. 지금은 금날산을 개인이 사서 개간하느라 울창한 숲이 거의 사라지고 없다는 이야기이다.

저 금날산이 옛날에는 숲이 겁내(많이) 우거져갖고 고라니 말하자면, 지금은 시골로 말하자면 노루, 고라니란 것이 많이 살았어요. 옛날에는 총잽이들이 한 대 여섯이서 광주서 와갖고 요 노루목, 노루목에서 딱 지키고 있으면, 한 두어 시간 산을 돌고 배회하고 산행을 하면은 노루목으로 노루, 고라니가 튀어 나와요.

그라면 총잽이들이 전부 거기서 노루를 한 대 여섯 마리, 어짤때는 십 여 마리

까지 잡을 때도 있었고, 한대 지금은 개인이 전부 금날산을 거의 사서 개간해 갖고 지금 숲이 다 없어지는 상태여서 노루가 별라(별로) 안삽니다. 옛날에는 총잡이들이 와갖고 노루목에서 노루를 상당히 잡아간 예가 있었습니다.

(조사자 : 그러니까 노루목이라고 한자말로 '장항'이라고 '노루 장' 자, '목 항' 자 하는데, 삼별초 홍다구군이 노루목으로 들어왔거든요. 그러면 바로 이 자리가 노루목이다. 알았습니다.)

예, 예, 바로 노루목입니다.

왜 광주서 이리 저 포수들이 오냐면은, 이 노루목에 목 그대로 지키고 있으면, 노루가 전부 그 포수 있는데로 달라 오니까 잡기가 좋아서 광주서 사냥을 올 때는 제일 처음 진도, 여 노루목으로 왔습니다.

잡기가 좋으니까.

허씨 문중 시제는 온 동네 잔칫날

자료코드   589_FOTA_20170422_WFR_LKW_007
조사장소   진도군 고군면 원포마을 제보자 자택
조사일시   2017. 4. 22
조 사 자   박영관, 박정석
제 보 자   임경웅(남, 75세, 1942년생)

줄거리 원포마을에 있는 소치 허련선생 문중 제각은 진도에서 제일 규모가 크다. 시제를 모실 때면 구경하러 온 동네 사람들을 모두 불러 음식과 술을 나누어주었다.

현재 지금 우리 원포마을에 있는 소치선생 제각일 겁니다. 아마 내가 볼 때는 진도군에서도 제일 큰 제각이고 선산도 제일 큰 선산이라고 저는 생각하고 있습니다.

그런데 그 분들이 옛날에 시제를 모시면 마을 사람들 전부 오라고 해갖고 떡, 전, 술 등을 해서 동네 사람들한테 전부 베풀었습니다. 그란데 시대가 뭣하고 그라니까 지금은 손들이 와서 제만 모시고 갑니다. 이전에 이런 유래가 있었다 하고, 제가 봤을 때 허씨들 선산이 진도에서 제일 큰 선산이라 봅니다.

(조사자 : 거기가 방애끼미 허씨들 처음 입도한 바로 그 옆에지요?)

예, 소치선생 묘가 거기가 있습니다마는 그러나 거기는 허씨 전체 제각이지요. 제각도 진도에서는 더 큰 제각이 없습니다. 대리석으로 해가지고요 가서 보면 알 것이요.

(조사자 : 아주 어려서부터 제각이 있었어요?)

예, 우리 났을 때부터 제각이 있었어요. 우리 막 태어나서 눈에 보일 때부터 그 제각이 현재까지 그 보전을 하고 잘하고 있습니다. 허씨들이.

그리고 그 당시에 시제를 모신 후에 어린아이부터 동네 어른들까지 다 같이 허씨가 아니드래도 참례를 했는데, 그러니깐 인자 허씨들이 마을 사람들을 전부 오라고 해갖고 떡, 전, 술 같은 것을 나눠 주고 밥도 주고 그러니깐 오라하면은 제 모신데 전부 앉아갖고 곁에서 지켜보고 제사를 다 모시고 나면은 동네 어린애부터 어르신까지 오셔갖고 전부 떡이랑 술 같은 것을 나눠주고 제사 모신 것도 전부 구경하고 마을 사람들한테는 아주 잘 해 주었습니다.

정월 대보름 당심애굴 통과하기

자료코드 589_FOTA_20170422_WFR_LKW_008
조사장소 진도군 고군면 원포리 원포마을 제보자 자택
조사일시 2017. 4. 22
조 사 자 박영관, 박정석
제 보 자 임경웅(남, 75세, 1942년생)

줄거리 당심애산에 굴이 있는데, 정월대보름에 이 굴을 통과해야 장수하고 복을 받는다는 오래된 풍습이 있다. 그래서 이날 마을 사람들은 굴을 통과하고 가져온 음식과 술을 나눠 먹으며 즐겁게 놀았다고 한다.

우리 마을은 포천이 되어갖고 농토가 없었습니다. 그래갖고 왜정 때 황조랑 마산하고 간척지를 막아가지고 그 농토를 우리 마을 사람들이 농사를 지어서 약 1킬로, 2킬로 가차이(가까이) 되는 재를 산 넘어서 지게로 나락을 짊어지고 와갖고, 이녁 집에 와서 전부 기계로 훑트고 해서 먹고 살고, 재를 넘어온 그 산이 '당심애'라는데, 당심애가, 굴이 방으로 치면 20미터 가차이 했어요.
우리는 어려서 그런 때는 산에 나무를 베서 때고 하니까 질이 나서 보름에는 굴을 껴야(통과해야) 오래산다 하니까 어른들이나 젊은 아그들이나 보름 때는

전부 굴을 끼로 가고, 음식을 갖고 가서 먹고 제사도 모시고 그라고 해야 장수하고 복을 타서(받아서)산다 해서 보름에 그케 굴을 끼로 꼭 다녔습니다.

그 질이 나락을 벼서 지게로 한 2킬로 가차이 되는 재를 짊어 댕김시로 농사를 짓고 먹고 살았는데, 지금은 하도 거리가 먼게 농사를 안 짓고 그 질도 없어져 불고 굴도 안 다니니깐 질도 없어서 산으로 다니기 어려우니깐 지금은 암도(아무도) 다니도 안 하고 그대로 방치 되었다고 합니다.

(조사자 : 그러면 그 굴에 가서 굴을 낀다는 것은 액맥이 같은 거네요. 거기 가면 나한테 재앙이 없어진다고 생각하는데 거기서 제를 모시거나 공을 들이거나 그런 일은 없었습니까?)

그란께 마을에서는 공동으로 안 해도 마을 사람들 개개인이 굴을 끼로 갈 때는 술하고 안주하고 갖고 가서 그그서(거기서) 먹고 제로 부서(부어) 술도 따라놓고 했제라. 굴을 끼로 오면은 몸도 건강하고 장수하고 복타 산다고 해서 보름에는 항상 하고 매년 한 두 번씩 다니면서 굴을 끼고 그 굴을 끼는 바우독(바윗돌) 욱에서(위에서) 놀기도 하고 노래도 부르고 놀았제.

추석에는 안하고 다른 때는 안하고 보름 때만 했는디, 만약 아무 때나 댕기면 공이 안 된다 해서 그 날짜를 정해서 그래야 성의대로 해서 공을 들여야 된께 보름 때만 마을 사람들이 전부 가서 굴을 껴 오고 하는 그 사례가 있었습니다.

수백 년 된 소나무로 배를 만든 사람

자료코드   589_FOTA_20170422_WFR_YKW_009
조사장소   진도군 고군면 원포리 원포마을 제보자 자택
조사일시   2017. 4. 22
조 사 자   박영관, 박정석
제 보 자   임경웅(남, 75세, 1942년생)

> **줄거리** 어떤 사람이 예전에 당제를 모시는 수백 년 되는 소나무를 베어다 배를 만들었는데, 그 후 채 2년도 못 되어 그 사람이 죽었다

당제 모시는 수천(백) 년 되는 소나무가 있었는데, 어떤 분이 그 나무를 비어(베어) 가지고 배를 지었어요. 김 농사를 한다고 배를 만들었어요. 제가 어릴 때 어르신들 한테 들은 말로 해서는

"소나무를 베서 그것이 잘 되겠느냐, 글쎄다 느그 어리니깐 마음 적으로 관심을 갖고 있어라. 이래서 쓰것냐? 동네에서 매년 제 모시는 그 소나무를 벼(베) 가지고 먼 좋은 일이 있것냐?"

어린 저한테 말씀한 것을 새기고 그것을 기증을 해가지고 현재까지 당산제 모시는 데는 제가 항상 참석하고 있어요.

근디 그 사람이 배를 지어서 2년 못가고 마흔 넷인가 다섯에 별세를 해 버렸습니다. 그래서 역시 어르신들 하신 말씀을 존중해야 되지 않겠느냐 하는 마음을 느끼고 있습니다. 1년 정도 배 지어갖고 한 2년 아니 2년도 못 되었을 것이요. 배 지어갖고 씨어먹도(써먹지도) 못했지 막 지어갖고 조금 해 먹을만 한께 그냥 돌아가셨다요.

그란게 어르신들이 나도 어린데 나보고,

"이리 와봐라 야, 경웅아 이리 와봐라."

세상에 나한테 5촌 작은 아배 되는디요 작은 아베 된디, 요놈을 베갖고 운반도 못하고 그란게 네비기 하는 톱이 있었어요, 톱으로 써는 사람들도 지금은 다 죽었는데 그 사람덜이 손으로 그 나무를 전부 썰어 가지고 배를 지었어.

그 놈을 어찌 어찌 했던가. 옮기도 못 허고 그랬제 거그서 썰었제. 거그서 모다 썰었제. 산에서 나무를 못 움직이니까, 인자 거그서 사람이 와서 옛날 톱 그 넙적한 것 큰 것을 갖고 둘이 와서 조금씩 썰어 가지고 판자로 내려 가지고 와서 그렇게 힘들여 배를 지어 가지고 2년도 못 되서 아마 돌아가신 걸로 알아요. 그때 톱질하던 분들도 다 죽고 지금은 없제.

고군면 지막리 지막마을

만병통치약 진도 토종 석류

자료코드   589_MONA_20170409_JMR_PSG_001
조사장소   진도군 고군면 지막리 지막마을 제보자 자택
조사일시   2017. 4. 9
조 사 자   박영관, 박정석
제 보 자   박석근(남, 85세, 1933년생)

줄거리 제보자는 진도 토종 석류로 목림프샘염을 앓고 있는 여러 사람을 치료해 주었는데, 환자였던 여성과 결혼까지 하게 되었다.

진도 토종 석류로 나력을 치료한 이야기를 하겠습니다. 그 어때 석류가 앵겼다 헐 때, 저 저 누가 나력에 앵겼다 이거때매 그라믄 그 몸뚱아리에가 혹이 나거나 인자 그렇게 될 때 그때는 소금하고 밀가루 하고 그것을 반죽을 해갖고 되직하게 해갖고 때려 붙여.

붙이고 반창고를 딱 때려 붙였다 또 하루 만에 띠여 부러갖고는 조금도 이상이 다 더 있다 좀 더 붙이고. 이틀을 붙이믄 또 그라믄 또 아플거여. 이틀정도나 붙여가꼬 또 띠여데나부러(떼어내버려).

그뒤로 나서도 나서. 그리고 나력이라는 것은 번치는(번지는) 것이라는 거. 하나가 낫다 그라믄 둘언 뺑뺑 돌아서 모가지로 다 나부러.

그랑께 그전에 이것을 붙여서 제거를 해야만이 그라믄 한 몇 살이나 먹었냐 하믄 그라믄 열 댓 살이나 먹은 것이 왔더란 말이여. 거짓말 안하고 다 죽게 생겼어 애기가. 그래서 역시 고놈 잘 붙이고 먹고 해얏고 낫게 하고. 그다음 어째

월가리 여자도 집이서 한 십인가 십오일 댕겨서 완치를 시켜서 보내고.

하나 먹고 이 고장이, 고향인데 중소배(중선배)인가 예전에 중소빼라고 하믄 고기 잡는서 겁나게 큰 배에다 개기(고기)를 만선해갖고 다니는데 거그 사장이여. 사장이 병을 고치다 고치다 못고치서 어디서 소문을 듣고 우리 집이로 왔어. 그란데 여그가 여케 되았더만. 그케갖고 도저히 고치다, 고치다 못 고치고 우리 집이루 와서 즈그(자기) 할멈, 영감 한 석 달이나 되았을 거여.

석 달이나 완치가 되어갖고 참 자꼬(자주) 전화를 해주고 편지를 해 주고 그렇게 해서 생선도 좀 보내주고 그렇게 자꼬 그 사람들은 성공적으로 하고.

우리 집이사람(부인)은 서울서 아까침에 월가리 여자하고 둘이로 왔는데 오월 달에 와서 지금 열, 시물 네살 먹어서 우리 집이로 와갖고 여그서 한 서너 달 고쳤구만. 서너 달 고쳐서 완치를 해가지고. 서울대학 병원에서 고치다, 고치다 못 고쳐서 왔어. 이 우리 집사람도. 이 여 되았고. 그놈 석 달 열흘 만에 깨끗하게 해주고.

내가치 거짓말 안하고 요구를 했제. 사실상 나랑 같이 좀 살아줄 수 없냐고. 그래서 거부를 못하고 해서 그래서 승낙을 해서 같이 살고 있제. 그래갖고 나 이게 애 밀어주고 그 새끼들 저 나서끔 살아나서. 우리 새끼들은 그래서 다 잘 되았어요. 그렇게 되지만은.

자꾸 겁 준 다음에 재발을 안 하고 성공적으로 지금 살고 있고. 우리 집사람은 인자 국민학교도 나온 사람이고 또 뿐만 아니라 영리한 편이여.

우리 참 솔직하니 많이 째깜만(조금) 영리한 것이 아니고 많이 영리해. 또 그라고 생김새도 괜찮고 그래서 월가리가 한 시절인데 이상하게 맨들어져서 지금 살고 있지만은 지금 내하고(나하고) 이 나이가 차이가 있으닝께 참 뭐시기 이쩌 인자 사람은 내가 늙으면 배신이 쫌 있제. 없을 수가 없제. 그런 정도 되제.

사이는 안 좋지만은 서로 사는 입장이고. 가이나(딸) 서니, 너니, 머이마(아들)난 까치로(낳아서) 아까 면사무소 댕기고.

(조사자 : 진도 석류가 육지 것보다 좋은가요?)

좋제, 좋제. 거의 그것이 저 토종 것이여. 토종 토종 것. 진도서 나온 것이 그이 또 딱 이렇게 벌어져 붓쪄어(버렸어). 꽁지가 그라고. 육지 것 들어오는 것, 수입 것 들어오는 거는 안 벌어져.

생명을 구한 침술

자료코드   589_MONA_20170409_JMR_PSG_002
조사장소   진도군 고군면 지막리 지막마을 제보자 자택
조사일시   2017. 4. 9
조 사 자   박영관, 박정석
제 보 자   박석근(남, 85세, 1933년생)

줄거리 제보자 박석근은 어린시절 3년이나 아파서 배움을 닦지는 못했으나 침술을 배워 여러 생명을 구하는 등 인술을 베풀면서 살고 있다.

저어 진도군 고군면 지막리 박종옥씨. 종옥씨가 침술로, 침술로는 누구 못지 않애 대한민국에서 제일 침술 잘 하는 종옥씨고, 또 뿐만 아니라 약국도 했었어. 그란 대신에, 내가 대신 아파쌌고 그러니까 그 형님한테 자꼬(자주) 댕기요. 그란데 하로(하루)는 이 침을 맞으러 가니까 우리 종옥씨가 강대일이라는 사람이 즈그 조카 사우여. 조카 사운데 마치 옆에가 있는데. 그 침을 놓는데 혈관에 놀라고 그란데 혈관이 안 나오니까, 종옥씨가 수건으로 아까 대일이 보고 조카사우 보고 목을 딱 요케 잡아 댕게라 그래,
하든은 대하게(세게) 잡아 논께는 뭐이냐 그라믄 사방에 전보(전부)가 꽃이 피는

데 아 껌벅껌벅 그 꽃이 피는데 그렇게 좋을 수가 없든마아. 그랑께 고개가 근들근들하고 죽어 부러도 종옥씨가 '예끼' 그래, 내가 들은께. 죽어갖고 들은께,

"예끼, 무지한 놈의 새끼야. 아니 쫌만 잡아 댕개서 혈관만 나오라 하랑께 그렇게 잡아 죽게 만들어 붓냐."

그래갖고 내가 죽었다 살았어. 그라는데 죽을라 카는데 사방 천지에 꽃 속에 살더라니까.

그란데 그 형님을 따라 댕기맨서 침구를 나도 뱄제. 침구를 배워서 나도 여러 사람을 고쳐 내고. 우리, 저 제일 성가신 것이 저녁에 새북(새벽)에 자는 사람을 깨갖고 환자 업고 와서 새끼들도 연쳤다(체했다). 이전에는 풍이 잘났어. 애기들이 풍이 잘났어. 풍, 저 뭐이냐 침구로 해서 고쳐 내고.

여그 저 갑용이라고 갑용이 동생, 병용이라고 그야 가도 다 죽었는데 집이 와서 고쳐갖고 내보내고. 그렇게 인자 사람 아프기만 하믄 쫓아와서 밤중이고 새벽이고 실상 없이 그라 안하믄 오라 가라한께 성가신께 그라제. 그렇게 사람들이 여럿이 내가 고쳐내서 살게 해줬고. 뭐이냐 그러믄 실지 내가 침술을 배서(배워서) 좋은 거시 우리 회원들이 삼십명이고 사십명이 데꼬가서 느닷없이 죽어 부는 애 있으믄 내가 고쳐내서,

도가라고 어린 놈이 느닷없이 우리 행사에 가서 떡 먹고 딱 죽어 분다고. 그래 갖고 그놈 침구해서 팍 튕게.

나주로 가니까 우리 대표로 진도에 가니까. 선생이 그 배구하고 뭐 하다가 아니 떨어져가 뭐 죽어 부렀으니까, 즈그 각시랑 왔는데 와서 딱 고쳐내서 해논께는 내 주소 적고

"인제 꼭 저 아부지한테 갈랍니다 갈랍니다."

오도 안합니다. 그렇게 급한 환자를 내가 많이 고쳐내서 살게 맨들어 줬고 그래. 그랑께 오래 사는가도 모르것소마는.

거가 느닷없이 저 운동, 배군가 뭐인가 운동하다가 떨어져갖고 자빠져 죽어분

께 정확히 살길이 없었제. 내가 쫓아가서 침구로 해서 고쳐냈제 침이로. 그렇게 해서 고쳐진게 즈그 각시, 서방이 백 번이나 절하고 집주소 적고 그래갖고 올란다 이러드니마는 안옵디다. 사람들은 그런거여. 그러나 사람은 결코 은혜는 잊어서는 안디야. 죽어도. 사람은 은혜를 잊어서는 절대 사람이 아니여.

그래서 지금 현재 우리 이 집 엄매가 성공적으로 살아나가서 새끼도 갈치고 해서 살고 있고 그란데 그렇치만은 내가 진즉 조금만 뭣 안했으믄, 내가 참 학교라도 제대로 댕겠으믄은 내가 이케 안삽니다.

내가 그 오산초등학교… 왜 그랬냐믄 살다가 우리 여 옆에가 이 시나무가 이 큰 놈이 이런 놈이 시가리가 뽀자가꼬 사람한케 좋게 맨들어 났어. 딱 그렇케 나왔어요. 우리 이종을 하는데 우리 목꾼들이 와서 전보 모도 밥을 먹고 인자 신기로 갔는데 나하고 우리 친구들 서니 가서 지붕산 밑에 인자 지쌤(지샘)이라고 있어 지쌤. 물이 철철 그놈을 갖따 여그로 나거 저거 여가 해놨습니다.

지붕산에서 내려오는 물을 저러케 해놓은 것이고. 지붕산 밑에 바탕으로 가서 우리 친구 하나가 우리 조카덴데 거가 노리(노루)새끼를 한나 잡아 왔어라, 노리새끼를 한나, 이상 큰 놈을, 그놈을 잡으러 가자 안하요. 이제 그때 철떼기가 없어서 그라제.

서니 가서 성준이라고, 우리 친구 한나하고 석준이라고 서니 지쌤 바탕으로 가서 그놈을 뭐시 잘난다고. 노루 새끼를 쑤욱 올려갖고 떨어뜨려서 착 썰고 착 썰구 그라드라고. 그놈을 서니 내쫓쳐 놓코 이전에 칼이나 낫 끄트머리로 까죽을 빗겼소.

그래서 개기(고기)도 먹도 안하고 까죽을 아까치매 우리 시나무 큰 놈을 밑에다 깔고 잤소 내만. 다른 사람은 가고. 잔께, 자다가 일어나서 본께 이렇게 부서 부렀어. 얼굴이랑 잔시 부서 부렀어 그래 참. 이거시 뭐.

뭐이라 하까 죄를 받아가 그랬는가 어쩐가 모르제만은 이렇케 부서갖고 고칠 길이 없제. 우리 어머니가 날매다 보듬고 댕기먼서 업고 댕기먼서 고쳐봤자 안대야. 그랴서 우리 형수가 나를 업고 댕기고 댕게 고쳐내여.

저어 어트케 그랬냐 하믄은 저어 군내면 덕병리, 덕병리 그 아줌마 한나가 체를 고친다 체를, 그래 체를 내러 가니까. 저, 소 코또리(꼬뚜레) 안 있소. 소 코또리. 요렇게 켕긴 놈, 거그다가 여케 그 끄트머리다가 저 솜을 감어. 감어갖고 소금을 찍에갖고 저 뭐이냐 그 참기름에다 소금 짝 찍에갖고 그놈을 있는대로 다 연단 말이요.

그래갖고 착 체면은 먹은 것이 딱 떨어진단 말이여. 거짓말 안하고. 먹은 것이 떨어져. 연친(체한) 것이 떨어져. 그렇게 되던만. 거그서 효과를 보고는 그놈은 체 때가 늘어져갖고 또 연치고, 또 연치고 그래. 그랑께 성공적으로 못해.

그래서는 도선이 쩔로 해남으로 옥매산 옆으로 도선이 되게 했는데 고놈을 싣고 가서 옥매산 옆에가 있는 거, 거가 체 잘 내는 사람이 있다고 그래. 거그는 뭣이로 내냐 하믄 손꾸락 둘로 내. 딱 치부갖고 나오든마. 딱 치부갖고 보라고. 거그서 해갖고 3년 만에 낫아갖고 내가 고성중학교 21횐데 댕기다 그 모냥을 해서 작은께 못댕게 부렀제. 그래서 오산학교로 전입을 시켜서 해논께는 나이도 있고 그란께,

"몇 년이요?:

그라믄

"오학년이요."

답했네.

"오학년"

저 뭐, 뭐슬 배겄소. 뱃 시간이 있시야제. 못 배제. 그래서 그 뭐이냐 거 오산학교를 참 졸업을 한다고 일 년 해갖고 졸업 타갖고 댕기겄소만은.

머슴들과 나무하며 부른 지봉산(제봉,霽峰)타령

자료코드 589_MONA_20170409_JMR_PSG_003
조사장소 진도군 고군면 지막리 지막마을 제보자 자택
조사일시 2017. 4. 9
조 사 자 박영관, 박정석
제 보 자 박석근(남, 85세, 1933년생)

줄거리 부잣집의 일꾼들과 나무하러 갈 때면 노래를 지어 부르면서 신나게 일했는데, 그때 부른 노래를 다시 지역문화로 살려내고 있다.

아까같이 그 장고지 시대 때 김창수 하고 거 목고네 하고 지금보다 한 천배나 되는 집 자리에서 살았어요. 그렇게 부자로 살고 아까 전에 돈이 그르케 많고 사니까 아까침에 그저 머심들을 외지에 너니를 데꼬 살았어요.

담살이 있고 까땀살이 있고 큰 머심 있고 작은 머심이 있고. 그때는 일제 때라 나무 한제만 써도 징역을 가고 벌금을 물고 이런 정도 되서. 그랑께 머심들이 담살이, 까땀살이, 작은 머심, 큰 머심 너니 하고 이 동네 청년들 하고 같이 바람 불믄은 나무하러 가는 것이 일이었어.

나무는 뭐 그때 연료, 새구(석유)가 없으니까 연료로 해서 많이 쟁여 놨더라우. 해서 밥해 먹고 살림 꾸리고 이렇게 살았기때매, 동네 애기들하고 담살이들하고 작은 머심하고 감서 한나는 이름이 광돌이고 한나는 철돌이여. 한나 큰 담살이는 황조사는 작은년이라고 거가, 또 한나는 거 시단이라고, 저 박시단 이라고 거그 너니 살고. 동네 청년들하고 나무를 바람이 불면 전부 가가. 가면서 나무 저 올라가는 소리가 인자 아까침에

'올라간다. 올라간다. 지봉산이로 나무 하러 간다.'

라고 하고. 지봉산 노래를 부르믄서 올라가믄서 하는 소리가. 인자 그 나무를

올라가서 보므는 그 나무 밑테가 이 큰 나무들이 아조 아감뱅이가 있대. 그런 나무가 수십 개가 전부 요 저 뒷산엔 다 있었어.

가믄은(가면은), 사람들이 (발로) 디디므는 보썩 보썩 하니 갈쿠 나무 떨어져서. 갈쿠리 나무 떨어졌으믄 그 청년들이랑 가서 탁 대기해놓고 나무 글구는 소리를 하고.

"긁세, 긁세, 나무를 긁세. 어서 어서 긁어 가지고 집으로 가세."

그래갖고 한나썩 긁어갖고 지게다 뭐이다 딱 질머갖고 내려논디. 그람서 인자 긁고 무조건 이녁(자기) 지게다 짓고 동우(나뭇짐)로 묶고 해가지고 지고 이고, 내려오는 바람이 불며는 바람부는 얘기를 하고 이렇게 해서 산타령 노래를 부르고 올라감서 올라가는 노래를 부르고 오름소리, 내림소리 해서.

다 해갖고 바탕이로 딱 내로 와서 바탕이서 노는 소리를 하고 인자 내려오는 소리 하고. 인자 그 다음자 낫 굴림도 하고, 낫 뱅이도 하고, 갈쿠 뱅이도 하고, 이런 뱅이를 하면서 놀다 내려오는데 그 내려오믄서 내려오는 소리를 홀롱 소리를 하고 내려오고, 그래서 우리 산타방이 제껴는데.

아까침에 한 6·25 전부터도 6·25 후 이런데 부터든지 전해내려 오는 것이 내가 맨든 것이 지금 이 세상 도로 오면서 이 산타령을 맨들었는데, 아적까정 이놈을 갖고 이 전라남도는 다 댕기믄서 저 문화제를 나오라 해서 나가서 돈 삼백만 원썩 받아갖고 한 번은 보성 가서 장려상 타고, 강진 가서 우수상 타갖고 와서 김경부 군수 할 때 상타는 우수상을 여그 지금 현재 나가자믄 여그 정원에 그게 자연석으로 해서 좋케 시었제(세웠제).

그래서 휴일날 할 때 김경부하고 아까치매 관광과장이 저 누구였었다. 저 허재만. 허 누구냐. 허재관. 여그 어~그 우리 비실(비석세울) 때 와서 소원을 얘기하라고 해서 항께.

"우리도 문화제, 뭐냐 전수관 하나 해주쇼."

했드니는, 허재관이가

"저 그라므는 우리 면민회 때 할 때 나오쇼."

그래. 면민회 되얏다 해서 거그를 했더니는

"그라믄 인자 군민회 때 오쇼"

이란께 군민회 가서 저그 저 지금은 거기 군민회 되얏던 거 저기 어디여 큰 데를 가서 했드니 딱 접으라고 혀서 군수가 접으라 하드니. 아~한 번은 저 허과장이

"아휴, 회장님, 형님, 회장님 되는대로 되얏습니다."

그라길래 그랑께,

"아이, 일억 오천 허가 받았습니다. 그랑께 기뻐하쇼."

그래서 백번이나 전화했제. 그라고 인자 쫓아가서 저 누구 김경부 군수한테도 저 백번은 전화하고 그래서, 참 그러믄 이 지금 현재 문화제를 해갖고 지금 전수관을 지서줬제. 그라 지금까장 내가 보유하고 있는 판이제, 그렇게 해갖고. 저 앞으로 소원이 우리 원장님이 얘기 하드만. 사무국장 보고 우리 뭐 문화재로 해주라 해서 문소장이 해주라 해꼬.

내가 이거 군수 보고는 얘기를 안했지만은 저 김과장, 저 누구냐. 거 관광과장, 그래서 그러믄 전부해서 올려 보내라 그래서 저 오로기로 작정을 하고 작업을 하고 있나 보이.

앞으로 죽더라도 그래 문화재 말이라도 좀 듣게 맨들어서 내가 이 예술계에 들오기를 50년 이상을 하고 있지만은 문화재가 못디야서 제 소원이라고 말씀 드리네.

친정 온 누나와 동생이 주고 받은 산타령

자료코드   589_MONA_20170409_JMR_PSG_004
조사장소   진도군 고군면 지막리 지막마을 제보자 자택
조사일시   2017. 4. 9
조 사 자   박영관, 박정석
제 보 자   박석근(남, 85세, 1933년생)

줄거리 지봉산에서 가리나무를 하면 친정에 온 누님이 산을 향해 동생을 부르고 동생이 장난으로 화답하며 부른 노래가 산타령이 되었다고 한다.

북치는 소리가.

저 즈그 누님이 그케 첫째 우리 까끄미 나온 노래라고.

"안 나오믄 쫓아간다아."

그렁께 아, 누구냐 그라믄,

"안 나와도 좋아 좋아."

했었제. 지금은 그냥 동생 첫돌이가, 감돌이랑 첫돌이랑이 그랑께.

"지금 쫓아간다아."

그랑께 쫓아가 내빼는 소리가 전부여.

"관여, 우리 첫돌이 감돌이가 외치는 소리 난다아."

그라고 쫓아가 가꼬 바탕에서 노는 소리가 흥거리 소리하고, 또 홀롱소리 하고 또 내려오는 소리하고 또 이런 정도가 그 우리 산타령이 되얏다고 생각해.

아까치매 그랑께 상동(향동)서 여 친정이로 오면서 저 맞어. 저 뭐스로 오면서 즈그 집으로 오면서 친정으로 오면서 지봉산에가 까끄매 나무를 흐가니(많게) 나무를 다 한께 외쳤제.

즈그 누님이

"우리 까끄매 나온너어 나온너어."

그랑께

"못 나오것더으 못 나오것더으."

그랑께

"아야, 내가 느그 누님이다."

그랑께

"아이, 누님도 뭣도 필요없소오."

그냥 그렇게 했대.

"쫓아간다."

그라고는 내려오는 판이었제. 그래서 인자 그 뭣은 그 시집갔다 오믄 거그서 끝나는 것이고.

굵은 소금은 만병통치약

자료코드   589_MONA_20170409_JMR_PSG_005
조사장소   진도군 고군면 지막리 지막마을 제보자 자택
조사일시   2017. 4. 9
조 사 자   박영관, 박정석
제 보 자   박석근(남, 85세, 1933년생)

줄거리 굵은 소금이 가래가 끓거나 목이 좋지 않은 사람에 효과가 아주 좋다.

그러믄 인자 하나 말씀 드릴 것은, 누구든지 지금 현재 목을 못 쓰는 사람들이나, 지금 가래를 못 밭꼬(뱉고) 있는 사람들은 아침마다 소금을 탈탈 녹구고, 빼앗트고(뱉어내고), 또 잘 나갈 때 입을 딱 빼앗트고, 또 뿐만 아니라 가래가 올랐을 때는 분명하니 소금으로 해서.

왜냐므는 가래가 없어지는가. 죽음을 면할 수 있는 거여. 가래를 소금이 녹인다고. 소금을 잘 쓰믄 거짓말 아니라 이것, 저것이 다 만병통치여. 그러케 쓰는 것인데, 나 한자만 쓸라고 갈차 준 사람인데 지금 현재 내가 죽을 날이 뒤에 얼마 없으니까. 이 세상 사람들은 다 많이, 좋게 편안하니 사라고 내가 이걸 갈차 주는 거여.

우리 박원장이나 박교장이나 이것도 참고적으로 알아 두며는 후세에 남도록 합니다. 그거이 좋타고 설명합니다. 이 굵은 소금. 나는, 때가 없어. 어뜨케 그러냐 하믄 눈 딱끄고,

사람은 눈하고 코하고 냄새가 나는 거여. 아침마디 딱 세수 하믄서 먼저 코 닦고 소금물 해갖고 눈, 눈 다 닦끄고 아침에 한 번도 빼놓은 적이 없어. 그러니까 아직도 나는 눈이 나쁘덜 안해. 뭐 눈에 할라믄 녹여갖고 찬찬이 넘거. 먹음 아주 좋고 또 위에도 좋을 뿐만 아니라 가래가 없어져. 분명허니 그거 하는 사람은 좋은 효과가 보여.

한국전쟁 때 목격한 마을 참극

자료코드   589_MONA_20170409_JMR_PSG_006
조사장소   진도군 고군면 지막마을 제보자 자택
조사일시   2017. 4. 9
조 사 자   박영관, 박정석
제 보 자   박석근(남, 85세, 1933년생)

줄거리 한국전쟁 당시 면장인 김○○씨 일가족이 몰살 당하고 이후 보복하는 참극을 제보자가
직접 목격한 이야기다.

내가 6·25를 만나서 지금 말하자믄 여그 ○○씨 면장이라고 있었어. 김○○ 면
장이 잘 살어서 머심을 까땀살이까정 넷을 데꼬 살았어. 그리고 자기 할멈
이 목포서 왔는데 그림같이 이뻤제. 그것이 저 작은 처인 모양이제. 그래갖고
이저 지금 요 옆에 있는 한○○네 집서 살았는데 잘 살았어요.

살면서 자기가 잘 사는데 거짓말 아니라 인자 6·25다 뭐시다 돌오까 무선께,
난이 올까 무선께 이녁 그 유물을 존 것을 감치는데(숨기는데) 즈그 집 밑에다가
구멍을 뚫었어. 쩌 밑에다 구멍을 뚫어서 굴 아래다가 이런 방을 맨들었제 잘
산께.

그랑께 그저 하울도 있짢애. 좋은 하울 있지. 이전에 그 하 좋은 뻔덕 뻔덕한
하울. 그런 놈이 유물을 다 거그다 감치덤마. 뒤를 본께 감차갖꼬 딱 덮어서 뭣
해논께는 일절 모르게 놈은.

인자 그래갖고 저 6·25가 돌아서 자기 집서 저 ○○이하고, 저그 저 ○○이 하
고, 까땀살이 저그 저 장가라고 황교 있는 거그하고, 여자들 까땀살이딜 두
개, 큰 머심, 작은 머심, 그케 넷을 데꼬 살았어. 그랑께 사랑방에 있것다고, 큰
사랑방에가 그런 때는 메주를 하나 달아서 놔두고, 그렇코 인자 6·25가 돌아

왔제.

그 6·25가 돌아오니까 그것이 쉬운이고 또 뿐만 아니라 6·25 난리통에 그런 때 나는 그때 학교 댕겼던거이제. 댕기다가 그 사람들을 자 있쟈 보안대장이네 뭐 뭐 즈그들끼정 전부 간부들을 맨들어서 조직이 되야있는데 그렇게 살다가 이자 6·25가 돌아와서 그걸 된 나머제.

하루는 내가 쩌 우리 돌아간데 저 선산이 있구만. 우리 형님은 인자 가담을 안 시길라 그랬제. 가담시키믄 인자 너도 죽것다 그래갖고 아이 그 8월달 이라서 선산이로 막 찰나무를 하러 일찌가니 가자고 그래싸. 그래갖고 나를 쬐까한 놈을 데꼬 갔어 고그를.

찰나무를 하고 다 일친 다음에 올라고 인자 왔는데. 그때사 이 사람들이 시작해서 사람을 야달이(여덟사람)를 딱 그 매당이다 즈그 매당이다 딱 시어놓고 인자 돌려서 몽뎅이로 뚜들리제. 몽뎅이로, 좋은 몽뎅이 지금 맨들어 났다가. 어 그만데로 뚜드러. 죽도록까지 그라믄. 머리팍이 때려 터도 터들어 가제 뒷에다 안돌면.

그래갖꼬 어깨쭉지 뚜들고 이케 인자 우덜 나는 가만 지게서도(기대서서) 보것소. 담 넘어서 가만히 본께 교대해서 이놈이 뻗치면(지치면) 저 놈이 다 죽도록까정. 해갖고 저녁팍 아된께는 딱 실어다가 데나불고 딱 뭐하다 죽여부러. 그래 갖고 인자 그 집 엄매, 지금 말하믄 ○○씨 면장각시, 그 각시는 아침 일치가니 구덕을 봤던 모양이여, 이놈들이.

구덕을 사람 둘 싯 들어가게 저 밑에까지 파갖고 저녁에 가서 그놈을 몇이를 여갖고 다 죽여불고 그런데 죽은 이가 즈그 사우, 면장 사우라고 ○○씨 아들이여.

○○이라고 그집 딸, 또 ○○씨 면장, ○○씨 각시 이렇케 해서 한구덕이 넣갖고 그 장소, 장소는 요그 요 한시절 산. 거그다 넣었어. 그런 무지한 짓을 해부 렀어 해얏꼬, 그 다음에는: 내가 16살, 그때도 그 나이도 할 수 없이 오라하라 해서 하믄 집촌을 서라하면 서야 썼제.

입촌을 서러 쩌 당릉에 장릉에 밑에 강남이 밑테로 거가 강남에 넘에서 원포 서 돌아오는 그 골짝 거그다가 거가 하칠 그날 저녁에 내가 입초 봐 스겠다고 했는데 무서서도 못 있어.

그 갯갓 밑에다가 거짓말 아니라 엄청나게 굴을, 저저 땅을 팠덤마. 땅을 파갖 고 전부 본께는 거그다 원포서 사람들 다 데려다가 밀어엇코 다 파묻어 부렀 어. 전보 다. 지방놈들이 그랬어. 지방, 지방 놈들이 잘 사는 놈들만 데려다 넣 었제. 잘 사는 사람들, 밥술이나 먹고 산 사람은 잡아 엿어. 그래갖꼬 그대로 밀어여갖꼬 죽여부러. 그렇게 무지한 짓을 하고. 그라고 쪼금 저 더 뭣한 놈 있 다 그라믄 배로 싱고 가서 돌멩이를 딱 달아서 들쳐 부러. 그라믄 흔적도 없애 불제. 그라고 어디가 죽은지도 뭣고 다이고.

제일 밑에다가 돌멩이 그 크나 큰 놈을 달아서 들쳐불믄 찾을래야 찾을 수도 없고 그렇게 죽여내드란 말이여. 그래갖고 내는 판에는 역시 그때는 인자 아 군이 점령하갖꼬 들어와서 그런때는 또 어뜨케 했냐 그라믄. 인제 칼빈 총이 있으니까 얄 둘이나 열서너나 요게 그르만 묵은 밭에다 딱 조르라니 시워놓고 아군이 들어와서 지금 아군이 아까침에 사람들을 죽인 놈들, 고놈들을 데려 다놓고 인자 죽이는 판이제.

그래갖고 원판 죽은 줄 알았드니 널어지고 놔지고 이 위게 묵은 밭에라고 당골 네 밭이라고 있어. 저녁에 거그다 일렬로 시워놓고 쏴분께는 그래도 한나가 살 았어.

한나가 살아서 내빼부렀는데 저어 배낭골이라고 거그 가다가 죽였든마. 뭣에 다 애기들 속에가 그걸 가보니라. 사람을 딱 엎찌라 해갖고 뒤꼭지로 싸불든 마.

그놈이 그란데 빗나갔어 이렇게. 그란데 나갔는데 빗나가갖고 재차 싸불든마. 그것이 누구냐 하믄 ○○이 각시라고. 백○○이 각시라고. 뭔 죄라고 쏴 죽여 불고. 그 집 아들 나하고 동창생이지만 지금 살아있어. 그 이런 무지한 일을 했 었는데.

싸움이라는 것언 없애야 되제. 싸움이 있으면 보복이 있기 때문에 그걸 있어
서는 안된다 나는 이케 생각을 해.

물이 흘러 미끄럽고 빛이 나는 기름바위

자료코드   589_FOTA_20170503_JMR_JBJ_001
조사장소   진도군 고군면 지막리 지막마을 제보자 자택
조사일시   2017. 5. 3
조 사 자   박영관, 박정석
제 보 자   조병재(남, 71세, 1947년생)

> **줄거리** 지막리 '기름바위'는 평소에도 물이 흘러 기름 칠 한 것처럼 매우 미끄럽다. 그곳에서 바
> 위를 타고 내려가는 장난을 하다가 넘어져서 고생하는 사람도 있었다. 해남에서 이쪽을
> 보면 반들반들 기름칠 한 것처럼 빛이 난다고 한다.

그 기름바우에 덧붙여서 다시 말씀을 드리면은 대하 칠일에도 그 물이 안말라
지고(안마르고) 약 30평되는 그 바위를 물이 지금 흐르고 있어요.
옛날에 쇠앙치(송아지) 줄라고나 아니면 땅에 거름을 할라고 잔데기(잡풀) 같은
것을 하로 가갖고 장난삼아 거그를 내려가는 사람은 잔데기를 한 짐 그냥 준다
고 하니까 잔데기 욕심에 거그를 타고 내려가다가 넌쳐갖고(떨어져서) 사고가 나
서 죽지는 안했지만은 고전(고생)을 했다는 얘기가 있어요.
또 이 중년에(최근에) 어떤 친구는 소를 녹이러(먹이러) 가서 거그서 한 번 미끄러
져서 사고가 나가지고 참 고전을 한 그런 때도 있었습니다.
또 일 년에 그 바위가 이케 아침 해가 일출할 때에는 해남 현산면 근방에서 그

바위를 보면은 빛이 아주 찬란하니 비춰서 거그서도 보기에 기름바우로 추정한다고 그런 전해지는 얘기가 있습니다.

그랑께 거가 늦(이끼)이 (질펀하게)) 흘러갖고 미끼러(미끄러워). 그랑께 기름마니로 미끄럽다케서 기름바위다.

땅이 비옥한 지막마을 들녘

자료코드 589_FOTA_20170503_JMR_JBJ_002
조사장소 진도군 고군면 지막리 지막마을 제보자 자택
조사일시 2017. 5. 3
조 사 자 박영관, 박정석
제 보 자 조병재(남, 71세, 1947년생)

> **줄거리** 지막리 비옥한 땅이 밭만 해도 수십만 평으로, 마을 사람들이 이 들녘에서 모두 농사를 지으며 풍요롭게 살고 있다.

들녘을 안꿀, 숫제, 거수터, 오리터, 응불, 뒷골, 토성, 갯갓, 냇끌레, 굴등, 당너네, 야방네, 장터, 구로, 가바든 이런 이름으로 들녘이 나눠져갖고 있는데, 지막마을에만 밭이 수십만 평인데 이 관내에서도 아주 비옥한 토지라고 소문이 났습니다.

그래서 비옥한 토지에 현재 우리 지막마을에 거주하고 있는 주민 일동이 그 땅에서 농작물 소득을 내면서 현재까지 잘 살고 있습니다.

지막리에 있는 산과 바위들

자료코드   589_FOTA_20170503_JMR_JBJ_003
조사장소   진도군 고군면 지막리 지막마을 제보자 자택
조사일시   2017. 5. 3
조 사 자   박영관, 박정석
제 보 자   조병재(남, 71세, 1947년생)

줄거리 지막리에는 산이 많이 있는데 계속 물이 흘러 미끌미끌한 넓은 '기름바위'가 있고, 그 아래쪽에는 사람 15명이 앉아서 놀 수 있는 '노리석바위'가 있다. 이외에 제각각 특징을 가진 바위들이 많고 기우제를 모신 주총산이 있다.

지막리 산은 안꿀산, 월굴산, 뒷골산, 홍꿀산, 지막꿀산 이렇게 나눠져 갖고 있습니다. 그란데 안꿀산에는 주봉산이라고 하는 정상이 아주 가파르고 높은 산이 한나 있습니다.

고 옆에 월굴이라고 하는 데에는 약 한30평되는 급격한 바위가 있는데 365일 물이 안마르고 그 바위 전체를 덮어서 이케 흐릅니다.

대하 칠년에도 그 물이 안말랐다고 하는데 현재 지금도 그 물이 꼭 이케 보면은 햇볕을 받아서 기름마니로(기름같이) 빤닥빤닥하니 이런 현상으로 사시사철 물이 흘러들어서 그 바위를 보고 '지름바우'라고 부르고, 그 지름바우 하단에는 사람이 십 한 오 육 명이 앉아서 누웠을 수 있는 '노리석바위'가 현존해 있습니다.

그리고 뒷골로 가면은 뒷골 산중턱에는 '장군바우'가 있는데 현재 그 바위도 지금 현존하고 있습니다. 그리고 개울재라는 산을 보고 '강만산'이라고 하는데 그 강만산 앞에는 '젓그락바위'라고 있었는데 그것이 지금 와서 소실되기도 했제만은 저수지를 막으면서 그것이 지금 수몰되야 부렀습니다.

그리고 지막불로 들어가면은 '물레바우'라 해서 물레같이 생긴 바위가 지금

있습니다. 그래서 지막불이라고도 하고 또 물레바우 번덕지라고도 일명 그케 부릅니다. 또 그 이면에 노적들이라고 하는 데가 있는데, 노적들 우에는 '감투바우'라는 그런 큰 바위가 있습니다.

그래서 산은 지막굴 같은 경우는 워낙 산 속이 넓어서 지막리의 저수지가 그 지막굴을 바라보고 있는데, 아마 진도군에서도 물이 빠지지 않는, 안빳는 원래 물이라고 할 것입니다. 원래 물이 좋고 다시 그 저수지를 막어놔서 이거 좋습니다.

그래서 산이 참 깊은 골입니다. 그리고 일명 다른말 대포리라고도 하는데 주총산이라고 합니다. 주총산 줄기를 따라서 내려오면은 옛날에 비가 안오면은 기우제를 모시고 들녘에 충이 많아지면은 충제를 모셨던 그 제터가 지금도 남아 있습니다.

그리고 그 제터 아래는 서학사 절이 지금 현존해 있습니다.

학의 혈인 지막리

자료코드 589_FOTA_20170503_JMR_JBJ_004
조사장소 진도군 고군면 지막리 지막마을 제보자 자택
조사일시 2017. 5. 3
조 사 자 박영관, 박정석
제 보 자 조병재(남, 71세, 1947년생)

줄거리 지막리는 학의 혈이라 양쪽 날개에 돌을 두 개 올려놓아야 집이 헐리지 않는다고 하며, 고인돌처럼 큰 돌 두 개를 놓아 막이 허물어지는 것을 막았다고 해서 '지막리'가 부르게 되었다.

우리 마을 전설은 옛날에 당월천 옆에 냇가라는 데가 있는데 거기에가 물욕천이지. 이름 없는 집이 몇 가구가 있었는데 해적들 때문에 거기서 생활을 하지 못하고 지금 이 자리로 이주를 해가지고 집을 짓는데 외곽처럼 산에 띠껍(띠)을 뜯어다가 마람을 엮어서 막을 쳤어.

그래서 '지초 지(芝)'자, '막 막(幕)'자 써서 지막리라고 했는데 그 막을 쳐놓으면은 바람이 불어서 자빠지고 또 쳐놓으면은 또 자빠지고 그러는데 어느 대사가 길에 지내가면서

"이 터는 학의 혈이다. 그러니 양쪽 날개에다가 독(돌)을 울려놓고 집을 짓어라. 그러면은 집이 안 헐어질 거이다."

그래서 저그 돌백이라고 하는 데가 고인돌처럼 거가 큰 독이 두 개가 있었는데 지금 하나는 없어져 불고 하나가 있고 저 아래 큰 샘이라고 하는데가 독이 거 그도 있었는데 지금은 그 돌이 없어졌습니다.

그 독을 갖다가 눌러놓고 나니까 그 막이 안 헐어지더라 그래서, 그 후로 집덜을 모도 지서갖고 마을이 형성이 되얐다고 하는데 터가 학의 터라고 하는 유래가 거그서 흘러 나왔습니다.

그래서 지막리 웃동네를 보고 옛날에 놀면서 건든다믄서 '새꼴랑지, 새꼴랑지' 그랬는데 그 말은 학이 내려다 봤기 때문에 학의 꼬리라는 소리지 다른 의미가 없는 얘깁니다.

그래서 지막리는 그렇게 해서 학의 터라고 해가지고 약 한 50년 전만 하더라도 세대가 이백 한 삼십 세대, 아마 진도서는 가장 큰 세대, 마을이라 했을 것입니다. 그러나 그 후로 산업화, 이농의 현상이 일어나서 지금은 백 한 오십 세대에 불과합니다.

그리고 이 마을 내에 그 오래된 이름이 모도 와전이 되어가지고 말이 쫌 옳은 말이 못됩니다만은 알로레, 멀무덤, 돌백이, 문텅바우, 석질, 가도레, 콩박근이 이렇케 그 오래된 이름을 지어가지고 있고, 마을 입구에는 김해김씨 가문의 일인 삼비의 효열비가 훌륭하게 역사깊게 서갓고 있고 그 옆에는 창녕 조씨 가문의 전각이 있습니다.

그리고 당월산 하에는 창녕 조씨 가문의 효열비가 있고 그 옆에는 박씨들 가문의 효열각이 또 있습니다. 그렇게 훌륭한 각을 옛날에도 짓고 해가지고 모도 대대전손해서 지금 그 자손들이 훌륭하게 관리를 잘하고 있습니다.

마을에 큰 도움을 준 두 분의 공로비

자료코드   589_MONA_20170503_JMR_JBJ_001
조사장소   진도군 고군면 지막리 지막마을 제보자 자택
조사일시   2017. 5. 3
조 사 자   박영관, 박정석
제 보 자   조병재(남, 71세, 1947년생)

줄거리 박종회씨는 마을 사람들을 설득하여 마을회관 윗층 동중 도로를 외곽으로 내는데 큰 공을 세워 공로비를 세워주었다.

박종희 선생 공덕비

공로비에 대해서 잠깐 얘기 드릴랍니다. 동네 입구에 박종회씨 공덕비가 섰는데, 그 공덕비는 회관 윗층 동중(洞中) 도로를 외곽으로 돌린 그 공이 지덕하다 하여 마을에서 주민들이 설득해가지고 그 공덕비를 세워서 지금 동네 입구에 세워갖고 있고,

또 지막리 복지회관 앞에 박옥두 선생 송덕비가 서갔고 있는데, 그 송덕비는

67년도 하래에 지막골 저수지를 개보수 하는데 일시 부족한 금액을 옥두씨가 대납했다 해서 그 공을 찬양한다, 거그에 송덕비가 세워져 갖고 있습니다.

아마 옥두씨 같은 분은 타기관에도 많은 공을 들인 걸로 압니다. 연하여 거그 자제 분 박영의원은 그 우에(위에) 군의회 부의장까지 지낸 걸로 기억이 됩니다.

미담 얘기였습니다.

고군면 지수리 지수마을

돔박굴에서 하율로 불리는 유래

자료코드   589_FOTA_20170423_JSR_KSG_001
조사장소   진도군 고군면 지수마을 제보자 자택
조사일시   2017. 4. 23
조 사 자   박영관, 박정석
제 보 자   김서규(남, 81 세, 1937년생)

> **줄거리** 돔바위에서 돔을 낚시한다고 해서 '돔박굴'로 부르다가 물망초 중에서도 물밤초가 많이
> 자생하여 '하율'이라고 했다는 설과 마을 앞 산마산에 밤나무가 많이 자생하여 '하율'이
> 라 이름하였다는 설이 있다.

하율 지명에 대해서 말씀 드리고자 합니다. 고군면 하율리에 대한 마을 이름
이 어떻게 하여 지명되었는가를 옛 어르신들의 구전에 의하면, 옛적에는 하율
리 앞까지 민물과 해수가 혼수된 습한 지대로 되어있어 돔바위가 있어 돔고기
를 낚시질하였다고 하여 그 부근을 '돔박굴'이라고 이름짓고 있습니다. 지금
도 하율사람들은 돔박굴로 부르고 있습니다.

돔바위 앞이 항시 물이 고여서 각종 물망초가 많이 서식하였다고 전해지고 있
습니다. 그중 물망초 중에서도 물밤초가 많이 자생하였다고 하여 '아래 하(下)'
자, '밤 율(栗)' 자를 써서 마을 이름을 하율이란 지명이 되었다고 전해지고 있
습니다.

그리고 하율지명에서 처음부터 거주하던 무안 박씨 선산이 마을 앞 산마산에
밤나무가 많이 자생하였다고 하여 하율이란 지명이 되었다는 설도 있습니다.
또한 옛적에는 마을 앞에 상율이라는 지명이 있어 거기에 시거(始居) 하였다고

합니다. 그 장소와 밭을 경작하다 보면은 하율 앞에 밭 땅에 옛 기왓장과 고기 조각이 발견된 것으로 보아 옛적에는 하율 앞 건네 뜰에서 살았다고 입증이 되고 있습니다.

그리고 그 후 상율이 서북풍이 바로 맞는 자리여서 현재 마을 하율로 이거하여 아랫마을로 하율, 아랫마을로 이거하여 살았다고 하여 하율이란 지명이 되었다는 설도 전해지고 있습니다. 구술자는 당시 고인이 된 조맹규씨, 전 고 군면장의 구전으로 전해지고 있습니다.

이순신 장군과 함께 전사한 판관 박만재

자료코드 589_FOTA_20170423_JSR_KSG_002
조사장소 진도군 고군면 지수리 지수마을 제보자 자택
조사일시 2017. 4. 23
조 사 자 박영관, 박정석
제 보 자 김서규(남, 81 세, 1937년생)

> **줄거리** 임진왜란 때 이순신 장군과 같이 왜군과 싸우다 전사한 판관 박만재를 모사리에서 향동으로 가는 소릿재 밑 산에 묻어주었다고 해서 그 잿등을 '판관재'라고 한다.

향동리에 판관재 얘기를 하고자 합니다. 판관재에 대한 얘기는 이 구전에 의하면 고군면 향동리에 거주하던 박만재, 고인이 되얐지만(되었지만) 선조로서 당시, 임진왜란 당시 이순신 장군과 같이 왜군과 싸우시다가 전사하여 모사리 뒷산 향동리로 가는 소릿재 밑 산에 판관 벼슬을 하시다가 전사하여 향동으

로 길 위에 매장되어 있기에 그 잿등을 판관재라 칭하여 오늘날까지 전해지고 있습니다.

묘를 가보면 묘 앞에 상석과 묘비가 세워져 있고 세운 시기는 도감 26년 11월 6대손 성병 근기라고 되어 있습니다. 2차로 세운 비는 1978년 9월 15일 11대손인 춘기, 통명, 정웅, 근지 이르케 세워져갖고 있습니다. 비전에는 임진공신 어해장군 전주판관 밀양박공 지묘, 배씨로는 숙부인 한양 조씨 합장으로 되어 있습니다.

뒷면에는 공후휘자를 보면은 내종 자는 필란, 또 사은록 정재, 그리고 장자 정립, 차자 경홍, 삼자 경돈 삼형제가 뒷면에 세워져갖고 있습니다.

인자 그 비 뒷면을 기록을 살펴보면,

박공은 임진왜란 당시 왜군이 우리나라를 침입하고 있기에 신하된 도리로 앉아 볼 수가 없어 나라를 구해야 겠다는 일념으로 결사 출전키로 결심하고 지원자를 모집, 군수를 방문하여 출전할 것을 아뢰고 지원자 수백 명과 같이 전지로 출전하니 무비충효전율영재명장으로 천거되어 이순신장군과 같이 출전하게 되니 이순신 장군이 크게 환영하고 기뻐하시었다. 박공은 장군에게 감사의 인사를 드리고 장군의 휘하로 들어가 왜군과 싸울 때마다 크게 전과를 올리니 칭찬하시었다고 합니다. 또한 독자적으로 돌격대를 조직하여 전과를 올리니 이순신 장군께서 크게 기뻐하면서 '동서고금의 충신이요, '열사'라 칭하면서 항시 나의 장군이라 호칭하고 한산싸움에서 또 전과를 크게 올리니 장군께서 조정에 알리시어 포상을 내리게 하고 전주판관으로 명받아 미승월에 작전을 퇴치하고 다시 통영으로 가 이순신 장군과 같이 왜적과 싸우시다가 장군이 전사하여 치상하고 전지로 가 격전하시다 전사하니 조정에서 공조판서 공신으로 명받아 녹전을 왕께서 하사하셨다고 전해지고 있습니다.

녹전은 지금 후손이 봉헌하고 있다고 여겨지고 있습니다. 이상 판관재에 대한 얘기를 하였습니다.

나무하기 어려운 오산리 코베기산

자료코드   589_FOTA_20170423_JSR_KSG_003
조사장소   진도군 고군면 지수리 지수마을 제보자 자택
조사일시   2017. 4. 23
조 사 자   박영관, 박정석
제 보 자   김서규(남, 81 세, 1937년생)

줄거리 오산리 뒷산으로 나무를 하러 가면 산의 급경사가 심해, 허리를 구부리고 오르다보면 나뭇가지에 코를 부딪혀 얼굴에 상처가 자주 나므로 이 산을 일명 '코베기산'이라 부른다.

오산리의 코베기산에 대한 얘기를 드리고자 합니다. 오산리 마을 창고 뒤로 들녘과 산으로 가는 길이 있습니다.

옛날에는 집에서 땔나무를 하러 산으로 가서 나무를 해왔습니다. 나무를 할 라믄 산 중간까지 올라가야 나무를 채취하기 때문에 산이 어찌나 급경사가 심 하여 허리를 굽히고 머리를 숙여 올라가다 보면, 앞에 나뭇가지나 억새풀이 코에 부딪혀 코와 얼굴이 상처가 나서 나무 채취하기에 어려움이 많았다고 합 니다.

그래서 오산 사람들이 그 산을 코 베는 산이라 이름을 지어갖고 오늘날까지 코베기산으로 전해오고 있습니다.

계속 산등선을 타고 올라가믄 죽총산 봉우리에 도착할 수가 있습니다. 정상 에는 쉼터가 마련되어 있어서 죽총산은 지막리 제일 뒤에 소위 말하는 대포리 산이라고 이렇게 전해지고 있습니다.

그래서 그 대포리 산을 올라가기 위해서는 오산 사람들이 코베기 산을 지켜서 (지나쳐서) 가기 때문에 나무하러 가는데 어려움이 많았다고 이케 전해지고 있 습니다.

일제강점기 가마니치

자료코드   589_MONA_20170423_JSR_KSG_001
조사장소   진도군 고군면 지수리 지수마을 제보자 자택
조사일시   2017. 4. 23
조 사 자   박영관, 박정석
제 보 자   김서규(남, 81세, 1937년생)

> **줄거리** 일제강점기에 각종 농산물까지 공출을 강제하자 면지도원인 이한용은 목포에서 가마니를 사오기 위해 출장을 갔다. 가마니를 천장까지 싣고 돌아오다가 강한 돌풍이 불어 선장과 선원, 이한용까지 모두 바다에 빠져 죽었다. 이후 죽은 이들을 기리기 위해 고군면 사무소 앞에 순직 추도비를 세웠다.

그 일제의 강점기 가마니치에 대한 얽힌 그 얘기를 해드리겠습니다. 그 인적사항을 보면 주소가 고군면 내산리 내동부락입니다. 성명은 이한용씨. 1919년생으로, 19년생입니다.

당초 이한용씨는 면직원으로 근무를 했습니다. 그래서 그 구전 내용을 들어보면 내산리에 사는 한천호씨의 현재 90세 된 어르신의 이야기입니다.

내용을 말씀드리른 일제강점기 때, 고군면 지도원 이한용은 고성국민학교를 우수한 성적으로 졸업하고 중학교 진학할 형편이 어려워 그간 농사일을 도우면서 공무원으로 진출하기 위해 열심히 노력한 결과 1938년 면지도원 시험에 합격하여 20세의 나이로 고군면 사무소의 지도원으로 입사하게 되었습니다.

그 당시 면지도원들은 일제말기에 전쟁으로 모든 물자가 부족하자 자기 나라 일본국에 우리 한국에서 생산된 각종 농산물을 보내기 위하여 무상으로 각 농가의 벼, 보리쌀과 자기들이 필요한 농산물을 강제로 배정해 놓고 수매하는 바 그 역할을 담당직원으로 하여금 수집에 열중하였다고 합니다.

그 시기에 고군면 면장으로 오산리에 사는 조병찬씨가 재직할 당시입니다. 조병찬씨는 짚 가마니를 구입하여 공출에, 사용하기 위하여 면지도원인 이한용

을 목포에 출장을 보내 짚 가마니를 구입하여 오라고 1940년 음력으로 10월 6일에 명령을 하였습니다.

이한용 지도원은 당일 목포에 도착하여 짚 가마니 천장을 구입하여 그 다음 날 아침에 짐을 선적할 준비를 고하여 가마니를 선적하고 오전 10시에 목포항을 출발하여 진도로 항해 중이었습니다.

그런데 한 시간쯤 항해 중이었는데 해남과 목포 사이의 좁은 바다, 일명 대나루, 대나룻독이라는 곳에서 갑자기 강한 서북풍이 불기 시작하여 파도는 오메타 높이로 돌풍이 불어 어디에 피신할 곳이 없는 상황에서 항해 중 높은 파도와 강한 폭풍에 견디지 못하고 배가 전복되어 파손되면서 선장을 비롯하여 지도원 이한용까지 4명 전원이 수장되어 사망하였다고 합니다.

그때 지도원 이한용은 갓 22세의 젊은 청년이었다고 합니다. 그후 폭풍이 지나고 3일 후에 시신을 인양하여 고군면 내산리 선산에 안장되었다고 전해지고 있습니다.

그 후 매년 음력 10월 7일은 바람이 강하게 불어서 고군면 사람들은 가마니치라는 날이 돌아왔다고 치하는 날이 돌아왔다고, 날씨가 춥고 바람이 분다고 하여 현재까지 나이 많은 사람들은 말하고 있습니다.

그후 해가 지나고 고군면에서는 이한용 지도원의 순직을 추도하기 위하여 1941년 1월 10일 고군면민 일동으로 순직 추도비를 세우고 추모하고 있습니다. 현재 비석은 고군면 사무소 입구 화단에 세워져 있습니다.

비석 내용을 살펴보면은 전면에 전 면지도원 이한용 지도원 순직 추도비, 후면에는 거식 시무 인사 도해 갑근 봉공 치후 폭풍 혼비 경배 근비 기념 면철 용궁유한무궁 이렇게 해서 자녀 이화자, 이옥자 이렇게 되고 1941년 1월달에 고군면민 일동으로 추도비를 세우게 되었습니다.

한글로 해서 비문을 해석하믄,

"역사와 세월의 고난 속에서도 이 작은 등불을 밝히려고 갑근봉공시무하였노라. 용기와 노력으로 키운 보람, 폭풍 속에 사라졌어도 갓 22세 젊은 지도원의 찬란한 의지가 빛나고 가슴 가득한 교훈이 있었네. 억울하고 원통함이 용궁에도 사무치나니 우리들 남은 한이 끝 닿는데 가히 없도다. 고군면민 일동"

이렇게 적혀 있습니다.

일본인 교장을 쫓아낸 곽충로 선생

자료코드 589_MONA_20170423_JSR_KSG_002
조사장소 진도군 고군면 지수리 지수마을 제보자 자택
조사일시 2017. 4. 23
조 사 자 박영관, 박정석
제 보 자 김서규(남, 81 세, 1937년생)

> **줄거리** 해방이 되자 고성초등학교의 일본인 교장 기사무라 내외를 아무것도 챙기지 못하게 하고 빈손으로 쫓아낸 사람이 용장리 출신 곽충로 선생님으로, 후에 교육감을 지내면서 벽파진에 이순신장군의 비를 세워 진도군민의 자부심을 높인 분이기도 하다.

1945년 8월 15일 해방으로 일본인 교장, 기사무라의 귀국 조치에 대한 그 얘기를 하고자 합니다. 1945년 미연합군이 일본 히로시마현에 원자폭탄을 투하하여 일본천황이 패전을 직시하고 동년 8월 15일 라디오를 통하여 항복을 발표하여 세계 제2차대전이 끝나고 우리나라는 일본 속국으로부터 해방이 되어 전국 각지에서 독립만세를 부르면서 일제 36년 간의 속국에서 벗어나게 되었습니다.

일본이 패전을 하니 우리 한국에서 거주하던 일본인들이 스스로 자기 나라로 돌아가고 어떤 일본인들은 그 지역 한국 사람들로 부터 쫓겨 가기도 하였다고

합니다. 우리 진도 고군면 고성국민학교에서도 일본인 기사무라 교장 내외가 아무 것도 챙기지 못하고 빈손으로 쫓겨난 사건이 발생하였기에 그 내용을 말씀드리고자 합니다.

그때 고성국민학교의 일본인 교장을 위시하여 3, 4명 교직에 근무하고 있었고 우리 지역 선생 출신으로는 군내면 용장리 곽충로 선생, 석현리 김용기 선생, 고성리의 한병화 선생님 세 명이 근무한 것으로 기억됩니다.

그 당시 저는 고성국민학교 3학년에 재학 중이었습니다. 8월 15일 해방이 되자 곽충로 선생님이 일본인 교장 기사무라 교장 내외를 짐 보따리 한 개도 챙기지 못하게 하고 빈손으로 쫓아 보냈다는 내용입니다. 그때 당분간 휴교령이 내려 약 1개월 동안 등교하지 못하고 학교에서 연락이 올 때까지 집에 서 놀고 있을 때였습니다.

그런데 해방 후 어느 날 저녁에 우리 동네 하율리 마을총회가 있어 공회당에 사람들이 많이 모여 해방의 기쁨과 앞으로 할 일을 의논하는 모임이 있었습니다. 그때 저는 마을공회당에서 약 50미터 거리에 우리 집이 있어 마을 사람들 모임이 있을 때마다 구경차 가보고 하였던 기억이 납니다.

회의를 진행하던 그때 일본인 약 20명이 완전무장하고 공회당 앞 도로를 지나 가던 차에, 마을 사람들이 모여 있는 것을 보고 무슨 일이 있는가 하고 일본군 책임자가 회의를 진행하던 박재훈씨에게 문의를 한 다음, 용장으로 가는 도로 를 알려달라고 하였다는 것이었습니다.

저는 그 이야기를 듣고 일본인들이 왜 용장으로 가는지 의심이 생겨 마을 한 어른에게 물어본 즉 용장리 곽충로 선생 집을 찾아간다는 얘기였습니다.

전술한 바와 같이 곽충로 선생이 일본인 교장을 학대하고 일본으로 쫓겨 보냈 다는 정보를 입수하고 곽충로 선생을 죽이기 위하여 용장으로 갔다는 이야기 였습니다. 그 다음날 곽충로 선생의 생사를 확인한 결과 마침 곽충로 선생 가 족은 그 소식을 듣고 피신하여 죽음을 면하였다고 하였습니다.

그후 곽충로 선생님은 국민학교가 정상화되어 다시 교직에 복직하여 고성국민학교, 군내국민학교에서 교장으로 근무하던 중 진도군 교육감으로 임명되었고 그 후 진도 군수로 임명되어 진도군의 2세 교육과 군정발전에 크게 기여하였습니다. 이분은 우리 지역의 나이 있는 어르신들은 잘 알고 있는 훌륭한 인물로 평가되고 있습니다. 특히나 진도 교육감으로 근무당시 충무공 이순신 장군의 비를 벽파진 바위산에 세워 진도군의 명예를 높이는데 크게 공헌하였다고 생각합니다.

이순신 장군의 비문은 노산 이은상 박사의 작품이며 비문 글씨는 소전 손재형 선생님의 작품으로 문화재로 가치가 있으며 비 자재, 거북형 자재는 천연 바윗돌을 현장에서 조각하여 그 가치가 크다고 하겠습니다.

곽충로 선생님은 국가관이 투철한 우리 진도군의 큰 일꾼이며, 든든한 배짱과 용기가 충만한 지도자로 후세에 길이 그 명성이 영원할 것으로 생각됩니다.

밀주 단속을 피한 주인마님의 재치

자료코드 589_MONA_20170423_JSR_KSG_003
조사장소 진도군 고군면 지수리 지수마을 제보자 자택
조사일시 2017. 4. 23
조 사 자 박영관, 박정석
제 보 자 김서규(남, 81 세, 1937년생)

> **줄거리** 집에서 손수 술을 담가서 일꾼과 마을 사람들을 대접하던 주인댁 마님이, 밀주 단속을
> 나온 세무서 직원에게 항아리에 앉아 용변을 보는 것처럼 꾸며 위기를 모면했다고 한
> 다.

지막리 동네 옛 사람이 술동이에 똥오줌을 싼 얘기를 하겠습니다. 1945년 해
방 후 마을에서는 논밭을 많이하는 집이 부잣집이었습니다. 동네 사람들은
논밭을 빌려서 농사짓기 위해 자주 부잣집에 들러서 주인마님께 아양을 떨면
서 술밥을 얻어먹기 위하여 자주 드나들기 때문에 주인마님은 집에서 손수 술
을 만들어 일꾼과 동네사람들을 접대하였다고 합니다.

그런데 해방 후 각 마을에 밀주가 성행하여 술도가에, 즉 주조장하는 사람은
자주 세무서에 연락하여 밀주 단속을 하게 하였고 나 또한 그런 사항을 목격
하였습니다.

하루는 부잣집 마님이 술을 빚어 술항아리와 동우에 많이 담아서 부엌에 숨
겨놨더라고 합니다. 그런데 난데없이 세무서 직원이 동네에 들어와서 술을 왈
칵 뒤져놓고 돌아다닌다고 이웃아주머니에게 연락을 듣고 집마님이 큰일났구
나 하면서 이리 뛰고 저리 뛰면서 발버둥을 치고 있는데, 갑자기 대문을 열면
서 술을 뒤지러 왔다고 합니다.

그래서 집안을 돌아봐야 겠다고 세무서 직원이 와서 얘기를 하면서 여러 군데
를 뒤지기 시작하였다고 합니다.

그래서 술동우를 어떻게 할 수가 없어서 부엌 바닥에 놓고 주인아주머니가 그 속옷을 벗어서 젖히고 술동우에 앉아서 설사가 나갖고 똥을 싼다고 이렇게 얘기를 하더랍니다.

그 세무서 직원이 부엌문을 열고 발을 딛는 순간에 난데없이 주인아주머니가 술동우에 앉아서 용변을 보더라고 합니다. 그래서 세무서 직원들이 들어와서 "아주머니 무엇을 합니까?"

그랑께

"야 이놈아 내가 설사가 나서 지금 똥누고 있다. 이 나쁜 놈의 시끼들, 빨리 안 나갈래?"

하면서 호통을 치더랍니다. 직원이 그걸 보고 입이 딱 벌어지면서 하는 말이 "술냄새가 나는데…."

하니까 그댁 마님이

"이건 술냄새가 아니라 똥냄새다."

하면서 야단을 쳤다고 합니다. 직원이 할 수 없이 분명히 술동우라고 하면서 나가더니 '참 기특한 마님이구나' 하면서 그 집에서 쫓겨났다는 얘기가 전해지고 있습니다.

그 마님은 기골이 장대하고 성질이 매우 사나워서 남정들 못지 않는 여장부로 이름이 전해지고 있습니다.

1·4 후퇴 때 나주부대의 만행

자료코드   589_MONA_20170423_JSR_KSG_004
조사장소   진도군 고군면 지수리 지수마을 제보자 자택
조사일시   2017. 4. 23
조 사 자   박영관, 박정석
제 보 자   김서규(남, 81 세, 1937년생)

줄거리 1·4후퇴 당시 진도 요직을 맡은 직원들이 부산으로 피난을 가버려서 대신 나주 경찰들
이 황조리에서 진을 치고 지키면서 좌익사상을 가진 사람들 혹은 의심되는 사람들까지
무자비하게 사살해서 마을에 씻을 수 없는 비극으로 남게 되었다.

1·4후퇴 당시의 나주부대에 대한 얘기를 하고자 합니다. 그 1·4 후퇴로 인해서
우리 진도의 경찰서 직원뿐만 아니라 전 진도군수도 그때 부산으로 피난을 간
줄로 알고 있습니다.

마침 경찰서 직원들이나 군청 간부들이 피신을 하였기 때문에 나주 경찰서 직
원들이 진도를 지켜서 해남으로 가기 위해 고군면 황조리에서 진을 치고 있었
습니다.

그래서 그때 나주부대 경찰들이 고군면에서 좌익사상을 가진 사람들, 수없이
많은 사람을 죽였다고 지금 전해지고 있고 우리 선산이 지금 황조리 가는 바
로 기로에가 있습니다.

그란데 그때 당시에 나주 부대에 아부지가 하율 이장으로 그때 있었거든요. 그
랬는데 매일 뭐 닭이나 돼지를 갖다 바치고 모도 이케 그 사람들의 횡포가 심
하니까 조용하기 위해서 그 음식을 제공했다고 전해지고 있습니다.

그란데 마치 집에서 식사를 마치고 가는 도중에 아부지도 거그를 따라 갔습니
다. 그런데 그때 당시에 마산리에 사는 이름이 기억이 안 나는데 김 뭐라는 어
떤 사람이 같이 가다가 우리 선산 바로 앞에서 그 총으로 그 사람을 총살을 시

켰습니다.

그래서 그때 당시 아부지 얘기로는 어뜨케(어떻게) 놀랐든지 벌벌 떨면서 황조 나주부대에가 근무하는 방꾸머리라고 하는 데가 있습니다. 그래서 배를 닿고 그러는 덴데 걸로(거기) 가서 있다가 그 다음날 돌아오고 있습니다.

이 나주부대가 그때 1·4 후퇴를 하면서 우리 지역의 소위 의심스런 사람들을 거의 잡아다가 갱물에(강물에) 빠치고 이렇게 해서 경찰의 횡포가 아주 심하다 고 그때 그 어르신들은 잊지 않고 무지한 경찰들이다 하는 얘기가 전해지고 있습니다.

그란데 우리가 지금 가만히 생각해 보믄 그때 당시에 무법천지기 때문에 좌익 사상을 가지고 있는 사람들 조금이라도 의심스런 사람들이 많이 희생되었다 고 생각할 때, 우리 지역으로 해서는 상당하니 슬픈 얘기가 아닌가 이렇게 생 각이 됩니다.

역사적 슬픔이 깃든 마산리 흰재

자료코드   589_MONA_20170423_JSR_KSG_005
조사장소   진도군 고군면 지수리 지수마을 제보자 자택
조사일시   2017. 4. 23
조 사 자   박영관, 박정석
제 보 자   김서규 (남, 81 세, 1937년생)

줄거리 좌익 주동자가 마산리에 있었던 탓에 경찰가족들의 희생이 있었는데, 이에 대한 앙갚음
으로 정부군과 경찰들이 마산리 주민들을 모두 잿등에 모이게 한 뒤 무차별 난사를 해
서 하얀 옷을 입은 시신들로 덮였다 해서 잿등을 '흰재'라고 부르게 되었다고 한다.

고군면 마산리 흰재에 대한 얘기를 하고자 합니다. 그 당시에 이장으로 있던,
지금은 고인이 되얏습니다만은 김삼보씨의 말을 들어보믄 어째서 마산 뒤에
산을 흰재라고 했냐 거그 그 얘기를 들어본 즉, 6·25당시 우리 정부군이 입성
을 해가지고 경찰들이 그 때 들어와서 여러 가지 무법천지의 만행을 자행했다
는 이야기가 지금까지 전해지고 있습니다.

그 내용인즉 마산리에가 고군면의 소위 주동자가 있었습니다. 그때 당시 김 아
무갠가 이름은 잘 모르것습니다만은 그 사람들이 경찰 가족들을 많이 희생
을 시켰다고 해갖고 마산리 주민 전부 그 남녀노소 할 것없이 잿등으로 모여라
고 해갖고 총살을 시켰습니다 그때.

그때 당시는 여름이니까 흰옷을 입고 총살을 당하고 있으니까 거그를 흰재,
사람들이 즐비하게 죽어 있어서 흰재라고 이룽게(이렇게) 이름이 되고 있습니다
만은 그때 당시의 고군면 출신 경찰도 거기에 개입이 되얏지 않느냐 그런 얘기
도 나오고 있습니다만은 확실한 그 물증은 없습니다.

그란데 그때 살아나온 사람이 지금 살아있거든요. 자기는 그때 어렸을 때 무
조건 총살을 하니까 딱 엎드려서 총을 안맞아서 살아나왔다 이런 얘기가 전해

지고 있는데, 6·25후로 정부군이 입성을 해가지고 걍(그냥) 동네 사람들을 무
작위로 희생을 시켰다는 것은 우리 면민으로서 참 슬픈 얘기가 아닌가 생각이
듭니다.

고군면 출신 항일운동가 이기환 열사

자료코드　589_MONA_20170423_JSR_KSG_006
조사장소　진도군 고군면 지수리 지수마을 제보자 자택
조사일시　2017. 4. 23
조 사 자　박영관, 박정석
제 보 자　김서규(남, 81 세, 1937년생)

> **줄거리**　고군면 출신 독립운동가 이기환은 고성초등학교 때부터 신사참배를 거부하고 일본군
> 군속으로 근무하던 고군면 사람들의 죽음에 대해 일본에게 책임을 묻는 등 주민들에게
> 항일운동 정신 고취를 위해 일생을 매진했다.

우리 고군면의 항일운동을 하다가 옥고를 치른 고성리에 당시 사시던 이기환
씨 얘기를 전하고자 합니다. 성명은 이기환. 1924년 12월 28일생입니다. 진도
군 고군면 고성리 600번지에 살고 있었습니다.
그분은 국내 항일 운동가였습니다. 훈격년도는 건국훈장왜족장을 1990년도
에 받았습니다. 그 내용을 살펴보면, 항일운동가인 이기환씨는 1924년 12월
28일 진도군 고군면 고성리에서 부친 이충의의 장남으로 같은 마을에 있는 고
성국민학교를 다니면서부터 항일운동에 앞장서서 일본에 대한 한국 사람들
의 신사참배의 허구성을 같은 학생들에게 말하고, 1941년 4월 같은 거주지에

서 일본선생들의 신사참배에 대한 강요에 항시 불만을 품고 신사참배의 허구성을 공박하였다고 합니다.

또한 고군면 출신으로 일본군 군속으로 근무하다가 사망하였다는 소식을 접하자 그 사망원인은 일본이 죽였다고 하면서, 주민들이 모인 자리에서 우리는 항시 항일운동을 지속적으로 전개하여야 한다고 주장하면서 주민들에게 항일사상을 고취시키려고 노력하시다가 체포되었다고 합니다.

같은 해 6월10일에 광주지방법원 목포지청에서 신궁 불경죄와 육군형법위반으로 징역 1년을 선고받고 옥고를 치렀다고 합니다.

그 후 1945년 동생 이기봉이 당시 국민학교 선생이 되어 형님의 항일운동에 대한 내용을 정부에 건의한 바, 정부에서는 그의 공헌을 기리어 1990년도에 건국훈장애족장을 수여받았다고 합니다. 그전 1986년에는 대통령 표창을 또 받았다고 합니다. 본 내용은 1941년 6월 10일 광주지방법원 목포지청 판결문에서 사실을 확인한바 있는 내용입니다.

현재 이기환 유공자는 그때 당시의 89세의 고령으로 광주노인요양병원에서 요양중이라고 전해지고 있습니다.

진도에서 고군면 출신으로는 처음으로 유공자로 선정된 사실은 이 지역 후배로서 선배님들의 애국애족정신에 깊은 감명을 받았습니다. 선배 유공자님, 부디 건승하시기를 기원드린다고 그 당시에 말씀드렸습니다.

신성한 탕건바위

자료코드   589_FOTA_20170411_JSR_PYU_001
조사장소   진도군 고군면 지수리 지수마을 제보자 자택
조사일시   2017. 4. 9
조 사 자   박영관, 박정석
제 보 자   박양언(남, 84세, 1934년생)

줄거리 마을 뒷산에 있는 탕건바위는 마을 사람 모두가 신성시해서 개인의 부와 안락을 위한
기도보다 마을 전체의 평화와 안녕을 위한 기도처로 인식하고 있으며, 탕건바위 덕분에
지금까지 많은 인재도 배출하고 마을 사람들이 잘 살고 있다.

탕건바위에 관한 우리 마을 전설이 있는데, 우리 마을에서 서쪽으로 쳐다보면
뒷산에 탕건 같은 바위가 있어서 그 바위를 항상 신성시 해왔었는데 어느 날
지나가는 나그네가 술집에 앉아갖고 그 바위를 보더니,

"아, 저 바위가 참 예사롭지 않구나. 저 바위에 공을 들이면 집안에 영화가 있
고, 관운이 생길 거 같다. 그리고 이 마을이 앞으로 번창할 것이다."

인제 그런 얘기를 하고 지나갔습니다.

어떤 주부가 그 말을 듣고, 생전 탕건바위가 뭔지도 잘 모르는 그런 그 뜨내기
주부였는데 어른신들한테 그런 말을 한거여. 우리 동네에 탕건바위가 있긴 있
는디 모다 그 탕건바위를 신성시해서, 거기서는 개인적으로는 절을 못하는 바
위라고 그러믄서 딱히 누구 한 사람이 나서서 공을 들이는 사람은 없다는 거
여. 사적으로 공들이는 거는 금지되었다는 거제라.

그래도 그 바위 덕택인지 몰라도 우리 마을이 고군면 소재지가 되고, 여기서
인자 면장도 숱하게 나고, 도의원도 나고, 장군도 나고, 국회의원도 나고, 또
뭐 지방의원 면장이라든지, 조합장이라든지 기관 단체장이 거의 우리 마을
출신들이 지금까지 고군면의 명맥을 유지하고 명예를 드높인 그런 훌륭한 마

을이었다는 것을 동네 사람들이 인자 모도 인정을 해요.

언제부턴가 남들 몰래 그 산 뒤에 그 바위 밑에다가 절을 해서 공을 들이면은 오히려 벌을 받는다는 이런 말이 있어요. 그래서 '이 바위는 공적으로 모두 한 마음으로 정말 공을 들여야 인제 마을에나 전체 사람들이 발전해서 공을 받지, 만약에 혼자서 개인적으로 욕심을 내서 공을 들이면은 오히려 벌을 받게 된다' 이런 말이 있어갖고 개인은 올라가서 공을 들인 바가 없습니다.

그러나 항상 우리 마을 사람들은 우리 마을이 잘 되라고 보름이면은 당산제를 모시면서 거기 탕건바위를 바라보고 공을 들였습니다. 그 덕택인지 우리 마을에서 진도에서도 유명한 어른이 탄생해서 지금도 우리 마을은 진도군에서 몇째 안가는 그런 면 소재지로서의 면모를 갖추고 잘 살고 있습니다.

노루 잡은 개바위

자료코드   589_FOTA_20170411_JSR_PYU_002
조사장소   진도군 고군면 지수리 지수마을 제보자 자택
조사일시   2017. 4. 9
조 사 자   박영관, 박정석
제 보 자   박양언(남, 84세, 1934년생)

> **줄거리** 마을 뒷산에 개 두 마리가 뒤로 붙어 서있는 모습의 바위가 있는데, 어느 날 산에서 내려온 노루가 그 바위 밑으로 기어가자 아들들과 개 두 마리를 출동시켜 쫓고 몰아서 노루를 생포했다.

우리 동네 뒷산에 큰 바윗돌이 두 개가 쌍립이 되아갖고 서 있는디 가운데가

벌어져서 마치 개가 뒤로 서 있는 거 같은 그런 그 형국입니다.

그란디 우리들은 그것 보고 인제 개데리(깨다리) 바위라고도 하고, 그래가 그 다음에 그 밑에서 여시가, 아니 노리가 한 마리 이케 뛰어 가는데, 아버지가 밭에 맞은 편 들녘에서 일을 하다가 노리가 큰 것이 어슬렁 어슬렁 걸어가니까 자기 아들이 약 한 200미터 되는 집에 사는데 이름이 조규채였습니다.

"규채야, 판돌아"

큰 놈이 규채고 작은 놈이 판돌이거든.

"백상아, 노랑아"

개 두 마리까지 불렀는디 저그 그 바위 이름을 얼린 기억이 안나갖고

"개씹바위 밑에 노리가 기어간다. 쫓아가서 잡아라."

하고 소리를 그래 하늘이 깨지도록 큰 소리를 치면서 불러대니까 아이들이랑 개들이 쫓아가서 몰아댑니다.

노리를 보고 아이들도 개들도 놀래서 인제 거이 데리고 갔는데, 그 노리가 놀래 가지고 산이로 꼭대기로 올라 간 것이 아니라 개 있는 쪽으로 달래 와가지고 개가 쉽게 그 노리를 잡게 됐습니다. 그래 인제 그 노리를 잡아가지고 노리는 잡으면 원래 뭐 개기를 나나먹든 한다고 그러죠.

동네 사람들이 전부 모여 가지고 그 개기를 먹고 술잔치를 했는데, 그 후로 동네 사람들이 그 바위를 부를 때 장난삼아 '개씹바위'라고 부르기 시작한 것이 지금까지 동네 사람들은 그 바위를 '개씹바위' 한다고.

기세당당한 오메 사람들

자료코드	589_FOTA_20170411_JSR_PYU_003
조사장소	진도군 고군면 지수리 지수마을 제보자 자택
조사일시	2017. 4. 9
조 사 자	박영관, 박정석
제 보 자	박양언(남, 84세, 1934년생)

줄거리 다섯 산이 있어 오메라고 했던 오산리는 세도가 당당하고 위력이 세서 다른 마을 사람들에게 말 한마디나 표정으로도 절대 기죽지 않았다고 한다.

우리 동네를 인제 오산리라고도 하는데 오산이라는 말은 오메, 다섯 산이 있어서 오산이라 하고 산 밑에가 들녘이 크게 있어서 오메뜰 이라 이렇게 불렀습니다.

그 오메뜰에 관한 얘기가 많습니다만은. 그 오메뜰 밭에서 이렇게 일을 하다가 어떤 이쁜 처녀가 지나가면은 제대로 못 지나간다는 그런 아주 참 웃기는 전설도 있습니다.

따라서 인제 오산 지나갈라믄은 산을 넘고 그러니까 부득이하게 동네 가운데로 지나갔는데, 새각시가 이바지를 해서 떡동우(떡동이)를 이고 가다가 거그서거의 다 뺏기고 그냥 시집을 못 가고 친정으로 돌아갔다는 그런 얘기도 있습니다.

이렇듯 오산 동네가 정말 세도가 당당하고 사실 고군이라는 말이 옛날에 오산 동네 사람들이 앉아서 군을 다스렸다는 그런 뜻으로 고군이라고 했다고 그럽니다. 그렇듯 고군면 오산리는 아주 유명한 동네였습니다.

그런데 그 오메뜰 얘기를 하다보면 여러 가지 전설이 많습니다만은 산들이 이렇게 다섯 개가 있는데, 그 다섯 개를 지적하지 않고 그 오산 사람들은 어디 먼

데 사람들이

"여기가 어디 동네요? 어디서 사요?"

물으면은 그래.

"오산에서 삽니다."

그렇게 대답하지 않고

아주 고자세로,

"십이봉에 칠봉 제하는데서 사요, 십이봉에서 제 칠봉, 일곱개를 빼면 다섯 봉우리가 남는데 거그서 사요~."

그렇케 아주 고자세로 얘기를 해서 오산 사람들한테, 오산 사람들 그 기상을 올리고 다른 마을 사람들한테 위압감을 주는, 어트케 생각하면은 허세도 많이 가지고 있었다고 그럽니다.

그래서 옛날에는 오산리에 있는 죽은 송장이 앞면, 옛날 지산면 사람들입니다. 오산 사람들이 앞면 송장 열을 당해낸다는 그런 아주 웃기는 말도 있었습니다. 그러나 지금은 참 농촌이 어디나 할 것 없이 그렇게 다들 부유하니까 마을끼리 세도 부리고 취할 때가 아니죠.

거북이가 알을 낳는 구자뜰

자료코드   589_FOTA_20170411_JSR_PYU_004
조사장소   진도군 고군면 지수리 지수마을 제보자 자택
조사일시   2017. 4. 9
조 사 자   박영관, 박정석
제 보 자   박양언(남, 84세, 1934년생)

줄거리 구자뜰은 거북이가 알을 많이 낳은 형국이라는 데서 따온 이름이라 한다. 또한 오메뜰에서 나온 자갈이나 큰 돌들을 모아 들 가에 담을 쌓아둔 모습에서 숫거북이 알을 낳은 모습을 연상하여 지은 이름이다.

옛날에 우리 지수리도 오산리에 속하는데 오산리에 군함동이라는 것이 있습니다. 그 군함동, 군함이 닿았다 해서 군함동이라고 했는데 그 후로 어르신들 하는 말이 '구자뜰', 이 거북이가 알을 많이 낳은 형국이라고 해가지고 구자뜰이라는 말하고 군함동이라는 말에도 비슷한 전설이 있어서 우리들은 항상 꾸자뜰이라고 그렇게 알고 있습니다.

그 마을이 오산리, 지수리, 오상리 이 삼리를 포용하고 있으면서 우리 동네를 부유하게 만드는 전답이 거기에 다 있습니다. 그게 오산 오메뜰입니다.

그런데 인제 동네 사람들은 구자뜰, 구자뜰 한께 무슨 말인고 했더니 어르신들 하는 말이, 들에 가면 자잘한 돌로 만든 담이 수없이 많습니다. 농사짓는데 나오는 돌들을 모아가지고 담을 쌓고 그것들이 밭 귀퉁이마다 수없이 많아가지고 꼭 거북이가 알을 낳는 그런 형국이라고 해서, 여기서는 군함동, 그랑께 거기서 인제 숫 거북이가 거그서 살았다는 그런 얘기도 있습니다.

그 숫거북이가 오산에 있는 거북등 같은 돌이 잘잘하게 많이 있는 자갈밭 위에 쫌 큰 동산이 있어요. 그래서 그거를 인제 암 거북이라고 부른 겁니다. 숫 거북이 군함동, 군함, 아들을 많이 난 그 군함동이라는 그런 말로 또 전해 왔

어요 이제.

그래서 우리 동네 사람들이 알기로는 꾸자뜰이라 해가지고 거북이가 알을 많이 나서 인제 여기서 서식했다는 그런 전설땜시 우리들은 꾸자뜰로 알고 항상 꾸자뜰, 꾸자뜰 하면서 살았는디 인제는, 새마을 운동 하면서 밭에서 난 자갈이 도로하는 공사장으로 다 쓰여서 지금은 많이 없고 또 경지 정리를 해서 돌담은 거의 없어졌지만 다행히도 군함동과 꾸자뜰이라는 옛 이름은 그대로 남아 있습니다.

물이 풍부한 지막리와 지수리

자료코드 589_FOTA_20170716_JSR_PYE_005
조사장소 진도군 고군면 지수리 지수마을 제보자 자택
조사일시 2017. 7. 16
조 사 자 박영관, 박정석
제 보 자 박양언(남, 84세, 1934년생)

> **줄거리** 재봉을 사이에 둔 지막리와 지수리는 재봉 밑에서 나온 물을 마시는데, 수량이 풍부하여 식수는 물론 농업용수까지 해결하였다고 하며, 지막리와 지수리 사이 들판은 '수박들'이라고 부른다.

원래 지수리는 고군면 소재지에 있으면서도 그 마을명이 옛날에 오산리에 속해 있었기 때문에 타 지역에 잘 알려져 있지를 않습니다. 그래 항상 주민들은 지수리가 어째서 지수로 되었는가 그걸 잘 모르고 그래서 저희들이 수소문한 끝에 다음과 같은 결론을 얻게 되었습니다.

지수리는 본래 오산 하류 구역에 속해 있었는데 일제시대에 이름을 정하면서 지수리라고 했다고 합니다. 근데 지수리라는 말은 그 어원이 지막리 '이웃동네 지' 자하고 지수리 샘이 있는데, 그 물이 좋아서 '물 수' 자하고 해서 '지막리 지, 지수리 수' 해서 지수리라고 그랬다고 그럽니다.

지막리하고 지수리하고는 아주 재봉을 가운데 두고 인접해 있기 때문에 재봉에서 항상 지막리로 와서 제도 지내고 그러는데, 그 재봉 밑에 물탱크가 있는지 어쩐지 하여간 거기서 근원해가지고 그 물이 지수리 골창으로 내려와서 물이 너무 많아가지고 지수리 사람들도 먹고 그 앞에 농경지에다가 이용해서 못자리도 만들고 해갖고 결국은 지막리, 지수리 고 사이 들녘을 수박들이라고 했습니다.

그러니까 그 수박들의 물이 재봉에서 흘러나와가지고 지수리 천들를 통해서 수박들이라고 하는 들로 가서 농사를 져서 지금 현재는 거의 경지가 대지, 또는 여러 가지로 변했습니다만은 지수리는 그 지수리라는 이름은 지막리에서 '지(芝)' 자하고 지수리 '물 수(水)' 자를 따서 지수리로 그렇게 한 것을 보면은 옛날 그 이름을 일제시대 작명하신 분들이 이 지수리 물이 얼마나 좋았다는 것을 증명해주고 있습니다.

그래서 지금은 지수리 사람들은 뭐 100여구가 넘는 동네에 지수리 사람들은 말할 것도 없고 지나다니는 사람들도 지수리가 약수라는 뭣이 있기 때문에 말이 통해져갖고 택시기사라든지 지나가는 사람들은 물을 길어 가기도 하고 또 식당에서는 보건소에서 수질이 좋다고 판정을 받았기 때문에 식당에서까지 그 물을 식수로 쓰고 있습니다.

그래서 오늘날 우리 지수리는 지수라는 물 하나 때문에 아름다운 이름을 갖게 되고, 또 지수리 사람들은 지금 많이 번창해서 지금 백 여 호 넘는 그런 지수리 소재지가 갖춰져 갖고 있습니다.

고군면 하율리 하율마을

율파 선생의 추모를 위해 헌신한 제자 이순묵

자료코드   589_FOTA_20170503_HYR_KMW_001
조사장소   진도군 고군면 하율리 하율마을 제보자 자택
조사일시   2017. 5. 3
조 사 자   박영관, 박정석
제 보 자   김맹우(남, 88세, 1930년생)

> **줄거리** 율파선생의 비석과 제각을 건립하면서 제자 이순묵씨는 글귀와 제자들 명단 작성까지
> 많은 일을 주도적으로 했다고 한다.

곽순목씨가 율파선생님 제잡니다. 그래서 글귀까장(글귀까지) 다 써주고 명단을
모도 제자딜이 쓴 책이 있어요. 아주 떡이로 기러논거(그려놓은 것) 같이 그런 뭣
이 있습니다. 아주 일류 선생님입니다. 곽순묵씨라고 하믄. 아, 이순묵씨 입니
다. 이씹니다(이씨입니다).

아, 근데 진도 읍내 동밖에를 이케 막 들어 가자믄 거그 있어요. 근데 이순묵
이 그 한아버지가 거그서 글을 배웠다 그래요. 율파선생님이. 그래갖고 그 제
자딜이 뭣해 가지고는 율파선생님이 고인이 되니께는 여긋따가 비각을 지서놓
고 저긋따 제각을 지서놓고 있습니다.

그란데 그 제일 고생한 분은 이순묵씨라고 그 선생님이 글귀가 되갖고 그 명단
을 그 어르신이 다 꿰맸어요. 다 해갖고. 맨 첨에 군에서 그것을 좀 타달라고 그
라대. 그래서는 그 글귀 시워놓고 전부 보내줬다 다시 또 갖고오고 또 광주서
손들이 필요한게 뭐달란다고 갖다 쓰고 다시 갖다주고.

손지가 그 박귀종씨죠. 귀종씨가 현재 살아 있어.

익종씨는 거그는 교수 서울대 나와갖꼬 광주교대(광주교대교수재직) 댕기다가 돌아가셨죠. 서울대 나와갖꼬 작은 놈이 길종이. 손자죠. 손진데 지금은 저 언장손이라 것이 남은 이가 박귀종이라는 것밖에 없어요. 그란데 그분을 얘기를 했더니 그것이 모던 것이 잘 못되았어.

왜 그라냐 하믄 재호씨라는 사람은 소손이고 아부지 경훈씨라는 사람은 바로 직접 본손인데 내가 그렇게 했는데 귀종이라는 사람은 그때 저 대구 정보과를 나왔어요. 함평이로 댕겼어 함평. 그란데 말타고 댕길 것인데 돈이 없응께 걸어가.

(조사자 : 나룻편을 백파서 타고 함평을 함 갑니까?)

목포쪽이로 해서 걸어댕겼대요. 걸어댕김시로 시험관을 꼬났다(꼽혔다) 그래요. 아주 훌륭한 분이에요. 비각이 이 우게가 있고 이 건네가 있고 그라죠.

고군면 향동리 모사마을

진도를 부유하게 해준 전복 사업

자료코드   589_MONA_20170507_MSR_KJH_001
조사장소   진도군 고군면 향동리 모사마을 제보자 자택
조사일시   2017. 5. 7
조 사 자   박영관, 박정석
제 보 자   김정환(남, 69세, 1949년생)

줄거리 모사마을이 인근 지역보다 어업소득이 적어서 고민하던 중에, 마을 뿐 아니라 진도의
수산업 발전을 위해 전복 사업을 제안하며 전복 종묘사업이 성공하게 되자 이웃마을에
도 전파했다고 한다.

우리 마을이 그때는 김을 생산하고 살았는데 소득이 약했습니다. 그래서 어떻
게 해야 우리 모사마을이 쪼금(조금) 더 소득이 높아질까 이렇게 생각을 하고
있는 중인데, 박승만 군수님께서 하시는 말씀이,
"완도보담(완도보다) 진도가 한 20년 정도 수산발전이 뒤떨어졌다."
하는데, 저한테 수산업에 대해서 어떤 사업을 하든은 소득증대가 좋겠는가
이것을 알믄(알면) 검토해가지고 쫌(좀) 보고를 해주라고 해서 어촌지도소 신소
장님께 말씀을 물어 보니까,
"제일 소득이 높은 것이 전복입니다."
그래요. 그 당시 전복이란 것을 어뜨케(어떻게) 해야할지 상상도 못하고 군수님
보고 전복을 한 번 했으면 좋겄다고(좋겠다고) 그러니까 한 번 연구 해보라고 해
서 사업계획서랑 오천만 원을 신청했는데 이천 이백 오십인가 되대요.
그런데 전복을 어떻게 해야 될 줄을 아무도 몰라. 처음에 양식을 해야 되는데

그때 어촌지도소에서도 어떻게 하믄(하면) 되는지도 잘 모르고 그렇게 같이 연구하면서 시작했죠.

그래갖고 약 한 서른 평. 인자 짓기는 150평을 지섰는데(지었는데) 처음에 30평 정도에다가 종묘를 했단 말이요. 그래 30평을 해갖고 그때 판매도 할 줄도 모르는데 어촌지도소 보고 어디다 팔거냐고 그라니까 흑산도로 팔라하대. 흑산도로 어뜨케(어떻게) 판당가(파느냐고) 그러니까 전복크기가 1.5센티에 300원씩 한답니다 그라드라고.

하여튼 그렇게 해서 팔아주믄 고맙겠다 했는데 그놈을 팔고 나니까 천오백이 나와. 천오백만 원이. 그란데(그런데) 그때 내가 김을 일 년 쭉 해봤자 이천하고 천오백 사이여. 김발을 일 년내 해도. 그래서 이런 돈이 어디가 있냐. 이런 돈은 정말 요 쉽게 말하믄 그런 때(그당시) 크나큰 집 될 마당 한나만 면적밖에 안되거든요.

거그서 천오백이 오른다는(나온다) 것은 우리 18년 전에 얼마나 큰 돈입니까? 그래서 하도 재미지니까 농에다가 저 천팔백, 천오백만 원 여넣코(넣어두고) 밤새 집사람이 잠을 안잤어. 하도 재미진게.

그래가지고 나만 할게 아니라 우리 마을에 빨리 빨리 홍보를 해야 되것다. 그래갖고 아무나 붙잡고 전복하자고. 전복양식을 하면 좋다한께 뭔 전복을 한다냐고 그래쌌드라고.

전복을 하믄 무조건 큰 돈이 된다니까 저를 따로온(따라온) 사람들은 뭐 어찌게(어떻게) 한다냐고 물어봐요. 나도 잘 모르는데 어촌지도소가 갈차주니까(가르쳐주니까) 하자하자고 그래갖고 이거이(이것이) 그 때 막 그 만평짜리 모세미 그거이 옛날 쪽 공장 했던 땅인데, 그 사람들이 망해갖고 나가버리고 그 임대로 쩌저(저) 경매로 샀거든요. 해갖고 그놈을 우리 마을로 주게 되얏어(되었어). 팔게 되얏어. 그래갖고 그놈을 내가 하여튼 사가지고.

그때는 이미 최태수한테는 넘어가불고 그때 다른 사람이 하여튼 그걸 쥐고 있었다가 경매를 여갖고 원래는 그거이 조영진이한테 넘어 갔는데 영진이한테 우리가 되샀죠. 되사가지고 열사람을 선정을 했어.

열분을 정해서 그 사람들이 첫째 나랑 같이 그때 아주 대박이 났어. 크게 벌었제. 그런때는 좋은게(경기가좋아서) 땅 사고 건물 짓고 하는 과정에서 한 2억을 먹었는데(들었는데) 그 가을에 전복양식으로 사람들 소득이 오억, 육억썩을(육억씩) 해부렀어. 그러니 어찌게(어떻게) 되것어.

그래가지고 돈 되는 것은 전복배께(전복밖에) 없다 해갖고 그때부터 김은 아무도 안해불고(농사를짓지않고) 전복을 해야 된다고 붐이 일어났는데 우리 마을이 원조죠. 꽹장히 증말(정말) 소득이 좋죠. 말할거 없이 좋고 지금은 뭐 논이고 밭이고 하는데 약 지금까지 전복 종물 생산하는 기간이 한 18년 되는데 18년이면 오래된 역삽니다.

종묘 사업에서 가두리로 전환

자료코드	589_MONA_20170507_MSR_KJH_002
조사장소	진도군 고군면 향동리 모사마을 제보자 자택
조사일시	2017. 5. 7
조 사 자	박영관, 박정석
제 보 자	김정환(남, 69세, 1949년생)

줄거리 전복사업 초창기에는 종묘를 다른 지역에 판매했는데, 10년 정도 지나자 진도의 젊은 주민들이 전복을 기르는 가두리를 직접 설치하여 재배를 시작하였다. 그리하여 진도는 수온이 낮고 물살이 센 청정지역이라 좋은 품질의 전복을 생산하였기에 호황을 맞이했다.

모든 사업이 십년이면 강산이 변한다고 십년 이상 되면 주기적으로 뭔가 변화가 오거든요.

근데 지금 쪼끔 변화가 오고 있습니다. 약 한 8년 전부터 우리 마을도 가두리, 가두리라는 말은 뭔말이냐 하면, 종묘 생산을 사가지고 바다에다가 물을 막어 가지고(막아서) 지금 식용으로 판매를 하는데 그 사업을 옛날에는 인자 종묘만 했는데 우리도 가두리를 치자 했어요.

그래갖고 우리 마을도 젊은 분들이 한 지금 20여 가구가 하고 있고 총 종묘생산 하는 사람이 한 50명 되는데 우리가 총 비용은 일년에 하여튼 몇천억썩이 우리 마을로 들어오죠 돈이.

물론 몇천억이 들어오면 물론 인건비, 사료대, 전기세 이런거 지하고(제하고) 나면 한편으로 우리 마을로는 하튼 몇천억씩 들와요. 일년이믄. 그래서 인자 가두리가 부러 전망이 있다고 그럽니다. 아까 종묘생산은 옛날처럼 호황기는 지났죠. 예를들면 전복도 전국적으로 워낙 생산을 많이 하기 때문에 없는 데가 없잖아요?

우리 진도는 말할 것 없고 완도, 신안 옛날 안하던 해남 뭐 다른 지역도 전망이 있고, 그래도 우리 진도는 제가 이 말씀 드리면 죄송합니다마는 전복 종묘의 원조죠. 내가 원조입니다.

그런 때 전복이 열 개짜리가 15만 원, 16만 원 갔었어(했어). 열 개짜리가. 그러니 어쩐 돈이요. 그란데 그때 당시에는 바다에서 전복 기르는 과정이 4년, 5년 이었어. 그런데 요새는 2년 반, 3년이믄 나와 불거든요. 그랑께 그런 차이도 있지만은. 제가 생각할 때는 박승만 군수님이 진짜 고마운 분이죠.

제 생각 같으면은 전복의 소득도 올리고 했으니까 진짜 우리 박승만 군수, 내 생각으로 말씀드린다믄은 비라도 한나(하나) 셔줘야(세워주어야) 할 정도여.

거기서 아이템이 나와갖고 어민 소득을 올리는데 생각을 갖고 말씀을 하셨기 때문에 이렇게 지금 진도군이로는 어마어마한 소득입니다. 전복으로 벌어들인 돈만 해도.

지금 전복 안했으면 수산업계 완전 비글비글(비실비실) 했어요. 김이 뭐 비싸네 어쩌네 저쩌네 해도 그때 김 해갖고 뭣했어. 그냥 겨우 먹고나 살았제. 내가 그전에 그 모세미 거그를 가면은 치패 양식하는 하는 것을 보고 했는데 그런때 인자 모세미분들만 하는 것이 아니고. 그렇습니다.

(조사자 : 그 옆에 가계니 모도 그런데서도 같이 하던데 그런때는 모도도 같이 연계해서 했나요?)

아니, 원래는 개인 사업들인데 돈을 번다하니까 이웃마을로도 넘어가지요. 또 가계로 빨리 넘어간 이유는 뭐냐 이유는 광무(許光武)씨가 모세미에서 했었어요. 모세미에서. 아까 만평짜리 땅사갖고 할 때 주로 거그 내가 해줬었어. 광무이 형님도 저와 같이로(함께) 자기 혼자 벌라 하는게 아니라 아이 어민들 빨리 빨리 이거 이 앞으로 해먹고 살 일은 전복밖에 없다. 그니까 가계 같은데 용호리가 급물살을 타불었죠.

뭐 일년에 다섯이 했다하믄 다음에는 열이, 열이 했다하믄 또 스물이. 그라고 또 짓는 면적이 예를 들어서 처음에 시작하는 사람들은 200평, 500평 무지하게 크다고 했어요. 내중에는(나중에는) 지금 같으믄 천평, 이천평 뭐 그러자 그랬죠.

그리고 참여하는 어가가 99프로 입니다. 지금 우리 마을도 마찬가지고 가계도 마찬가지고 또 그것만 있는게 아니라 해변가로 해서 원포라든지 뭐 여러 군데 하고 있죠. 실질적으로 소득이 제일 큰 데는 모사, 용호리, 가계 여기가 종묘로 갖고는 히트를 쳤는데 소득이 제일 높죠.

요새는 신동이 또 지금 아주 신개발지라고 해서 어마어마하죠. 저 보전 뒷께 그런데 보전은 무슨 역할을 하냐하면 가두리, 인자 거그는 가두리로 해서는 우리나라에서 흑산도 빼고 제일 좋습니다. 전국에서 그 지역이 흑산도를 빼놓고 제일 좋은 지역입니다.

거그 가두리, 흑산도 전복이 단가가 제일 비싸고 그 다음이 보전꺼. 옛날에 완도가 좋았다 하는데 완도를 비방할 생각은 전혀 없는데. 아, 진도는 전체적으로 전복을 해. 조도도 하고 있잖아요 조도도 어마어마하게 넘어갔죠. 인자 종묘생산은 안해도 가두리는 엄청납니다.

진도가 물살이 세고 수온이 좀 낮고 진도 전복이 품질이 좋다고 합니다. 물살도 세고 조도가 그러기도 하고 그쪽이 청정지역 아닙니까. 제주 못지않은 바다예요. 깨끗하고 물도 맑고 난류 한류의 소통이 제일 잘되고 그랑께 우리말로 얘기하면 적조가 없는 지역이 아니여. 그런 존(좋은) 지역이여.

그랑께 조도 일대를 지금 하고 많이 하죠. 처음에는 다루 밑에 글로만 했었는데 이쪽 요쪽으로 신지, 신전리 앞으로 엄청 들어갔어요. 지금은 김이 소득이 높지만은 실질적으로 전복이 소득이 현재는 일등이죠. 그때 당시 군수님하고 어촌지도소 소장님하고 해서 전복을 일으키는데 큰 역할을 했는데 참 보람된 일을 했습니다. 그란데 그걸 알아주는 사람이 하나 없습니다.

그것이 쫌 아쉽읍데요(아쉽습니다). 왜 그라냐 하믄은 알아줘갖꼬 비 세워 주라는 뜻은 아닌데 그란데 알만한 분들은 다 알고서 전복사업을 일으킨 원조란 말은 해요.

그란데 정말 이렇게 수고한 사람들은 욕만 안하고 넘어가도 보답한다고 생각합니다. 저한테 욕하는 사람은 없다고 저는 알고 있습니다만은 정말 저 생각으로는 그렇죠. 어쨌든간에 진도를 부자 만들게 된 것은 사실이니까요. 옛날에 군수님한테 그 말을 했어요.

"군수님, 저는 이런 사람입니다." 그러니까 그 얘기 수산과를 통해 들었다고. 정환씨가 정말로 고생많이 했다고.

쩌기 그 보전 전복단지는 2000년도구만. 2004, 5년도에 처음 그걸 허가를 날 때는 수협으로 냈어요. 수협으로. 수협면허로 다 냈는데 내중에(나중에) 어민들한테 전부 분양해줬죠.

지금 쩌게 기대가 거그를 처음부터 했는데 십한사년인가 오년인가 될거요. 14년, 기대도 빨리했어요. 빨리. 왜 그라냐 하면 그때 3년, 4년 있다가 그때 면허진 낸다고 그럴 때 그때 수협이사할 때 인준을 받아갖고 냈는데, 수협은 그때 당시 해갖고 그 존자리에(좋은) 역시 아우 기대만 벌잖애 가두리 들어간데 다 긁어불었제(돈을 많이 벌었다). 긁어불었어(긁어버리다).

정말 정말 우리 수산업계 대해서는 전복에 대해서는 우리 군에다가 한몫한 사람들, 소득증대 하는 데는 확실하니 한몫한다.

고군면 향동리 향동마을

반골만 매고 놀자는 반골레

자료코드 589_FOTA_20170409_HDR_KYI_001
조사장소 진도군 고군면 향동리 향동마을 제보자 자택
조사일시 2017. 4. 9
조 사 자 박영관, 박정석
제 보 자 김영일(남, 80세, 1938년생)

> **줄거리** 향동리에 서당이 두 개 있는데, 공부가 끝나면 남학생들이 보리밭 매는 여자들에게 와서 밭을 반만 매고 함께 놀자는 말로 '반골레, 반골레' 소리를 지르곤 했다.

'반골레'에 대해서 제가 들은 대로 말씀 드립니다. 옛날에 향동에가 서당이 큰 서재가 있고 작은 서재가 있었는데, 그 학생들이 봄에 공부를 하고 강, 강을 마치고 쉬는 시간에 향동 저 밑에가 '굴바위'라는 바위가 있는데, 그리 놀러 가 갖고 봄에 향동에서 범굴이라는 굴 바위에서 보면 고 밑에 가게하고 거 중간에 밭이 많이 있습니다.

거기 밭에서 옛날에는 그 여자들이 봄에 보리, 보리밭을 전부 아주 수십 명이서 그케 매는데 이 서재 다니던 분들이 거기 가서 쉬는 시간에 인자 날은 따땃하고 그러니까 그 여자들이 밭 매고 있으면 거기서 막 소리치면서 그 여자들을 보고,

"반골레~, 반골레~"

하고 이렇게 소리를 쳤더랍니다. 그러면은 여자들은 봄이라서 남자들이 그렇게 전부 소리를 지르고 그러면은 보리밭을 매는지 마는지 모르고 전부 뭉쳐

댕기고 모도 그랬다고 그런 얘기가 있습니다.

그런데 '반골레'라는 그 뭣은 밭을 다 매지 말고 반골만 매고 우덜한테 와서 같이 놀자, 같이 놀자는 그런 말이었다고 합니다.

세 번 이사한 향동마을

자료코드   589_FOTA_20170409_HDR_KYI_002
조사장소   진도군 고군면 향동리 향동마을 제보자 자택
조사일시   2017. 4. 9
조 사 자   박영관, 박정석
제 보 자   김영일(남, 80세, 1938년생)

줄거리 향동마을은 처음에 소릿재 나오는 길에 있었는데, 도둑이 많아 상목동으로 이사를 했으나 이곳에는 빈대가 많아 다시 이사를 했다. 그리하여 서당이 두 개나 있는 곳으로 터를 잡아서 훌륭한 인재를 여덟 명이나 배출했다고 한다.

옛날에는 이 향동마을이 저기 저 지금 현재로 봐서 소릿재 나오는 바로 거기에 처음에는 조성이 되어갖고 있었는데, 거기는 하도 도적, 그 인자 바다도 가찹고 그러기 때문에 도적들이 그냥 막 많이 와서 전부 강~, 지금으로 말하자면 아주 강도식으로 사람들이 떼로 몰려와 가지고 그렇게 막 도적질을 해가고 그러기 때문에, 거기서는 못살고 저기 저 건너 상목동이라는 데로 이사를 했더라고 그랍니다 학교 뒤에.

상목동이라고 지금도 그 옛날 큰 샘이라고 저 옛날 마을 사람들이 먹던 샘도 있고 그럽니다. 건너나 여기나 집 터 만큼은 다 있습니다. 그래가지고 있는데

거기에 가면 서재 터가 지금도 있습니다. 지금도 서재 하던 데가 있는데요.

또 왜 그 마을이 완전히 폐쇄 되었냐믄 거기는 빈대라고 사람 무는 그 빈대가 그렇게 많았다고 합니다. 그래서 인자 지금은 약이 있어서 죽일 수도 있고 그란데 옛날에는 그것을 죽일 수도 없고 그러기 때문에, 그 빈대 때문에 살 수가 없어서 완전히 또 마을도 그냥 걍 거기서 폐쇄되어 갖고는.

인자 다시 이쪽으로 세 번째 옮겼는데 여기 와서는 서재가 저기 상리 쪽에가 하나있고 또 이쪽 밑에 서재가 두 개가 있었는데, 옛날 어르신들 말씀으로는 마을 단위로 해서는 향동 그래서 여기서 어르신들이 하는 말씀이 향동에서 그 당시에는 서재를 나와야 진도에서 그래도 모든, 이 뭐 예를 들어서 군동이라고 할까 뭐이라 할까 그 뭣을 했다고 그랍니다 그 당시에는.

그러기 때문에 향동서재를 나와야 하는데, 진도에서 어느 마을이 되던지 그래도 괜찮했던 사람들은 다 여기서 여기 서재를 나왔다고 그랍니다. 그래갖고 그 당시에 선생 하시던 분들이 지금 저 건너가 비석에 여덟 선생이 모도 세워져 있습니다만 그분들이 그렇게 다 선생을 하고 그랬다고 합니다.

제자들이 세운 향동리 학행비

자료코드   589_FOTA_20170409_HDR_KYI_003
조사장소   진도군 고군면 향동리 향동마을 제보자 자택
조사일시   2017. 4. 9
조 사 자   박영관, 박정석
제 보 자   김영일(남, 80세, 1938년생)

줄거리 향동마을은 큰 마을이라 상리, 중리, 하리로 다시 나뉘고, 서원이 많았던 곳이라 여덟 분의 훌륭한 학자들이 배출되어서 제자들은 그분들의 학행비를 모두 세웠다고 한다.

그 당시에도 향동이 진도에서는 마을로 해서는 제일 큰 마을로 들어갔기 때문에 이제 상리, 중리, 하리 요롷게 세 군데로 나눠졌답니다. 그러니까 향동 전체, 지금 향동인데, 저기 가믄 거 산에서 내려오는 이런 물이 간 깊은 골착(골짜기)이 있습니다.

고 그로는 상리, 저수지 있는 쪽으로 거가 상리, 그 다음에는 큰 샘, 큰 샘을 위주로 해서 이렇게 가운데로 쭉 있는 데는 중리, 그라고 또 이 밑에로는 하리.

학행비는 제가 알기로는 망각 선생님, 김학순씨를 위주로 해서 그 뒤로 인자 쭈욱 모도 선생님들이 여덟 분 선생님, 쭉 선생님을 하셨는데 거기에 대한 그 입비를 모도 제자들이 전부 모도 같이 협동을 해서 그렇게 비를 세워 가지고 전에는 이 뒤에가 이러트믄 다 서재(서원)였는디 서재 옆에가 그 학행비가 있었어요. 근디 지금은 전부 한군데로 저쪽 건네로 비를 다 옮겼습니다.

물이 너무 좋은 중리 큰샘

자료코드   589_FOTA_20170409_HDR_KYI_004
조사장소   진도군 고군면 향동리 향동마을 제보자 자택
조사일시   2017. 4. 9
조 사 자   박영관, 박정석
제 보 자   김영일(남, 80세, 1938년생)

줄거리 중리 가운데 있는 큰 샘은 물이 너무 좋아 여름엔 시원하고 겨울엔 따뜻하여 사람들이 즐겨 찾고 가뭄에도 물이 마르는 법이 없었다고 한다.

옛날부터 향동부락에는 저 향동이 상리, 중리, 하리로 그렇게 세마을로 갈라져 있는데 그 중리 한 중간에가 큰 샘이 있습니다.

큰 샘이 있는데 그 샘은 물이 어트게 좋던지 여름에는 발얼 그 샘에다 담구고 10분도 못 있고, 겨울에는 거기서 김이 아조 모락모락 이렇게 나기 때문에 모도 그 물로 거기서 목욕도 하고 그랍니다.

또 향동은 물이 하도 좋은 부락이라서 아무리 가뭄이 들어도 뭐 나락이 타거나 그런 뭣이 전연 없습니다. 그러니까 옛날 어르신들 말씀이 아주 가뭄에는,

"당신 어디서 왔소?"

"향동"

그라고, 에 또 아조 맛 통 장마가 져서 뭣 할 때는 기가 죽어갖고,

"향동 삽니다."

그란다고 어르신들 말씀이 그런 얘기가 있습니다. 향동은 아주 물이 좋기로 유명합니다. 물이 좋아가지고 이 큰 샘물이 흐르는 그 중간 이쪽으로는 모기가 여름에 아주 전혀 서식하지를 못합니다. 물이 차기 때문에. 거기는 분명하게 모기가 없습니다. 아무래도 첨찰산 물이 이쪽이로 빳는(빠지는) 모양이요.

공룡 발자국이 있는 초상재 넙적바위

자료코드   589_FOTA_20170409_HDR_KYI_005
조사장소   진도군 고군면 향동리 향동마을 제보자 자택
조사일시   2017. 4. 9
조 사 자   박영관, 박정석
제 보 자   김영일(남, 80세, 1938년생)

줄거리 도로가 제대로 형성되기 전, 주로 넘어 다니던 큰 길 초상재와 재 너머 가계뜰에서 농사를 지어 나락을 싣고 재를 넘어다녔다. 초상재에는 공룡발자국이 있는 넓적 바위가 있다.

초상 길로 전부 다녔제. 그라고 초상서 이쪽으로 학교도 다니고. 학교도 욜로 다녔거든. 그 초상재는 가차우니까. 그리고 초상서 그분들도 이쪽, 그 옛날에는 이쪽이로 해서 또 올시장 에도 댕겼던 모양이더만.

그 길이 아조 큰 길이여. 아조 큰길이제. 그라고 초상 분들이 저 밑에 가계라고, 그 마을 앞에 고리(거기에) 농사를 짓는디 하여튼 우리 어렸을 때만 해도 논이 많이 있었어.

그래갖고 순전 그 소에다, 소 등에다가 나락을 싣고 그 재를 넘어 댕기고 이랬는디 거기를 옛날에 큰 도로, 그그 저 길이 있어서 거기를 초상재 넘어가다 보믄은 거기가 분명하니 이케 돌이 큰 아조 넙적 바위가 있는데, 거기 가믄 공룡 발태죽(발자국)이 아주 분명하니 이케 있었는디 지금은 하도 안가니까 인자 거기를.

노래 부르고 넘어 오는 소릿재

자료코드   589_FOTA_20170409_HDR_KYI_006
조사장소   진도군 고군면 향동리 마을 제보자 자택
조사일시   2017. 4. 9
조 사 자   박영관, 박정석
제 보 자   김영일(남, 80세, 1938년생)

> **줄거리** 부지런한 향동 사람들이 낮에 모사마을에 가서 전답을 짓고, 캄캄한 밤에 재를 넘어 오면서 큰 소리로 노래를 부르고 다닌 그 곳을 '소릿재'라고 불렀다.

옛날에는 이 향동부락이 아주 이 육답이 많기 때문에 지금은 모도 다 간척지가 많애서(많아서) 논이 저런데 해변가에 많고 그란데, 옛날에는 간척을 하기 전에는 향동이 육답이 이렇게 많기 때문에 향동이 아주 부촌으로 이렇게 되었드랍니다.

소릿재를 넘으믄 모사라는 마을이 있는디 지금도 행정구역 단위로 해서 향동입니다만은 거기를 거의 부지런한 향동마을 사람들이 전답을 벌었드랍니다. 그래갖고 거기 모사에서 인자 일을 끝마치고 저녁에 이 향동으로 올라믄은 캄캄하고 무섭고 그러니까, 막걸리 잔이나 모도(모두) 일하면서 먹고 오면서 거기서 노래 부르고 소리 지르고 그라고 와서 거기를 소릿재라고 그랬다는 말이 있습니다.

향동 굴바위 추억

자료코드   589_FOTA_20170711_HDR_PSC_001
조사장소   진도군 군내면 둔전리 연산마을 제보자 자택
조사일시   2017. 7. 11
조 사 자   박영관, 박정석
제 보 자   박상철(남, 78세, 1940년생)

줄거리 향동 굴바위는 스님이 살았던 큰 굴, 부엌으로 사용된 작은 굴, 아이를 점지해주는 기도
를 드리던 태몽 굴이 있고, 큰 굴 앞에는 바위에 새겨진 미륵불이 있다. 어릴 때부터 굴
바위에 놀러간 추억이 많고 바위에서 보는 경치가 아주 멋있다고 한다.

향동굴바위는 향동에서 가계로 내려가는 길 우측 산 중턱에 있습니다. 이 굴
은 큰 굴, 작은 굴, 수직 굴, 태몽 굴 네 개의 굴이 있는데 첫 번째 큰 굴은 옛날
에 스님이 살던 곳입니다.

그리고 작은 굴은, 쉽게 생각할 때 부엌 살림하듯 아마 그렇게 했던 굴 같고요.
태몽 굴은 옛날 어린애를 못 낳는 그런 분들이 거기 가서 공을 들이고 또 거기
서 잠을 자고 하면은 자식을 얻을 수 있다는 그런 전설이 있어서 사람들이 옛
날에는 그 굴을 많이 찾았다고 합니다.

그리고 큰 굴 앞에는 아마 고려 말경에 양각된 미륵불이 있는데 미륵불 배꼽
에서 옛날에 쌀이 나왔다고 합니다. 그 쌀은 딱 하루 한 끼만 먹을 치가 나왔
는데 스님이 마을로 시주를 가고 없는 사이 같이 있던 동자스님이 배가 고파서
밥을 쪼끔 더 해먹을려고 더 먹고 싶어서 그 쌀 나오는 구멍에다가 작대로 쑤
시니까 그 후에는 이도 저도 쌀이 나오지 않았다고 전해지고 있습니다.

그리고 그 굴 정면에 양각되어 있는 미륵불은 제가 듣기로는 향동 뒷산 첨철
산 밑에 거기 옛날에 절이 하나 있었는데 그 절이 빈대가 무성해가지고 빈대
때문에 절이 없어지게 됐답니다.

그래서 그 스님이 절을 짓지 못하고 굴바우로 가서 살면서 미륵불도 그때 굴바위에다가 양각을 하지 않았나 이렇게 생각을 하고 있습니다.

그리고 그 굴은 우리가 어릴 적에 명절이나 또 아니면은 처녀, 총각들이 추석 이런 때 놀려고 그 굴을 많이 찾아서 굴에 가서 놀고 바위 위에 올라가면은 경치가 참 좋습니다. 그래서 그 바위 위에 올라가서 놀았던 추억들이 있는 바위입니다.

지금 밑에서만 보면은 그 바위가 좋은 걸 몰르는데 실질적으로 그 주위를 한 바퀴 돌고 우에로 올라가서 보면은 그 바위는 정말로 좋은 절경을 가지고 있는 바입니다.

그래서 굴 바위가 앞으로 많은 사람들이 찾아주는 그런 좋은 명소가 됐으면 합니다. 지금은 완전히 우거져 가지고 숲속에가 있는데 그거이 좀 드러나면은 아주 아름다울거 같아요.

원툿재를 넘다가 돌아가신 할머니

자료코드   589_FOTA_20170711_HDR_PSC_002
조사장소   진도군 군내면 둔전리 연산마을 제보자 자택
조사일시   2017. 7. 11
조 사 자   박영관, 박정석
제 보 자   박상철(남, 78세, 1940년생)

줄거리   옛날에 할머니가 첫째, 둘째 손녀딸 집에서 박대를 당하고, 가난하게 사는 셋째 손녀에
게 가는 도중에 재를 넘다가 손녀를 못보고 억울하게 돌아가셨다고 해서 그 재를 '원툿
재'라고 부르게 되었다고 한다.

2011년 재경향동향우회보, 마을전경 그림(옥전작품)

향동 북쪽에 원툿재, 즉 향동마을에서 고성마을로 넘어가는 재를 말합니다.
옛날에 할머니가 남편과 아들, 며느리 다 여의고 손녀 셋을 데리고 살았는데
그 손녀 셋 중에 첫째, 둘째는 부잣집으로 시집을 보내서 잘 살고 셋째 손녀가
쫌 못 사는 편이었습니다.
그래, 하루는 이 할머니가 손녀들 사는 것이 궁금해서 큰 손녀 집에 갔더니 한

며칠을 묶다 보니까 손녀와 손녀사위가 하는 얘기가 '저 노인네는 왜 저렇게 여기서 오래 묵고 있냐'고 하면서 둘이 싸우는 얘기를 듣고 할머니가 여가 있을 곳이 못 되는구나하고 둘째 손녀딸네 집을 갔답니다.

둘째 손녀딸 집에 가서 한 며칠 묵다보니까 거기서 하는 얘기가 또 부부간에 싸우면서 똑같이 할머니에 대한 욕을 하더랍니다. 그래서 할머니는 이곳도 안되겠구나

그러나 셋째 손녀집에 갈려고 하니까 셋째 손녀는 원체 못사니까 거기 가면 또 내가 밥이라도 어뜨케(어떻게) 먹을 수 있겠나 하면서도 그러나 간절히 손녀 사는 것이 보고싶다 해서 셋째 손녀 집을 가는 도중에 그 원툿재를 넘다가 차마 손녀를 보지도 못하고 그 원툿재에서 억울하게 돌아가셨던 겁니다. 그래서 그 재를 원툿재라고 했다는 얘기가 있습니다.

또한 반면에 그 향동마을에서 그 원툿재에 옛날에 공동묘지가 있었답니다. 그 공동묘지에 전란에 의해서 죽은 사람, 또 병으로 해서 죽은 사람, 모든 사람들이 많이 묻혀서 그 원혼들이 많이 있기 때문에 그 억울하다 해서 그 재 보고 원툿재라고도 했다는 그런 전설이 있습니다.

이상입니다. 밑에 고개를 넘어 가면은 고성으로 가는 그 계곡을 따라서 고성으로 넘어가는 길이 있습니다. 근데 그 길 따라서 거기도 원툿골이라고 그렇게 얘기를 한다고 합니다. 또 옛날 전설에 의하면은 거기가 원툿골이라는 지명이 있었다고 합니다.

호랑이에 팔 잃은 세배씨 한을 풀어준 마을 사람들

자료코드   589_FOTA_20170711_HDR_PSC_003
조사장소   진도군 군내면 둔전리 연산마을 제보자 자택
조사일시   2017. 7. 11
조 사 자   박영관, 박정석
제 보 자   박상철(남, 78세, 1940년생)

> **줄거리** 호랑이에게 팔뚝이 잘린 박세배를 위해 마을 사람들이 합심해서 점재 너머로 가서 호랑이를 잡아 원한을 풀어주었는데, 이 후로는 호랑이가 나타나지 않는다고 한다.

옛날에는 호랑이가 출몰하면은 마을 사람들이 굉장히 당황하고 그 호랑이를 피하는 그런 습성이 있었는데 향동에 박세배씨라는 분이 이주터에 가서 일을 하다가 호랑이에게 팔뚝을 물려서 그 팔뚝이 잘라져 나갔답니다.

그러고 집에를 왔는데 동네 사람들이 팔뚝 잘려온 것을 보고 마을 사람들이 합심해서 그 호랑이를 잡으러 갔답니다. 결국은 향동 너머 초상재 넘어가는 점재 그 너머에서 그 호랑이를 향동 사람들이 손으로 때려서 잡았다고 합니다. 그래서 그 세배씨의 팔뚝 잘린 원한을 풀었다는 그런 전설이 있습니다. 그 후에는 향동에 호랑이가 다시는 나타내지 않았다고 그랍니다.

그래 그 후에 향동이 옛날에 누에를 많이 치는 그런 마을이래서 옛날에는 상동이라고, '뽕나무 상(桑)' 자를 써서 상동이라고도 많이 불렀는데 꾸지를, 꾸지뽕을 따러 산에를 여자들이 많이 다녔는데 누에를 키우기 위해서 산에 가서 꾸지뽕을 따다 산돼지에 또 습격을 당해서 피해를 본 아주머니들도 있었습니다. 그 아주머니가 다행히 다리만 상처 입어서 나중에 치료해서 괜찮았다고 합니다. 옛날에는 호랑이와 멧돼지에 대한 피해를 많이 보았던 거 같습니다.

향동마을의 5봉 5재

자료코드	589_FOTA_20170711_HDR_PSC_004
조사장소	진도군 군내면 둔전리 연산마을 제보자 자택
조사일시	2017. 7. 11
조 사 자	박영관, 박정석
제 보 자	박상철(남, 78세, 1940년생)

줄거리 향동에서 다른 마을로 가려면 5개의 봉우리와 5개의 재를 넘어야 한다. 5봉은 대포리봉, 문필봉, 쌀미봉, 매봉, 덕신산이고, 5재는 소릿재, 초상재, 드물굴재, 원툿재, 홍굴재이다.

향동마을은 쉽게 얘기하면은 분지라고 하는데 남쪽으로만 터져있고 사방으로 삼면이 산으로 막혀있는 곳입니다. 그런데 그 마을에는 5봉 5재가 있습니다. 딴 마을로 이동을 할라면은 봉우리 다섯 개와 재를 넘어야 되는데 그 재가 다섯 개가 있습니다.

먼저 쩌 북쪽으로 대포리봉(대포리봉)이라는 그런 봉우리가 있습니다. 그거는 산이 뽀쪽하니 대포알 같다 해서 대포리봉이라고 이름이 붙여졌다고 합니다. 그 다음에는 문필봉이라고 있습니다. 향동학교 뒷산에 문필봉이라는 봉우리가 있는데 이 산 봉우리에 올라가 내려다 보면은 그 산 밑이 글월 문(文)자같이 새겨져 있는 그런 형상이 나타난다고 합니다. 뒷산이 문필봉이고 그래서 그 밑에 학교를 세웠지 않나 그런 그 생각이 듭니다.

그 다음에는 쌀미봉이 있습니다. 쌀미봉은 향동에서 중간에 모사, 가계가 있는 그런 봉우리인데 그 쌀봉우 우에 올라 가면은 청룡 바다 경치가 푸르게 좋게 잘 보입니다. 쌀미봉이 왜 쌀미봉이냐면 쌀이 나왔다는 전설이 있습니다. 그런데 쌀이 나왔다는 전설보다도 거기에는 지금도 백토가 있습니다. 지금도 흙을 파보면은 백토가 나오는데 옛날에 흉년이 들믄 그 백토를 먹었다고 그럽

니다. 백토를 파다가 쌀하고 섞어서 밥을 해먹고 그래서 아마 그 산을 쌀미봉이라고 했지 않냐 이렇게 생각을 합니다.

그 다음에 매봉이 있습니다. 아까 얘기한 굴바위 그 뒷산이 매봉입니다. 거기는 매가 많이 사는 봉우리라 하고 매는 숫자를 하나, 둘 밖에 모른다고 그럽니다. 그래 매는 바다에 가서 생선을 많이 잡어다가 자기 집에 보관을 한다고 그래요.

추후에 먹을라고 그랬겠죠. 그러면은 사람들이 가서 매가 잡아논(잡아둔) 생선을 두 개만 놔두고 남은 것은 갖다 먹는답니다. 그러면은 매는 하나, 둘 밖에 모르기 때문에 두 개만 있으며는 지꺼이(자기 것이) 다 있는 줄 알고 그대로 그냥 지나간다고 합니다. 그래서 사람들이 거기 매를 이용해서 생선도 갖다 먹고 해서 그 산을 매봉이라고 했던 거 같습니다.

그 다음에 덕신산이 있습니다. 향동 뒷산입니다. 뒷마을을 둘러싸고 있는 산입니다. 이 산은 덕을 많이 베풀어서 마을이 잘됐다고 그럽니다. 그래서 이름을 덕신산이라고 지었다고 그럽니다.

왜정시대에는 이 덕신산 뒤로 많은 사람들이 피난 와서 살았고 6·25전이나 후

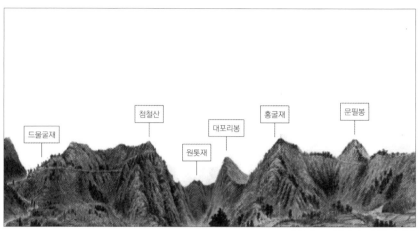

드물굴재　첨철산　원톳재　대모리봉　홍굴재　문필봉

에도 또 인민군들이 들오기 전에 이 덕신산 너머 사천리골 거기서 많은 사람들이 그곳으로 피난을 가서 사람들을 많이 보호해준 산이라 해서 덕신산이라고 이름을 아마 지은 것 같습니다. 그런 덕을 많이 본 산입니다.

그 다음에 5재에 대해서 얘기하겠습니다. 먼저 소릿재가 있습니다. 향동마을 바로 맞은 편에 쌀미봉하고 문필봉하고 그 사이에 큰 길, 모사로 넘어가는 길이 소릿잽니다. 옛날에는 그 모사라는 마을에 90프로 전부 향동사람들 땅이었습니다.

그러면 향동사람들이 밤, 저녁 늦게까지 일하고 저녁에 그 재를 넘어 오면서 힘이 드니까 노래도 부르고 해서 아마 소릿재라고 이름이 됐지 않냐 이런 생각을 해봅니다.

그 다음에 초상재가 있습니다. 향동에서 우측으로 넘어가는 재가 있는데 이 재를 넘어야 의신면 초상을 갈 수가 있습니다. 그래서 초상등이라는 별명도 초상을 가기 위해서 넘어가는 산으로 이 산을 초상재, 초상등 그렇게 부르고 있습니다.

그 다음에 드물굴재가 있습니다. 드물굴재는 향동 뒷 마을에서 사천리로 넘어

가는 고개입니다. 이 고개를 넘어야 사천리나 진도읍을 갈 수가 있습니다. 그리고 옛날에는 향동마을이 생기기 전에 목장이 있었다고 그럽니다.

이 목장을 하면서 소나 말들이 산이 원체 가파르니까 도망 못가서 여기를 두목재라고도 하는데 그만큼 가파른 언덕이었습니다. 그래서 이 산은 드물굴재라고 그렇게 불렀다고 합니다.

그 다음에 아까 얘기한 원툿재가 있습니다. 아까도 얘기했지만은 옛날에는 이 원툿재를 넘으면은 고성마을로 가고 아니면은 첨철산, 봉오산을 올라가는 길입니다. 옛날 이 재를 넘으면은 고성이나 이쪽으로 넘어가는 그런 재가 되었습니다.

그 다음에 홍굴재가 있습니다. 홍굴재는 아까 대포리봉하고 문필봉하고 그 사이에 재가 하나 있는데 이 재를 넘으면은 지막리로 넘어가는 잽니다. 이 재를 넘어 가면은 골짜기로 물이 흐르는 개울가가 있습니다. 이것도 역시 홍굴이라고 그렇게 얘기를 한다고 그럽니다. 이것이 홍굴재, 또 옛날 얘기를 들으면 거기에 붉은 흙이 있었다고 해서 홍굴재란 얘기도 전해지고 있습니다.

이렇게 해서 향동은 5봉 5재를 넘지 않으면은 타지역으로 갈 수 없는 그런 마을이 됐던 것 같습니다.

향동초등학교의 유래

자료코드   589_MONA_20170711_HDR_PSC_001
조사장소   진도군 군내면 둔전리 연산마을 제보자 자택
조사일시   2017. 7. 11
조 사 자   박영관, 박정석
제 보 자   박상철(남, 78세, 1940년생)

줄거리 향동마을에서는 1938년에 부지와 건축비를 개인들이 희사하여 학교를 지었다. 그 당시 고군면 소재지인 오산에도 학교가 없었는데, 가장 빨리 학교가 들어서게 된 것이다. 지금은 폐교되었지만 초창기 설립자분들의 은혜와 공덕을 기리는 비를 세워 기념하고 있다.

향동초등학교는 원래 향동공립학교(향동공립심상소학교)라고 향동공회당에서 교실 하나와 한 오육십 평의 운동장을 갖춘 공립학교였습니다. 그거를 우리 후손에게 좀 더 좋은 교육을 물려주고자 향동에서 뜻있는 박석찬씨와 가계 허근씨가 합심을 해서 향동학교를 설립하게 된 겁니다.

그 시기가 1938년, 부지와 건축비는 박석찬씨와 박석륜씨가 부담을 해서 학교를 설립을 하고 인가도 박석찬씨 이름으로 4년제로 허가가 났습니다. 그래서 난중에(나중에) 2년 후에 다시 6년제로 바뀌었습니다. 그래서 향동 공립국민학교가 탄생하게 된 겁니다.

고군면 소재지인 오산에도 학교가 없는데 이 오지마을인 향동에 이렇게 학교를 세우는 일은 뜻있는 분들이 아니었으믄 과연 그렇게 먼저 학교가 세워졌겠냐 하는 생각을 하게 됩니다. 그래서 우리 후손들은 그분들의 노고에 힘입어 타 지역 사람들보다도 글자 한 자라도 더 배우는 혜택을 많이 보았습니다.

향동학교가 총 2,433명의 졸업생을 배출하고 폐교가 되면서 오산학교로 모든 것이 다 이관됐습니다. 그러나 우리 후손들은 향동학교 밑에다 향동학교 세워준 그분들의 공적비와 설립비를 세워서 지금도 잊지 않고 있습니다.

의신면
설화

의신면 개관

의신면은 본 도의 남동부에 위치하고 있으며 동쪽은 첨찰산과 덕신산 줄기를 경계로 고군면과 접하고 서쪽은 삼막봉, 대덕산 줄기를 경계로 임회면과 접하고 북쪽은 남산을 경계로 진도읍과 접하여 있으며 남쪽은 접도 등 여러 섬을 껴안고 대해와 접하고 있어 남부 해안을 제외하고는 삼면이 높이 200~400m 내외의 산지가 뻗어 내려 연봉을 이루고 있다. 접도, 구자도, 모도 등 유인도 4개와 무인도 28개를 거느리고 있으며 접도리는 본 도와 연육이 되어 있다. 선사시대에는 중리, 돈리, 칠전리 등 마을 주변에 고인돌이 많이 산재되어 있는 것으로 보아 이 시대에도 많은 사람들이 살아왔음이 입증되며 백제시대에는 인진도군(因珍島郡)에 속한 땅이었다.

고려 태조 23년(940) 의신향(義新鄕)을 설치, 조선 초기까지 존속되었고 치소는 읍남 15리 즉 지금의 중리(中里) 인근에 있었으며 의신을 남면(南面)이라고도 하였다. 세종 13년(1431)에는 금갑진이 설치되어 만호(萬戶)가 방어하였다. 명종 10년(1555)에는 왜구가 금갑성을 불태웠다는 기록이 있다. 정조 15년(1791)에는 금갑성에 군인 846명, 전함 5척이 주둔하고 있었는데 고종 32년(1895)에 폐진되었다. 고종 26년(1889)에는 의신면이 의신면(義新面)과 명금면(明今面) 양면으로 분리되었다. 이때 명금은 임회면 상미, 중미리를 합하여 명슬면(鳴瑟面)이라 했다. 고종 33년(1896)에는 명슬면이 상미, 중미리를 임회면에 다시 넘겨주고 명금면(明今面 또는 鳴琴面)이라 하였다.

구한말 의신면 관할리는 사상, 사하, 영산, 침계, 향교, 돈지, 중리, 옥대, 청룡, 구룡, 구계, 가향, 응덕, 연주, 초상, 초중, 초하, 초평, 군포, 송천, 모도의 21개였고, 명금면 관할리는 칠전, 하굴, 중굴, 가단, 창포, 만길, 언두, 거룡, 신정, 노상, 사정, 죽청, 송정, 활곡, 금갑, 도동, 도목, 도명, 갑도, 구자도의 20개리였다. 1914년 행정구역 개편으로 의신면과 명금면이 통폐합되어 의신면이 되고 소재지를 중리에서 돈지리 현 위치로 옮겨왔다. 이때의 관할리는 사천리(사상, 사하, 영산 각 일부), 침계리(사하, 영산, 침계 각 일부), 돈지리(향교, 돈지, 창포리 각 일부), 옥대리(중리, 돈지, 옥대 각 일부), 청룡리(청용, 구룡, 구계, 옥대 각 일부), 연주리(가향, 응덕, 연주), 초사리(초상, 초중, 초하, 초평, 군포, 송천 각 일부), 모도리(모도), 거룡리(신정, 노상, 사정, 거룡, 언두 각 일부(만길리(만길, 도명, 도목, 도동, 언두, 거룡 각 일부), 송정리(죽청, 송정, 활곡 각 일부), 금갑리(금갑, 갑도, 활곡 각 일부), 창포리(가단, 창포, 침계 각 일부), 칠전리(명금, 중굴, 하굴, 칠전, 의신 침계 각 일부), 구자도리(구자도)이다.

1950년 한국동란 때에는 이북피난민이 대거 정착하여 피난민 수용소인 신생리와 수용소리 마을이 새로 생겨났다. 1980년 접도리에서 수품리가 분리되었다. 1982년 구자도리(狗子島里)를 구자도리(九子島里)로, 수용소리를 진설리(陳設里)로 개칭하였다. 1992년 도목리가 도목, 도항리로 접도리에서 원다리가 분리되었다.

교통은 소재지를 중심으로 사면으로 통하는 길이 있어 진도읍과 임회면 및 고군면으로 통하며, 명승 및 문화유적으로는 신비의 바닷길, 첨찰산 상록수림, 쌍계사, 운림산방, 삼별초 전 왕온의 묘, 칠전리, 학계철비, 무환자나무, 금갑진성, 옥대고인돌군, 삼별초 궁녀둠벙(여기급창둠벙), 첨찰산 봉수대, 금갑연대, 돌아온 백구공원, 진도아리랑비, 금갑해수욕장 등이 있으며 접도리에는 남방산 등산 웰빙도로가 있다.

〈참고문헌〉
『진도군지』(진도군지편찬위원회, 2007)

의신면

조사마을

의신면 거룡리 사정마을

사정리(사정마을)는 진도군 명금면의 한 지역이었으나 1914년 행정구역 개편에 따라 명금면의 신정리, 노상리, 사정리, 언두리의 각 일부를 병합하여 일명 사 잣골이라고도 한 거룡리에 속하는 행정리가 되면서 의신면에 편입되었다.

사정리의 속명은 '노상(路上)'이고 고명(古名)은 명금(明琴)이다. 마을의 입향조 는 1500년경부터 살기 시작한 창원황씨이다. 창동(創洞) 하기 전(前)부터 이 마 을에 큰 팽나무아래 정자가 있고 그 곳에서 활쏘기를 하였다 하여 사정리(射亭 里)라 불렀다고 한다. 속명의 노상(路上) 마을은 현재의 사정마을 길 위에 실 제 존재한 부촌 마을로 지금도 노상 마을 터의 논이나 밭에서는 옛날의 기와 나 토기 파편이 출토되기도 한다고 전해진다.

사정마을 앞에는 1500년경부터 살기 시작한 연안차씨의 집성촌인 신정리가 있고 동쪽 편에는 동복오씨의 집성촌인 거룡리(巨龍里)가 있다. 마을 뒤편에는 대학봉이 있다.

2017년 12월 현재 총17세대에서 30여명의 주민이 살고 있으며 농지는 총 28ha 로 밭(田) 13ha, 논(畓) 15ha이고 임야는 38ha이다. 주민들의 주 소득원은 벼농사, 월동배추, 대파이다. 마을공동 재산으로는 마을회관 및 마을 저수지가 있다.

의신면 금갑리 금갑마을

의신면 금갑마을 전경

금갑리(금갑마을)는 의신면에 속하는 법정리이자 행정리이다. 조선시대 금갑진 (金甲鎭)이 있었으므로 '금갑진' 또는 '금갑'이라 한 데서 유래하였다. 대부분 구릉성 산지이며 남쪽으로 남해와 접하고 있는데, 구릉성 산지는 대부분 밭으로 개간되어 있다.

자연지리적으로 의신면의 남단에 위치하고 있으며, 남동쪽으로 연륙교가 준공되어 접도와 연결되어 있으며, 북서쪽으로는 활곡리와 접하고 있다. 18번 국도에서 갈라진 2차선 도로가 금갑리를 지난다.

금갑리는 세종 13년(1431) 수군진이 설치되어 수군만호가 주둔했던 군사 요충지였는데, 고종 32년(1895) 수군진이 폐지되면서 진도군 명금면으로 편입되었다. 1914년 행정구역 개편에 따라 갑도리와 활곡리 일부를 병합하여 금갑리라 해서 의신면으로 편입되었다.

2017년 12월 현재 총 122세대에서 221명의 주민이 살고 있는데, 주요 성씨는 김씨와 문씨이다. 주민들의 주요 소득원은 벼, 해태, 굴 등이다. 마을 공동 재산으로는 마을회관이 있으며, 주요 기관 및 시설로는 금갑보건지소, 금갑교회 등이 있다. 유적으로는 진도 금갑진성과 금갑리 연대지가 남아 있다.

의신면 돈지리 돈지마을

의신면 돈지마을 전경

돈지리(돈지마을)는 의신면에 속하는 법정리이자 행정리이다. 돈대가 있었으므로 돈대, 돈디, 돈지라 한 데서 유래하였다. 옛이름은 평지리이며, 밀양박씨가 들어와 살면서 마을이 형성되었다. 본래 진도군 의신면의 지역으로, 1914년 행정구역 개편에 따라 향교리와 명금면의 창포리 일부를 병합하여 돈지리로 의신면에 편입되었다.

자연지리적으로 대부분 평지이며 북서쪽으로는 용마산(龍馬山, 99m)이 위치하고 있다. 용마산 아래 구릉성 산지는 밭으로 개간되어 있으며, 돈지리 남쪽으로는 농경지가 펼쳐져 있다. 북동쪽은 옥대리, 북서쪽은 침계리, 서쪽은 가단리, 남서쪽은 창포리와 각각 접하고 있다. 18번 국도가 돈지리를 지나며, 18번 국도에서 갈라진 2차선 도로가 마을까지 연결되어 있다.

2017년 12월 현재 총 184세대에서 357명의 주민이 살고 있으며, 벼농사를 주업으로 한다. 고려 삼별초 때 마을 대분통에서 큰 싸움이 벌어졌다고 하는데, 최근에는 다시 돌아온 백구로 인해 백구마을로 알려져 있다.

의신면 돈지리 향교마을

향교리(향교마을)는 의신면 돈지리에 속한 행정리이다. 향교리의 옛 지명은 '생기동(生起洞)'이었다고 한다. 조선시대 왜구들의 노략질로 인해 진도를 떠났다가 향(鄕)이 설치되면서 다시 돌아온 주민들이 생기(生氣)를 찾으라는 뜻에서 '생기동'으로 불렸다는 설이 전한다. 1789년 기록에 의하면 '향교동리'로 되어 있어 마을에 향교가 있었을 것으로 추측된다. 지금의 '향교리'는 '향교동리'에서 유래하였다. 송씨가 들어와 살면서 마을이 형성되었다고 한다.

자연지리적으로 덕신산(德神山)에서 이어진 산록 완경사면에 입지하고 있다. 도목방조제 축조로 넓은 농경지가 조성되어 있으며, 동쪽은 옥대리, 북서쪽은 침계리와 각각 접하고 있다. 18번 국도와 2차선 도로가 향교리를 지난다.

2017년 12월 현재 총 84세대에서 178명의 주민이 살고 있으며, 주요 성씨는 김씨, 박씨, 이씨이다. 주민들의 주요 소득원은 벼농사이고, 마을 공동 재산으로는 마을회관이 있다.

의신면 만길리 도목마을

도목리(도목마을)는 의신면 만길리에 속하는 행정리이다. 1790년대 기록에는 도목구미로 되어 있다. 도목구미의 도목은 도목(盜目)과 두목(杜目)의 두 가지로

추정할 수 있다. 도목(盜目)은 조선시대 노략질을 일삼던 왜구를 지키는 목이라는 뜻이며, 두목(杜目) 또한 눈 여겨 보아 막는다는 뜻이다. 이후 도목(盜目)이나 두목(杜目)이 미화되어 도목(桃木)이 된 것으로 보인다. 1914년 행정구역 개편에 따라 도목리라 하여 의신면 만길리로 편입되었다.

자연지리적으로 전체적으로 낮은 구릉지이며, 도목방조제 축조로 조성된 간척지에는 넓은 농경지가 펼쳐져 있다. 의신면 남쪽의 남해와 접하는 만입부에 위치하고 있고, 북서쪽으로는 만길리·독점리와 접하고 있다. 18번 국도에서 갈라진 2차선 도로가 도목리까지 연결되어 있다.

2017년 12월 현재 총 65세대에서 122명의 주민이 살고 있다. 전복과 김 양식업이 발달하였으며, 벼농사도 많이 짓는다. 주요 시설로는 도목방조제와 도목선착장이 있다.

의신면 만길리 원두마을

원두리(원두마을)는 의신면 만길리에 속하는 행정리이다. 원머리·원뚝머리에서
언두리라 부르다가 1945년 원두리로 바뀌었다. 1600년경 나씨가 들어와 살면
서 마을이 형성되었다고 하는데, 1914년 행정구역 개편에 따라 의신면 만길리
로 편입되었다.

자연지리적으로 북서쪽은 낮은 구릉지이며 남동쪽은 평지이다. 원두리는 남
해와 접한 해안가 마을이었으나 방조제 축조 이후 마을 앞으로 넓은 농경지가
조성되었다. 동쪽은 독점리, 북동쪽은 만길리, 북쪽은 거룡리, 북서쪽은 신정
리·사정리, 남서쪽은 송정리와 각각 접하고 있다. 18번 국도에서 갈라진 2차선
도로가 원두리까지 연결되어 있으며 2차선 도로에서 연결된 소형차로가 마을
까지 이어져 있다.

2017년 12월 현재 총 34세대에서 67명의 주민이 살고 있으며, 주요 성씨는 박
씨이다. 주민들의 주요 소득원은 벼, 보리, 양배추이다. 마을 공동 재산으로

마을회관이 있으며, 유물유적으로 의신면 만길리 원두 유물산포지가 남아 있다. 마을 옆에는 명금저수지가 있으며 폐교된 명금초등학교가 있다.

의신면 사천리 사상마을

의신면 사상마을 전경

사상리(사상마을)는 의신면 사천리에 속하는 행정리이다. 고인돌이 있는 것으로 보아 청동기 시대부터 사람이 살았을 것으로 보인다. 본래 진도군 의신면의 지역으로서 내가 비껴 흐르므로 비끼내, 빗내 또는 사천이라 하였는데, 1914년 행정구역 개편에 따라 사상리, 사하리, 영산리의 각 일부를 합하여 사천리라 하여 의신면에 편입되었다.

자연지리적으로 첨찰산(485m)이 군의 동반부의 중앙에 우뚝 서 있는데, 동남

진하여 덕신산을 이루고 기생기 안고랑에서 왼쪽으로 방향을 바꿔 회동 초상 뒷산을 거쳐 정수암, 사고지재와 마을 앞 갈매봉을 지나 돈(呼)지 창포들에 머문다. 북서쪽으로 향한 산맥은 마을 뒷산인 수리봉의 웅장한 자태를 이룬 후 한 가지는 진도읍 남산과 영산의 광정산(廣庭山)의 모습으로 변하더니, 칠전리로 넘는 가단재에서 여귀산맥을 만나고, 한 가지는 정거재(呼)에서 다시 진도읍의 주산인 철마산과 북산(望敵山)을 이루어 산월 연대봉에서 바다로 이어진다. 하천은 군에서 가장 긴 지방 2급 하천인 의신천의 발원지로서, 첨찰산 양쪽 골짜기의 물이 쌍계를 이루며 흐르다가 절 앞에서 만나 우항천을 이루어 의신저수지의 수원으로 의신면 면민의 젖줄 역할을 한 뒤에 의신포에 이른다.

사상리는 면의 중북부에 있으며, 동쪽은 고군면 향동리, 서쪽은 침계리, 남쪽은 옥대리, 북쪽은 진도읍과 경계를 이루고 있다. 교통은 사상마을 앞으로 통하는 도로는 옛날에는 면소재지인 돈지마을에서 쌍계사에 이르는 신작로와 진도읍에서 성죽굴로 가는 속칭 '절재' 산길과 '왕무덤재'를 넘어 논수동을 거쳐 쌍계사로 진입하는 비포장도로인 신작로가 주 도로였다. 그러다가 의신저수지가 1961년 준공함에 따라 의신면 소재지로 통하는 도로는 이용이 불가능하게 되었고 생활권 또한 진도읍으로 바뀌게 되었다.

진도읍과 경계에 왕무덤재가 있는 삼거리길의 진설-사천-고군면의 향동 사이 6.2km의 포장도로가 군도 15호선으로 지정되었고, 작골에는 진도공설운동장으로 통하는 임도가 개설되었다. 첨찰산 남쪽 산 위에 진도 레이더 기상대가 2001년 준공되어 두목재(향동재)에서 첨찰산에 이르는 임도가 3.5m폭으로 개설 포장되어 있다.

2017년 12월 현재 총 66세대에서 155명의 주민이 살고 있다. 주요 농산물은 쌀이다. 밭에는 80년대 초까지 맥류, 조, 수수, 콩, 참깨 등을 심었으나 최근 표고재배로 많은 소득을 올리고 있으며 겨울 대파와 월동배추, 구기자, 고추 등의 수확으로 소득을 올리고 있다. 관광 여건이 성숙되면서 1980년대 이후 통닭집과 간이매점 등 상업에 종사하는 가구가 늘었고, 주 5일 근무와 국민 레

저시대를 맞아 수려한 경관과 문화 유적지를 가진 사상마을은 농어촌 관광의 최적지로 각광받고 있다. 유적으로는 쌍계사를 비롯하여 여러 개의 암자와 운림산방 등이 있고, 천연기념물인 상록수림이 있다. 마을의 주요 성씨로는 무안박씨(務安朴氏), 신안주씨(新安朱氏), 김해김씨(金海金氏), 진주강씨(晉州姜氏) 등이 거주 하고 있다.

의신면 사천리 사하마을

의신면 사하마을 전경

사하리(사하마을)은 의신면 사천리에 속한 행정리이다. 마을의 입향조는 민씨와 박씨이다. 본래는 진도군 의신면의 지역으로서 내가 비껴 흐르므로 비끼내, 빗내 또는 사천이라 하였는데, 1914년 행정구역 폐합에 따라 사상리와 사하리, 영산리, 논수동 등의 일부를 병합하여 사천리라 하여 의신면에 편입되었다.

사천리 마을이 커짐에 따라 사상리와 사하리로 구분하여 마을이 형성되었다. 자연지리적으로 첨찰산 아래에 위치하고 있으며 벼농사와 표고재배를 하며 살아가고 있다. 논수동(굴)과 삼밭, 삼밭태 두 마을로 나뉘어 있다. 옛날에는 진도읍에서 의신면과 고군 향동으로 가는 주도로로 교통의 중심지였으나, 의신 저수지를 막아 삼밭마을이 저수지 부지로 편입되었다.

2017년 12월 현재 총 29세대에서 63명의 주민이 살고 있다.

의신면 연주리 연주마을

의신면 연주마을 전경

연주리(연주마을)는 의신면에 속하는 법정리이자 행정리이다. 연주리를 '둔벌'이라고 하는데 배가 머무른 벌판이란 뜻이라고 한다. 또한 청룡산이 있고 앞산이 구슬처럼 생겼다 하여 여의주가 연해있다는 뜻도 있다고 한다. 밀양박씨가 들어와 살면서 마을이 형성되었다고 한다.

자연지리적으로 첨찰산(尖察山)과 덕신산(德神山)으로 이어진 산릉의 끝자락에 입지하고 있다. 남쪽으로 송군포 바다가 트여 있고, 서쪽으로는 도목방조제 축조로 조성된 넓은 농경지가 펼쳐져 있다. 북동쪽으로 응덕리 각각 접하고 있다. 18번 국도에서 갈라진 2차선 도로가 연주리까지 연결되어 있다.

2017년 12월 현재 총 33세대에서 60명의 주민이 살고 있다.

의신면 연주리 응덕마을

의신면 응덕마을 전경

응덕리(응덕마을)는 의신면 연주리에 속하는 행정리이다. 밀양박씨가 들어와 살면서 마을이 형성되었다고 한다. 의신면 소재지에서 동쪽 3km 청용재 아랫마을인 응덕마을 가향동 자연마을에 살며 개양동이라고도 한다. 응덕마을은 계양동(可香), 버드냇(柳川), 어덩마실로 산재되어 있다.

자연지리적으로 첨찰산(尖察山)과 덕신산(德神山)으로 이어진 산록 완경사면에 입지하고 있다. 본래 남쪽은 남해와 접하고 있었으나 방조제 축조로 농경지가 조성되어 있다. 남동쪽으로 연주리와 접하고 있다. 18번 국도가 응덕리 앞 농경지를 지난다. 마을 내에는 소형차로가 연결되어 있다.

2017년 12월 현재 총 58세대에서 106명의 주민이 살고 있다. 현재 주요 성씨는 김씨와 박씨이다. 주민들의 주요 소득원은 벼농사와 밭농사이다. 마을 공동 재산으로는 마을회관이 있다. 자연지명으로는 어덩모실, 자작골 등이 있다.

의신면 옥대리 정지마을

의신면 정지마을 전경

정지리(정자마을)는 의신면 옥대리에 속하는 행정리이다. 본래 해안가 마을로 정지머리, 정주두(停舟頭)라고 하다가 후에 정지리가 되었다고 한다. 김씨가 들어와 살면서 마을이 형성되었다고 한다. 마을의 입향조는 김처남(金處南)으로 옛날에는 해안마을로 정주머리(停舟頭)가 와전되어 정지리가 되었다 전한다.

자연지리적으로 마을의 북동쪽으로 큰 봉우리가 위치하고 있다. 도목방조제가 축조된 후 마을 앞으로 농경지가 조성되었고, 농경지 사이로는 의신천(義新川)이 흐르고 있다. 북동쪽은 청룡리, 북쪽은 중리·옥대리, 북서쪽은 돈지리, 서쪽은 창포리와 각각 접하고 있다. 18번 국도에서 갈라진 2차선 도로가 정지리를 지나고 있다.

2017년 12월 현재 총 15세대에서 26명의 주민이 살고 있다.

의신면 옥대리 중리마을

의신면 중리마을 전경

중리(중리마을)는 의신면 옥대리에 속하는 행정리이다. 옛날 의신면사무소가 있어 고(古) 의신이라고도 불리는 마을로, 왕봉산 밑에 상리(上里)가 있었고, 그 아래 있는 마을이라 하여 중리(中里)가 되었다. 이씨들이 들어와 살면서 마을이 형성되었다고 한다. 1914년 행정구역 개편에 따라 중리의 일부가 옥대리에 병합되었다. 옛날 중리에 있던 의신면사무소는 돈지리로 옮겨졌다.

자연지리적으로 첨찰산과 덕신산(德神山, 389m)으로 이어진 산록 완경사면에 입지한다. 북서쪽에는 중리저수지가 있다. 중리 중앙으로는 옥대천(玉垈川)이 흐른다. 중리의 남쪽은 정지리, 남동쪽은 청룡리, 북서쪽은 옥대리와 각각 접하고 있다. 18번 국도에서 갈라진 도로와 소형 차로가 지난다.

2017년 12월 현재 총 48세대에서 74명의 주민이 살고 있다. 현재 주요 성씨는 김씨이다. 주민들의 주요 소득원은 벼농사이며, 마을 공동 재산으로 마을회관이 있다. 유물유적으로는 중리 지석묘군이 있다. 중리마을에서는 매년 1월 14, 15일 사이에 마을 하천에서 별신제를 지내며, 충제는 음력 6월 1일에 마을 뒷산에서 지낸다.

의신면 옥대리 청룡마을

청룡리(청룡마을)는 의신면 청룡리에 속하는 법정리이자 행정리이다. 청룡은 사신(四神) 또는 사수(四獸)의 하나로 동서남북 중 동쪽을 지키는 수호신으로 알려져 있다. 위치가 진도군 의신면 옥대리에서 청룡(왼쪽 즉, 동쪽)이 되므로 청룡리라고 했다는 설과 마을의 주산이 청룡 모양이라 하여 청룡리라고 했다는 두 설이 전해진다.

마을의 입향조는 청주한씨로 알려져 있다. 또한 1887년경 김해김씨 11대 김용 (金龍)의 후손 김무정의 아들 김계탁(金季鐸)이 입거한 이래 밀양박씨 등이 입주 하면서 마을이 형성된 것으로도 알려져 있다. 1914년 행정구역 통폐합에 따라 구룡리·구계리·옥대리 일부를 병합하여 청룡리라 하였다.

자연지리적으로 북쪽, 동쪽, 남동쪽은 산으로 둘러싸여 있고, 남서쪽 방향으로 논농사 지대가 형성되어 있다. 북쪽의 구계지에서 흘러나오는 청룡천이 평야 지대로 흐르고 있다. 서쪽으로는 의신면 옥대리와 접해 있고, 남서쪽으로는 의신면 돈지리, 남동쪽으로는 의신면 연주리와 접해 있다. 청룡천이 남북 방향으로 흐르고 있으며, 18번 국도가 동서 방향으로 지나고 있다.

2017년 12월 현재 총 53세대에서 861명의 주민이 살고 있다.

의신면 창포리 가단마을

가단리(가단마을)는 의신면 창포리에 속하는 행정리이다. 본래 진도군 명금면에 속해 있던 지역으로, 1914년 행정구역 개편에 따라 창포리라 하여 의신면에 편입되었다.

의신면 소재지에서 서편으로 2km 떨어진 마을로 동쪽을 제외하고 남쪽·북쪽·서쪽은 낮은 구릉으로 둘러싸여 있다. 감투재 밑, 무지재 밑, 대덕산 아래로 옮아 다니다가 현 위치로 정착하였다고 한다. 남북 방향으로 길게 형성되었고, 구릉 아래로 논과 밭이 이어져 있다. 남쪽으로 가단제(加丹堤)라는 저수지가 있다. 서쪽은 철전리, 북쪽은 침계리, 동쪽은 창포리와 각각 접하고 있다.

2017년 12월 현재 총 25세대에서 37명의 주민이 살고 있다. 가단리의 입향조는 남양홍씨이나, 현재의 주요 성씨는 박씨와 조씨이다. 주민들의 주요 소득원은 벼와 월동배추이다. 마을 공동 재산으로 마을회관이 있다.

의신면 창포리 창포마을

창포리(창포마을)는 의신면에 속하는 법정리이자 행정리이다. 의신천의 물이 마을 앞을 돌아 흘러 '산해뜰'이라 불렸는데 이 하천에 창포가 우거져서 창포리(菖蒲里)라 하였다. 황씨가 들어와 살면서 마을이 형성되었다고 한다. 본래 진도군 명금면에 속해 있던 지역으로, 1914년 행정구역 개편에 따라 명금면 가단리와 의신면 침계리 각 일부를 병합하여 창포리(昌浦里)라 하여 의신면에 편입되었다.

자연지리적으로 서남쪽으로 대덕산(大德山)의 끝자락에 입지하고 있다. 마을 앞쪽으로는 도목방조제 간척으로 조성된 농경지가 펼쳐져 있다. 북동쪽은 돈지리, 북쪽은 침계리, 북서쪽은 가단리와 각각 접하고 있다. 18번 국도에서 갈라진 2차선 도로가 창포리를 지난다.

100여년 전까지 마을앞에 사일시(四日市) 시장이 열렸으나 싸움이 심하여 폐지되었다 한다.

2017년 12월 현재 총 39세대에서 58명의 주민이 살고 있다. 현재 주요 성씨는 밀양박씨이며, 주민들의 주요 소득원은 벼농사이다. 마을 공동 재산으로 마을회관이 있다.

의신면 칠전리 칠전마을

의신면 칠전마을 전경

칠전리(칠전마을)는 의신면에 속한 법정리이자 행정리이다. 옻나무가 무성해서 옻밭이라 하였으며, 이 옻밭을 의역해서 마을이름을 칠전(漆田)이라 하다가 알기 쉬운 칠전(七田)으로 고쳐 쓰고 있다. 1500년 경 장흥임씨(長興任氏)가 처음 이곳에 터를 잡고 살았다. 본래 진도군 명금면 지역이었으나 1914년 행정구역 개편에 따라 명금면의 중굴리, 하굴리와 의신면 침계리 일부를 병합하여 칠전이라 하여 의신면에 편입되었다.

자연지리적으로 서편으로는 사분산, 동북으로는 광정산(廣庭山), 동남으로는 노적봉 그리고 남쪽으로는 삼막봉(三幕峯)을 각각 바라보고 있으며, 포전들(간척지), 연동들, 꿀태들 등의 평야가 있어 농토가 넓다. 1954년에 준공된 칠전저수지(천망제)를 비롯한 웃골저수지, 넘에들저수지(월치제, 뱀골저수지)가 있어 수원도 풍부하다. 하천은 속칭 벼락박골(진도읍 남산 뒷편)에서 발원한 큰보천(길이 5km)과 남쪽의 뱀골천이 각각 칠전저수지로 흘러들고 있으며, 상부에는 높이 10m

의 폭포(천방폭포)가 있다.

의신면의 중서부에 있으며, 전형적인 농촌마을로 동쪽은 침계리, 서쪽은 진도읍 염장리와 임회면 삼막리, 남쪽은 창포리, 북쪽은 진도읍 포산리와 각각 접하고 있다. 진도읍에서 면 소재지(돈지)로 통하는 803번선 지방도와 중굴로 가는 길이 있어 버스가 하루 12회 왕복한다. 마을 동편을 돌아 진도읍으로 나가는 도로는 일제강점기 때(1920년) 만들어 졌는데, 길을 낼 때 용의 목부분을 자르고 지나간다고 하여 주민들이 피해를 입을까 하여 반대가 심하였다. 1960년대 말 마을 앞 803번 지방도가 뚫리고 포장 될 때에도 사두형국(巳頭形局)의 목부분을 자른다고 해 역시 반대가 있었다.

2017년 12월 현재 총 129세대에서 243명의 주민이 살고 있으며, 임야는 498ha, 농경지는 179ha이다. 주요 농산물로는 쌀과 대파, 월동배추가 많이 생산되고 있으나 이외에도 보리, 고추, 콩 등이 생산되고 있다. 마을 시설로는 마을회관, 노인당이 있으며, 주요 기관으로는 진도단위농협 칠전지소와 농협연쇄점, 칠전교회, 진도군 청소년수련관 등이 있다.

마을은 밀양박씨(密陽朴氏) 집성촌으로 40년 전까지만 하여도 260여 호의 대촌이었다. 1951년에는 칠전초등학교가 인가되어 일제강점기 때부터 있던 창고 건물(현 농협연쇄점 터)에서 개교되었으나 1994년에 폐교되어 현재 학생들은 진도초등학교에 다니고 있다. 유물·유적으로는 전라남도 기념물로 지정되어 있는 노암제와 학계철비가 있다.

의신면 침계리 영산마을

영산리(영산마을)는 의신면 침계리에 속한 행정리이다. 영산마을은 첨찰산 아래 사천 저수지 바로 아랫마을로, '웃영매', '역마실', '역뫼'라 불리며, 고려시대 이래로 조선 중기까지 우항역이 있었다고 하고, 송씨들이 처음 들어와 살았다고 전한다. 1500년 장성군 삼계면에서 경주이씨 익재공 제현의 10대손 이순의 아들 세 명이 진도에 정착할 때, 둘째 아들이 이곳 의신면 영산리에 정착하면서 마을이 형성된 것으로 알려져 있다.

마을 뒤로는 광정산이 둘러 있고, 마을 앞으로는 우항천을 사이로 들녘이 있으며 마을 앞 장구곡재를 넘으면 면소재지인 돈지마을과 인접해 있다.

2017년 12월 현재 총 33세대에서 53명의 주민이 살고 있으며, 주요 성씨는 경주이씨이다. 주민들의 주 소득원은 벼농사와 월동 배추이다. 마을 공동 재산으로 마을회관이 있다.

의신면 침계리 진설마을

의신면 진설마을 전경

진설리(진설마을)는 의신면 침계리에 속한 행정리이다. 진설마을은 1952년 한국전쟁 당시 황해도 지역의 피난민들이 거주하면서 형성된 마을로 수용소리라 하다가 1982년 진설리로 개칭하였다. 삼별초군이 패주할 때 온왕이 묻혔다는 왕무덤재가 있는 마을이라 하여 진설리로 불리게 되었다는 이야기가 전한다. 대부분 구릉성 산지로 둘러싸여 있으며, 구릉 사이 평지에 논과 밭이 개간되어 있다. 남동쪽에 사천저수지가 위치한다. 남산(南山)과 왕무덤재로 이어진 능선을 경계로 진도읍과 접하고 있다. 북동쪽으로는 논수동과 접하고 있다. 2차선 도로가 진설리를 지난다.

2017년 12월 현재 총 49세대에서 77명의 주민이 살고 있다. 현재 주요 성씨는 유씨이며, 주민들의 주요 소득원은 벼농사이다. 마을 공동 재산으로 마을회관이 있다.

의신면 침계리 침계마을

침계리(침계마을)는 의신면에 속한 법정리이자 행정리이다. 마을 앞을 흐르고 있는 시내를 베개 삼아 터를 잡았다 하여 '침계(枕溪)'라 이름 지어졌다고 한다. 마을이 언제 생겼는지는 확실히 알 수 없으나, 1357년 경에 제주양씨 금성군 파 6세손이 제일 먼저 들어와 살았다고 전해지나 자세한 기록은 없다.

자연지리적으로 첨찰산(尖察山, 485m)에서 남서쪽으로 뻗어 나온 지맥인 광정산(廣庭山, 203m, 영산뒷산) 줄기인 매바위, 까치바위, 여우바위 등을 배경으로 자리 잡고 있다. 마을 앞으로는 우항천(牛項川, 일명 枕溪川)이 가로 놓여 의신 앞 바다로 흘러가며, 마을 앞산에는 용마산(龍馬山, 99m)이 마을을 감싸고 있다.

의신면의 중서부에 있으며, 동쪽은 돈지리, 서쪽은 칠전리, 남쪽은 창포리와 각각 접하고 있다. 교통은 마을 앞으로 도로가 비스듬히 북쪽과 남쪽으로 나 있어서 진도읍과 면소재지를 쉽게 통행할 수 있다.

2017년 12월 현재 총 47세대에서 80명의 주민이 살고 있으며, 수많은 교육자와 박사 등 동량을 다수 배출한 마을로 자부심을 갖고 있다.

의신면 초사리 송군마을

의신면 송군마을 전경

송군리(송군마을)는 의신면 초사리에 속하는 행정리이다. 송천구미와 군포마을을 합하여 송군리라 하였다. 자연지명으로 군포잔등, 졸생이잔등 등이 있다. 인동장씨가 들어와 살면서 마을이 형성되었다고 한다.

군포(軍浦)마을은 조선시대 군선(軍船)이 주둔했던 포구로 송천 구미와 합하여 송군포(松軍浦)라 하였으며, 현재는 군포(群浦)로 바뀌었다. 송군리는 1914년 행정구역 개편에 따라 의신면 초사리로 병합되었다.

의신면의 남쪽 반도에 위치하여 삼면이 남해와 접해 있으며, 마을은 해안가에 입지하고 있다. 제주도와 상거래를 하였다 전한다. 최근 남쪽 해변에 대명리조트가 건립으로 새로운 관광명소가 되고 있다. 북동쪽으로 초중리·초평리와 접하고 있다. 18번 국도에서 갈라진 2차선 도로가 송군리까지 연결되어 있다. 군포마을과 송천구미 사이는 해안도로로 연결되어 있다.

2017년 12월 현재 총 64세대에서 109명의 주민이 농업과 어업을 겸업으로 살아가고 있다. 마을 공동 재산으로는 마을회관이 있다.

의신면 초사리 초상마을

초상리(초상마을)는 의신면 초사리에 속하는 행정리이다. 풀이 무성하여 '초전마을'로 부르다가 초사리의 가장 위쪽에 있는 마을이라는 데서 '초상리'라 하였다. 자연지명으로 부엉바우산, 초상재 등이 있다. 여산송씨가 처음으로 들어왔으나 송무의 후손은 제주도로 옮겨 갔다. 이후 1700년대 초반에 양천허씨가 들어와 살면서 마을이 형성되었다고 한다.

자연지리적으로 덕신산(德神山) 자락의 가장 위쪽 계곡에 입지하고 있다. 소하천인 초상천(草上川)이 북쪽에서 남쪽으로 흐르고 있다. 초상천을 따라 농경지가 길게 형성되어 있다. 남쪽으로 초중리와 접하고 있다. 18번 국도에서 갈라진 2차선 도로가 초상리까지 연결되어 있다.

2017년 12월 현재 총 30세대에서 53명의 주민이 살고 있다. 예로부터 산골마을이지만 부를 이루고 자식들을 교육시켜 유학을 보내 많은 인물을 배출한 마을이기도 하다. 마을 공동 재산으로 마을회관이 있다. 초상리는 진도홍주와 청주를 빚었던 마을로 알려져 있다.

의신면 초사리 초중마을

의신면 초중마을 전경

초중리(초중마을)는 의신면 초사리에 속한 행정리이다. 초사리의 행정리인 초하리와 초평리 중간에 위치하는 마을이라는 데서 유래하였다. 초사초등학교 아랫마을로 마씨와 오씨가 초전마을의 농경지를 따라 옮겨와 살면서 마을이 형성되었다고 한다.

자연지리적으로 덕신산(德神山) 계곡의 아래쪽에 입지하고 있다. 소하천인 초상천(草上川)이 북쪽에서 남쪽으로 흐르고 있으며, 초상천을 따라 농경지가 형성되어 있다. 남동쪽은 초평리, 북쪽은 초하리와 각각 접하고 있다. 18번 국도와 2차선 도로가 초중리를 지난다.

2017년 12월 현재 총 35세대에서 63명의 주민이 살고 있다. 주민들의 주요 소득원은 어업, 수산업, 벼농사이다. 마을 공동 재산으로 마을회관이 있다.

의신면 초사리 초하마을

의신면 초하마을 전경

초하리(초하마을)는 의신면 초사리에 속하는 행정리이다. 풀이 무성하여 초전 마을로 부르다가 초사리의 아래쪽에 있는 마을이라는 데서 초하리라 하였다. 나씨와 마씨가 들어와 살면서 마을이 형성되었다고 한다.

자연지리적으로 소하천인 초상천(草上川)이 북쪽에서 남쪽으로 흐르고 있으며, 초상천을 따라 농경지가 형성되어 있다. 북쪽은 초상리, 남쪽은 초중리와 각각 접하고 있다. 18번 국도에서 갈라진 2차선 도로가 초하리를 지난다.

2017년 12월 현재 총 44세대에서 70명의 주민이 살고 있다. 초하리의 주요 성씨는 김씨, 신씨, 장씨이다. 주민들의 주요 소득원은 벼농사와 밭농사이다. 마을 공동 재산으로 마을회관이 있다.

초하리에서는 매년 정월대보름에 당제를 지내고 있다. 망월터 아래에는 무환자나무(염주 만드는 열매)가 전라남도 기념물로 지정되어 있으며, 마을 가운데 팽나무 노거수가 있다.

<참고문헌>
디지털진도문화대전(http://jindo.grandculture.net)
『진도군지』(진도군지편찬위원회, 2007)

의신면

설화를 들려준 사람들

박석규 (남, 75세, 1942년생)

제보자는 의신면 사정리에서 태어나 한평생 농사를 지으면서 마을의 청년회장, 새마을지도자 마을이장 등을 역임하였다. 그는 마을의 지명과 역사에 해박한 지식을 가지고 있어서 대학봉, 잿밭등, 백중봉 그리고 마을의 충제와 저수지 공사에 대한 이야기를 상세히 들려주었다.

제공 자료 목록

589_FOTA_201706011_SJR_PSG_001 대학봉과 잿밭등
589_FOTA_201706011_SJR_PSG_002 씨름과 강강술래 놀이터였던 백중봉
589_FOTA_201706011_SJR_PSG_003 금갑 만호가 다녔던 백봉산 만호길
589_FOTA_201706011_SJR_PSG_004 충제(蟲祭)가 없어진 이유
589_MONA_201706011_SJR_PSG_001 주민 배고픔을 달래준 저수지 공사

강용연 (남, 72세, 1946년생)

제보자는 의신면 금갑리에서 출생한 후 벼농사와 굴 양식을 생업으로 삼고 고향을 지키며 살아왔다. 마을 어촌계장, 마을 이장을 역임하였고 현재는 노인회장직을 수행하며 마을 공동체의 화합에 진력하는 삶을 살고 있다.

제공 자료 목록

589_MONA_20170413_KKR_KYY_001   보리밭에 거름 내기
589_MONA_20170413_KKR_KYY_002   밤 뱃놀이를 즐긴 마을 청년들

곽남심 (여, 86세, 1932년생)

제보자는 의신면 신정에서 태어나 금갑으로 시집을 왔다. 2남 3녀를 낳았으나 아들을 먼저 보낸 서러움에 늘 마음 고생을 했다고 한다. 가난한 집안의 남자한테 시집을 와 미역밭, 김발 등 고생고생 하면서 살아왔다. 남편이 6·25 상이 용사로 지정되면서 유족 연금을 받게 되었다. 세상을 떠난 남편에 고마움과 애처로움을 느끼며 지금은 큰 걱정 없이 살고 있다고 한다.

제공 자료 목록

589_MONA_20170413_KKR_KNS_001   두말없이 믿어준 친구 덕에 곱게 살아

박매심 (여, 78세, 1940년생)

제보자는 의신면 송정에서 금갑으로 21세에 시집을 와 4남 2녀를 낳았다. 가난한 중에도 아들들은 모두 고등학교를 보냈고 딸은 중학교만 보냈다. 결혼해서 임신한 상태로 남의 작은 방을 세(貰) 얻어서 사는 데 6남매를 둔 주인집과 한 부엌을 사용하면서 살았다고 한다. 지금도 그 어려운 형편에 방을 세준 주인에게 고마움을 갖고 친하게 살고 있다고 한다.

제공 자료 목록

589_MONA_20170413_KKR_PMS_001 어머니의 고생을 알기에 먼 길을 걸어다닌 아들

윤주빈 (남, 80세, 1938년생)

제보자는 해남윤씨 진도 종친회 회장을 맡고 있다. 독실한 기독교 신자로서 장로 직분을 맡고 있으며 아들 두 명과 사위도 교회 목사로 봉직하고 있다. 접도에 관한 옛 역사와 해남윤씨 문중 및 기독교와 관련된 이야기를 여러 편 들려주었다.

제공 자료 목록

589_MONA_20170613_KKR_YJB_001 금갑진성 돌들을 굴양식에 사용하다
589_MONA_20170613_KKR_YJB_002 옛날에 접도 가는 길
589_MONA_20170613_KKR_YJB_003 인민재판에서 목사를 살려준 책 도둑
589_MONA_20170613_KKR_YJB_004 해남윤씨 가문 내력과 족보 편찬
589_MONA_20170613_KKR_YJB_005 조상숭배도 신앙생활 중의 하나다

이만심 (여, 77세, 1941년생)

제보자는 임회면 죽림리 강계마을에서 금갑으로 21세에 시집을 왔다. 슬하에 1남 2녀를 두었지만 남편을 일찍 여의었다. 혼자된 몸으로 아들 딸 모두 고등학교까지 보냈다. 파래장사 고기장사 등 돈 되는 일은 안한 것 없이 억척같이 했다. 지금은 광주에 집도 장만하는 등 형편이 많이 좋아졌으나 행방불명된 외아들 때문에 하루도 마음 편한 날이 없다. 외아들을 오매불망 기다리며 밤마다 불을 켜 놓고 잠을 청하며 살고 있다.

제공 자료 목록

589_MONA_20170413_KKR_LMS_001　처음으로 장에 가서 파래 팔던 날
589_MONA_20170413_KKR_LMS_002　고장이 잦아서 애태웠던 보리 타작기
589_MONA_20170413_KKR_LMS_003　지금은 반찬 한두 가지로 혼자 하는 식사
589_MONA_20170413_KKR_LMS_004　죽기 전에 한번이라도 보고 싶은 아들

조용자 (여, 79세, 1939년생)

제보자는 고군면 향동에서 금갑으로 19세에 시집을 와서 슬하에 3남 2녀를 두었다. 중매로 결혼을 했는데 신랑집이 너무 가난하여 결혼한 다음날부터 시댁의 대가족을 먹여 살리느라 안 해 본 일이 없었다고 한다. 자식들을 데리고 밥을 얻어 먹이면서도 남의 농토를 임대하여 열심히 농사를 지었다. 천장이 부실해 하늘이 보이는 초가삼간 집이었지만 그 집을 사고 즐거워했던 기억을 실감나게 제보해 주었다.

제공 자료 목록

589_MONA_20170413_KKR_JYJ_001　누우면 별이 보인 집 천장

황석옥 (남, 87세, 1931년생)

제보자는 의신면 금갑리에서 태어났고, 고등학교에서 교련과 한문을 가르치다 퇴임 후 현재 진도문화원 콘텐츠반에서 활동하고 있다. 고령임에도 기억력이 좋아 금갑리에 관한 여러 가지 사실과 유적을 역사적 사건과 연결해서 구술해주었다. 제보자는 손(孫)을 빨리 보고 싶어 하는 할아버지의 성화에 못 이겨 중학교 6학년(20세)에 결혼을 했는데, 그 다음해에 한국전쟁을 겪었다. 당시의 상황에 관한 경험담을 상세히 들려주었다.

제공 자료 목록

589_FOTA_20170511_KKR_HSO_001	재행(再行) 풍습으로 알게 된 금갑마을의 유래
589_FOTA_20170511_KKR_HSO_002	800여 명의 수군이 주둔한 금갑진
589_MONA_20170511_KKR_HSO_001	일제 때 새로 만들어진 길, 신작로
589_FOTA_20170511_KKR_HSO_003	금갑성에는 세 개의 문이 있었다
589_MONA_20170511_KKR_HSO_002	무관심으로 방치된 금갑 만호 선정비
589_FOTA_20170511_KKR_HSO_004	수군이 활을 쏘거나 사격 연습을 했던 사장등
589_FOTA_20170511_KKR_HSO_005	물맛이 아주 좋았던 만호 전용 샘
589_FOTA_20170511_KKR_HSO_006	낮에는 연기로, 밤에는 불빛으로 연락하던 연대산 연대봉
589_FOTA_20170511_KKR_HSO_007	마을을 옮기게 한 송장바위
589_MONA_20170511_KKR_HSO_003	금갑리에 여러 성씨(姓氏)가 모여 사는 이유
589_MONA_20170511_KKR_HSO_004	정부수립 후 치안 유지를 위해서 만든 금갑 경찰출장소
589_MONA_20170511_KKR_HSO_005	1·4후퇴 당시의 금갑 주변 상황

박현재 (남, 73세, 1945년생)

제보자는 의신면 돈지마을에서 태어나 의신중학교에서 체육 강사를 역임했고, 이어 의신농협장을 4년 역임하였다. 농업에 종사하며 지역문화 체육발전에 적극적으로 앞장서고 있다. 의신면에 있는 지명과 역사 유적에 관해 전해오는 이야기를 여러 편 들려주었다.

제공 자료 목록

589_MONA_20170704_DJR_PHJ_001	학동들이 뽑은 주량팔경
589_FOTA_20170704_DJR_PHJ_001	첨찰산에서 발원하여 길게 흐르는 의신천
589_FOTA_20170704_DJR_PHJ_002	삼별초의 흔적인 떼무덤에서 농사를 짓다
589_FOTA_20170704_DJR_PHJ_003	남자들은 급창둠벙에, 여자들은 여귀둠벙에 몸을 던져
589_FOTA_20170704_DJR_PHJ_004	급창둠벙이 울고 도깨비가 요동치다
589_MONA_20170704_DJR_PHJ_002	쇠목돌이에서 헤엄치기
589_MONA_20170704_DJR_PHJ_003	떼무덤과 평지 들녘에 목화를 심다
589_MONA_20170704_DJR_PHJ_004	격세지감이 느껴지는 감지평 들녘
589_MONA_20170704_DJR_PHJ_005	백구의 충직함이 낳은 백구테마센터
589_FOTA_20170704_DJR_PHJ_005	감지평 들녘의 젖줄이었던 참샘
589_FOTA_20170704_DJR_PHJ_006	송씨들의 자자유촌 초사리 초상마을

조오환 (남, 68세, 1949년생)

제보자는 의신면 돈지마을에서 태어나 의신초등학교를 졸업하고 서울 등 객지생활을 하다가 귀향하여 천부적인 예능을 바탕으로 전통 민요를 배우고 익혀 고향의 국악발전에 앞장서고 있다. 현재 조도닻배놀이 예능보유자이기도 하다. 제보자는 부모님 때부터 이어온 예술적 재능에 대해 이야기해 주었고, 엿타령과 상여소리, 도리깨타령 한 대목을 들려주었다.

제공 자료 목록

589_MONA_20170913_DJR_JOH_001 진도의 상여소리가 전 세계로
589_MONA_20170913_DJR_JOH_002 어머니의 구성진 엿타령
589_MONA_20170913_DJR_JOH_003 한 집안의 엿타령 역사
589_MONA_20170913_DJR_JOH_004 지금은 사라진 청용 농악

강송대 (여, 77세, 1941년생)

제보자는 의신면 돈지리 향교마을에서 태어나 여섯 살에 국악
에 입문하여 광주 등지에서 국악활동을 하며 후진양성을 하였
다. 이후 진도군립민속예술단 단원으로 활동하면서 국악제에
서 대통령상을 수상하였고, 2001년 남도잡가 예능보유자로 지
덩되어 활동하고 있다.

제공 자료 목록

589_FOTA_20170624_HGR_KSD_001 호랑이를 가족처럼 돌본 효자 할아버지
589_MONA_20170624_HGR_KSD_001 앞날을 예견하신 할아버지
589_MONA_20170624_HGR_KSD_002 지극정성으로 제사를 모시는 할아버지
589_MONA_20170624_HGR_KSD_003 국악 입문에서 인간문화재가 되기까지

이춘흥 (남, 78세, 1940년생)

제보자는 조용하고 온화한 성품으로 한평생 농사를 지으면서 서예, 풍수, 한시 등 다방면으로 왕성하게 문화 활동을 하고 있다.

제공 자료 목록

589_FOTA_20170717_DMR_LCH_001	무승부로 끝나버린 이무기들의 싸움
589_MONA_20170717_DMR_LCH_001	인명은 하늘에 달렸다
589_MONA_20170717_DMR_LCH_002	고향을 그리워하다가 죽어간 실향민
589_MONA_20170717_DMR_LCH_003	부인들을 속여서 술을 훔쳐 먹은 술꾼들

박주민 (남, 76세, 1940년생)

제보자는 의신면 원두마을에서 출생하여 진도중학교와 진도농업고등학교를 졸업한 뒤에 진도군 군내면 연산마을로 이거하여 농사를 지으면서 생활하고 있다. 근래에는 진도읍 남산마을에 거주하면서 어르신일자리사업에 종사하고 있다.

제공 자료 목록

589_MONA_20170717_WDR_PJM_001 국민학교 때 저수지 둑에서 본 인민군들
589_MONA_20170717_WDR_PJM_002 돔바위에 떨어진 노루를 먹고 횡사하다
589_MONA_20170717_WDR_PJM_003 지랄병 하는 신랑에게 시집가서 잘살고 있는 신부
589_MONA_20170717_WDR_PJM_004 부처돌을 팔아서 화를 입다
589_MONA_20170717_WDR_PJM_005 구렁이 태워 죽이고 화를 입어 돌아가시다

박정석 (남, 69세, 1948년생)

제보자는 오랜 공직생활로 진도의 지리, 역사, 문화에 해박한 지식과 견문을 갖고 있다. 특히 진도에 대한 애향심이 각별하여 진도의 역사와 문화 발전을 위해 다방면으로 활동을 하고 있다. 현재 진도문화원장을 역임하면서 지역사회와 지역민들의 화합을 도모할 수 있도록 전통문화의 계승과 발전 그리고 현대적 활용에 대한 다양한 모색을 도모하고 있다. 제보자는 진도 설화 수집에 있어서도 남다른 열정을 가지고 인물, 지명 등에 깃든 사연을 차분하게 들려주었다.

제공 자료 목록

589_MONA_20170411_SSR_PJS_001	쌍계사 절고랑의 벼락바위
589_FOTA_20170411_SSR_PJS_001	엎힌바위가 인장바위로 불리게 된 사연
589_FOTA_20170411_SSR_PJS_002	첨찰산 삼선암에서 수행한 신라 고승들
589_FOTA_20170411_SSR_PJS_003	병풍 친 것 같은 평평바위
589_FOTA_20170411_SSR_PJS_004	소미산 화가가 된 빗기내 나뭇꾼
589_FOTA_20170411_SSR_PJS_005	헌종 어진에 떨어진 먹물
589_FOTA_20170411_SSR_PJS_006	빈대 잡으려다 암자를 태우다
589_FOTA_20170411_SSR_PJS_007	소치 선생이 스승을 향한 마음으로 심은 백일홍
589_FOTA_20170411_SSR_PJS_008	진도 매화의 시초, 운림산방 매화
589_MONA_20170411_SSR_PJS_002	멧돼지 잡으려다 멧돼지에게 물리다
589_FOTA_20170411_SSR_PJS_009	진도에 유배 온 무정 선생과 경주이씨의 사랑
589_FOTA_20170411_SSR_PJS_0010	빗기내 무안박씨 집안을 일으킨 윤씨 할머니
589_FOTA_20170411_SSR_PJS_0011	첨찰산 동천암에서 불법을 깨우친 사명당
589_FOTA_20170411_SSR_PJS_0012	할머니를 해친 첨찰산 호랑이

김명자 (여, 64세, 1953년생)

제보자는 의신면 사하리 논수동 마을에서 태어나 임회면 팽목 마을로 시집왔으며, 이후 소방직으로 근무하는 남편과 함께 진 도읍에서 식당을 운영하고 있다. 제보자는 비교적 기억력이 좋 고 차분하여, 정답고 화목하게 살았던 유년시절의 이야기를 찬 찬히 들려주었다.

제공 자료 목록

589_MONA_20170827_SHR_KMJ_001 술에 취해 도둑으로 몰린 할아버지
589_MONA_20170827_SHR_KMJ_002 천수 만수 구만수 백년 원수 내 원수
589_MONA_20170827_SHR_KMJ_003 맨발로 울면서 도망간 두 손녀
589_MONA_20170827_SHR_KMJ_004 시아버지가 부르면 모시옷을 들고 달려간 며느리
589_MONA_20170827_SHR_KMJ_005 동외리 서당 화재사건
589_MONA_20170827_SHR_KMJ_006 자네가 참게, 빡보! 이름이 뭐인가, 빡보!

박옥길 (남, 76세, 1942년생)

제보자는 의신면 사하리 논수동마을에서 태어나 진도농업고등 학교를 졸업하고 진도군농업기술센터 원예계장으로 근무 했으 며 한때는 4년간 완도 농촌지도소 약산지 소장으로 근무하기도 했다. 현재는 진도농협에서 비료와 농약 자재를 취급하면서 근 무하고 있다. 고향 마을의 옛 이야기를 차분히 들려주었다.

제공 자료 목록

589_FOTA_20170606_SHR_POG_001   삼별초군이 남긴 나근당골과 말무덤
589_MONA_20170606_SHR_POG_001 천수 만수 백년 웬수, 팡팡이 할아버지
589_FOTA_20170606_SHR_POG_002   기와를 구웠던 잣굴

차철웅 (남, 64세, 1954년생)

제보자는 의신면 사하리 삼밭마을에서 태어나 진도고등학교를
졸업한 뒤에 농사를 지으면서 생활하고 있다. 그간 진도군 농민
회장을 역임하는 등 지역농촌운동에 앞장서 일해 왔고 대단위
로 표고버섯을 재배하고 있다. 제보자는 옛날부터 내려오는 호
랑이 이야기와 마을 지명에 얽힌 이야기를 들려주었고, 특히 운
림산방과 인연이 되어 살면서 겪었던 집이야기도 세세하게 잘
전달해 주었다.

제공 자료 목록

조권준 (남, 66세, 1952년생)

제보자는 의신면 연주마을에서 태어나 진도실업고등학교를 졸업 후 농사를 지으면서 생활하고 있다. 그간 진도군 농민운동에 적극적으로 참여하면서 농민회장으로 활동하였고, 진도농업협동조합장을 역임하였는데, 현재는 다시 진도군 농민회장이 되어 지역발전을 위해 힘쓰고 있다. 제보자는 성격이 차분하면서도 적극적이어서 마을 역사에 관한 흥미로운 이야기를 구연해 주었다.

제공 자료 목록

589_FOTA_20170508_YJR_JGJ_001   동산이 구슬처럼 이어진 연주리

박복용(남, 82세, 1936년생)

제보자는 의신면 응덕마을 가향동에서 태어나 현재까지 고향에서 농사를 지으며 생활하고 있다. 그간 마을 이장과 지도자, 노인회장 등을 역임하였는데, 과거 이래 지금까지 마을 일에 적극적으로 앞장서고 있다. 제보자는 마을에 관한 지명, 또는 인물 등에 관한 이야기를 조사자들이 이해하기 쉽도록 구연해주었다. 특히 돔바위를 설명할 때는 지도를 보여주면서 소상히 알려주기도 했다.

제공 자료 목록

589_FOTA_20170518_EDR_PBY_001   부유하고 기세등등했던 연주리
589_FOTA_20170518_EDR_PBY_002   넙덕골 덕사동이 응덕마을로 된 까닭
589_FOTA_20170518_EDR_PBY_003   빈대가 성해서 폐사한 덕사동 절
589_FOTA_20170518_EDR_PBY_004   돔바위에서 돔을 낚다
589_FOTA_20170518_EDR_PBY_005   주역과 의술에 능통한 허성

김삼순 (남, 75세, 1943년생)

제보자는 의신면 정지마을에서 태어나 진도중학교를 졸업한 후
에 현재까지 농사를 지으면서 생활하고 있다. 그간 마을이장과
새마을지도자를 역임하였는데, 현재에도 마을의 원로로서 마
을의 발전과 화합을 위해 적극적으로 앞장서고 있다.

제공 자료 목록

589_FOTA_20170623_JJR_KSS_001   누에머리와 정지머리
589_FOTA_20170623_JJR_KSS_002   태풍에 터져버린 둑을 막기 위해 밀가루를 버리다

김영식 (남, 82세, 1936년생)

제보자는 의신면 중리마을에서 태어났으며, 의신면사무소 부면장으로 재직하다 정년하였다. 이후 향토문화에 대한 깊은 관심과 사랑으로 의신면지 발간 추진위원회 간사역을 맡으면서 지역사 발전을 위해 힘쓰고 있다. 제보자는 마을 대소사에 얽힌 이야기를 현장감 있게 마치 재현하듯 세밀하게 설명해 주었다.

제공 자료 목록

589_FOTA_20170509_JR_KYS_001	의신면 마을 변천사
589_FOTA_20170509_JR_KYS_002	강성봉에 모여서 충제를 지내다
589_FOTA_20170509_JR_KYS_003	자손없는 걸인들을 위한 마을 제사
589_MONA_20170509_JR_KYS_001	짱배미에서 공치기를 하며 화합하던 풍습

박종성 (남, 84세, 1934년생)

제보자는 의신면 청용마을에서 태어나 한평생 마을을 지키면서 살아오고 있다. 그간 마을의 지도자와 이장, 노인회장 등을 역임하면서 마을의 발전을 위해 힘쓰고 있다.

제공 자료 목록

589_FOTA_20170502_CYR_PJS_001	시묘살이하는 소년과 효를 가르쳤던 호랑이
589_FOTA_20170502_CYR_PJS_002	시아버지를 재가시켜 대를 이은 송씨 부인
589_FOTA_20170502_CYR_PJS_003	마음을 곱게 쓰지 않아서 망한 구룡머리
589_FOTA_20170502_CYR_PJS_004	이미 죽은 도깨비에게 놀림 받은 한씨
589_FOTA_20170502_CYR_PJS_005	씨름하자고 덤비는 도깨비
589_MONA_20170502_CYR_PJS_001	유골을 잘 묻어준 포크레인 기사
589_MONA_20170502_CYR_PJS_002	꿈에 나타난 장군의 묘에 치성을 드리다

김신수 (남, 68세, 1950년생)

제보자는 의신면 가단마을에서 태어나 고향에서 농업에 종사하면서 살고 있으며, 마을의 지도자로 향토문화에 깊은 관심을 가지고 활동하고 있다. 마을 어른들에게서 들은 옛이야기나 유래를 상세히 구연해주었다. 특히 예전 농촌풍경을 이야기할 때는 신이 난 표정으로 재미있게 들려주었고, 이웃들과 함께 모내기하던 그때를 떠올리면서 그리움과 아쉬움을 보이기도 했다.

제공 자료 목록

589_FOTA_20170521_GDR_KSS_001	경지정리로 사라져버린 사불계샘
589_FOTA_20170521_GDR_KSS_002	행귀샘의 물이 나오지 않은 사연
589_FOTA_20170521_GDR_KSS_003	대덕산의 여러 명칭
589_FOTA_20170521_GDR_KSS_004	음양의 형상을 띤 논배미

박종화 (남, 82세, 1936년생)

제보자는 의신면 창포마을에서 태어나, 일찍이 진도군청에 들어가 농사계장으로 고향의 농업발전에 정려하였다. 이후 고군면장과 의신면장을 역임하고 정년한 후에는 친형(고 박훈종 전교)에 이어 진도향교 전교를 지내는 등 향토문화 발전을 위해 힘쓰고 있다. 제보자가 들려준 이야기는 어릴 적에 어머니에게서 자주 들었던 이야기라고 한다.

제공 자료 목록

589_FOTA_20170523_CPR_PJH_001   소쿠리가 덮어줘서 구사일생으로 살아난 아이
589_FOTA_20170523_CPR_PJH_002   개만 물고 간 호랑이
589_FOTA_20170523_CPR_PJH_003   호랑이를 잡은 의신면 향교 포수들
589_FOTA_20170523_CPR_PJH_004   학식이 뛰어나고 축지법에도 능했던 창포 할아버지
589_FOTA_20170523_CPR_PJH_005   화롯불에 불이 붙어 무논에서 구른 호랑이

박규일 (남, 81세, 1937년생)

제보자는 의신면 칠전리에서 태어나 진도군청 공무원으로 15년
간 생활하였고 한때는 사업도 하였다. 그러면서 유휴각과 노암
제의 보수와 철비 관리 또 족보의 제작 및 보존 등 문중의 각종
책임을 맡아 일가(一家)의 화목을 위해 노력해왔다. 마을이장도
다년간 하면서 마을의 발전에도 크게 기여하는 삶을 살고 있다.

제공 자료 목록

589_FOTA_20170823_CJR_PGI_001	유휴각(裕休閣)안에 세워진 철비(鐵碑)
589_FOTA_20170823_CJR_PGI_002	신(神)중의 신(神) 산신당(山神堂)
589_FOTA_20170823_CJR_PGI_003	유서 깊은 서당 노암재(露巖齋)
589_FOTA_20170823_CJR_PGI_004	재행(再行) 왔다가 요절한 신랑
589_FOTA_20170823_CJR_PGI_005	칠전마을의 유래담
589_FOTA_20170823_CJR_PGI_006	읍내서 밤 맞고 꿀재에서 눈 감춘다
589_FOTA_20170823_CJR_PGI_007	진도의 물물교환 칠전장터

박동판 (남, 71세, 1947년생)

제보자는 마을의 토박이로서 마을일에 솔선수범하고 있다. 이
장과 새마을 지도자를 맡았고, 어려운 이웃돕기에 앞장서는 근
면, 성실한 분이다. 마을의 지명에 얽힌 유래, 유년시절의 기억,
마을의 문화유산에 관한 여러 이야기를 들려주었다.

제공 자료 목록

589_FOTA_20170720_CJR_PDP_001	마을로 굴러 내려온 충제봉의 바위
589_FOTA_20170720_CJR_PDP_002	송장 닮은 바위가 있는 무서운 넘언들
589_MONA_20170720_CJR_PDP_001	배고팠던 시절의 닭 서리
589_FOTA_20170720_CJR_PDP_003	도깨비와 씨름 한판
589_MONA_20170720_CJR_PDP_002	단합이 잘 되는 칠전마을
589_FOTA_20170720_CJR_PDP_004	옛날 교통의 요지 꿀재
589_FOTA_20170720_CJR_PDP_005	문둥이 골창, 진골
589_FOTA_20170720_CJR_PDP_006	300년 된 학계 철비

박행집 (남,76세, 1942년생)

제보자는 의신면 영산마을에서 태어나 군 제대 후 고향에서 농업에 종사하면서 근면 성실하게 살아오고 있다. 현재에도 마을의 지도자로 마을의 대소사를 챙기고 있다. 제보자는 마을 유래와 역사에 대해 꼼꼼하고 소상하게 이야기해 주었다.

제공 자료 목록

589_FOTA_20170504_YSR_PHJ_001 영산마을에 터를 일군 송씨들의 돌 떡판
589_FOTA_20170504_YSR_PHJ_002 쌀이 나온 광전굴
589_FOTA_20170504_YSR_PHJ_003 장수들이 돈치기 하던 장수바위
589_FOTA_20170504_YSR_PHJ_004 웃영매 아랫영매

주광열 (남, 91세, 1923년생)

제보자는 황해도 장연에서 태어나, 1·4후퇴 때 황해도 초도에서 엘에스티 미군함정을 타고 목포를 거쳐 진도군으로 들어왔다. 의신면 칠전마을에 정착하여 살다가 임회면 상미마을에 일시 거주하다 진설마을로 들어와 지금까지 생활하고 있다. 그동안 마을이장, 지도자, 노인회장 등을 역임하면서 마을의 발전을 위해 힘써왔다.

제공 자료 목록

589_MONA_20170623_JSR_JKR_001   피난민 일대기

조상인 (남, 77세, 1941년생)

제보자는 의신면 침계리에서 태어나 평생을 농업에 종사하며 근면 성실하게 살고 있다. 그동안 각별한 애향심을 가지고 마을 지도자로서 힘써왔는데, 진도의 역사와 문화 발전을 위해 농민 운동기념탑과 교육자 및 박사기념탑을 세우는데 주도적 역할을 하였다.

제공 자료 목록

589_MONA_20170502_CGR_JSI_001	침계리 농민운동기념탑 건립 과정
589_MONA_20170502_CGR_JSI_002	침계마을 출신 인재
589_FOTA_20170502_CGR_JSI_001	매생이바위와 매생이둠벙

김종대 (남, 79세, 1939년생)

제보자는 의신면 송군마을에서 태어나 부산공업고등학교를
나와 고향에서 수산업과 농업을 주업으로 살아오면서, 주민들
과의 화합과 마을 발전을 위해 지도자, 원로로서 힘써왔다. 제
보자는 기억력과 언변이 좋아 지역유래와 전설 등을 막힘없이
자연스럽게 구연해주었다.

제공 자료 목록

589_FOTA_20170508_SGR_KJD_001   송군마을 언덕에서 한라산을 보다
589_FOTA_20170508_SGR_KJD_002   진도에서 맨 처음 사람이 살기 시작한 군포
589_FOTA_20170508_SGR_KJD_003   수십 척의 배들이 모여들었던 송군 앞바다
589_FOTA_20170508_SGR_KJD_004   몰막기미로 와서 우는 말

박동양 (남, 79세, 1939년생)

제보자는 초상마을에서 태어나 농업에 종사하고 있으며 마을 이장 일을 맡으면서 마을을 위해 헌신하였다. 제보자는 마을 지명에 얽힌 유래, 호랑이에 관한 이야기를 구수하고 정겹게 들려주었다.

제공 자료 목록

589_FOTA_20170502_CSR_PDY_001 말이 물을 먹는 혈, 갈마음수형
589_FOTA_20170502_CSR_PDY_002 해 그늘을 따라 출몰하는 호랑이
589_FOTA_20170502_CSR_PDY_003 부자들이 많은 초상마을

허상무 (남, 68세, 1950년생)

제보자는 진도군 의신면 초상마을에서 태어나 진도농업고등학교를 졸업하고 농촌지도사로 농업기술센터에서 공직생활을 하였다가 퇴직 이후에는 유자농장을 운영하고 있다. 그리고 문화관광해설가로 활동하면서 진도군은 물론 전라남도 회장을 역임하는 등 지역의 농업기술 향상과 관광 진도를 위해 적극적으로 앞장서고 있다.

제공 자료 목록

589_FOTA_20170716_CSR_HSM_001 광전리 유자 효자

김광철 (남, 62세, 1956년생)

제보자는 진도군 의신면 초중마을에서 태어나 한학에 밝은 아버지 밑에서 농사일을 배웠다. 그간 의신면사무소에서 근무하다가 정년 이후에는 고향으로 돌아와 이장을 맡으면서 마을 일에 적극적으로 앞장서고 있다. 제보자는 사라져가는 전통 문화에 관심이 많은데, 특히 정월대보름 놀이와 행사가 사라지고 있는 현실에 대해 안타까움을 표현했다.

제공 자료 목록

589_FOTA_20170811_CJR_KGC_001   정월대보름 팽돌이 세우기

신주생 (남, 79세, 1939년생)

제보자는 의신면 초하마을에서 태어나 어릴 적부터 서당을 다녔다. 1968년도부터 지방공무원으로 재직하다 이후 의신면장을 역임하였다. 현재 진도한시협회동호회장을 비롯해서 진도문화원 이사 및 감사, 미술협회 진도지부 회원으로 활동하고 있다.

제공 자료 목록

589_FOTA_20170502_CHR_SJS_001　　골목에 엽전 뿌리고 명당에 묘 쓰기
589_FOTA_20170502_CHR_SJS_002　　초사리 해안가 기미마을
589_FOTA_20170502_CHR_SJS_003　　샛금의 유래
589_FOTA_20170507_CHR_SJS_004　　병사가 주둔했던 군포
589_FOTA_20170507_CHR_SJS_005　　제주 말을 풀었던 몰막기미

의신면

마을에 전해오는 설화

의신면 거룡리 사정마을

대학봉과 잿밭등

자료코드 589_FOTA_201706011_SJR_PSG_001
조사일시 2017. 6. 11
조사장소 진도군 의신면 거룡리 사정마을 제보자 자택
조 사 자 김명선, 윤홍기
제 보 자 박석규(남, 75세, 1942년생)

> **줄거리** 사정리 서쪽에 위치한 '대학봉'은 산세가 좋아 선비들이 많이 머무르면서 아이들에게
> 대학을 가르쳤던 곳이었다. 그 밑의 들녘은 부엌에서 나온 재를 모아 뒀던 자리로 '잿밭
> 등', '쨋밭등'이라고 불렀다는 이야기이다.

우리 마을에서 보면 서쪽에가 대학봉이라는 봉이 있는데, 거기가 아주 산세가
수려하고 좋아요. 거기가 그 밑에 우물도 있고 그래서 선비들이 상당히 많이
머물렀다고 그래요 거기서.

주변 아동들이 동몽필선(동몽선습) 이런 기초를 닦은 얘들을 데려다가 대학 공
부를, 여기서 대학이란 한문의 '소학', '논어', '대학' 할 때의 대학인데 '대학'을
전수시켰다고 그래요. 해서 '대학봉'이라 하고.

그 밑에가 재밧등이라는 납작한 들녘이 있는데, 대학봉에서 흐르는 물이 방
죽골이라는 데로 흘러간다고 그래요. 그래서 물 흐름이 있고 물 수량이 약간
있을 것 같고, 그래서 그 밑에다가 1967년도에 거기다 저수지를 만들었어요.
그래서 지금 현재 농업용수로 쓰고 있어요.

(조사자 : 재밭등이란 무슨 의미인가요?)

글쎄요. 무슨 말인지 의미를 모르는데 그 뒤로 어째서 여그를 '재밭등'이라 했

소 그랑께, 사람들이 부엌에 불 너면(넣으면) 재가 있제, 그 재를 갖다 거기다 모태고 그래서 재밭등이라 했고 우리말로 '잿밭등' '쨋밭등' 그래요.

씨름과 강강술래 놀이터였던 백중봉

자료코드   589_FOTA_201706011_SJR_PSG_002
조사일시   2017. 6. 11
조사장소   진도군 의신면 거룡리 사정마을 제보자 자택
조 사 자   김명선, 윤홍기
제 보 자   박석규(남, 75세, 1942년생)

줄거리 백봉산 정상에 넓은 터가 있는데, 백중날이면 그곳에서 장정들은 씨름을 하고 부녀자들은 강강술래를 하며 놀아서 '백중봉'이라고 불렀다. 백중봉이 명금초등학교 교가에도 나온다는 것과 지금은 백봉산이 백중봉으로 개칭되었다는 이야기이다.

여기서 동남쪽으로 100미터 쯤에 백봉산이란 산이 있어요. 백봉산, 거기 산 정상에 가면은 상당히 터가 넓어요. 그래서 낮에는 장정들이 거기서 씨름을 하고 밤에는 백중에 부인들이 모여서 강강술래를 하고, 아녀자들이 모여서 강강술래 한다고 그래서 거기를 백중에 이용한다 해서 '백중봉' 이라고 그렇게 말했어.

백봉산인데, 그 안에 거기서 백중에 주로 가서 뭣을 하고 그래서 백중봉이라 그렇게 개칭을 했다고 그래요.

(조사자 : 백봉산이 명금초등학교 교가에도 나오지요?)

"예!"

명금초등학교 교가에 백중산이 있지요. 명금초등학교 교가 제일 처음에 '백봉산 넓은 들을 안에다 품고 거울 같은 호수 위 백봉산 아래~'이런 교가(가사)가 있어요.

금갑 만호가 다녔던 백봉산 만호길

자료코드	589_FOTA_201706011_SJR_PSG_003
조사일시	2017. 6. 11
조사장소	진도군 의신면 거룡리 사정마을 제보자 자택
조 사 자	김명선, 윤홍기
제 보 자	박석규(남, 75세, 1942년생)

줄거리 조선시대에 금갑 만호가 진도읍 고을 군수를 찾아갈 때 백봉산 아랫길로 다녔기 때문에 그 길을 '만호길'이라고 불렀다.

명금면에서 금갑 만호 댕기는 길이 부락 아랫돌이로 해서, 이 산 아래춤으로 해서 쭉, 지금은 그 길을 사용 안 하는데 옛날에는 상당히 많이 사용했어요. 우덜도 그 길을 많이 다니고 그랬제.

금갑으로 만호가 그 길을 통해서 댕기고 그랬다는 그런 전설이 있어요.

(조사자 : 그 옛날(조선시대) 진도에는 금갑 만호와 남도 만호가 있었고, 진도읍에는 고을 군수가 있었는데, 이 세 사람들은 서로 왕래하며 살았기 때문에 이들이 다닐 그 시대 나름대로의 넓은 도로가 있었다. 금갑 만호가 남도 만호를 찾아 갈 때는 죽림길을 이용했고, 금갑만호가 진도읍 고을 군수를 찾아 갈 때

는 백봉산 아랫길을 이용했다.)

백봉산 아래쪽 길을 이용했다 그래요. 그래서 사람들이 '만호길' '만호길' 그래요.

충제(蟲祭)가 없어진 이유

자료코드   589_FOTA_201706011_SJR_PSG_004
조사일시   2017. 6. 11
조사장소   진도군 의신면 거룡리 사정마을 제보자 자택
조 사 자   김명선, 윤홍기
제 보 자   박석규(남, 75세, 1942년생)

> **줄거리** 충제는 병충해를 방지하기 위해 음력 6월 1일에 산에 올라가 정성을 들여 지내던 마을 제사였으나 갈수록 제를 모실 사람을 선정하는 과정이 까다롭고 마을 사람들이 미신으로 여겨 1974년경부터 제를 모시지 않았다는 이야기이다.

옛날부터 충제를 모실라믄 아주 정갈하게 목욕 정성하고, 한 3일 전부터 부인하고 서로 각방 하고, 충제 제관을 생기에 맞는 사람 두 사람을 선출하고, 심부름 할 사람은 한 사람 선정하는데, 심부름 하는 사람은 생기에 맞으나 안 맞으나 보통 어린 좀 젊은 사람을 선정해요.

충제를 모실라믄 아침에 일찍하니 산에를 조반(아침밥) 막 먹고 그 산을 올라가요. 그 주변 청소 다 하고, 그라고는 뒤에가 쪼그만한 옹달샘이 있는데, 그 샘을 '안꼬 샘물'이라 해요. 그 샘이 바구독 새다구(사이)에서 쪼금 나와서 한 쪽 박씩(바가지)이나 곱(고이는)는 그런 샘이 있어요. 거기서 정성스럽게 청소해내고

267

그 물을 질러 옛날에 그 옹구뱅, 이렇게 된 병 주둥아리 좁은 것 있소?

거기다 물을 길러. 그래갖고 새내끼로 묶어서 그놈을 들쳐미고 올라가서 밥 짓고 제관들이 먹을 밥도 그 물로 가서 해서 먹고, 또 제사 올릴 밥도 거기서 짓어요.

그때 와서 거기서 하루 저녁 제 모시는 것 놔두고 한번 가 봤는데, 정성을 다해서 하고 축관이 축 다 읽고 정성스럽게 하던만요.

그렇게 하고는 그 다음날 아침에 내려와서 그 재물을 가지고 부락에 내려와서 동네 어른들하고 술 한 잔씩 그놈 갖고 나누고 그렇게 했는데, 뒤로 과학이 발달하고 사람을 고르다보면 생기에 맞는 사람이 별로 없어, 잘 안 나타나.

또 서로 안 갈라하고 그랑께, 차라리 제를 없애 버리자. 농약도 생기고 그랬는데 제를 지내갖고 충이 없어지겠냐.

충제는 제충을 목적으로 하는데, 정성스럽게 제사를 모시면 충이 없어진다 멸구도 없어지고 그란다고 그랬는데, 농약도 생기고 그랑께 제사만 지내서 없어지는 것이 아니다. 약을 뿌려야 없어지는데 이건 하나의 미신이다 차라리 그냥 하지 말자. 그케갖고 1974년 그때 내가 마을 일을 볼 때 없애불었어요.

충제는 어찌게 됐던지 음력 6월 초 하룻날 제를 모시고 여기만 제를 모시는 것이 아니라, 각 마을 다 모시고 그래서 그날은 전부 쉬어.

음력으로 6월 1일 오늘 제 오른다 하면 일절 부락에서 일 안 하고, 흰 빨래도 밖에 절대 안 널고, 일하는 사람이 있으면 부락 일을 보는 사람들이 나가서 못하게 하고 내일 하라고 했어.

주민 배고픔을 달래준 저수지 공사

자료코드   589_MONA_201706011_SJR_PSG_001
조사일시   2017. 6. 11
조사장소   진도군 의신면 거룡리 사정마을 제보자 자택
조 사 자   김명선, 윤홍기
제 보 자   박석규(남, 75세, 1942년생)

줄거리 1968년에 한해(旱害)가 들자 온 마을 사람들은 밀가루 원조품으로 겨우 배고픔을 달래면서 제방을 축조하였다. 이렇게 2년에 걸쳐 막은 방죽이 큰 비로 인해 무너져 버리자 1970년도에 재건축을 했다는 이야기이다.

저수지를 그때 1968년인가, 그때 한해(旱害)가 들었어. 정부 대책으로 주민들을 우선 살려야 된께, 미국에서 들어온 원조품 고것 갖고 저수지를 막는데, 하루에 임금이 아무리 일을 잘하는 장정도 3.6킬로그램 밀가루.

또 아무리 일을 못하는 사람도 그 집에서 제일 실건(튼튼하고 다부진) 사람 같으면 한 열다섯 살 먹었어도 그 집에서 그 사람이 아니면, 그 사람이 제일 실건 사람 같으면 그 사람도 3.6킬로그램. 그렇게 해서 우선 연명을 시킬라고, 정부에서 주민을 굶겨 죽일 수는 없고.

얼마나 그해 가물었나 그라면, 나락 한 폭지(포기)를 못 먹었어. 여기서 신정, 사정, 거룡, 원두, 송군, 죽청, 활곡, 금갑까지 그렇게 동원이 돼갖고 한 집에 한 사람씩 나와서 나오라 해도 못 가는 사람은 할 수 없고.

그케갖고 한 2년 걸쳐서 거기를 막았어. 한 2년 더 걸렸어. 그래갖고 축조를 해갖고 아무래도 부실 공사제. 그것이 한번 비가 많이 와서 방죽제방이 무너져갖고 그 위쪽으로 들녁 다 쓸어 버렸제.

그래갖고 다시 군청에서 무엇을 해서 읍네 박달기씨라는 그분이 나가서 그때가 언제냐 그라면 1970년도나 되아서 재건축을 했구만. 그래도 물이 누수가

되고 그랗게 재작년에 보강공사를 많이 해서 쇠로 구멍 뚫어갖고 세면(시멘트) 넣어 지금은 안전하게 되었지.

면적은 그케 크지는 안 하고, 늘 준설해서 안을 늘 파내길 파냈어. 물은 상당히 곰는데(고이는데) 그 물로 농사를 많이 짓었어. 또 여기는 관정 시설이 잘됐어. 이렇게 가물어도 이종 거의 다 했잖아요, 들녘이.

그런데 이것도 그전같이 각 농가에서 한집이 두 배미나, 세 배미 벌면은 어떻게 하든지 물이 남어 돌아가는데 한 사람한테 다 몰아줘 부니까, 그 사람은 처리를 못해 버려. 물을 논에 너(넣어) 놓고 물이 못 새도록 트랙터로 뭣도 하고 그래야 되는데, 그 사람 하나 둘 보고는 일 못하는 사람들이어서, 어찌게 많이 번께, 못자리 이종을 못하고 있어. 그렇게 해서 몽리(蒙利) 면적은 신·사정(신정리와 사정리) 해갖고 10헥타르 정도나 될란가? 그런 정도 돼서 가물면 물을 많이 쓰지요.

(조사자 : 저수지를 막을 때는 리어카를 썼나요?)

그때 도구는 리어까, 곡갱이, 리어까도 그때는 귀했어. 여자들이 메꼬리(짚으로 둥글고 울이 깊게 결어 만든 그릇)로 담아 나르고 특수한 장비는 없고 리어까도 특별한 장비였구만.

의신면 금갑리 금갑마을

보리밭에 거름 내기

조사코드 589_MONA_20170413_KKR_KYY_001
조사장소 진도군 의신면 금갑리 금갑노인당
조사일시 2017. 4. 13
조 사 자 김명선, 윤홍기
제 보 자 강용연(남, 72세, 1946년생)

줄거리 보리밭에 거름을 내기 위해 젊은 장정들 5, 6명이 새벽 네 시부터 지게에 거름을 지고 소리 지르며 아침밥 먹을 때까지 날이 새도록 일을 했다는 이야기다.

보리를 갈라면은 거름을 안냈습니까? 거름을 냈는데 지금 같으면 경운기도 있고 트랙터도 있고 그러지만 그 전에는 전부 지게로 해서 지게 바작으로 해서 사람이 일일이 이것을 지고 날랐어요.

여자들은 이고도 가고 그런데 그 당시는 젊은 혈기로 하여간 새벽 한 네 시 정도 품앗이로 전부 청년들이 대여서썩(5, 6명) 어울려 가지고 그 거름을 내는데, 여기서 거리가 가깝다 말이. 저기 재 넘어 먼 거리를 우리 밭까지 갈려면 상당히 멀었어요.

밤새지(한밤중에), 소락지(소리)는 빽빽 지르지. 젊으니까 그때는 소락지를 지르면서 그 거름을 전부 지게로 바작에다 지게를 지고 아침까지, 밥 먹는 그 시간까지 또 져 날르고 밥 먹고 또 져 날르고 그렇게 해서 보리를 갈고 그 당시에는 어쩔 수 없는 그런 인력으로 그냥 하니까, 뭐 그런 시절이 지나 보니까 지금은 그립기도 합니다.

밤 뱃놀이를 즐긴 마을 청년들

조사코드   589_MONA_20170413_KKR_KYY_002
조사장소   진도군 의신면 금갑마을 금갑노인당
조사일시   2017. 4. 13
조 사 자   김명선, 윤홍기
제 보 자   강용연(남, 72세, 1946년생)

줄거리 예전에는 청년들이 밤에 직접 노를 저어 다른 섬으로 놀러가곤 했는데, 놋줄에 노를 끼워 젓다 보면 줄이 끊어져 물에 빠지곤 했다는 이야기다.

지금 세상은 기계화가 돼갖고 금방 가고 금방 오고 그러는디, 옛날에는 노를 저어갖고 여기 섬에서 저 섬으로 건너다니고 저 섬에서 이 짝으로 건너다니고 그랬제.

청년들이 인자 저녁이면 그 배를 타고 저 마을로 놀러가고 이 마을로 놀러가고 그런 시절이었어요.

청년들이 한 배 타고 노를 저어갖고 접도를 건너가는디 노를 저서서 빨리 가고 싶은께 놋줄에다 노를 끼워갖고 노를 저어 가는데 그놈을 보태갖고 가는디. 한참 젓다 힘나 보면 잘못해서 그 줄이 끊어지면 물속으로 퐁당 빠지고 그랬어요. 퐁당 빠져갖고 보로시(겨우) 건져갖고 섬까지 가고 그런 시절이 있었습니다.

두말없이 믿어준 친구 덕에 곱게 살아

조사코드   589_MONA_20170413_KKR_KNS_001
조사장소   진도군 의신면 금갑마을 금갑노인당
조사일시   2017. 4. 13
조 사 자   김명선, 윤홍기
제 보 자   곽남심(여, 86세, 1932년생)

> **줄거리** 6·25 때 낙동강 전투에서 부상을 당한 제보자의 남편이 상이군인 신청을 했으나 탈락하여 친구가 빌려준 돈으로 사실 확인을 받아 연금을 받게 되었다는 이야기다.

우리 영감이 낙동강 전투에서 부상 당해갖고 왼손 심줄하고 요렇게 되고 가심으로 파편이 들어가갖고 수술을 했다 합디다. 그런데 저녁에는 어떤 여자가 와서 면도를 하더라요 몸뚱아리를. 그러더니,

"곧 수술해요."

하고 가더라요. 아직(아침)에 일어난께는 머리에서 해가 뜨는디, 일어난께는 요쩍에서 뜨더라요. 부산서 수술을 받아갖고 지금은 내가 편히 삽니다. 영감 덕분에.

(조사자 : 영감님이 낙동강 전투할 때 어떤 이야기하시던가요?)

아조 너무 너무 고상을 많이 했다고 합디다. 그래갖고 여기서 어매 아배는 아들 죽었다고 했는디 약 2년 만에 편지가 왔더라 하요. 그랑께는,

'아하, 우리 아들이 살았구나!'

그래갖고 당신 아들을 군인에 보낸 사람은 아들만 죽었다 하면 너하고 나하고 같이 죽자 그랬는데 즈그 아들이 살아갖고 지금은 그런데 모진 병이 걸려갖고 고상을 하세요. 그랑께 짠하요 내가.

그래갖고 여기 와서 칠전에 폴(팔) 없는 상이용사한테 가서 상이용사 하나 해

주랑께 못해준다 하더라요. 그래서 말어불고 아들은 죽어갖고 메느리 돈 타준다고 팽택을 갔어요. 가고 없는데 내가 고추밭에 약을 하고 오다가 저물게 석옥씨네 집을 들어갔어,

"아야, 저물어진데 무엇하라 오냐?"

"너하고 한바탕 할라고."

하니까.

"그래라."

나와 동갑이거든. 가가 돈을 60만 원 줍디다. 다음 아배가 팽택을 갔다 오셨습니다.

"인재네 아부지, 석옥씨 처가 이렇게 돈을 60만 원 빚을 낸께 주어라."

그렁께는,

"워매매, 무엇을 보고 우리를 돈을 주었을까?"

아배가 그 하더니,

"암만해도 우덜 양심이 나쁘지는 안한 것이요."

그랑께는 그놈을 갖고 인자 돈지 가서 상이용사 무엇이 있어서라. 거기 간께는 해주더라 하요. 그래갖고 쪼간 있은께 오라더라 하요. 간께는 그 부상당한 그 것을 다 뵈 주라 하더라요 수술한 것까지 아주.

내가 참 서런 시상 살다 친구 덕분에 지금은 곱게 삽니다.

어머니의 고생을 알기에 먼 길을 걸어다닌 아들

조사코드 589_MONA_20170413_KKR_PMS_001
조사장소 진도군 의신면 금갑마을 금갑노인당
조사일시 2017. 4. 13
조 사 자 김명선, 윤홍기
제 보 자 박매심(여, 78세, 1940년생)

줄거리 김발할 때 밤새 김과 매생이를 구별해서 시장에 내다팔아 아들에게 납부금과 여비를 마련해주었다. 어머니가 고생한 것을 아는 아들은 여비를 받지 않고 걸어다녔다는 이야기다.

옛날에 대발, 발을 했는데 거가 해우조차 매생이조차 질었어라. 김발 할 때 밤새 치래갖고(구분해서), 그놈 짜서 폴아갖고, 우리 작은아들이 저기 여수 학교를 댕기는데, 오면은 그놈 폴아갖고 여비 줄라면 여비가 적지라. 저 쓸놈 주고 여비로 5000원 주믄,

"되았소!"

그라고 가버렸어. 한번은 내가 여수 구경을 가본께 겁나게 멀더란 말이어. 그래서

"내가 여비로 오천 원 준께 왜 안 받았냐? 겁나 멀드만."

알고 본게 그냥 걸어 댕겼던 거여. 내가 매생이 폴아갖고 고놈도 주었는데 집에 돈 없응게 지가 생각고 안 받은 거제.

"어머니, 차에서 내려갖고는 학교까지 순전 걸어 댕겼소."

그래 그케 서럽게 해서 애들 학교 보냈소. 밤새 매생이 치래갖고.

금갑진성 돌들을 굴양식에 사용하다

자료코드　　589_MONA_20170613_KKR_YJB_001
조사일시　　2017. 6. 13
조사장소　　진도군 의신면 금갑리 금갑마을 제보자 자택
조 사 자　　윤홍기, 김명선
제 보 자　　윤주빈(남, 80세, 1938년생)

> **줄거리** 나라에서 굴밭을 지원해 주자 굴양식으로 많은 수입을 올렸다. 예전에 투석식으로 할
> 때는 금갑진성과 산에 있는 돌들을 가져다 굴양식을 했었는데, 지금은 수하식으로 굴양
> 식을 한다는 이야기이다.

꿀밭(석화 양식장)은 지금 아주 이렇게 수하식으로는 상상도, 생각도 못하고 전
부 다 인자 투석식으로, 그래서 인자 석화라 안하요, 돌의 꽃이라고….

그런데 여기다가 몇 만평 했던고, 상당히 많이 했어.

그런데 지금 아쉬운 것은 여기다가 천 평썩, 만 평썩이었던가, 상당히 많이 했
는데 그놈으로 살았어.

사실은 이 다리를 딱 막아버리니까, 막고 해부니까 그 유속 관계로 그것이 인
자 묻혀버리고, 수하식으로 해갖고도 수익이 더 좋으니까. 그전에는 완전히 그
거로 살았지. 고놈으로 해가지고 (투석식으로해서).

그런데 그 돌들은 어디서 가져왔느냐 하니, 산에서 지금 저런 산에 돌이 없어.
다 주워서 인자 이쪽에는 국가에서 해가지고 한, 그 그때 얼만지 모르겠는데
상당히 많이 했어. 나도 한 천 평을 나눠가지고 가졌는데 한 3만평이나 했던가
몰라.

그것이 반별로 해가지고 우리가 6반인데 내가 천 평을 가진 것 보니까 상당히
많았제. 한 5만평 했는가 몰라.

그런데 그때는 이것을 국가에서 지정을 해가지고 줄을 띄어 가면서 그것을 했

있어. 전에 그것 하기 전에 저 산에 올라 가가지고 지게로 전부 다 저 내렸제. 지게로 해가지고 했는데 인자 여기 앞에다 그것을 할 때는 돌이 없거든.

진성에가 상당히 돌이 많았제 제일로. 그런데 그 진성을 뜯어가지고 그쪽으로 나가기도 하고 또 지서가 거기다 지어지고는 지서를 주변으로 담장을 아주 크게 쌓는데, 담장의 높이가 1미터 는 안되고 한 80이나 됐던가, 사람이 마음대로 걸어 다니고 했어. 그 우로, 얼른 올르도 잘 못해 상당히 많이 높았어. 그런데 그 돌이 하나도 없어졌어. 그러면은 그것이 인자 꿀밭으로 간지도 모른데, 꿀밭 아니면 갈 데가 없어. 그래갖고 지금 봐도 완전히 꿀밭이 묻혀져서 그러지.

(조사자 : 그래도 꿀밭 해가지고 수입은 많이 얻으셨죠?)

응, 수입은 상당히 많이 얻었제. 그걸로 얻고 그라고 저것이 아주 좋은 것이 농사 지어 가지고 하는 것은 기간을 기다려야 하는데, 그날 가서 가면 깨가지고 오면 바로 인자 돈이 되니까 그래서 그놈으로 참 큰 (경제에) 도움이 됐지.

옛날에 접도 가는 길

자료코드   589_MONA_20170613_KKR_YJB_002
조사일시   2017. 6. 13
조사장소   진도군 의신면 금갑리 금갑마을 제보자 자택
조 사 자   윤홍기, 김명선
제 보 자   윤주빈(남, 80세, 1938년생)

> **줄거리** 진도에서 접도로 가는 다리가 없었을 때 물이 들면 진도에서 하루를 묵어가야 했던 번
> 거로움에 대한 이야기이다.

(조사자 : 접도 다리가 없었을 때 에피소드 같은 것 있나요?)

접도, 한 번씩 제일 어려운 것이 뭣이냐. 물이 들어불면 밤에 고향에 와가지고 못 가는 것이여. 그런 것이 가장 어려운 점이었어.

나는 인자 접도서 안 사니까 모르지. 모르는데, 그때 우리 형님이 군대를 가서 첫 휴가를 왔어. 휴가를 오다가 친구를 만나가지고. 저 본래 친구도 아니여, 번 번히 아는 사이나 됐든가 몰라.

우리 형님은 논산 훈련소에가 있었고, 그 사람은 전방에서 온 사람이여. 밤중 에 와가지고, 여기는 버스가 없으니까, 천상 오면은 밤에 여기를 오게 돼. 빨리 못 오니까.

그래가지고 와서 물이 들어부니까 가지를 못하고. 또 뭣이냐, 우리 집에는 그 때도 초가집이고 방 두 칸이 있었어. 큰방에는 7, 8명 되는 식구들이 다 자고. 형은 즈그 처가 있는데 우리 형수 있는데, 할 수가 없으니까, 휴가에 막 오면서 둘이 지내야 할 것인데 그 사람하고 서니(세 명이) 잤어.

그라고 아침에 그분도 얼마나 집에 가고 싶었겠어. 그분도 장가를 갔던가 안 갔던가는 모르는데 여기서 자고는 새벽에 날이 새서, 거가 인자 배가 오니까

갔어.

지금은 다리 놔서 차도 맘대로 다니고, 걸어가도 되고 그랑께.

그러고 그 당시만 해도 차가 제일로 없었고, 택시 같은 그런 것도 없었제. 참 어려움을 당했제.

인민재판에서 목사를 살려준 책 도둑

자료코드   589_MONA_20170613_KKR_YJB_003
조사일시   2017. 6. 13
조사장소   진도군 의신면 금갑리 금갑마을 제보자 자택
조 사 자   윤홍기, 김명선
제 보 자   윤주빈(남, 80세, 1938년생)

> **줄거리** 제보자가 목사에게서 들은 이야기로, 과거에 목사가 서점을 운영할 때 책을 훔쳐가는 학생을 그 자리에서 혼내지 않고 학생 스스로 자신의 잘못을 뉘우칠 기회를 주었다. 그것이 인연이 되어 목사가 인민재판에 끌려 나갔을 때 인민재판 대표로 있던 그 학생이 목사를 알아보고 살려줬다는 이야기이다.

제가 섬기는 우리 목사님이,

"참 어려운 판에 하나님 앞에 기도를 했더니 하나님이 기도를 받아 주시더라."

뭐냐고 얘기를 하니까, 옛날에 그 인민재판이 있었어. 인민재판은 전부 다 나오라고 해가지고, 인자 나와서 사람 한사람 세워놓고, 재판이라고 하는 것이 그게 뭐 재판도 아니고 뭣도 아니고.

"이 사람 살리면 쓰겠냐, 죽이면 쓰겠냐?"

그라고.

"이 사람이 이런 사람인데 어찌게 하면 되겠느냐?"

그라고 하는데, 만일에 살리라고 하면은,

"네가 왜?"

'너하고 똑같은 사람이다 같은 편이다.'

그라고 죽이라고 하면 원한보다도 양심의 가책을 받지. 하나님을 믿는 사람이 목사가, 믿는 사람이 어찌게 사람을 죽이라고 하겠어.

그래서 아주 걱정을 하고 있었는데 인제 타지 딴 곳에서 온 사람 있으면 나오라 하드래. 그렁께 목사님이 자기가 나갔드래.

'워매, 나 이제 큰일 났구나!'

그라고. 또 무조건 외지에서 온 사람한테는 아주 상당히 폭력을 가하고 아주 피해를 줬어. 나가서 두려워하면서도 딱 나가서 본께, 어디서 왔냐고 물은께, 목포에서 왔다고 하니까, 저쪽으로 서라고 하더래.

보더니 저쪽으로 서라 해서 섰는데, 그 사람이 알고 보니까, (옛날에) 목포에서 목사님이 신라장 서점을 했는데, 서점에서 애들이 전부 다 책도 사가고 책을 빌려가고 하는데, 학생 하나가 책을 가지고 그냥 가더래. 그래서 얼른 쫓아 나가서 인자

"왜, 너는 남의 책을 가지고 가냐?"

고 하도 안하고,

"빌려가면은 아야, 이름을 여기다 기록하고 가야지, 그냥 가면 되겠느냐?"

하니까 그가 얼굴이 빨개지면서 인자 기록을 하고 갔는데….

만일에 내가 가(걔)한테,

"너 이 자식, 왜 남의 책을 둘러(훔쳐)갖고 함부로 그렇게 훔쳐 가느냐?"

하고 그 애한테 조금이라도 언성을 높이고 말을 했다면은, 그때 나는 죽었을 것인데, 내가 자기한테 전혀 그런 것을 하지 않고 그런 얘기를 했더니 그 사람이 자기를 살려줬다고.

그 사람이 인민재판 하는데 대표로 왔대. 그런데 그 뭣이냐, 저 이북에서 온 사

람들은 안 그리고 이 근동에서 온 사람들, 그래갖고 알고보니까 바로 그 사람이었다. 그래서 인자 살았다고 했어.

해남윤씨 가문 내력과 족보 편찬

자료코드 589_MONA_20170613_KKR_YJB_004
조사일시 2017. 6. 13
조사장소 진도군 의신면 금갑리 금갑마을 제보자 자택
조 사 자 윤홍기, 김명선
제 보 자 윤주빈(남, 80세, 1938년생)

> **줄거리** 해남윤씨 진도 종친회장인 제보자가 신앙생활을 하면서 가문에 거리를 두다가 종친회에 가담하게 되면서 족보를 펴내는 일을 하였는데, 계파와 관련하여 족보 편찬이 잘못되었음을 지적한 이야기이다.

(조사자 : 해남윤씨 진도 종친회장이신데, 입도 초창기 얘기 한번 해주세요.)
나는 초창기는 모르고 그 연도수도 모르겠고, 인자 아버지가 아주 문중에 대해서는 아주 적극을 하시는 분이셔서 그런 분이셨는데,
아버지는 글도 참 배우도 못하신 분인데, 우리 1대조 할아버지 '존(存)'자, '부(富)'자 할아버지로부터 전부 다 끼고 있었어.
그런 얘기를 몇 번을 그 시대에 해. 얘기를 해도 나는 내가 어려서부터 중학교 다니면서부터는 아주 신앙생활을 잘 해가지고, 인자
'나하고 거리는 멀다.'
그렇게 생각해서 전혀 그런 것을 듣지를 안 했어. 듣지도 않고 그러는데, 지금

해남윤씨 양반이라고 하는데, 거기 보소(종친회사무실)에를 한번 가면은 이 사람들이 농촌에서 오고 섬에서 왔다고 사람으로, 양반으로 받아주지를 않고 사실 양반이라고 하면은 인자 그 항렬자에 의해서 할아버지면 할아버지대로 그대로 존중을 해야 되는데, 그런 적이 없었어.

그런 적이 없어가지고, 한번은 거기를 가 가지고, 윤형준씨라고 하는 분하고 아버지하고 거기를 갔는데, 그분들이 함부로 그냥 막 대할려고 하니까,

"인제 항렬도 필요 없고, 우리들이 절차를 들일라면 몽둥이로 갈라야 되겠다."

몽둥이로 서로 이긴 사람이, 아버지는 참 약한 사람인데, 형준씨가 싸움을 잘 했어.

"몽둥이로 갈라야제, 인제 모르겠다."

인자 그렇게 해가지고, 양반이라고 한 사람들이 양반노릇을 못 하더라.

그런데 지금은 정말로 어떻게 그런지, 그래서 내가 지금 생각해보니까, 아무리 여기서 옷을 잘 입고, 시골 태를 안 나고 간다고 하더라도 안 날 수가 없제.

거기 사는 사람들하고 시골에서 사는 사람하고 의복부터가 아주 완전히 틀려 불어. 그러니 그 사람들이 무시를 안 할 수도 없었어.

그런데 그래가지고 그 후로 완전히 단절이 되어불었어.

'인자 다시는 상놈의 반데(곳)를 안 간다고…'

단절이 돼불었어. 그러다가 내중에 얼마동안 있다가 전혀 끊어져가지고 안 가다가, 대동보를 한다고 해서 거기 보소를 찾아갔어. 보소라고 하면 종친회 사무실, 거기를 찾아가서 인자 하겠다고 그랑께, 여기서는 어르신들이 지금 황선호씨 아버지 황필성씨라고 하는데, 그분은 아직 선생님이여. 향교에서도 이제 손꼽는 선생인데, 그런데 그분들이 하는 얘기가, 우리 아버지가 족보 이름은 '선'자, '호'자신데, 여기서는 여기서 얘기는 '지선'이라고 해.

"지선이는 윤씨 문중의 중간 시조다."

그분들이 인자 그 어르신들이 중간 시조라 했어. 그 얘기를 내가 어렸을 때 들

었어. 그런데 여기를 와가지고 족보를 하는데, 지금 한 50년 됐겠냐, 지금도 우리 족보가 있는데 30권으로 돼갖고 있는데, 우리 족보가 몇 권에가 실렸느냐니 28권에가 실렸어.

지금 우리가 '존'자, '부'자 할아버지로부터 8파인데, 8파 속에서 지금 '단'자, '봉'자씨가 9대손인데 그분을 위주로 해가지고 대호군공파고, 골로 내려와서 '단'자, '학'자씨가 '사'자, '보'자씨를 낳고, '사'자, '보'자씨가 그 '종'자를 낳는데, 그분이 '종'자를 주로 해가지고, '존'자, '부'자로부터 11대손인데, 그분이 죽사동파라고 호군공파여, 죽사동파인데.

그러면 아까 대호군공파, 장파 다음에 죽사동 우리파인데, 우리가 어디가 실려야 되는가 하니, 우리가 1권이나 2권에 실려야 할 것인데, 28권에가 실렸어. 왜 그렇게 실렸는가 하면, 그 윤봉하라고 하는 사람이 여기를 와가지고 초단을 하는데, 전부가 다 초단을 받았어.

그래갖고 초단금을 다 받아가지고 보소로 가서 주니까, 그 사람도 다 주었어. 다 주었는데 어째 받았다는 연락이 하나도 없으니까,

"이상하다. 왜 연락이 없냐?"

그라고는 아버지가 보소를 올라가서 보니까 접수가 안 됐어.

"이게 어찌게 된 일이냐? 우리는 해남 백포에 사는 윤봉하씨한테 전부 다 이것을 해서 주었다."

하니까,

"이거 들어오지 않았습니다."

"지금 남은 기간이 4, 5일 밖에 기간이 안 남아서, 지금 안 되면 완전히 여기서 제외됩니다."

그래갖고 부랴부랴 와가지고 인자 수단이 있거던, 거기 그 해논(해놓은) 수단. 올리기는 그전에 전부 다 수단을 보고, 다 적어논 수단을 보고, 자기가 올려갖고 가고, 일부는 놔두고, 그놈이 없으면 전혀 못 할 건데.

인자 그래갖고 부랴부랴 전부 다, 그, 없이 사는 사람들한테 돈을 다 모으고

가서 본께, 먹고 도둑놈이 도망가버렸어.

'하'자 돌림인데 그래갖고 급하게 인자 돈 어떻게 해가지고, 그때 조도서도 어떤 부자 사람이 돈을 잔(조금) 냈다고 하대.

수단금을 다 받아가지고 급히 올라갔어, 하룬가 놔두고 올라가서 접수가 됐어. 그래가지고 그것이 접수가 되어논께, 2권에 실릴 우리 조상이 28권에 실렸어 그랬어.

조상숭배도 신앙생활 중의 하나다

자료코드   589_MONA_20170613_KKR_YJB_005
조사일시   2017. 6. 13
조사장소   진도군 의신면 금갑리 금갑마을 제보자 자택
조 사 자   윤홍기, 김명선
제 보 자   윤주빈(남, 80세, 1938년생)

줄거리 제보자가 젊었을 때는 신앙생활을 한다는 이유로 조상을 멀리했는데, 성경을 공부하면서 조상 없이 내가 존재할 수 없음을 깨닫고 후손들을 위해 족보 공부를 열심히 하고 있다는 이야기이다.

나는 옛날에는 아버지가 족보에 대해서 얘기를 해도 신앙생활을 한다고 조상을 멀리 했는데, 지금은 신앙생활을 하니까 해야 돼. 전부 다 만일에 할아버지가 없으면 우리가 어디서 생겼어.

그리고 내가 신앙생활 하면서 한 것이, 지금은 후손들 애들한테도 그런 얘기를 해. 이스라엘 역사를 보면은 요셉, 아브라함, 이삭, 야곱이 나와. 3대 족장

이, 야곱이가 나오는데, 야곱이가 이제 그 애굽에 가서 그때 흉년이 들어가지고 거기서 살았는데, 야곱의 아들이, 요셉이라 하는 아들이 거기에 총리대신으로 있으면서 거기에 살았는데, 거기서 야곱이 죽었을 때에

"나를 박달아람 아버지 산소에 갖다 주라."

한께. 애굽에서 거기,

"예, 그럴랍니다."

하고 아들이 애굽에서 있는 나라까지 가지고 와서 거기다 장사를 했어. 자기 장지에다가. 내가 그것을 할려고는 뭔 얘기냐면,

그런데 요셉이가 거기서 죽으면서

"내가 죽으면은 나도 내 할아버지 산소에다가 같이 해주라."

고 유언을 했어. 그런데 유언을 했는데, 애굽에서 산 세월이 얼마냐면 430년이여. 거기서 해방이 되니까 거기서 나와 가지고 40년이라고 하는 광야 생활을 했어. 430년에다가 40년 하면은 470년이여. 그런 속에서 그 유골을 가지고 다녔어.

그러고 거기를 와가지고 요셉이를 자기 할아버지 아브람과 이삭과 야곱이 묻힌 할아버지 산소에다가 묻었어. 그러면 그렇게 조상들을 숭배했단 말이여. 조상들에게 하는 것이 얼마나 성경적이여. 그리고 또 비석을 딱 세웠어. 비를 세우는 것은, 비 세우는 것도. 이것이 다른 것이 아니라 조상들을 숭배하는 것이고,

'아, 이거 나는 성경적이다!'

라고 이렇게 생각하기 때문에 전에는 믿는다 해가지고 멀리 했는데,

'아, 이제는 아니구나 이러니께 더 해야 되겠구나!'

그리고 또 내가 인제 나이도 먹어갖고 위에 사람들 다 돌아가시고 없으니까, 인자 족보를 알아야제. 밑에서,

"누가 누굽니까?"

하고, 물어 본다면 알아야지. 그러니까 인자 족보 공부를 하니까, 인자 할아버

지서 부터 알아서 원만히 어떤 얘기를 해도,

"누구는 누구손이다."

라고 하는 얘기를 할 수가 있어.

처음으로 장에 가서 파래 팔던 날

조사코드   589_MONA_20170413_KKR_LMS_001
조사장소   진도군 의신면 금갑리 금갑마을 금갑노인당
조사일시   2017. 4. 13
조 사 자   김명선, 윤홍기
제 보 자   이만심(여, 77세, 1941년생)

줄거리 갯벌에서 길게 자란 파래를 매서 처음으로 장에 팔러 가려니 근심으로 한숨도 잠을 이루지 못했다. 막상 장에 가서도 마음처럼 팔리지 않아 애가 탔다가 저녁이 되어 피곤한 몸으로 겨우 집에 당도했더니, 하루 세끼 밥 먹은 숟가락들이 쌓여 있어서 한숨이 절로 났다는 이야기이다.

개뿌닥(갯벌)이 우리 개인 것이어요. 돌을 들쳐놨는데 포래가 늑시건하게 질었어요. 그란디 나는 바닥 일을 나 먹기는 싫고 놈 주기는 아깝고, 나는 게을러갖고 바닥(바다)에는 안 갔어요.

놈(남)이 우리 돌에 가서 파래를 어찌 매갖고 장에를 가요. 그래서 나도 내 것인게 쪼간 매갖고 장에를 한번 가볼까 하고, 그 빳는(빠진) 벌에 어찌케 가서 매갖고 와서

'낼 장에 가서 이것을 어찌케 폴아야 쓸까.'

하고 잠이 안올라요. 그래 밤새지. 그래 요라고 조금 엎져서 있는데 열한 시나

되었을까, 열두 시나 되었을까, 뭔 사람소리가 도룬도룬 소리가 나요. 그래서

'웜매, 누가 장에를 가는 것이다.'

하고,

'나 혼자 띠어놓고(떼놓고) 장에를 가면 어찌야 쓸까.'

하고, 그때부터 놈의 집으로 댈로(데리러) 댕겼어. 그래갖고는 갔더니,

그 뒷날 들은께 석천네 지사(제사) 지내고 석곤이네 엄매랑 오는 사람들이 그케 도룬도룬 하고 왔는데, 장에 가는 사람이라고 나는 착각을 해갖고 새벽에 일어나갖고 자네 영달이를 댈로 갔어.

영달이를 댈로 가갖고 읍에 다가가는 방죽이 안있다고. 욕실 거그 방죽 있는데 거가 집이 예전에는 있어서 얼마나 앉아서도 날이 안 새요. 춥기는 하고 얼마나 날이 안 새서 아주 앉았고, 앉았고 하다 쪼간 훤해진께 장에를 가서 어찌게 밤에 장에라고 가갖고 또 아름도 없는께 그것도 또 얼른 안 사요.

오는 사람이 혹시 나한테 엎질란가 하고 요케 돌라다 보고, 또 보내다 주고, 또 저기서 사람이 오면 내 포래 살란가 하고 요케 보면 또 쩌리 가고.

아니, 그러다 어질병이 날 정도로 사람을 보내다 주고 데려오고 그랬는데 집이라고 온께 우리 영감이 새북(새벽)에 먹은 수꾸락(숟가락)도 통에다 당가놓고, 또 점심때 밥 먹은 수꾸락도 씻어서 잡술 줄을 모르고 새로 내다가 선반에서 또 새로 내다가, 또 고놈 또 점심때 잡수고. 막차로 온께 저녁에 또 새로 또 내다 수꾸락이 요케 당가졌어요.

"아니, 극락이 아빠 뭔 수꾸락이 요케 당가졌소?"

했더니,

"아적(아침)에 먹은 수꾸락 당가놓고, 점심때 먹은 수꾸락 당가놓고, 저녁에 또 새로 내다가 먹은 수꾸락이 당가졌제!"

이랍디다. 그런 세상을 우리가 살았어.

고장이 잦아서 애태웠던 보리 타작기

조사코드   589_MONA_20170413_KKR_LMS_002
조사장소   진도군 의신면 금갑리 금갑마을 금갑노인당
조사일시   2017. 4. 13
조 사 자   김명선, 윤홍기
제 보 자   이만심(여, 77세, 1941년생)

줄거리 1970년경까지도 농촌에는 보리 타작기가 처음 들어왔을 때는 마을에 보리 타작기
가 있는 집이 드물었다. 그래서 보리를 베어 타작기가 있는 집으로 가져가서 타작하
기를 기다리는데 타작기가 자주 고장이 나는 바람에 애를 먹었다. 일꾼들에게 음식
을 해먹이면서 기계가 돌아가기만을 손꼽아 기다리던 고충을 토로한 이야기이다.

노인회장 보리 심는 말씀 따라, 그럴 때는 보리 갈아서 일일이 손으로 다 비어
갖고 그런 보리를 집으로 져 날랐어요. 져 날라서 기계를 돌려서 보리를 치는
기계가 있었어요.

그라믄 그런 기계가 하루나 와서 치면 좋게요? 탱, 탱, 탱, 탱 쪼깐(조금) 돌다가
또 고장이 나불면 그날 또 음석해서 죙일 멕에노면(먹여놓으면) 또 기계가 못 치
고. 그 뒷날 또 새북에 와서 기계를 또 어찌게 달아보는 시늉을 하면,

"오늘은 칠란가!"

그라고 오늘 또 반찬 어찌게 좀 해갖고 밥해서 믹에노면 그 보리를 그날 칠라면
또 못 쳐요. 그라면 사흘 날, 닷새 엿새까지도 그 기계가 한 집에 들어와서 닷새
엿새 있다가도 그 보리를 제구(겨우) 치고 어찌케 나가고….

우덜(우리들) 순전 이렇게 살았어요.

지금은 반찬 한두 가지로 혼자 하는 식사

조사코드   589_MONA_20170413_KKR_LMS_003
조사장소   진도군 의신면 금갑리 금갑마을 금갑노인당
조사일시   2017. 4. 13
조 사 자   김명선, 윤홍기
제 보 자   이만심(여, 77세, 1941년생)

줄거리 젊어서 가족들이 모두 함께 살 때는 사는 것은 궁핍했으나 즐거움이 가득했다. 그런데
지금은 먹고 입고 살기는 좋아졌지만 남편 여의고 자식들 모두 출가하여 혼자서 반찬
한 두 가지로 끼니를 해결한다는 이야기이다.

옛적에는 모도 동새덜(동서들), 시아잡씨들, 부모네들, 이녁 자식들 전부 모도
한집에서 살았어요. 한집에서 살면서 그럴 때만 해도 금비 같은 것은 귀하고
토비 같은 것도 별로 어디서 내도 못하고 해갖고 논 전답, 밭 전답에나 그런 데
서 제대로 소덕도(소득)못 내먹어요.

그래갖고 식구는 많지, 일은 억시게 해야지. 그라면은 옛적에 우덜이 풋나물
같은 것도 어찌 많이 해다가 벼늘(낟가리)도 눌러놓고….

참말로 그렇게 억시게 세상을 살았어요. 그랬는디 지금은 이 시대가 이렇게
살기가 좋아갖고 요케 카만히 놀아도 따땃하니 불 여주고(넣어주고), 쌀 줘서 밥
해먹고….

참, 너머너머(너무너무) 이 세상이 행복하고 우덜한테 좋습니다.

그런데 참, 나도 딸네들 둘, 아들 하나 단촐하게 낳는데 그런 때만 해도 시집이
라고 온게 우리 시아버님이 쌍바대요. 쌍바. 쌍바여서, 그럴 때만 해도 참 부끄
럽더라고. 그것도 내림이라 한데

'나도 쌍둥이를 낳으면 어짭고!'

하고 그것이 조깐 그럴 때만 해도 나도 새 각시 때라 두렵대요. 그런데 애기가

그냥 단출하니 안 생겨불어요. 생기는 대로 낳아갖고 동네마다 줄라했더니 보로시(겨우) 난 것이 딸 둘, 아들 하나.

그케 나갖고 지금은 영감도 저세상으로 보내버렸제, 자식들 다 제지금(제각각) 갈 데로 가서 살제, 나 혼자 이라고(이렇게) 삽니다.

그래서 참, 어떨 때는 때에 따라서 주로 혼자 밥 먹고…. 끄니(끼니)가 젤로 혼자 먹는 것이 조금 그래요. 영감이 있다 하면 국도 끼리고(끓이고) 반찬 한 가지라도 더 맨들고 할 것인데, 영감이 없은께 혼자 먹는 반천 돈이 없어서 반천이 없잖애(없는 것이 아니라), 먹을 맘이 없어서 반찬을 이것저것 사다 만들기 싫어요.

그래서 영감이 있다 하면 맛이 있던 없던, 시(세) 가지면 시 가지, 네 가지면 네 가지 반천도 다 내서 차라 드릴 것인데, 혼자 먹기 때문에 그냥 반찬 한 가지면 한 가지, 두 가지면 두 가지, 그렇게 내갖고 어쩔 때는 그냥 서서 먹는 끄니도 있고, 어쩔 때는 앉아서 먹는 끄니도 있고 그럽니다.

참, 사는 세상이….

죽기 전에 한번이라도 보고 싶은 아들

조사코드   589_MONA_20170413_KKR_LMS_004
조사장소   진도군 의신면 금갑리 금갑마을 금갑노인당
조사일시   2017. 4. 13
조 사 자   김명선, 윤홍기
제 보 자   이만심(여, 77세, 1941년생)

> **줄거리** 힘들게 살면서도 아들을 대학에 보내려고 삼수를 시켰으나 대학 진학에 실패한 아들은
> 대학을 포기하고 집을 나가 회사에도 다니고 장사도 했다. 그런데 장사가 뜻대로 되지
> 않자 소식을 끊고, 아버지의 장례에도 나타나지 않았다. 한해 두해 나이가 들어가자 죽
> 기 전에 한번이라도 아들을 보고 싶다는 어머니의 이야기이다.

제가 아까도 말씀 드렸지만은 딸 둘에다 아들 하나를 낳았는데….

그 아들을 우덜이 참, 촌에서 일만 하고 밥만 먹으면 살 줄 알았는데… 요즘 이
시대는 눈을 봐야, 눈을 떠야 세상을 잔(좀) 살겠어요.

그래서 우덜이 참, 그런 때만 해도 못 배우고 부모 밑에서 삼시로(살면서) 메꼬리
에다가 거름 들녘에다 여내서 밭에다 깔고 그렇게 일만 하고 살다가 결혼이라
고 해갖고 딸 둘, 아들 하나를 낳는데.

아들이 우덜이 못 배야나서 아들은 저 공부 품을 폴아묵는 한이 있드래도 아
들은 저 하고 잡다는(싶다는) 데까지 갈쳐주럼, 그라고 공부를 시킬라고 했는데
그것도 부모 맘대로 안 되데요.

그래서 포로시(겨우) 고등학교까지 나와갖고 대학교를 보낼라고 광주서 재수
를 2년을 시켰어요. 대학교 떨어져서 또 재수 시키고, 또 재수 또 시킨게 또 떨
어지고, 세 번차 떨어진게는 그때는 지가 세 번차 떨어졌어도 내가 또 시킬라고
했어요.

그라는데 본인이 세 번차 떨어졌는데,

"엄마, 내가 뭔 하겠어요. 엄마, 그만 할라요."

그래서,

"그라면 그래라. 어째던지 내가 너 갈치는 데까지 갈친다고 했는데 니가 정 그렇다 하면은 내가 너를 더 구원은 못하겠다. 그나 밍(命)이나 질어라."

그라고 했었는데, 그 아들을 내가 못 본 제(지)가 지금 한 8, 9년은 됩니다.

광주서 횟집을 했어요. 그것이 친구를 못 만났던가, 잘 안 되았던가, 한 몇년 더 할란다 하는 것을 내가 하지 마라 했어요.

"니게(네게) 따른 사람 없고, 또 혼자 몸뚱아리 뭐하라 그런 것을 할래, 하지 마라."

해도 지가 꼭 할란다고 하대요. 그래서

"니가 그라믄 꼭 할란다 하니 그람, 니 하고 싶은 대로 해라."

그라고 내가 돈 한 푼을 주기로 했을까, 나한테 손을 벌리기를 했을까. 지가 화승인가 화성인가 거기서 지약회사(제약회사)엔가 한 4년 동안 있었어요. 그래갖고 거기서 그냥 지가 나와서 그런 화리차(화물차)를 몰고 그런 장사를 한다 하걸래,

"그 회사에 가만이 있제, 나오지 말고 화리차도 몰 생각도 말어라. 니게 따른 사람도 없는데 무엇하라 그런 것을 할라고 그라냐?"

지가 '꼭, 할란다!' 하대요.

"그람, 니 소원대로 해라."

그라고 있더니 광주서 지가 고기를 실어다가, 지가 그런 고기 썰어서 놈 덱고(데리고) 횟집 장사하고 그케저케 하는 것이 적자가 되얏던가, 어찌게 되얏던가 기양 행방불명이 되야불고, 지금 한 8, 9년 됩니다.

그러다가 우리 집 어른이 한 4, 5년 전에 교통사고가 나불었어요. 교통사고를 나서 병원에가 광주 전대가 있는데, 그런 때는 머이마(아들)가 광주에 살아서 우덜이 광주 병원에가 있고, 우리 아들도 광주서 그런 횟집 장시를 하고 있어, 더러 간간 우덜하고 왔다 갔다 했어요.

그랬는데 어른이 교통사고를 아주 많이 나불어서 광주서 보로시(겨우) 응급치

료를 해갖고 목포 한국병원으로 보내대요. 그래서 한국병원으로 보내서 한국 병원에가 거즈반 1년 동안 있다가 집에 오세서 한 3년 살다가 돌아가셔버렸어 요.

그런 때 광주서 살 띠게(때에) 아들 얼굴을 봤제. 목포 와서 살 때나 진도 와서 살 때나 전혀 연락도 없고 보지도 못했어요.

그랬었는데 혹시 친구들한테 연락이라도 해서 있을란가 하고 물어봐도 그런 아그덜도 도저히 안 갈쳐 줄라고 그란가, 어찌게 되야서 그란가 친구들을 통해 도 그것을 못 알겠대요.

그런대로 살다가 어른이 지금 제사를 3년, 셋 넘었습니다. 그랬어도 어른이 돌 아가셨어도, 혹시 어른이 돌아가셨으면 친구 연락이라도 해서 올란가 해도 여 연(영) 그대로 안 오고, 우리 어른이 저 세상에를 가셨어요.

그래갖고 지금은 혼자 이라고 사는 것이 참, 어째 그게 아들이 그리운고 모르 겠어요. 내가 오늘 살다 낼 죽어도 너를 한번 보았으면….

장개를 내가 보냈거나, 내가 가진 것이 없어갖고 아들한테 손 벌린 적도 없고, 아들도 부모한테 손 벌려 본 적도 없어요. 그렇게 돼서 지금 각자 살다가 아들 이 요리케 소식을 모르고 세상을 사니 참, 너머도 그 마음을 어찌게 표현 할 수가 없어요.

그러다가 내가 인자는 나이가 이렇게 먹어논게 나 죽는 것은 안 짠한데, 아들 을 결혼이라도 시킬거나, 지금 우리 아들이 쉰일곱 살입니다. 그란데 결혼도 못 시키고 참, 내가 아무것도 없어갖고 결혼을 못 시겼다 하면은 내가 탄복을 하지만, 내일이라도 아들만 있다면 배트남을 어찌게 해서라도 결혼이라도 시 키면 원이나 없겠어요.

그란데 결혼을 시겠을까. 인자 나이는 죽을 때는 돌오제. 내가 돈도 가진 것도 별로 없고 어머나 좋으나 광주가 집도 있고, 여그서도 나 사는 집도 있고 그랍 니다.

그런데 딸네들 둘은 있지만은 내가 이라다 낼이라도 죽으면, 그 집이라도 아들

한데라도 해주고 죽어야 눈을 감을 텐데….

내가 앞으로 살길이 양양하면은 그런 고통을 어쩔란가 모른데, 나이가 인자 되야 가니까, 내가 이런 것을 눈 감으면 딸자식도 자식인데 딸네들도 주면 좋은데 딸들은 주기 싫고, 내 아들한테로 이 참, 어머나 좋으나 집이라도 해놔야 할 텐데.

내가 낼이라도 죽은다 하면은 이런 것을 어떻게 하고 죽을까 하고, 너무나도 고통스럽습니다.

누우면 별이 보인 집 천장

조사코드   589_MONA_20170413_KKR_JYJ_001
조사장소   진도군 의신면 금갑리 금갑마을 금갑노인당
조사일시   2017. 4. 13
조 사 자   김명선, 윤홍기
제 보 자   조용자(여, 79세, 1939년생)

줄거리 아무것도 모르고 속다시피 중매결혼을 해서 방 한 칸 없이 남의 집살이를 전전하다가 내 집이라고 마련한 곳이 누우면 별이 보이는 험한 곳이었다. 그곳에서 논밭을 얻어 벌어먹으면서 힘들게 아이들을 키웠다는 이야기이다.

나는 고군면서 의신면 금갑까지 시집 왔제. 중매결혼이라 그래갖고 모도모도 다 속아서 왔어. 험한 데로 왔어. 그케 그러고 살았당께.

섬에서 인자, 섬 골창에서 살다가 사람도 뭣도 안 뵈는 그런 굴청에서 살다가 요리 이사 와서 놈의 작은방 살이를 니 반데(네 군데)를 다니면서 했소. 움시로

(울면서) 밥 얻어 먹음시로 그라고 살았소.

(조사자 : 지금은 어떻게 잘살게 되었는지를 이야기 해주세요.)

지금 이만치 잘살게 된 것은 아그들이 커서 착실한게 조깐 밥이라도 먹고 사요. 그케 험하게 키워갖고 초등학교도 못 댕긴 놈은 못 댕기고, 그저 중학교 댕긴 놈, 고등학교 댕긴 놈, 머마들은 고등학교까지 보냈소.

(조사자 : 작은방 살다가 집을 장만한 이야기 좀 해 주세요.)

아따, 그것 다 잊어불어 못하겠소. 그케만 하시오. 집 장만할 때 집을 사갖고 온게 잠자는디 별도 뵈고 막, 그런 집을 살었어. 그래갖고 얼마나 고생을 하겠소. 그런 디(데)서 자석들 다 나서(낳아서) 키웠어.

누웠으면 별 뵈게 그케 험한 집으로 되로(데려) 왔다고 그랬어. 그케만 하시오. 나 그만해, 징한게. 넘부끄럽게 이제 그만 하시오.

집을 어찌게 해서 샀던고 몰라라. 남의 빚내서 사갖고, 빚 갚으고. 이런 데서 농사 짓었지라. 남의 논도 얻어서 벌고, 밭도 얻어서 벌고, 이렇게 살았소.

재행(再行) 풍습으로 알게 된 금갑마을의 유래

자료코드   589_FOTA_20170511_KKR_HSO_001
조사장소   진도군 의신면 금갑리 금갑마을 제보자 자택
조사일시   2017. 5. 11
조 사 자   김명선, 윤홍기
제 보 자   황석옥(남, 87세, 1931년생)

줄거리   결혼 풍습인 재행(再行)을 가기 전 마을 청년들이 내는 지혜 시험을 쉽게 통과할 수 있는 방법을 아버지에게서 전해 듣고 금갑마을의 유래를 알게 되었다. 그리고 고려 삼별초군에 관한 역사적 기록을 통해 마을의 역사를 짐작할 수 있었다는 이야기이다.

우리 마을 이름을 '금갑리'라고 부르는데, 어떻게 해서 금갑리라 부르게 되었는가 이것은 내가 장가가기 전에는 몰랐어.

지금 같으면 고등학교 2학년, 당시 6년제 중학교 5학년 때 19살에 장가를 갔어. 열아홉 살에 장개갈 적에 내 욱에(위에) 딸들만 서니를(셋을) 여우고, 그 다음 아들로서는 처음 결혼이었어.

당시 진도의 결혼 풍속으로 신랑이 결혼한 지 3일 만에 '재행'이라 해가지고, 결혼한 신부를 데리고 처가에 가서 어르신들께 인사드리는 것을 재행이라 해. 재행 길에 가게 되면, 우선 어르신들에게 낮에 인사드리고 저녁때가 되면 동네 청년들이 전부 모여가지고 신랑을 다뤄. 신랑의 식견 정도를 시험하려 그랬는지, 뭣땜시 그랬는지.

그때는 음식도 귀하고 그럴 때라 실컷 술을 마실 수 있도록 대접을 해주니까 그래서 그랬던지, 동네 청년들이 다 모이는 풍습이 있었는데 지금은 없어졌어. 그때 아버지가 나에게 하신 말씀이,

"재행 길에 혹시 네 고향이 어디냐?"

하고, 동네 청년들이 그때 보통 묻는 말이, 낙지를 물어.

낙지는 '떨어질 낙(落)'자, '따 지(地)'자를 써가지고 떨어진 지역을 알지 못하겠다. 즉

"어디 동네에 사느냐?"

동네 이름을 모르겠으니 알려 달라는 뜻으로 동네 청년들이 이렇게 인사를 끌어 온다. 그러면,

"금갑에서 왔다."

고 바로 대답하지 말고,

"오행지수, 오행은 금(金) 목(木) 수(水) 화(火) 토(土)에 오행인데, 첫 글자가 '금(金)'이요. 그래서 오행의 머리글자 수(首)인 금(金)과 육갑인 갑자(甲子), 을축(乙丑) 하는 육갑의 첫 글자가 '갑(甲)'이기 때문에 오행지수와 육갑지수에서 왔다."

고 대답하라고 나에게 가르쳐 주셨어. 그때 금갑이라는 마을 이름 유래를 아버지한테 처음 들었어.

이런 얘기는 아무도 몰랐어. 지금 문화원 콘테츠반에 나와 가지고 여기다 글을 조금 써놓기 때문에, 이런 것이 진도에 알려지고 할 것인데, 나만 알고 있는 사실이야. 그래서 마을 이름을 오행지수 오행의 첫 글자인 '금(金)'자와 육갑의 첫 글자인 '갑(甲)'자를 써서 '금갑리'라고 했다고 아버지께서 말씀하셨어.

마을이 어느 때 창설되었다거나 하는 것은 기록상에도 없고, 아무것도 전해들은 것이 없기 때문에 확실한 것을 알 수 없어. 그러나 고려 삼별초군이 용장성에서 패배해가지고 돈지를 지나서 금갑 선창에 와서 배를 타고 제주도로 갔다는 역사적인 기록이 남아 있는 걸로 봐서

'삼별초 이전에 마을이 창설되지 않았는가.'

즉 최소한도 800년은 되지 않았겠냐 이렇게 짐작하고 있어.

800여 명의 수군이 주둔한 금갑진

자료코드   589_FOTA_20170511_KKR_HSO_002
조사장소   진도군 의신면 금갑리 금갑마을 제보자 자택
조사일시   2017. 5. 11
조 사 자   김명선, 윤흥기
제 보 자   황석옥(남, 87세, 1931년생)

> **줄거리** 금갑진은 동서남북 200미터가 넘지 않은 작은 곳이지만 출몰하는 왜구들 때문에 해안 경비를 위해 800명 정도의 수군이 주둔해 오다가 1894년 갑오년에 폐지되었다는 이 야기이다.

금갑진은 지금 보면 의미가 너무도 작아. 현대에 비해서 생각해보면 너무도 작기 때문에 소총의 유효 사거리 안에 들어 있을 뿐 아니라, 동서남북이 모두 200미터 를 넘지 못했어.

왜적들이 총만 있었더라면 마음대로 할 수 있을 것인데, 물론 그 당시는 화살 이었겠지만, 800명 정도의 수군이 주둔해 있었어.

금갑 본도만 아니라 금갑을 중심으로 사방에서 파견 초소 근무를 했던 모양 이야. 금갑에 본진이 있고, 죽림 쪽, 초사리 쪽 대명리조트 짓고 있는 송군 쪽 일대에 진지를 구축해가지고 해안 경비를 했던 모양이야. 그렇게 유지해 오다 가 침탈해 온 왜구를 한 번도 제대로 막지 못하고 피해를 보았다는 기록만 보 았지.

왜구를 잡아 보고하거나 치안을 유지 했다는 기록은 전혀 보지 못하고 듣지 못했어.

금갑진을 계속해서 유지해 오다가, 일본이 우리나라를 지배하기 위해서 옛날 러시아, 청나라, 일본, 세 나라가 우리 한국을 자기 세력 안에 두기 위해서 각 축전이 벌어졌어.

그런데 청일전쟁에서 일본이 이기고, 그 다음에 러일전쟁을 해서 이기고 나서
는 1894년 갑오년에 그때 금갑진이 폐지되었어. 설치 연대는 확실히 모르겠으
나 1894년 금갑진이 폐지된 것은 어르신(父)한테 들었어.

일제 때 새로 만들어진 길, 신작로

자료코드 589_MONA_20170511_KKR_HSO_001
조사장소 진도군 의신면 금갑리 금갑마을 제보자 자택
조사일시 2017. 5. 11
조 사 자 김명선, 윤홍기
제 보 자 황석옥(남, 87세, 1931년생)

> **줄거리** 진도에 금갑 만호와 남도석성 만호 간에 왕래가 많아서 금갑에서 남도와 읍내까지 길이
> 터져 있었는데 일제강점기에 이 길이 좁아서 구루마나 차가 다닐 수 없게 되자 1919년
> 에 신작로가 생겼다는 이야기이다

그 당시(1894년 전후) 우리 진도에는 자동차가 전혀 없었고 달구지도 별로 없었기
때문에 도로가 전부 다 좁았어. 단지 금갑진과 임회면 남도석성도 만호가 있었
기 때문에 금갑 만호와 남도석성 만호가 서로 왕래를 했던 모양이야.
그 만호들이 다니는데 편리하기 위해서 그 당시 길보다는 좀 넓은 길이 있었어.
이 길이 평지에서는 다소 넓게 되었지만, 좁은 산 특히 죽림서 뒤로 올라가는
길은 참 험했어. 그런데는 할 수 없이 길이 좁은 데로 다녔는데, 금갑서 만호가
남도까지 가는데 길이 다 터져 있었고 금갑서 읍내까지도 터져 있었어. 그 당시
진도 군수가 금갑진까지 오기 때문에 읍내까지는 길이 조금 넓게 났제.

그 길이 다른 일반 통행하는 길보다는 넓었지만, 일본 놈들이 우리나라를 점령해놓고 보니까 길이 좁아 구루마도 차도 다닐 수 있는 길을 새로 만들었는데, 새로 만든 길이라 해서 이 길을 '신작로'라 했어.

이 길은 벽파에서 읍내까지 먼저 연결하고, 읍내서 금갑까지, 읍내서 임회면 평목까지, 큰 길이 뚫렸는데 아버지가 저한테 말씀하시길, 이 금갑에 신작로가 설치된 것은 1919년, 즉 우리나라에 3·1운동이 일어나던 개정 8년.

아버지께서 제게 가르쳐 주시기를,

"금갑에 신작로가 난 것이 개정 8년이다. 일본 개정 8년이다. 이 개정 8년을 계산해놓고 보니까 1919년, 기미독립만세운동이 일어났던 그해, 금갑에 신작로가 생겼다." 고 하셨어.

금갑성에는 세 개의 문이 있었다

자료코드   589_FOTA_20170511_KKR_HSO_003
조사장소   진도군 의신면 금갑리 금갑마을 제보자 자택
조사일시   2017. 5. 11
조 사 자   김명선, 윤홍기
제 보 자   황석옥(남, 87세, 1931년생)

줄거리 금갑에 성터가 있는데 대부분의 석축은 헐어 없어지고, 산능선을 따라서 만들었던 성벽 일부만 남아 있다. 지금도 금갑 성터에는 동문, 서문, 북문 등 세 개의 문이 있던 자리가 있다는 이야기이다

금갑에 성터가 남아 있지만 대부분이 헐어지고 일부만 남어 있어.

또 옛날에 성 아래쪽 해변에는 전부 다 돌로 쌓아 가지고 기어오르지 못하도록 그렇게 했을텐데, 그 금갑성이 폐기된 후로 그 안에 전부 다 석축은 헐어지고 옛날에 있던 석축은 그대로 있어.

지금은 그 밑에다 땅을 골라가지고 집을 짓고 그런 집들이 들어서 있어. 그 앞에 길이 나가지고 금갑에서 접도로 가는 길과 연결되어 있는데, 지금도 거기 뜰을 건들이지 않고 있기 때문에 옛날 것 그대로 남아 있어.

그런데 산꼭대기로 해가지고 능선을 따라서 만들었던 성벽은 일부 몇 미터만 남어 있고 거의 무너졌지. 옛날 거기가 동문과 서문이 있다고 그렇게 되어 있는데 기록에는 북문이 없어. 그런데 북문 자리가 분명히 있는데….

나도 그 자리를 가 봤어. 금갑 성지가 동문, 서문, 북문은 있고 남문만 없었는데 이 세 개 문이 있었어.

무관심으로 방치된 금갑 만호 선정비

자료코드   589_MONA_20170511_KKR_HSO_002
조사장소   진도군 의신면 금갑리 금갑마을 제보자 자택
조사일시   2017. 5. 11
조 사 자   김명선, 윤홍기
제 보 자   황석옥(남, 87세, 1931년생)

> **줄거리** 금갑에 만호 공적비 4기가 있는데, 3기는 너무 오래되어 판독이 어렵고, 나머지 1기는 넘어져 파손된 것을 30년 전 후손들이 보수를 해서 다시 세웠다. 선정비가 아무렇게나 방치되고 있어서 아쉬움이 크다는 이야기이다.

금갑에 수십 명의 만호(萬戶)가 거쳐 갔는데 만호를 지냈던 사람들의 공적을 기르기 위해 선정비를 주민들이 세웠는데 4기가 남아 있어.

3기는 석질도 안 좋고 오래 되었기 때문에 전부 비바람에 마모되어가지고 판독하기 어려운 놈도 있고, 하나는 지금부터 30년 전 경에 강진 김도순씨 후손들이 와서 그 비를 다시 세웠어. 그렇기 때문에 그 비는 석질도 좋고 글씨도 선명하게 새겨가지고 남아 있지.

어찌게 해서 그 후손들이 알고 와서 보수를 했는가 하니, 내가 왜정 때 강진 농업학교 시험을 보았는데, 그 학교 시험을 보기 위해 아버지가 나를 강진까지 데리고 가서 여관에 있으면서 시험을 보았지.

그때 마치 조선의 갑부 김충식씨의 할아버진가 증조할아버진가 되시는 분인 '도'자, '순'자씨가 금갑 만호를 하셨는데, 그분의 비석이 전부 다 넘어져서 파손이 되어 있었어.

"후손들이 혹시 관심이 있거든 와서 보아가지고 보수하는 것이 어떻겠느냐?" 하고 그 김씨 후손들을 만나서 이야기 했어. 그런데 그 후손들 중에 전남대 교수가 주동이 되어가지고 그 비석을 다시 세웠어. 그 비석 하나 만큼은 제대로

302 마을에 전해오는 설화 | 의신면

금갑 만호 선정비

판독할 수 있고 똑바로 서 있어가지고 앞으로 오랫동안 보전될 수가 있는데,
나머지는 옆에서 서 있는 2기하고 옛날 동문밖에 서 있는 큰 돌로 된 비석이
있는데 석질도 나쁘고 글씨 판독이 하기 어려워.
책을 보면 근대 사람들이 금갑 성지를 돌아보고,
'4기의 비석이 서 있다.'
이렇게 이야기가 되어 있는데 한 기는 얼른 찾지 못하고, 한 달 전에 젊은 분이
와가지고 뭣을 찾다가 비석을 보고 있었어. 3기의 비석을 보고 있어.
'어떤 사람이 관심을 가지고 보는고!'
하며 그 옆을 지나가니까 내게 인사를 하며
"금갑에 비석이 4기가 있다는데 3기밖에 없습니다. 나머지 1기는 어디로 갔을
까요?"
하며 묻기에, 내가 그 사람을 데리고 가서 보여 주었어. 가서 보면 그 옆에 사는
사람들이 거기다가 집안의 물건들을 놓아가지고 보지 못하게 해놓았어.
참, 그런 것을 보고, 친구라도 말하기 그렇고, 동네 이장이 말하기도 그렇고….
'저러면 안 될 것인데….'
생각만 하고 누가 말을 못하고 있어. 가려서 잘 안 보이고 얼른 지나가면 못 봐.

수군이 활을 쏘거나 사격 연습을 했던 사장등

자료코드 589_FOTA_20170511_KKR_HSO_004
조사장소 진도군 의신면 금갑리 금갑마을 제보자 자택
조사일시 2017. 5. 11
조 사 자 김명선, 윤홍기
제 보 자 황석옥(남, 87세, 1931년생)

줄거리 금갑에 사장(射場)이 있는데, 옛날에 수군들이 성에서 약 150m 정도 떨어진 사장등에 표적물을 세워 놓고 활쏘기와 사격 연습을 했다는 이야기이다.

옛날에 수군들이 활쏘기 연습을 하던 사장(射場)이 있어.

사장등은 쏠 목표, 표적본을 세워둔 언덕인데 성에서 약 거리로 해서 150미터 정도의 거리에가 산 능선이 내려오는데 거기다가 표적지를 세워놓고, 사격연습을 했던 자리야.

'사장등'이라고 지금 우리가 없어지면 이 후대 사람부터는 거기를 '사장등'이라고 부를란가 모르겠어.

사장등은 한씨 가족묘 바로 아래쪽 하단 쪽에다 거기다 과녁을 세워놓고 연습을 했던 자리가 있어.

물맛이 아주 좋았던 만호 전용 샘

자료코드 589_FOTA_20170511_KKR_HSO_005
조사장소 진도군 의신면 금갑리 금갑마을 제보자 자택
조사일시 2017. 5. 11
조 사 자 김명선, 윤홍기
제 보 자 황석옥(남, 87세, 1931년생)

줄거리 금갑 해안도로 근처 산에 위치한 샘터는 여자의 음부를 닮은 바위 사이에서 물이 흘러나와 물맛이 아주 좋았다고 한다. 예전에는 바닷물이 이 샘까지 들어오기도 했다고 하지만 상수도가 생기면서 이제는 샘물을 이용하지 않는다는 이야기이다.

금갑에 오면 금갑 해수욕장에 지금은 거기에 거의 형체가 안 보이게 묻혀버렸고 세면(시멘트)을 발라버렸어.

해안가 도로를 내면서 해변가 거기가 내산인데 거기에 다 시멘으로 해가지고 발라버렸기 때문에, 옛날 샘터가 잘 보이지 않아. 그 샘의 형태가 여자의 음처럼 생겼다 해서 '씹샘'이라 불렀는데, 그 샘물이 물맛이 좋고 이루 말할 수 없었어.

그리고 아무리 가문 해에도 일정량의 물이 고였어. 그 바우에서 나온 물인데, 바닷물이 들면은 거기까지 들어와서 샘에 물이 차는데, 조금 차면 그 물 퍼버리고 먹었지.

옛날에 밭 매고 논 매고 하던 사람들이 전부 다 그 물 먹었제. 그리고 금갑 해수욕장이 1970년도 후반부터 여유가 있어가지고, 해변가에 놀러오는 사람이 있을 때, 그때까지도 식용수로 그놈을 사용했어.

논에 가서 일하다 어떻게 이놈 가지고 몸도 씻고 했어. 지금은 상수도가 되어 있으니까 그놈 안 써도 되니까 뭐 했는데, 그 물맛이 좋아서 그 샘이 만호 전용 샘이여.

낮에는 연기로, 밤에는 불빛으로 연락하던 연대산 연대봉

자료코드   589_FOTA_20170511_KKR_HSO_006
조사장소   진도군 의신면 금갑리 금갑마을 제보자 자택
조사일시   2017. 5. 11
조 사 자   김명선, 윤홍기
제 보 자   황석옥(남, 87세, 1931년생)

줄거리 금갑에는 우리나라에서 가장 낮은 연대봉이 있는데 낮에는 연기로, 밤에는 불빛으로 여귀산과 연락을 했기 때문에 '불사를 연(燃)' 자나, '연기 연'(煙) 자를 써서 '연대봉', '연대산'이라고 부른다는 이야기이다.

금갑 연대봉

금갑은 '연대봉'이 있어. '연대산'이라고 하고 연대봉이라고 하는데, 여기에가 낮에는 연기로, 밤에는 불빛으로 여귀산과 연락하던 그 연대가 있는데, 그 연대가 우리나라 어느 연대보다도 가장 낮은 연대야.

그 자리가 많이 훼손되었었제. 우리나라가 역사에 대해서 관심을 가지고 연구

하고 조사한 그 이후로 그것이 일부 복원이 되어가지고 옛날 형태를 돌로 쌓아가지고 연대 재현을 해놓았어.

거기를 연대라 해서 어르신한테 배우기를 '불사를 연(燃)'자, '돈대 대(臺)' 해서 '연대봉'이라 들었는데, 어떤 사람들은 '연기 연(煙)'자를 써가지고 '연대(煙臺)'라고도 하고….

이렇게 차이가 있어서 연대봉 연대산이라 불러.

마을을 옮기게 한 송장바위

자료코드   589_FOTA_20170511_KKR_HSO_007
조사장소   진도군 의신면 금갑리 금갑마을 제보자 자택
조사일시   2017. 5. 11
조 사 자   김명선, 윤홍기
제 보 자   황석옥(남, 87세, 1931년생)

> **줄거리** 금갑 북쪽 활곡리 고개 너머 마을에서 동쪽으로 보이는 산중허리에 기다랗게 누워 있는 송장바위가 있는데, 그 바위 때문인지 마을 주민들에게 가끔 불상사가 생기는 바람에 결국 그 마을을 폐쇄하고 금갑 본 마을로 옮겼다는 이야기이다.

금갑이 원래는 처음에 거기다가 마을을 설정했겠지만, 금갑 마을 고개 넘어서 보면은 금갑들이 있어. 그전에는 거기가 바다였고 염전이 있었고, 그 북쪽 활곡리 고개 넘어 바로 거기까지 마을이 들어섰다가 전부 본 마을로 옮겼어.

금갑마을을 옮긴 이유는 마을에서 동쪽으로 보이는 산중허리에 옆으로 기다랗게 누워있는 바위가 하나 있어.

그 이름이 송장바위여. 그 송장 바위라고 하는 이름 때문에 그 마을 주민들에게 불상사가 가끔 발생하기 때문에, 그래서 그 마을을 결국 폐쇄하고 금갑 본 마을로 왔다고 해.

그래서 우리들 어렸을 적에 소띠기로 가면은 그 마을이 있었던 자리에 돌을 모아서 밭 경계를 쌓았는데, 거기 가면은 껌정 묻은 돌이 있고 밭에도 껌정 돌이 있었어.

지금은 깊이 밭을 파는데, 옛날에는 밭을 깊이 못 팠어. 깊이 파가지고 돌을 발굴하면 돌이 안 나올란가 모르겠으나, 우리가 어릴 적만 해도 밭에가 그런 돌이 보였고, 돌담에도 까만 연기 묻은 돌이 나왔어.

그 마을에 있던 집을 뜯어내고 밭을 만들라니까 방독이나 구들(온돌)독, 또 부엌에 있던 돌을 꺼내서 쌓아놓니까 검정돌이 보였어.

금갑리에 여러 성씨(姓氏)가 모여 사는 이유

자료코드 589_MONA_20170511_KKR_HSO_003
조사장소 진도군 의신면 금갑리 금갑마을 제보자 자택
조사일시 2017. 5. 11
조 사 자 김명선, 윤홍기
제 보 자 황석옥(남, 87세, 1931년생)

줄거리 금갑리에 여러 성씨가 모여 사는 이유로 옛날에 만호가 있어서 외지에서 온 군인들이 병역 의무를 마치고 금갑에 정착해 살았다는 설과 금갑과 구좌도, 접도 사이에 어장이 형성되어 많은 사람들이 모여들면서 정착해 살았다는 설이 있다.

금갑이 성받이가 참 여러 성이 살았어. 진도에도 성이 많았지만, 어떤 사람이 이야기하기로는,

"옛날에 만호가 있어가지고 외지에서 온 군인들이 병역 의무를 마치고 거기에 주저앉아버렸기 때문이다."

하는데 그것보다는 금갑이 해산물이 넉넉했어. 파래도 금갑 파래라 하고 해산물에 대해서는 그러는데, 해안선이 쭉 암석으로 되어 있어가지고 암석에서 나오는 여러 가지 해산물 미역, 톳, 듬북, 우무가사리, 파래 등 가지각색 것이 많이 났어.

그리고 어장이 금갑과 구좌도 사이에서 멀리 갈 것 없이 거기에 어장이 서가지고, 중선배(무동력선)들이 가서 구좌도와 접도 사이에서 어장을 형성해서 고기를 잡았제.

진도뿐만 아니라 고흥, 여수, 이쪽에서 진도를 왔어. 내가 군 생활을 마치고 고향에 돌아왔을 때, 또 내가 서른 살 먹었을 때까지도 외지 배들이 많이 왔어.

그런데 지금은 연안 어족이 거의 고갈되었기 때문에, 전부 중국 쪽에서 잡아와. 지금은 어장이 형성되지 않고 단지 낚시 그 정도로 되어 있고, 또 그전에는

어장이 들어선 곳이 바다가 다소 깊었지만은, 지금은 기술이 발달되어가지고 미역양식장, 해태양식장, 석화양식장 이런 것으로 전부 활용되고 있어.

옛날은 어장이 형성되어 다양한 사람이 모여들었고, 그 결과 금갑은 많은 성씨가 함께 살게 되었제.

정부수립 후 치안 유지를 위해 만든 금갑 경찰출장소

자료코드   589_MONA_20170511_KKR_HSO_004
조사장소   진도군 의신면 금갑리 금갑마을 제보자 자택
조사일시   2017. 5. 11
조 사 자   김명선, 윤홍기
제 보 자   황석옥(남, 87세, 1931년생)

줄거리 1948년 대한민국 임시정부수립 이후 치안유지를 위해 금갑리에 경찰관 80여 명이 근무하는 경찰출장소를 만들었는데, 6·25 이후 서울이 수복되고 치안이 확보된 이후로 경찰출장소가 폐지되었다는 이야기이다.

내가 6·25를 만났던 때가 중학교 5학년. 지금 같으면 고등학교 2학년 때인데, 손(係)을 보기 위해서, 당시 여든다섯 살 잡순 저희 할아버지가 계셨는데, 할아버지께서 외손은 많이 있는데 증손을 못 보았어.

증손자 보기가 천지 원이셔서 학생 때 결혼을 안 할려고 그렇게 반대를 해도 할 수 없이, 부모님 명에 따라 열아홉 살에 상견례를 하고 스무 살 먹어서 6학년 올라갈 때 결혼하고 1950년 6·25를 당했어.

그런데 6·25 나기 전에 우리 대한민국정부가 1948년 8월 15일에 정부수립을

하였는데도 수립된 후에 이 남쪽 특히 전라도 지방이 시끄러웠어. 그때는 내가 학생시절이었는데, 저기 육지 사람들이 낮에는 대한민국 국민, 밤에는 불온 사상을 가진 쉽게 말하면 공산주의 사람이 됐어.

거기에 동조하는 동조 세력들이 진도는 조용했는데 해남 강진만 가도 시끄러 웠지. 그 당시 치안이 좀 유지가 안 되고 그러니까, 진도에서 의신면 금갑리에 다가 경찰관 80명이 근무하는 출장소를 만들어가지고 거기에서 이 지역 치안 을 담당했어.

6·25가 나면서 진도 경찰이 후퇴한 곳이 우리 마을이여.

인민군이 군내 저쪽에서 상륙해서 녹진 쪽을 경유해서 금갑에 온다고 하니까 경찰이 급갑서 발동기를 타고 부산으로 갔다고 했어. 후퇴하기 전에는 금갑 출장소가 있어가지고, 금갑리와 그 넘에 만길, 송정, 명금 일대 죽림, 강계, 탑 립 일대를 관할해서 치안을 담당했제.

인민군이 상륙할 때 경찰이 철수했어. 경찰이 상륙한 후에도 있다가 결국은 서울이 수복되고 치안이 확보되니 경찰관 출장소도 폐지되었어. 그러나 정확 한 폐지 시기는 몰라.

1·4후퇴 당시의 금갑 주변 상황

자료코드   589_MONA_20170511_KKR_HSO_005
조사장소   진도군 의신면 금갑리 금갑마을 제보자 자택
조사일시   2017. 5. 11
조 사 자   김명선, 윤홍기
제 보 자   황석옥(남, 87세, 1931년생)

> **줄거리** 1·4후퇴 당시 서울을 빼앗기고 중공군이 밀려 내려오자 나라에서는 남쪽 병력 자원을 빼앗길까 두려워 청년들을 부산으로 집결시켰는데, 제보자를 비롯해 2명의 학생들이 징집에서 제외되었다. 마을에 남은 그들은 해안, 주간 경비 책임을 맡고 여자들에게 제식 훈련을 시켰다는 이야기이다.

6·25가 나가지고 제1차 후퇴 당시에, 낙동강 방어 전선에서 최후로 막아낸 그때까지 청년들을 국가에서 제대로 관리를 못했어. 그래서 병력 자원 확보를 못해가지고 젊은 사람들을 모두 의용군으로 해서 인민군들이 많이 채가버렸어.

그것을 경험했기 때문에 중공군의 개입으로 인해가지고 1·4후퇴인 1951년 1월 4일 제2차 서울을 빼앗기고 후퇴할 당시에 중공군이 밀려 내려오자, 남쪽에서는 병력 자원을 혹시라도 빼앗길까 두려워 청년들을 전부 다 한군데다가 집결시키기 위해서 차례차례로 부산으로 옮겨가게 했어.

그때 진도에는 청년들이 몇 천 명이 있었는가 그것은 모르겠으나, 나도 그날 이부자리, 밥그릇, 식량 3일분 가지고 의신초등학교로 모이라 했어. 그땐 집에서 일꾼들이 농사를 지었으니까, 일꾼들이 짐을 짊어지고 의신초등학교 교정에 모였제.

차례로 쭉 이름을 부르는데 내 이름을 안 불러. 그래서 의신 지서장한테 물어보니까,

"안 불렀으면 됐다."

그러게만 이야기했어. 그러면서,

"이름 안 불렀으면 가도 된다."

고 하길래, 일꾼한테 다시 짐을 짊어지게 하고 집으로 왔다. 그때 마침 달밤이었어. 나머지 청년들은 거기서 해가지고 진도 읍내로 이동해서 벽파진으로 해서 나루 건너서 해남까지 갔다고 하나, 나는 안 갔기 때문에 그 내용은 잘 모르겠어.

여기 남아 있는 사람은,

'남아 있는 지역에 대한 치안을 어떻게 할 것인가?'

거기에 동원되지 않았던 우리 마을에서 학생 세니(셋)가 나하고 목포사범학교 6학년 학생 하나하고, 문태중학교 야간부로 다녔다고 생각되는 세 사람이 동네에 남았었어.

나와 목포사범학교 학생 둘이가 금갑출장소 관할인 임회면 죽림리에 가가지고 죽림, 강계, 탑립까지 해안 경비, 주간 경비 책임을 지고, 다음은 여자들 제식 훈련을 시켰어.

낮에는 결혼은 했어도 아직 아이가 없는 여자들과 16세 이상이던가 15세 이상이던가 여자들은 그렇게 해가지고.

그때 끌려갔던 남자들의 나이는 기억이 안 나나, 남아 있는 45세 이상 남자들은 밤에 근무를 시켰어. 해안초소 근무를 시켰제. 언제 해안 초소로 해가지고 불순세력이 상륙해 오거나 인민군이 상륙해 올 줄 모른다 해가지고, 야간 경비는 남자 노인들을 시키고, 이 사람들은 낮에는 일을 해야 하니까, 그래서 낮에는 여자들이 해안 경비 보초를 담당했어.

그것을 감독하기 위해서 나와 목포사범학교 학생 둘이가 죽림에 파견되어가지고 순찰하고, 시간 나면 제식 훈련도 시켰어. 지금 80세 이상 된 해안가 여성분들은 그런 경험을 이야기할 수 있을 것이여.

의신면 돈지리 돈지마을

학동들이 뽑은 주량팔경

자료코드   589_MONA_20170704_DJR_PHJ_001
조사장소   진도군 의신면 돈지리 돈지마을 제보자 자택
조사일시   2017. 7. 4
조 사 자   박정석, 박영관
제 보 자   박현재(남, 73세, 1945년생)

줄거리 자식 교육에 남다른 뜻이 있는 학부모들이 주량지 터에 건물을 지어 아이들에게 한문 공부를 시켰는데, 팽나무 두 그루가 당시 학동들의 배움터임을 알리는 징표가 되고 있다. 그리고 공부를 하던 학동들은 서재에서 보이는 아름다운 경치 여덟 가지를 뽑아서 글을 짓곤 했는데, 학동들이 선정한 여덟 가지 절경이 '주량팔경'으로 전해진다는 이야기이다.

옛날 해방 전후로 해서 자식 교육에 남다른 뜻이 있는 중앙지역 학동들의 학부모들이 주량지의 터에다가 건물을 짓고 옛날 한문 공부를 시켰는데, 저희들이 그 흔적을 찾아보기 위해서 가봤는데 터는 있으나 지금 실제 건물은 없습니다.

들려오는 내용에 의하면은 2005년도까지 사람이 살다가 인제 폐가가 되서 철거가 되고 그 부근에 천년 모셨던 노거수 두 그루가 지금도 있습니다.

그래서 저희들이 가서 확인한 바로는 그 천년 묵은 팽나무 두 그루가 그때 당시 배움에 열중했던 서재 학동들의 배움터를 지금까지 지켜주고 있어 산 징표가 되고 있습니다.

'주량팔경'은 어차피 주량공원을 조성을 할 때에 주량 서재에서 옛날에 학동들이 중앙 지역에 보이는 산이나 들녘을 배경으로 해서 여덟 가지 가장 좋은 경치를 선정을 해서 글을 짓고 만들거나 해서 후세에 전해오고 있으며 지금

주량공원 행사를 가질 때 매년 그 주량팔경에 대해서 설명도 하고 오신 분들 한테 그 내용을 전달도 하고 그렇습니다.

화타사의 여름철의 구름이 도는 광경이 아주 멋있다 해가지고 화타사 기운을 제1경으로 삼고 두 번째로는 동쪽 청룡 뒷산에서 달이 떠오르는데 학동들이 그 장면을 밤에 볼 때에 아주 멋있고 좋다해서 제2경으로 삼은 것 같습니다.

제3경으로는 중앙지역에서 동쪽 끝을 보면 '송천기미'라는 곳이 있는데 송천기미 뻘판에서 밤에 불을 피워 놓고 고기나 게를 잡던 그런 불빛이 아주 선명했습니다. 저도 어릴 때에 그 장면을 여러 차례 본 기억이 새롭습니다.

네 번째로는 주량 서재에서 동쪽 한 2미터 부근에 옥대천이라는 아주 물이 잘 나는 샘이 있는데 그 샘터에서 빨래하는 방망이 소리하고 또 물 긷고 오는 아낙네들이 마치 저잣거리 드나드는 것 같이 보여서 그걸 4경으로 정한 것 같습니다.

제5경은 주량 서재에서 저 앞쪽을 보면 가장 높은 산이 천마산이 있는데 천마산에서 소를 키우면서 꼴을 베고 또 풀을 베면서 노래 불렀던 그 천마산 초가가 제5경이 된 것 같습니다.

제6경으로는 우황천 쇠돌목 중심 부근에 급장천이 있는데 비가 올 때고 여름철에 특히 우수기인 장마나 맛통 때에는 급장천이 꽤 오랫동안 울고 또 무섭기까지 하고 그래서 서재 학동들이 급장천 울음소리를 제6경으로 정한 것 같습니다.

제7경으로는 감지평 농가가 있는데 서재 뜰에서 앞을 보면은 가장 비옥한 들판이 감지평입니다. 그런데 감지평에서 옛날에 수작업으로 논에 김을 매고 농약을 하고 논두럭을 비고(베고)했을 때 피로를 달래기 위해서 노래를 불렀는데 그것이 서재 학동들의 귀에 아주 보기 좋게 들렸던 것 같습니다.

제8경으로는 강선암 낙조가 있는데 중리 뒷산이 바로 강선암입니다. 그런데 서재 학동들이 하루의 지친 몸을 일몰 직전의 가단 쪽에서 서쪽을 보면은 일몰 광경이 아주 황홀해서 그 모습을 제8경으로 했는데, 지금은 오히려 주량 서

재터에서 보는 것보다는 현 주량공원에서 보는 그 일몰 광경이 더 아름답지 않느냐 이렇게 생각을 해 보는 것입니다.

첨찰산에서 발원하여 길게 흐르는 의신천

자료코드　589_FOTA_20170704_DJR_PHJ_001
조사장소　진도군 의신면 돈지리 돈지마을 제보자 자택
조사일시　2017. 7. 4
조 사 자　박정석, 박영관
제 보 자　박현재(남, 72세, 1945년생)

> **줄거리** 첨찰산에서 발원한 의신천은 진도에서 가장 길고 수질이 좋다. '우항천'으로 불린 이유는 예로부터 '쇠목돌이내'라고 불리던 것이 한자로 명명되었기 때문이라고 한다. 60년대에 이루어진 하천제방 정비 공사가 주민들의 생활터였다고 하며, 방천 주변에 소거씨라는 사람의 전답이 있어서 '소거씨 방천'이라 부르기도 했다는 이야기이다.

의신천은 진도에서 가장 높은 첨찰산(尖察山)에서 발원된 냇물이 사천리, 침계, 창포, 돈지, 옥대천을 지나서 옥대천과 청룡천과 개둠벙(웅덩이)과 합류에서 의신포로 방류를 하는, 진도에서 가장 길고 수질이 좋은 천(川)이라고 하지 않을 수 없습니다.

약 800년 전에는 현 주량지(돈지마을앞들) 평야 지대는 거의 바다였을 거라고 생각되며 우항천(牛項川)으로 명명한 것은 예로부터 '쇠목돌이내'라 불러가지고 이것을 한자로 명명을 하다 보니 우항천이 된 것입니다.

1961년 군사혁명 때에 하천 접안을 직선으로 조성하는 사업을 했는데 당시 중장비가 없어서 순 인력으로 하고 저도 십대 청소년일 때 몇날 며칠을 토사를 모아서 제방을 힘들게 쌓았던 기억이 새롭습니다.

그때 당시는 먹고 살기가 어려울 때라 식량증산을 우선으로 하였기 때문에 수확이 많은 통일벼도 재배를 권장하였고 공유지도 최대한 활용했고, 또한 야산도 계단식으로 개발을 하여 당시에 영산 앞산을 개발한 흔적이 남아 있습니다. 하천 제방 정비 사업은 인근 주민 모두의 절반의 생활터였습니다.

그곳에서 빨래, 수영, 고기잡이, 낚시 모두 이루어졌습니다. 지금 어르신들은 배 수영이 없는데 냇가에서 자연적으로 배운 실력입니다. 지금은 수영장에서 돈을 주고 배우지만 큰 비가 올 때면 제방 부근의 논 주위는 무섭고 걱정이 됩니다.

혹시라도 제방이 넘치거나 터지면 논이 침수는 물론 토사가 덮치기 때문에 기도하는 심정으로 제방뚝을 지키고 있었고, 저도 몇 번 그 현장을 목격을 한 바 있습니다. 하지만 그 세찬 물결은 기도에도 아랑곳하지 않고 쓸어버리기 때문에 주위에선 사람이 더 중요하니 제발 가지 말라고 부탁하기도 했지만 끝내 휩쓸려가서 죽은 사례도 몇 번이고 본 적이 있습니다.

옛날 어르신 소거씨 방천 이야기가 나옵니다.

'소거씨 방천'은 소거씨라는 분이 방천 부근에 자기 전답이 있었기 때문에 그 제방을 관리하는 일종의 소유권 비슷한 목이라 해가지고 이름을 전부 그렇게 불렀는데 우항천 중심 부근에 소거씨가 소유한 전답의 부근 일대 방천을 일명 소거씨 방천 이렇게 불러가지고, 나이가 많이 되신 육, 칠팔십 대 어르신들은 지금도 '소거씨 방천' 이렇게 다 부르고 있습니다.

삼별초의 흔적인 떼무덤에서 농사를 짓다

자료코드   589_FOTA_20170704_DJR_PHJ_002
조사장소   진도군 의신면 돈지리 돈지마을 제보자 자택
조사일시   2017. 7. 4
조 사 자   박정석, 박영관
제 보 자   박현재(남, 72세, 1945년생)

줄거리 삼별초군이 돈지 앞 들에서 마지막 결전을 벌였을 때 생겨난 시체가 의신초등학교 앞으로 떼무덤을 이루었다고 하는데, '도롱끝'이라는 이곳 지명이 시체무덤을 말하는 것으로 생각되며, 초분을 구토롱이라 부르는 것과도 연관이 있을 것으로 추측하고 있다. 그리고 떼무덤 근처에서 과거 농사를 많이 지었으나 지금은 그 광경을 찾아볼 수 없다는 이야기이다.

삼별초란 당시 왕온이 죽고 난 후, 퇴색이 짙어 사기를 잃고 쫓기던 삼별초군이, 영산에서 돈지로 바로 넘어오는 수많은 병졸과 그 종속들이 침계 쪽으로 밀려드는 부대와 같이 만나 돈지 평지뜰에서 마지막 결전을 벌였을 때, 피차간 수많은 사상자가 발생하여 그 시체가 하도 많아서 어찌 할 수가 없기에 의신초등학교 앞, 일명 떼무덤을 이루었다는 것인데요.

이런 지명이 '도롱끝'이라 하여 고군면 도롱굴과 관계가 있지 않느냐 생각이 됩니다. 도롱굴도 용장산성 전사자들을 그곳에 모은 시체무덤이었고, 의신 떼무덤에 도롱이라는 것이 나타나는 것으로 보아 도롱이라는 옛말의 뜻, 시체를 땅에 묻지 못하고 땅에다 시체무덤이 이뤄진 것이라고 생각이 들어집니다.

우리 고장 장례 풍속에 초분을 구토롱이라고 부르는 말이 있는데 구토롱이란, 시체를 땅에 묻지 않는 무덤, 즉 초분 같은 것이 아닌가 생각이 들어집니다.

돈지 마을 사람들이 농사일을 할 때 마을에서 가장 가깝고 높고 하여 항상 많이 모여 일하는 곳이기에 갈 때나 올 때나,

'떼무덤에 간다. 떼무덤 가서 일하고 온다.'

농사 때 가장 많이 나오는 말이었습니다. 특히 87년 경지정리 사업 전에는 밭

으로만 경작되었기 때문에 더 많은 사람과 일손이 떼무덤에서 이루어졌습니다.

반면 도롱구테는 돈지에서 거리가 약 1.5킬로 정도 먼 곳이기 때문에 일할 때는 마을이 보이지 않아서 혼자서 일할 때는 무섭기까지 했고, 특히 오후 늦게 해가 질 무렵에는 무서워서 빨리 돌아오기도 했습니다.

지금은 옛날 사람들이 다들 안 계시고, 농사일도 기계화 되어서 떼무덤과 도롱구테라는 말은 거의 들을 수가 없어서 안타깝기 그지없습니다.

남자들은 급창둠벙에, 여자들은 여귀둠벙에 몸을 던져

자료코드   589_FOTA_20170704_DJR_PHJ_003
조사장소   진도군 의신면 돈지리 돈지마을 제보자 자택
조사일시   2017. 7. 4
조 사 자   박정석, 박영관
제 보 자   박현재(남, 72세, 1945년생)

> **줄거리** 삼별초군이 패하여 식솔들을 데리고 도망치다가 막다른 골목에서 적에게 포위되자 남자들은 높고 깊은 급창둠벙에 빠져죽고, 여자들은 조금 얕은 여귀둠벙에서 명예롭게 죽었다는 이야기이다.

삼별초군과 군중 식솔들이 종일 쫓기면서 달리다가 걷다가 하면서 심신이 지칠 대로 지친 몸으로 우항천을 건너다, 언덕받이 작은 재에서 돈지뜰 전투의 참상을 바라보다가 아군이 패하여 전멸당하는 것을 보고 느끼면서, 막다른 골목에서 적에게 죽느니 차라리 내 손으로 우항천의 급류 지점 깊은 둠벙에

급창둠벙

몸을 던져 죽으니, 위쪽의 급창둠벙에는 남자들이 투신하고, 약 50미터 지점
은 조금 얕은 여귀둠벙에는 여자들이 투신자살했답니다.

그 후로 통칭, 급창, 여귀둠벙으로 불려오는 것 같습니다. 비록 패잔병이었지
만 그곳에는 지휘하는 장수가 있었을 것으로 사료가 됩니다.

남자들은 강하고 담이 세니 깊은 곳에서, 여자는 반대로 약하고 가엽기 때문
에 더 얕은 곳에서 투신하라는 명령이 있었을 법하고 이에 따랐을 것으로 추
정이 되며 '삼인행 필유아사(三人行 必有我師)'란 여기서도 작동이 되었을 것으
로 생각이 되어집니다.

위태롭고 절박한 순간에 땅속으로 숨을 수도 나무 위로 올라갈 수도 없는 길
을 가다가 정말로 위험할 때, 둠벙이 있거나 냇가, 강가, 저수지가 있다면 충동
적으로 빠져 죽는 것처럼 삼별초군도 막다른 골목에서 부여 낙화암 삼천궁녀
처럼 비장한 최후를 맞이하려는 통렬함과 통한의 눈물을 흘렸을 것으로 생각
이 되어집니다.

삼인행 필유아사(三人行 必有我師)는 '세 사람이 행동하면 거기에 스승이 바로
있고 지휘하는 사람이 있을 것 같다.' 이 말이여.

남자들은 여기서 죽고 여자들은 쩌 밑에 가서 (낮은곳) 죽어라 하는 명령이 아마 있지 않았을까? 하는 그런 생각을 옛날에 들은 것으로 생각으로 정리해 보는 것입니다.

급창둠벙이 울고 도깨비가 요동치다

자료코드   589_FOTA_20170704_DJR_PHJ_004
조사장소   진도군 의신면 돈지리 돈지마을 제보자 자택
조사일시   2017. 7. 4
조 사 자   박정석, 박영관
제 보 자   박현재(남, 73세, 1945년생)

줄거리 해질녘이면 급창둠벙에서 소울음 소리 같기도 하고 문풍지 우는 소리 같기도 한 울음소리가 들리는데, 어떨 때는 물이 용솟음치는 것처럼 갑자기 불어 넘치기도 한다. 또한 밤이면 도깨비불이 이리저리 요동을 치고 돌아다니는 것을 자주 보게 되는데, 이러한 현상들은 한이 서린 영혼들이 중천을 헤매고 있기 때문이라고 이야기하고 있다.

저희 마을에서 급창둠벙은 직선으로 약 500미터 남짓한 거리입니다. 그런데 지금처럼 우수기 장마통 때에는 주로 해질녘이면 급창둠벙이 울고, 그 소리를 저도 듣고 우리 마을 사람 대부분이 다 듣고 있었습니다.
그 울음소리는 마치 소 울음소리도 같았고 문풍지 우는 소리도 같았습니다. 뿐만 아니라 밤에는 도깨비불이 그곳에서 나와서 아릿재를 넘어서 방천 둑으로 왔다 갔다 하고 꺼졌다 다시 둘 셋으로 갈라졌다 요동을 치고 다니는 것을 우리 마을뿐만 아니라 저도 아주 많이 본 적이 있습니다.
급창둠벙이 물이 불어나 갑자기 넘치는 현상을 본 사람도 있었다는데 그걸 보

고 물이 끓어오르더라는 말도 저는 전해 듣고 있었습니다.

급창둠벙이 우는 소리를 내고 도깨비불이 나와서 돌아다니는 것은 예나 지금이나 예사가 아니었고 한 서린 영혼들이 영면치 못하고 허공 중천을 헤매는 것이 아니었을까, 하는 생각이 들어집니다.

특히 6·25동란 직후부터 61년 제방 정비 사업 전에 가장 많았고, 흔히 보고 들을 수 있었습니다.

여름철 잠자리 들기 전에 모깃불 피워놓고 지금의 백구공원에 모이면 변함없이 급창천이 울고, 도깨비불이 날아다닐 때면 나이 어린 꼬마들은 무서워서 집으로 도망을 쳤고, 어른들은 오래토록 그 장면을 볼 수가 있었으니 전쟁의 참화 속에서 죽은 넋은 고히 잠들지 못하고 주량서재에서 글을 배우는 학도들의 심금도 울렸기에 주량팔경 중에 급창수명(及唱水鳴)을 넣지 않았는가 생각이 들어집니다.

또, 저도 들은 바에 의하면 거기는 항상 물이 용솟음쳤고 물이 끓어오르고 해서 금갑의 용둠벙이라는 아주 민물이 잘 나는 큰 둠벙이 있는데, 급창둠벙에서 일명 도굿대, 도굿대를 집어넣으면 물길이 통해서 금갑둠벙으로 나온다 하는 말도 전해 들었습니다마는 이것은 조금 과장된 표현이, 말이 아닌가 싶어지기도 합니다.

쇠목돌이에서 헤엄치기

자료코드 589_MONA_20170704_DJR_PHJ_002
조사장소 진도군 의신면 돈지리 돈지마을 제보자 자택
조사일시 2017. 7. 4
조 사 자 박정석, 박영관
제 보 자 박현재(남, 73세, 1945년생)

줄거리 급창천은 의신천의 가장 중심부로, 소목처럼 생겨서 쇠목돌이라고도 부른다. 물이 아주 파랗고 깊어서 헤엄을 치거나 놀 때 귀신이 발을 잡아당긴다고 해서, 담이 적은 사람들은 물속에 들어갈 엄두를 내지 못한다는 이야기이다.

1961년 의신천 직선 조성 사업 전에는 급창천이 의신천의 가장 중심부였고, '쇠목돌이' 현상은 급창천의 위아래의 생긴 형상으로 인해서 붙여진 이름 같은데, 이곳에서 꺾어 흐르기 때문에 더욱 물이 많아서 특히 여름철이면 저도 매일같이 거기 가서 미역을 감고 수영을 배우고 낚시도 하고 다이빙도 하곤 했습니다.

이는 수영과 관련된 물놀이를 하기 좋은 최적의 장소이기 때문에 항상 많은 사람들이 모였고, 물이 너무나 파라고(파랗고) 깊어서 헤엄 연습을 할 때나 다이빙을 할 때도 귀신이 발을 잡아당긴다고 해서 곧장 밖으로 나와야만 했고 담이 적은 사람들은 감히 엄두도 낼 수 없었습니다.

물속 헤엄, 잠영으로 들어갔지만 무서워서 물의 깊이를 가늠하지 못했던 기억으로 해서 충분하고 많은 물이 있었을 것으로 짐작이 되고, 저 역시 그곳에서 헤엄을 치면 너무 물이 파랗고 깊고 해서 혼자는 도저히 무서워서 수영을 하지 못했고, 일행과 함께 두세 사람이 같이 가야만 안심되고 헤엄을 칠 수 있었습니다.

더군다나 삼별초군은 이상의 정황으로 봐서 패색이 짙었고 기력도 없고 또 전

의를 상실한 상태였기 때문에 몸을 던지면 곧장 죽음에 이르렀을 것으로 지금 생각을 해 보는 것입니다.

떼무덤과 평지 들녘에 목화를 심다

자료코드	589_MONA_20170704_DJR_PHJ_004
조사장소	진도군 의신면 돈지리 돈지마을 제보자 자택
조사일시	2017. 7. 4
조 사 자	박정석, 박영관
제 보 자	박현재(남, 73세, 1945년생)

줄거리 돈지 앞 떼무덤과 평지 들녘을 밭으로 경작하여 목화를 많이 심었는데, 의신 아랫재 너머에 문익점 비석이 있어서 목화에 대한 관심이 컸다고 한다. 마을에 목화를 솜으로 만드는 공장도 있어서 직접 보기도 했다는 이야기이다.

어렸을 때 의신중학교 앞 삼별초란 때 가장 격렬한 전투를 벌였던 떼무덤 일대는 전부 밭이었습니다. 주로 밭작물을 재배를 많이 했었고, 꼬마 때 먹을 것이 없으면 목화, 다래를 따먹고 시장기를 해결했던 그런 기억이 새롭습니다.

또 의신 아릿재 넘어 문익점 비석이 있기 때문에 만길에는 문씨가 많이 거주하고 있고, 그래서 문익점 선생이 목화씨를 건네주었다는 그런 이야기를 듣고 해서 목화에 대한 관심이 컸었고 목화꽃도 이쁘고 해서 그런 기억이 아주 새롭습니다.

하여지간 돈지 앞 떼무덤 들녘과 중학교 앞 평지 들녘은 밭으로 경작을 했기 때문에 밭작물의 대표적인 목화를 많이 재배했던 것으로 생각이 되고, 저희

마을에서 어릴 때 기억입니다마는 목화를 재배해서 솜으로 만들었던 그런 공장에 가서 그 공장이 가동되는 것을 직접 보기도 했었습니다.

격세지감이 느껴지는 감지평 들녘

자료코드   589_MONA_20170704_DJR_PHJ_005
조사장소   진도군 의신면 돈지리 돈지마을 제보자 자택
조사일시   2017. 7. 4
조 사 자   박정석, 박영관
제 보 자   박현재(남, 73세, 1945년생)

줄거리 모래땅에는 밭작물을 주로 재배했고 물이 좋은 감지평에는 벼를 심었다. 예전에는 감지평 땅값이 밭에 비해 꽤 비쌌는데, 지금은 형편없이 내려 오히려 이모작 땅인 돈지 평지 들녘이 더 비싼 것을 보면 격세지감이 든다는 이야기이다.

우리는 옛날부터 수매란 말을 많이 쓰고 있었는데 토질이 천박하고 토심이 얕은 모래땅, 사질토에서는 밭작물을 주로 재배했던 것 같고, 돈지 앞 감지평은 참샘물이 워낙 좋았기 때문에 사천리 저수지를 막기 전 그 참샘물을 가지고 감지평 들녘을 전부 살렸던 기억이 새롭습니다.

저도 감지평에 전답이 있는데, 어릴 때부터 지금까지 감지평에 있는 약 6,000 제곱미터의 논에 수도작을 아직까지도 재배를 하고 있습니다.

어릴 때 기억입니다마는 땅이 비옥한 수매가 깊은 감지평은 땅값이 꽤 비쌌고, 사질토인 밭은 땅값이 쌌는데 지금은 꺼꾸로 돼가지고 나락 농사만 지었던 감지평 땅값은 아주 형편없이 싸게 되고, 이모작을 할 수 있는 돈지 평지 들녘은

오히려 땅값이 더 비싼 것 보니 격세지감이 있는 것 같은 생각이 들어집니다.

백구의 충직함이 낳은 백구테마센터

자료코드   589_MONA_20170704_DJR_PHJ_005
조사장소   진도군 의신면 돈지리 돈지마을 제보자 자택
조사일시   2017. 7. 4
조 사 자   박정석, 박영관
제 보 자   박현재(남, 73세, 1945년생)

> **줄거리** 박복단 할머니가 키우던 백구가 옛 주인을 잊지 못하고 돈지마을로 돌아오자 백구의 충
> 직함을 알리는 방송이 제작되었다. 사람들에게 큰 관심을 받고 무언가 기념사업을 해
> 야 한다는 여론이 형성되면서 백구테마센터가 건립되었고, 센터에서는 볼거리와 쉼
> 터를 제공하고 해마다 농사짓는 주민들의 노고를 풀고 화합하는 논배미축제를 개최하
> 고 있다.

이곳 백구마을은 우리 마을에서 거주했든, 지금은 고인이 되셨습니다마는 박
복단 할머니, 지금 연세가 구십이 훨씬 넘었어요. 박복단씨께서 흰 백구 개 한
마리를 키우면서 새끼도 치고, 용돈도 쓰고 아마 칠팔년 동안 그 백구를 길렀
던 것으로 생각이 듭니다.

그런데 백구가 나이가 들고 새끼를 치지 못할 그런 연령이 됐는데, 어느 날 백
구를 사러 온 사람이 외지인이 있었습니다. 지금 알기로 대전에 거주한 사람
으로 생각이 드는데 그래서 그 때 당시에 판 가격은 잘 모르겠습니다마는 어
찌됐건 대전에 계시는 그분한테 백구를 팔게 되었습니다.

그런데 그 백구가 너무 충직하고 키우던 옛 주인을 잊지 못하고 크던 장소를 그
리운 나머지 멀리 대전에서 뛰쳐나와서 다시 이곳 돈지마을로 돌아오게 되었

습니다. 이 소식이 전국 방송을 타고 전국에 계신 시청자들 심금을 울렸고 역시 진돗개는 유명하고 충직하고 또 주인을 잘 섬기는 그런 명견임에 틀림없고 옛부터 천연기념물로 지정이 되었다고 생각이 들어지고, 어찌 보면 너무나 당연하지 않느냐 생각이 듭니다.

이렇게 전국 방송망을 타고 소문이 나고 해가지고 외지에 있는 많은 사람들이 백구에 대해서 관심을 갖게 되고 백구에 대한 어떤 기념사업을 해야 된다는 여론이 팽배해서 마을주민은 물론이고 관계기관, 또 향우 여러분들이 성금을 모으고 해가지고 백구테마센터를 세우게 되었습니다.

우리가 아, 진도를 상징하는 진도아리랑이나 백구, 이렇게 두 가지를 들 수 있는데, 연륙대교를 가서 보면은 해남 쪽에 황구 모습이 동상으로 되어 있습니다.

그런데 저희들 생각으로는 이것도 백구 흰 색깔로 바꾸면 더 좋지 않겠느냐 이런 생각이 들어집니다. 아, 그래서 이 백구마을에 와서 보면은 외부에 있는 많은 관광객들이 여기 와서 잠시 쉬어가기도 하고, 테마센터에서 1박을 하고 숙식을 하고 쉼터로 많이 활용되고 있기도 합니다.

지난 팔십 년대 초부터 이곳 백구 공원에서는 전국 유일의 마을 단위의 논배미 축제가 열리고 있습니다. 봄부터 농사일에 지친 몸을 풀고 주민들이 모두 쌀과 술과 음식을 또 앞 냇가에서 잡은 붕어 가지고 술안주를 만들고 붕어탕을 만들고 해가지고 주민들은 물론이고 오시는 모든 분들이 하루를 즐겁고 유쾌하게 보낼 수 있는 마을 단위의 제 축제가 되어지고 있습니다.

보시다시피 이곳에는 돌아온 백구 동상도 있고 돌아온 백구 기념비도 세워졌을 뿐만 아니라 백구에 그 영혼을 영원히 기리기 위해서 묘비까지 세워 놓고 있고, 최근에 군에서 테마센터를 건립해가지고 돈지를 상징하는 아주 좋은 시설이 이곳에 들어서 있어 의신 돈지를 자랑하는 제일의 명소가 돈지의 돌아온 백구마을 테마센터가 아닌가 생각이 듭니다.

우리 가정 모두 거의 옛부터 한 가정에 한 마리 이상의 개를 키우는 것으로 생각이 듭니다. 그 중에서도 황구보다는 백구를 더 선호했기 때문에 지금도 논배미 축제 때에는 백구잔치가 열리고 또 백구 자랑대회도 열리고 해서 자랑거리가 아닐 수 없습니다.

앞으로도 의신 전통 민속제 돈지 논배미 축제가 돌아온 백구로부터 생겼고, 이와 같은 행사와 내용들이 더욱 잘 알려지고 전국에 모든 분들이 이곳에 한 번쯤은 와 보면 좋지 않을까 생각이 되고 특히 의신에 웰빙 등산로가 있는데 여기 오시는 분은 거의 이곳 백구테마센터를 거쳐 가기도 합니다.

감지평 들녘의 젖줄이었던 참샘

자료코드   589_FOTA_20170704_DJR_PHJ_005
조사장소   진도군 의신면 돈지리 돈지마을 제보자 자택
조사일시   2017. 7. 4
조 사 자   박정석, 박영관
제 보 자   박현재(남, 73세, 1945년생)

> **줄거리** 돈지마을에 과거 있었던 참샘은 물이 너무 차가워 주변에 작물이 자라지 않을 정도였지만, 땅에서 물이 솟구칠 정도로 수량이 풍부하고 물맛이 좋아서 주변 마을 사람들의 식수를 담당했고, 특히 아녀자들이 몰려와 멱을 감기도 한 추억이 담긴 곳이었다. 또한 과거 참샘 물을 퍼올려 농사를 짓기도 했다.

제가 앉어(앉아) 있는 북쪽은 밭으로 벌었던(농사짓던) 유명한 삼별초 난의 떼무덤 들녘이고, 동쪽을 보면은 광활하고, 높고, 토질이 비옥하고, 수매가 깊은 감지평 감자뜰 들녘이었습니다.

그런데 저희 돈지마을에서 남쪽 방향으로 약 400미터 되는 곳에 물이 좋기로

소문난 '참샘'이라는 곳이 있었습니다.

이 참샘은 크기가 직경 4 내지 5미터 되는 아주 큰 샘이었고, 나오는 물 양이 땅에서 솟구치는 모습을 저희들이 직접 눈으로 봐도 느낄 수 있을 정도로 물 양이 충분했었습니다. 또 물맛이 좋기로 소문이 나있고, 그 부근에서 일을 하다가 목이 마르면 굳이 집에까지 올 필요없이 그 참샘 물로 더위를 식히고 갈증을 해소하기도 했었습니다.

지난 1961년 전에, 하천 정비가 있기 전에 참샘 물이 이 넓은 감지평 들녘을 전부 먹여 살린 젖줄이기도 했으며, 지금 지난 1987년 경지 정리가 된 후로는 참샘이 없어지기는 했으나, 그 부근에서는 지금도 물이 엄청나게 솟아나오므로 해서, 그 부근에 있는 작물은 물이 너무 차고 시원하기 땜에 거의 자라지 않고 있습니다.

그것은 지금도 그 지하에서 옛날에 참샘 물이 죽지 않고 계속 살아 숨 쉬고 있고 용솟음치고 있다는 바로 산 증표이기도 합니다.

어렸을 적에 가정에 샘도 없고 상수도 물도 없을 그런 시절에, 특히 부녀자들이 낮에 지친 몸을 목욕을 하기 위해서, 멱을 감기 위해서 참샘을 오게 되었습니다.

그런데 밤에는 무섭기도 하고 부녀자들이 혼자 옷을 다 벗고 목욕을 할려면은 불안하기도 하고 두렵기도 하기 때문에 여럿이 동무를 떼를 지어서 같이 와서 목욕을 했든 기억이 새롭고요.

특히 아주 망나니 남자 분들이 여자들이 벗어 놓고 목욕을 하는데 그 옷을 감춰버리기도 하고 가져가버리기도 하기 때문에 여럿이 떼를 지어서 목욕을 할 때, 한 여자는 그 옷을 지키면서 끝까지 함께 행동을 했던 그런 기억이 새롭습니다.

그 다음에 참샘 물이 하도 맑고 깨끗했기 때문에 그 주위를 흐르는 여러 개의 지류가 있었습니다. 그곳에서는 각종 물고기가 엄청 많았고, 지금 보기 아주 힘든 새우도 참샘 물을 먹고 컸기 때문에, 저희들이 어렸을 때 그 깨끗한 물에서 나온 그 새우 맛을 지금도 언젠가는 한번 다시 맛을 보고 싶다 하는 생각이 듭니다.

지금 우리 의신 관내에서 제가 알기로는 중리 뒤에 있는 성죽 저수지에 가면 옛날 깔맹이라고 하는 아주 특이한 어종이 지금도 살아있고, 방금 말씀드린 새우도 그곳에는 자라고 있기 때문에, 역시 새우는 물이 맑고 깨끗해야만 계속해서 크고 자랄 수 있지 않느냐 그런 생각이 듭니다.

주위에 참샘 물보다 더 낮은 경작지는 거의 참샘 물로 농사를 지었지마는 참샘 지역보다 더 높은 곳에 있는 전답에는 옛날 물채를 이용해서 물을 뿜어 올렸던 기억이 너무나 생생하고, 그걸 물채를 떠 올리면서 갯수를 시었던(세었던) 그런 기억이 납니다.

어르신들이 너무 피곤한 나머지 하나, 둘, 셋 해가지고 오십 번 내지 백 번을 물을 퍼 올리면은 그 다음에는 피곤하닌까 조금 쉬었다가 막걸리를 잠시 마시고, 다시 물을 품어 올려서 논농사를 지었던 그런 기억이 새롭고.

그때 당시 아이알 육육칠 통일벼를 많이 재배했던, 그리고 미질이 좋은 농림 6호 이런 종자를 심어서 농사를 지었으나 단위 수확량이 아주 적어가지고, 지금같이 콤바인 이용해서 수확하지 않고, 가정에서 또 들녘 현장에서 탈곡기로 수확을 하, 볏짚은 소를 먹이고, 또 마람을 엮어서 해이고 해가지고 비를 방비했던 그런 기억이 나는데, 지금 우리가 마람을 구경하려면 용인에 있는 민속촌에 가지 않으면은 마람을 구경할 수가 없어요.

저도 어렸을 때 하루 종일 마람을 엮으면 서투른 나머지, 마람 한 장에 볏짚 세 뭇이 필요한데 하루에 빠르면은 열장 남짓 엮을 수 있는데, 숙달된 어르신들은 저보다 두 배, 세 배 정도 많은 양을 엮을 수 있었기 땜에

'역시 나이가 벼슬이었구나.' 하고 생각했습니다.

송씨들의 자자유촌 초사리 초상마을

자료코드   589_FOTA_20170704_DJR_PHJ_006
조사장소   진도군 의신면 돈지리 돈지마을 제보자 자택
조사일시   2017. 7. 4
조 사 자   박정석, 박영관
제 보 자   박현재(남, 73세, 1945년생)

> **줄거리** 정유재란 때 송여립, 송희립 장군의 후손들이 초상으로 들어와 마을을 이루었으며, 이후 박씨, 허씨들이 들어와 자자일촌을 이루었다고 한다. 또한 초상마을에는 조선시대에 만들어진 말목장이 있었다고 하는데, 지금은 '저작골'이라고 부르는 목장터만 남아 있다는 이야기이다.

1597년 정유재란이 발발했을 때, 고흥에 있던 송희립, 송여립 장군의 후손들이 바로 초상에 들어와가지고 기거하면서, 초상 마을에 그 송씨들이 제일 먼저 자자유촌 묵었던 곳이 바로 초상 초사리가 되었습니다.

그래서 초상은 '송대장'이라는 골짜기가 있는데, 그 골짜기에 아주 해묵은 송대장골 묘소가 많이 생겨 있는데, 지금에 이르러서는 송씨 일가가 한집 남아 있습니다.

그래서 바로 송희립 장군의 후손들이 자자유촌을 일군 후에 바로 박씨들, 그리고 오늘날 허씨들이 자자유촌을 일궈서, 그때 당시는 초사리를 초전리라 하였는데, 일제 강점기에 사개마을을 쪼개가지고 초사리라 했다고 합니다.

몽고 삼별초 항쟁 다음 해, 고려 국영 목장이 우리 진도하고 제주도에 개설이 됐었는데 조선이 패망할 때까지 조선 국영 목장으로 초상이 그 초전리로서 풀밭이라는 뜻인데, 조선 목장이 개설이 돼가지고 일제 강점기에 폐쇄할 때까지 말 목장이 있었던 곳이 바로 초상입니다.

그래서 이걸 일컬어서 초전리 풀밭, 그리고 의신면 칠전리는 옷밭, 군내면 죽전리는 대밭, 그래서 진도에 세 개 밭이 있었다고 합니다.

지금 그 목장터에 저작골이라 하는데, 거기 당시 그 어르신들은 자작골 자작골 해가지고 옛 성터가 있는가 하면, 그게 현재 허태영씨가 수목원을 차려가지고 목장터를 지금 경영하고 있습니다.

그래서 거그가 저작골, 자작골 요렇게 옛 어르신들은 얘기하면서 전해지고 있습니다.

진도의 상여소리가 전 세계로

자료코드   589_MONA_20170913_DJR_JOH_001
조사장소   진도군 의신면 돈지리 돈지마을 제보자 자택
조사일시   2017. 9. 13
조 사 자   박정석, 박영관
제 보 자   조오환(남, 68세, 1949년생)

줄거리 마을의 상여계를 없애면서 마을 청년들이 상여를 메게 되자 제보자는 진도 전역을 돌며 소리를 잘하는 분께 상여소리를 배웠는데 소리를 자주 하다 보니 의신면의 상두꾼이 되었다. 전국에 진도 상여소리를 알리고 무대에도 섰으며, 하와이에 가서 수차례 공연도 하였다는 이야기이다.

우리 돈지마을에는 그 마을이 크다 보니까 동쪽 서쪽 이래갖고 호상계가 있었어요! 호상계가 보통 보면은 계원이 이삼십 명 정도 됩니다. 그래서 사람이 죽으면은 그 계원들 이렇게 상여도 만들고요.

아침에 상여를 만드는데도 보통 한 시간 반 걸려서 꾸미는데, 상여를 꾸며서 장지에 가서 묻고, 그런 때는 다 인력으로 하닌까 묘까지 다하고 이러다 보면은 항상 깜깜한 밤에 내려온단 말이요.

그래서 제가 스물한 살 때 청년 회장을 하면서

'안 되겠다. 이 상도계를 없애버려야 되겠다!'

해서 동네반장들 다 나오라 하고 이장, 서기 다 나와서 회의를 했어요.

"상두계를 없애봅시다. 그 대신 청년들이 무보수로 일할랍니다. 그래서 상두계를 없애야 됩니다."

결국 회의를 해가지고 없앴는데 아마 그게 대한민국에서 최초로 계가 없어지고 청년들이 상여를 메게 된 계기가 된 것일 거요.

우리 청년들이 상여를 메고 소리를 하고 가는데 지가(제가) 그런 때만해도 나이도 이제 스물한 살 먹고 그래서 뭔가 상여소리 사설이 짧다 보니까

"전우야 시체를 넘고 넘어~"

도 하고,

"나에 살던 고향~"

이것도 하고 하더라.

이렇게 상여를 미고 가니까 동네 박부환 어르신들이

"어이, 청년 회장 이리 와 봐라."

그래 갔더니

"너 상도계 없애불더니 전우야 시체를 먼(뭔) 소리야! 응? 왜 상여소리 안 하고!"

그래서 남의 소리 듣고 그때부터 제가 본격적으로 상여소리를 접하게 됩니다.

그래서 진도 전역을 다니면서 소리를 잘하시는 분들한테 이렇게 소리를 배우고, 사설도 적고 그래서 진도에 상여소리를 제가 터득을 하게 되지요.

그때부터 돈지는 상여가 나가면은 항상 내가 앞에 소리꾼으로 자주 소리를 하다 보니까 소문이 자자해서 의신면에 상여만 나가면 나보고 소리를 하라 해서 제가 이제 상두꾼 소리꾼이 됐습니다.

제가 스물일곱에 결혼을 했는데, 에, 처갓집이서 우리 재인(장인) 장모가

"상여 앞에서 노래 부른 사람을 어찌께(어떻게) 사오를(사위를) 삼겠냐?"

그래서 제가 결혼하는데 아주 걸림돌이 되어가지고 우리 재인 영감 미워하고 장농도 안 해주고, 참 옛날이야기여. 그런 적이 있습니다.

그러나 내가 상여소리로 전국을 다니면서 상여소리를 하고, 또 90년도에 '세상사는 이야기'에 나가서도 제가 상여소리하고, 또 마지막 명성황후에 상여소리를 남양주에서 국장으로 하는데, 구백 명이 상여를 메고 국장으로 상여가 나가는데 제가 용 상여를 타고 유령을(요령을) 치면서 진도의 상여소리를 전국에 알렸습니다.

또 그것뿐만 아니고 명성황후를 인형극으로 해가지고 그거를 미국 하와이에 동서양 교류센터라고 유명한 곳인데, 거기에 가서 공연을 서른다섯 번이나 했습니다.

에, 그래서

'우리 진도에 만가 상여소리는 세계적인 소리다!'

저는 그런 자부심을 갖고 지금도 사람이 죽으면은 제가 무보수로 이게 해드리고 그럽니다.

그래서

'진도 생이소리는 아마 영원하리라!'

이케 생각을 해보고 응, 그래서 그때부터 아마 전국에서 상여를 메는 상두계도 없어져버리고 다 동네에서 청년들이 미는 걸로 알고 있습니다.

그런 역사를 제가 가지고 있습니다.

(조사자 : 상여소리 한번 해 주세요.)

상여소리요?

불쌍하신 망제님이 오늘 마지막 가시는데 소리 없이 못 가겠다고 그러네.

이-----이 이 허여야 이야 에---에 —에 에헤야

삼천갑자 동방석이 삼천갑자를 논 사논 뒤에 우리야 부모님은 백년도 못 살고 갔네

에—에 에헤야 에허야 에—에 —에—에헤야

오늘은 가다가 어디 가서 쉬어가며 내일은 가다가 어디 가서 자고 갈거나

불쌍하신 망제님

오날 가시믄 못 오시는디 하적인사나 하고 가야 쓸 것 아니요

하적인사나 하고 가입시다.

하적이여 하적이로고나 세왕산 가시자고 하적을 하네

살던 집도 다 버리고 동네방네 하직하고 세왕산 가시자고 하적을 하네

불쌍하신 망제님이 못 가겠다고 그러는가 놀라가지고 그러는가

놀다가세 아—아—아 에헤요 아—아—아 에헤요

정거리야 정거리요 깊은 물에다 다리를 놓아 만인공덕에(---)첫네

아—아 —아 에헤요 아—아 —아—에헤요

정거리야 정거리요 나무아미타불

어머니의 구성진 엿타령

자료코드   589_MONA_20170913_DJR_JOH_002
조사장소   진도군 의신면 돈지리 돈지마을 제보자 자택
조사일시   2017. 9. 13
조 사 자   박정석, 박영관
제 보 자   조오환(남, 68세, 1949년생)

줄거리 아버지를 일찍 여읜 어머니는 가족의 생계를 위해 엿을 팔기 시작하였는데, 어머니의 구성진 엿타령은 인기가 많았고 또한 입담이 좋고 비손을 잘했던 어머니는 특히나 엿타령과 장모타령을 잘했다고 한다. 이를 계기로 전수관에 진도엿타령 보존회를 만들고 싶다는 이야기이다.

진도 엿타령! 그러면은 아마 이제 진도 사람들은 모르는 사람들이 없으리라 봐요. 타 지역을 가보면은 엿타령이라는 것이 없어요. 뭐, 엿가위춤, 엿가세(엿가위) 뚜들고(두드리고) 요즘 또 엿장사들이 하면은 유행가에 맞춰서 가위만 뚜들고 하는데 한국에서 물건을 팔면서 부르는 노래가

"옷 사세요~" 하는 옷타령이고, 그리고

"에라~ 군밤이로구나~" 군밤타령이 있어.

그리고 유일하니 진도에 엿타령이 있다. 그래서 진도 엿타령이라는 것은 굿거리장단 그리고 자진모리장단 두 가지로 논할 수 있단 말이야.

노래가 굿거리만 있는 것이 아니고 그래서

'이건 진도에서 참, 없어서는 안 될 정말 귀중한 노래구나!'

그렇게 생각을 하고, 나는 열아홉 스무 살 이런 때부터 엿타령에 대한 그 애착을 갖고 열심히 참, 채록도 다니고, 그리고

'어머니가 했던 소리라 영원히 살아서 숨 쉬도록 해야 된다!'

그래서 진도에 엿타령 보존회를 만들어서 전국에 안 다니는 데 없이 다니면서 진도 엿타령을 공연도 하고, 또 방송 매스컴도 타고 또 해외 나갔었고, 또 중국, 미국 이런 데 가서 진도 엿타령을 홍보를 했습니다.

이거는 엿타령은 나하고 어떤 연이 있냐 하면은, 어머니가 일찌가니(일찍) 아버지가 돌아가셔나서 자식들은 많고 그래서 어머니가 쌩엿을 만들어서 돈지가 장이 터서 장날부터 엿을 파는데, 한번은 어머니가 장날 엿 팔고 와서 막 우시더라고.

그래서는,

"어머니, 왜 우요?"

그랑께 하는 말이,

"동네 이장이 막 뭐라 했다."

이것이여.

"왜, 창피하게 장에서 소리 하면서 엿을 파냐?"

동네 이장이 누군가 하니 박○○씨네 아버지 그 박○○ 씬데, 그분이 이장하면서 우리 어머니가 이제 같은 집안 누나가 되니까 챙피하니 시장바닥에서, 장바닥에서 노래 부르면서 엿을 포냐고(파냐고) 뭐라 했다고 그러는 거야.

그래서 가만히 듣자니까 나도 참 그렇드라고. 기분이 나쁘든만. 인제 그분이 어머니를, 우리를 생각해서 하는 소리제.

그때부터 어머니가 장에서 엿장시를 안 해. 장시를(장사를) 안 하고 엿을 만들어서 정지 멀에(마을에) 어떤 분이 계셔 그분 이름이 생각이 안 나는데….

그분하고 어머니하고 둘이 항상 엿을 만들어가지고 장사를 나가는 거야.

어디로 가는고 하니 신안, 무안 이런 데를 갔다 오는 거야. 그러면은 내가 마중을 가. 어디로 가냐. 여기 해창 고작굴 응 고작굴에 배가 이렇게 닿는단 말이여. 배가 닿으면은 마중을 가제. 지게를 지고 오라고 그래. 가면은 어머니가 돈도 인자 쫌씩 벌었겠지만 좁쌀 이런 걸 받어갖고 오는 거여.

그라믄 고놈을 이제 내가 지고 온단 말이여. 좁쌀이나 곡식을 지고 오면은 그걸로 해서 어머니가 생활을 하는 거야. 엿을 팔아서.

그런데 쩌 동네 사람들하고 놀면서 어머니가 유일하니 부르는 노래들이 타령이란 말이여. 타령 중에서도 제일 잘하는 것이 내나(겨우) 엿타령. 그러고 장모타령. 장모타령은,

'머리끝부터 발끝까지 장모 공은 못 갚은다.'

그래서 어깨를 짤라서 뭣이로 팔아도 장모 공은 못 갚고, 뭐 자지는 짤라서 뭣이로 팔아도 장모공은 못 갚고, 별~ 이 귀부터 다 짤라갖고 짤라서 장모의 장모 타령을 제일 잘했고.

어, 그러고 어머니가 비는 소리 이런 것들을 아주 입담 있이 어머니가 잘하셨단 말이여. 그래서 어머니 엿타령을 좀 젊어서 어렸을 때 많이 듣고 내가 해야 되는데 젊어서 채록을 좀 많이 했드라면 쓸 거인데, 어머니가 나이가 드시니까 나중에 사설을 다 이 잊어 먹드라고.

잊어먹고 팔십 넘어 넷에 돌아가셨는데 사천리서 돌아가셨었는가? 돌아가셨

는데 그래서 어머니의 그 구수한 그 엿타령은 아마 누가 듣더라도,

'아, 정말 잘한다!'

그래서 어머니가 한 말로는 무안, 신안 이런 데 다니면 어머니가 엿타령을 하고 그러면은 누가 뭐이라 하는 사람 없고 다들,

'응, 잘한다!'

그래서 엿을 이렇게 많이 사준다는 거여. 그래서 내가 서울로 갔다 오기까지 어머니가 한 십년 가까이 어디로 이케 나댕겼제. 신안, 무안 이런 데로.

그래서 항상 그런 기억이 있고. 참, 진도에 엿타령 보존회를 만들어서 지금 보존하고 있지만 거가 비라도 하나 전수관에다가 진도 엿타령 보존회에서 한나 세울까, 그런 생각을 지금 가지고 있습니다.

▌진도 엿타령

서울이 싸네 부산이 싸네 광주가 싸네 싸네 싸네 하여도

가까운 목포 무안 전차 기차 자동차 발동기 리아카 구르마

태산 같이 쌓이면서 가져 갈 데는 가져가드라

싸네 – 어 어허 이어 꿀꿀 엿이라

정말 싸다 파는엿 스므살 먹은 큰애기가 밤잠 못자고 만든 엿이다

기름이 찍찍 흐른다.

자–자–자 꿀꿀 엿이라 정말 싸다

파는 엿 삼베 걸럭지 떨어진 것

미역매 걸럭지 떨어진 것 숫구락 몽댕이 부러진 것 전날 저녁에 장난 허다 비녀 꼭대기 부러진 것 고물 한 짐을 지고 오면 엿을 두 짐을 져주는디 친정 집이도 갈만하고 처갓집이도 갈만하고 동네 잔치도 벌린 만 허다

헐찌기 헐찌기 파는 엿 싸구려 –헤에---어-

꿀꿀 엿이라 정말 싸다 파는 엿

허어- --- 파는 엿이라 파는 엿

만주 봉천에 좁쌀엿 동래 부산에 사탕 엿 지름이 잘잘잘 흐른다.

어디를 가봐라 거저주나

내 말 듣고서 이리와 동실 동실 감자엿 울긋 불긋 맹감엿

가운데 짤숙 잘망엿 ( ) 나팔엿 말만 그렇지 찹쌀엿이라

지름이 잘잘 흐르네 기름이 번듯하구나

허공 모판에 거문고는 줄만 골라도 소리만 뚱땅

요놈에 모 판에 엿가락은 소리만 하면 다 팔린다

헐찌기 헐찌기 파는 엿 허랑 뚱땅에 파는엿

좋은 양반 삼베 주머니 지화 두장이 나온다

아 저기 있는 저 아짐씨 속곳 밑에서 돈 나온다

가져 갈 테면 가져가 가져 갈 테면 가져가

서울이 싸네 부산이 싸네 광주가 싸네 싸네 싸네 하여도

가까운 목포 무안 전차 기차 자동차 발동기 리아카 구르마

태산 같이 쌓이면서 가져 갈 데는 가져가드라

싸네 -어 어허 이어 꿀꿀 엿이라 정말 싸다 파는 엿

스무 살 먹은 큰애기가 밤잠 못자고 만든 엿이다

기름이 찍찍 흐른다

자-자-자 꿀꿀 엿이라 정말 싸다 파는 엿

삼베 걸럭지 떨어진 것 미역매 걸럭지 떨어진 것

숫구락 몽댕이 부러진 것 전날 저녁에 장난 허다 비녀 꼭대기 부러진 것

고물 한 짐을 지고 오면 엿을 두 짐을 져주는디

친정 집이도 갈만하고 처갓집이도 갈만하고 동네 잔치도 벌린 만 허다

헐찌기 헐찌기 파는 엿 싸구려 -헤에---어- 꿀꿀 엿이라

정말 싸다 파는 엿 허어- --- 파는 엿이라 파는 엿

만주 봉천에 좁쌀엿 동래 부산에 사탕 엿 지름이 잘잘잘 흐른다

어디를 가봐라 거저주나 내 말 듣고서 이리와

동실 동실 감자엿 울긋 불긋 맹감엿 가운데 짤숙 잘망엿 ( ) 나팔엿

말만 그렇지 찹쌀엿이라 지금이 잘 잘 흐르네 기름이 번듯하구나

허공 모판에 거문고는 줄만 골라도 소리만 뚱땅

요놈에 모 판에 엿가락은 소리만 하면 다 팔린다

헐찌기 헐찌기 파는 엿 허랑 뚱땅에 파는엿

좋은 양반 삼베 주머니 지화 두장이 나온다

아 저기 있는 저 아짐씨 속곳 밑에서 돈 나온다

가져 갈 테면 가져가 가져 갈 테면 가져가

한 집안의 엿타령 역사

자료코드   589_MONA_20170913_DJR_JOH_003
조사장소   진도군 의신면 돈지리 돈지마을 제보자 자택
조사일시   2017. 9. 13
조 사 자   박정석, 박영관
제 보 자   조오환(남, 68세, 1949년생)

줄거리 제보자의 어머니는 생계를 위해 엿을 팔면서 엿타령을 불렀는데, 이는 남편에게서 배운 것이라 한다. 아버지는 할아버지의 도리깨소리와 엿타령을 듣고 자랐기 때문에 절로 타령을 익혔다. 그렇게 할아버지에서 아버지로, 아버지에서 어머니로, 어머니에서 아들로, 그 아들이 낳은 딸에게로 4대째 엿타령이 이어지고 있다는 이야기이다.

내가 엿타령 역사를 가지고 있는 것은 우리 어머니가 엿타령을 잘하는데 어머

니한테 배웠지마는.

"어머니는 누구한테 배웠소?"

하니까는 우리 아부지가 아주 의신면에 유명한 건달이었다는 것이여. 아버지가 술도 잘 잡수고, 놀음도 잘하고, 여자도 좋아하고 그래서 동네서 동네로 우리 어머니하고 연애결혼을 했어요.

그 시절에 어머니하고 연애결혼을 했으니 얼마나 아부지가 난 사람이었는지 알아보겄제. 그래서 그 당시에 주조장 했던 사람이,

"참 느그 아버지가 멋쟁이였느니라. 유명한 멋쟁이고, 놀고 노래 부르고 하면 참 구성져갖고 귄(귀여움)이 잘잘 흘렀던 사람이다."

그런 이야기를 많이 듣고 성장을 했는데,

"그러면은 아부지는 누구한테 배웠소?"

했드니, 어머니가 하시는 말씀이

"느그 할아버지가 유명했던 분이다."

느그 할아버지는 엿타령도 잘했지만은 어, 옛날에는 농사지으면 이렇게 도리깨질 타작하고 이라면, 다 도리깨로 뚜둘었어(두드렸어). 지금은 기계로 다 해버려. 옛날에는 콩이고 뭐이고 다 이렇게 도리끼로 했는데 그 도리깨질 소리를 할아버지가 최고로 잘하고 엿타령하고 도리깨 소리는 할아버지를 따를 사람이 없었다.

그래서 어, 나까지 우리 딸래미까지 지금 이어오고 있는 엿타령인데 할아버지, 우리 아부지 엉 나, 우리 딸래미. 이렇게 지금 4대차 진도 엿타령을 이어가고 있습니다. 앞으로도 아마 오대 또 계속 이어졌으면 하는 바램입니다.

어, 그래서 지금 우리 막내딸이 딸 다섯, 어 아들 한나 그렇게 낳았는데 막내딸이 정말 다행이도 내 대를, 내 끼를 받아가지고 학교는 목포 예고를 나오고, 대학교는 서울 중앙대 국악과를 나와서 중학교 때가는 전국 판소리 경연대회에서 장관상을 받고 또 고등학교 때도 장관상을 받고, 응 서울 중앙대학교 특차로 32명 중에서 대상을 받으므로 특차로 학교를 들어갔어요.

들어가서 졸업한 후 학교에서도 인기가 좋았겠지만 특히, 진도 소리, 그래 가지고 진도 엿타령, 아부지가 했던 엿타령으로 아주 인기를 끌었고, 지금 창극단 서울국립창극단에 인턴 단원으로 졸업하므로, 인턴단원으로 삼년 동안 고생하다가 인턴 단원으로 있으면서도 주연을 두 번이나 맡아가지고, 어, 코카스 백묵원이라는 주인공을 두 번이나 맡아가지고, 정단원으로 시험 봐서 들어갔는데, 작년에 들어갔어요.

거기를 에, 내가 한번 갔는데 막 들어가서 국립극장을 들 가니까 아, 엿타령 소리가 나오는데 내 엿타령 녹음해 놓은 놈이 싸구려 - 함서 딱 나오더라고. 그래서,

'아, 역시 진도 엿타령이 이제 국립 극장에서도 나오는구나!'

그래가지고 제가 그냥 기분이 아주 좋았습니다. 그래서 4대 이케 5대까지 연결되었으면 하는 그런 바램이죠.

저 할아버지가 그 도리깨질 소리를 여기 읍에도 다니고 진도 전역을 내나(늘) 다니면서 자주 하셨는디 그럼 째깐만 해 볼거나.

아 사설이 많은데….

어 절시구 옹헤야 잘도 한다 옹헤야
갈치 굽고 옹해에 멸치 찌고 옹헤야
막걸리 걸러 옹헤야 어절시구 옹헤야
때려라 때려라 하이 여그 때려라 여그 때려라

이렇게 계속 하는디, 받음소리도 이케 누가 해줘야 되야. 우리 할아버지가 했던 소리 여러 가지가 있는데….

지금은 사라진 청용 농악

자료코드   589_MONA_20170913_DJR_JOH_004
조사장소   진도군 의신면 돈지리 돈지마을 제보자 자택
조사일시   2017. 9. 13
조 사 자   박정석, 박영관
제 보 자   조오환(남, 68세, 1949년생)

줄거리 청용마을에 농악패가 있어서 정월대보름이면 몇날 며칠 마을을 돌며 농악을 치고 샘에 가서 무병장수 샘굿도 쳤다. 고수와 중고수, 설북, 잡색까지 뛰어난 기량을 보이던 분 들이었는데, 4회 영등축제 이후로 청용 농악이 이어지지 않고 있어서 무척 아쉽다는 이 야기이다.

진도에 농악이 아마 각 면마다 있었겠지만 의신면은 유일하니 청용에 농악이 있었습니다.

청용에 박덕수씨라는 분이 제 국민학교 다닐 적에, 우리 마을에 큰 샘이 있는 데 바로 큰샘 옆에서 제가 거그서 살았어요.

근데 아마 제가 생각하기는 일곱 여덟 살 된 것 같아요. 그런 때 보면은 덕수 씨 란 분이 상쇠입니다. 상쇠고, 그 다음 중쇠로는 이름은 제가 기억을 못하긋는 데 돈지마을 광열네 아부지가 하셨고, 돈지 몇 분이 중쇠를 하고, 그러고 제일 돋보이는 것이 거그서 북수인데, 북수가 청용 사는 심유일씨라고 그분이 설북 (으뜸북수) 북수에요.

그분이 북을 치면은 정말 모든 사람들이 그 북수한테 눈이 갑니다. 눈이 가고 또 제일 재미있게 하는 사람이 또 무엇이냐믄 조로쟁이인디요. (잡색) 조로쟁이 는 키가 째간해가지고(작고) 하얀 옷을 입고, 눈만 이렇게 있고, 입 이케 째간하 게 내놓고 하는 그런 탈을 쓰고 조로쟁이가 뽀르라니 나무 배늘(나무더미)도 올 라가고 아주 방정맞고 아주 재미있게 노는 걸 보면은,

'아마 의신 청년 농악이 진도에서는 최고였잖나.'

저는 그렇게 생각을 하는 사람입니다.

그래서 그 농악을 치면은 보통 정월 초하룻날 이튿날이나 이케 삼일 날 치면은 보름날까지나 보름 세고(보름 지나고) 치기도 하고, 많이 여러 날 치는데 한 20일 정도 치나, 한 달 정도 치나 그렇게 쳐요.

보면은 막 농악치고 들어감시로 쌀을 놓고 주인장을 부르고 또 여러 가지 농악 패들 농악을 치고 집을 한 바퀴 삥 돌고 이케 나오고 그러면 돈도 내고 막 곡식도 내고 그럽니다.

그러고 제일 걸게 하는 곳이 제가 봤을 때는 샘굿인디, 샘에 가서 이렇게 샘굿을 하는데 아마 그 동네 사람들이 다 이 물을 먹고 화목하고 부자 되고 다 건강하니 잘 사라고 하는 그런 비는 소리를 합니다.

이제 그 덕수씨란 분이 이렇게 상쇠가 리더를 하면은 다 따라서 합니다.

제가 어려서 그 농악을 좋아해가지고 참, 쫄쫄쫄 따라 당김시로(다니면서) 며칠 몇날 끝날 때까지 따라다녀요. 어머니한테 소리도 듣기도 하고 또 면사무소에 가면 면사무소에서도 엄청난 굿을 합니다.

아마 그런 때 제가 어려서 보면은 면사무소에서 돈을 많이 준게 그런가 어짠가 면사무소 굿을 제일 오래해.

그 다음에 이제 학교도 다니고 그런 때 중학교도 없고 국민학교 하나 밖에 없었는데 국민학교에 가서도 하고, 지서에 가서 응, 이렇게 농악도 치고 하도 제가 많이 따라 댕겨봐나서 그래서 그 신유희씨 굿가락이, 청용 그 농악이 사라진지는 제가 알기로 어, 진도 신비의 바닷길 영등살 4회 때 아마 없어진 것 같애요.

1회 때부터 4회 때까지는 그 농악이 나왔어요. 우리 청용 농악이 어, 영등축제 때 그 공연을 했습니다. 공연을 했는데 그거이 사라지고 김덕수씨란 분이 아니, 박덕순씬가 김덕수씬가 성은 제가 잘 기억이 없는데 덕수씨란 분이 인천으로 가셨다고 그러등만. 나중에 알고 보니까.

그래 상쇠하신 분이 인천으로 가신 뒤로는 누가 그 상쇠를 했는고 하니 바로 신유희씨요. 북치던 북수가 상쇠를 하고, 또 북은 누가 쳤는고 하니 지금 이남 서네 형님 이남준씨로 그 동네 이장을 했던 분인데 이남준씨가 설북을 하고, 또 그 동네 사람들 전체가 농악 가락을 아니까 응, 그거를 하고 했는데, 아주 그 유명한 청용 농악이 사라진 것이 참 아쉬웠죠.

의신면 돈지리 향교마을

호랑이를 가족처럼 돌본 효자 할아버지

자료코드 589_FOTA_20170624_HGR_KSD_001
조사장소 진도군 의신면 돈지리 돈지마을 제보자 자택
조사일시 2017. 6. 24
조 사 자 박정석, 박영관
제 보 자 강송대(여, 77세, 1941년생)

줄거리 아버지의 묘 옆에서 삼년상을 치르던 8대조 할아버지가 산에서 내려온 새끼호랑이를 거두어 잘 보살펴주었는데, 몸이 커진 호랑이는 홀연히 떠나버렸다. 삼년상을 마치고 돌아온 할아버지는 낮잠을 자다가 그 호랑이가 곤경에 처한 꿈을 꾸고 그곳으로 쫓아가서 호랑이를 구해주었다. 이를 기특하다며 해남 원님에게 상을 받았지만 곧바로 사라진 호랑이가 다시 나타나지 않자, 가묘를 해서 호랑이에게도 삼년 상식을 해주었다는 이야기이다.

9대 할아버지가 돌아가셨는데 그 아들 8대 할아버지가 살아생전에 굉장한 효자였대요. 그런게네(그러니까) 그 8대 할아버지가 자기 아버지가 돌아 가신게 묘를 묻어 놓고 작은당 그 중리 옆에, 지금 큰 선산이 우리 옛날부터 선산이거든요. 그래갖고는 선산에다 묻어놓고 삼년간 거그서 천막을 쳐 놓고 상식(上食)을 했대요. 9대 할아버지를.

그러고 인자 있는데 아니 새끼 호랑이가 사천리 산에서 넘어 와갖고, 중리 산하고 사천리 산하고 이렇게 있거든요. 보믄. 작은당 쪽.

그래 갖고는 호랭이 새끼가 내려왔어. 인자 이렇게 보니까 음식 냄새도 나고 그랑게 왔든 모양이여. 새끼가 쬐간한(작은) 것이 그런 때 뭐 무서울 것 없잖아요. 호랭이가 째간한게. 그랑께 우리 할아버지가 밥도 주고 먹는 것도 주고 꼭 강아지 키듯 그렇게 다뤘써(다루었다).

그랑께 호랑이가 부드럽게 생각하고 달롱달롱 이케 내 오고 내려오고 한 것이 그 호랑이가 인자 많이 커불었어. 클 것 아니요.

그래갖고는 성장 하닌까 또 그 호랑이를 또 우리 그 전에 우리 할아버지 말 들으면은 호들창 이렇게 들여다보면, 호랑이가 이렇게 긁으면 어서 가라고 뭣 줌시로(주면서)

"어서 가라!"

고.

"여기가 어디라고 왔냐?"

고,

"어서 가라!"

고. 그라고 했다고 하드라고요. 그런데 그렇게 해갖고는 그 호랑이를 키웠는데 호랑이가 인자 내중에는 성장해았고 너무 큰 게 나가불었어요.

그 삼년간을 다 마치고 우리 할아버지가 보따리 싸갖고 집에를 들어와 낮에 낮잠을 주무시는데 그 8대 할아버지가. 아니, 그 꿈에 선명하게 그 호랑이가 해남 쪽 어디 그런 데서 함정에 빠져갖고 아주 굉장히 고역을 당하고 죽을 욕을 보고 있드라 하요.

그렇게 포위를 당해았고(당해서) 죽을 욕을 보고 있응께, 깜짝 놀래갖고 낮잠 자다가 벌떡 일어나 그런 때는 걸어갔대요. 걸어가았고 뗏마를(뗏목을) 타고, 작은 배를 타고 나가서 우수영 쪽 어디라는그만. 그란데 거그 간께는 참말로 포위를 하고 있드래요.

사람들이 호랑이를 막 친친 에워싸갖고 있응게 할아버지가 막 소리를 지름시로(지르면서),

"죽이지 마라!"

고, 죽이지 말고 가만있으라고, 가만있으라고 막 이렇게 소리를 침시로(지르면서) 한께는 어, 저 미친놈이라고. 응, 해남 사람들이 할아버지한테 미친 놈이락해. 죽이지 마라고 내가 가도록 죽이지 마라고, 우리 호랑이라고 그라고 소리를 침시로 한께, 그 사람들이 얼처구니(어처구니)가 없어갖고 인자 미친놈이다 하다가는 인자 할아버지가 자기들한테 가까이 다가오도록 기다렸대요.

그래갖고는 아, 그러면 저 호랑이 굴로 들어가 보라고 그랑께는 우리 할아버지가 참말로 들어 갔다게. 들어가서 본게 인자 호랑이가 커블었어.

어쩐 일로 여그가 이러고 있냐함서 그 안으로 들어간게 물잖애(물지는 않고) 어흥, 이람시로(이러면서) 눈물을 힉 흐르고 함시로(하면서) 이러고 한께는

"어쩌다 이랬냐?"

이라고 호랑이 머리를 쓰다듬고.

"어째 여그를 왔냐, 어째 여그를 왔냐?"

그랑께는 보는 사람들이 그냥 신기해불었어.

이 호랭이를 보내주라고, 아무도 죽이지 말고 보내주라고 우리 할아버지가 권유한게는 그래갖고 해남 저쪽 사람들이 참말로 보내 주었대요. 내보내불었어. 그렁께는 이 해남에서 원님이 진도 같으면 군수겠지라. 원님이 우리 할아버지한테 상을 내렸어. 아 진짜 기특하다고 상을 내려갖고.

그 할아버지가 인자 항상 새끼마냥 정이 들어갖고는….

그러고 나서는 그 호랑이가 다시는 그라고 안 나타났대요. 그랑게 죽었는가? 호랑이가 죽었는 것이다 싶은게, 우리 할아버지가 우리 밭이 머리똥 밭인데 어려서부터 거그다가 항상 그 묘를 묻어 놓고, 또 삼년간 상식을 했대요. 거그 호랑이 묘에다 일일이 그렇게 했어요.

그래서 그 호랑이 할아버지가 효자 할아버지여. 말하자면 그랑께 아부지를 거그서 막을 쳐 놓고 삼년간 상식을 했고, 또 호랑이를 돌보고 했는데 호랑이가 또 불쌍하다고 해서 자식마니로(자식처럼) 불쌍하다 해았고(해서) 거그다가 묻어 놓고 호랑이한테 삼년간 상식을 했대요.

호랑이에다가 호랑이 겉묘를 묻어 놓고, 인자 그, 그, 묻어놓고 상식을 했대요. 머리똥 묘는 인자 없어졌어요. 밭이여 거가. 나 아그덜 때만(어릴때만) 해도 그 밭을 우리가 벌고 그랬거든요.

그란데 내중에(나중에) 팔아불었어. 그란데 선산만 있어. 그 효자 할아버지 묘가 거가 있고 모도 하이튼(하여튼) 저 9대 할아부지가 절충장군이었는데, 그 할아버지도 묘가 거가 있제. 지금 비석이 있어 묘에가.

그래서 옛날에는 대대로 훌륭한 집안인데 내려오다 중간에 많이 내려와갖고는 당골땜시 묻혔어. 직업이 그래갖고는,

앞날을 예견하신 할아버지

자료코드   589_MONA_20170624_HGR_KSD_001
조사장소   진도군 의신면 돈지리 돈지마을 제보자 자택
조사일시   2017. 6. 24
조 사 자   박정석, 박영관
제 보 자   강송대(여, 77세, 1941년생)

줄거리 학식이 깊고 영리하신 할아버지가 지역 유지들과 구학문을 날마다 공부하시면서 뭔가 큰일이 일어날 것을 예견하셨다. 모두 믿지 않았고 의심했는데 다음해 6·25 전쟁이 일어나서 할아버지의 깊은 학문에 모두들 경의를 표했다는 이야기이다.

저희 친할아버지는 '강', '영' 자, '신' 자 어르신이거든요. 그란데 워낙 대대로 내려오던 머리가 있기 때문에 참 영리하고 똑똑한 할아부지여.

그래서 옛날에 기관에 모두 면장이랄까, 학교장이랄까, 지서장이랄까, 그런 분들이 퇴근을 하면은 우리 집으로 오셨어요. 나 알기로는 우리 웃집 행랑으로 와서 놀면서 꼭 구학문을 더 공부하기 위해서 날마다 그분들이 오셔.

그러면 뭔 구학문도 많이 가르치고 으레 한문을 가르쳤거든요. 그랬는데 에,

한번은 그분들하고 모여 있으면서,

"아무래도 내년이 좀 이상하다. 내년에 뭔 일이 있을 것 같다."

"뭔 일이 있겠냐?"

"아니 내가 아무리 글귀를 풀어 봐도 어, 내년에는 온 세상이 아주 죽는다 소리 가 난다."

고 할아버지가 그렇게 말했대요. 죽는다 소리가 난리가 날 것이라고 한번 세상이 죽는다 소리가 날 거라고라 그렁께는,

"아이, 뭣 그렇게야…."

하고 그리고 옆에서 모두,

"아이 뭔, 그리고 말도 안 된다. 아니라."

"인자 보라고…."

그란게는, 거럼 내기를 하자고 참말로 그러면 내기를 하자고 그래갖고 하드니, 그 뒷해 참말로 유월 달에 육이오가 났어요.

그래서 그 할아버지들이 대차(정말) 머리가 비상하고 영리한 줄은 알지만은 이렇게까지 똑똑한 줄은 몰랐다고 정말로 우리 할아버지를 숭배한다고 그랬어요. 그분들이 정말 숭배한다고 그리고까지 치하를 했어요.

지극정성으로 제사를 모시는 할아버지

자료코드   589_MONA_20170624_HGR_KSD_002
조사장소   진도군 의신면 돈지리 돈지마을 제보자 자택
조사일시   2017. 6. 24
조 사 자   박정석, 박영관
제 보 자   강송대(여, 77세, 1941년생)

줄거리 제사에 온갖 정성을 들이고 적극적으로 임하시는 할아버지의 몸가짐과 말투, 특히 몸과 마음에 부정이 타지 않도록 각별히 조심하시는 정갈한 태도에 대한 이야기이다.

그러고 우리 할아버지는 제사 때도 항상 갓신에다가 옷을 제대로 갖춰 모시 두루마기에 그 호박 뒷해갖고 갓만 쓰고 깨끗이 목욕재계 하셨제. 그라고는 제사 때는 어느 때 귀신이 오시겠다 함서 때 되면 샛밖에(사립문밖에) 나가요. 항상 나 알기로는 항상 그랬어. 샛밖에 나가서 꼭 인사를 해. 천연히 인사하고,

'어서 들어가십시다! 어서 들어가십시다!'

꼭 요라고 그 뜰까지 요라고 모시고 오네. 꼭 손을 요렇게 하고 제사 다 지내고 갖춰서 제를 지방 다 무셔서 지내고는 또,

'돌아가입시다.'

그라고는 또 이라고 모시고 가. 그렇게 정성 지극해 아주 지극해. 이라고 모시고 가갖고 샛밖에 젯밥 저 끝까지 가서는,

'조심히 가십시다. 조심히 가십시다.'

인사를 해. 그라믄,

"할아버지 왜 또 인사를 하요?"

하믄,

"이놈의 가시나 모르면 아무소리 말아라!"

조심히 가라고.

'조심히 가입시다.'

또 인사를 해, 그렇게 하고 끝맺으면 제사를 꼭 지내요, 끝맺음을 하요. 아주 훌륭하고 적극적이고 제사 지낼라믄 아무리 겨울이어도 가서 목욕재계하고 깨끗이 하고 개고기 먹거나 뱀을 먹거나 한 사람은 안되제.

옛날부터 우리는 제 지내기 전 한 달을 주의해. 그라고 옛날에 또 할아버지 한 분이 개고기 판 돈은 부정하다고 저 통 새(사이) 지스러기에다가 여(넣어) 놓고 썼대요. 그란게 돈을 꼭 통 새 지스러기에다 여 놓고 쓴대요.

개 판 돈은 아주 각별하고 청백하고(깨끗하게) 그란게 웃대 할아버지가 그렇고, 우리 할아버지는 개 판 돈은 그렇게 안했어도. 저 뭣은 상식(上食, 상가에서 아침저녁으로 궤연 앞에 올리는 음식)은 적극하고 하셨고 옛날에는 삼년상을 그저 상식을 했잖아요.

그 뭣, 꿰매 놓고 상방해 놓고 일일이 그것하고 우리 할머니도 돌아가셨는데 차려놓고 우리덜이 절하고 일일이 그랬어요. 아랫방에 상방해놓고.

국악 입문에서 인간문화재가 되기 까지

자료코드   589_MONA_20170624_HGR_KSD_003
조사장소   진도군 의신면 돈지리 돈지마을 제보자 자택
조사일시   2017. 6. 24
조 사 자   박정석, 박영관
제 보 자   강송대(여, 77세, 1941년생)

줄거리 제보자는 권번 출신이었던 친척 고모에게 국악을 어렵게 배우면서 많은 시련을 겪었으나 이후 정식 국악인이 되어 제자들을 양성하며 살아가는데, 남도잡가로 인간문화재가 되기까지의 과정에 대한 이야기이다.

예, 저는 국악을 어떻게 시작을 했느냐 하면은 어려서부터 취미가 있었거든요. 나는 여섯 살 때부터 국악을 배웠어요. 어디서 배웠냐믄 옛날 우리 오촌 고모가 원래 저 권번(기생학교) 출신이거든요. 노래 학교 출신이여.

그 고모로 인해서 국악을 묻혔는데(시작했는데) 그 고모가 성격이 좀 괴팍해갖고, 옛날에는 종이에 적는다거나 녹음이 없잖아요. 그러니까 그냥 구두로만 말로만 듣고 한게. 근게 구두로 하면 어렸을 때 총이(총기가) 좋으닌까 그냥 금방 금방 따 담었그만요(외웠어요).

그렇게 하다가 그 고모 막둥이 동생이 나보다 한 살 더 먹었어. 그란데 그 고모는 목포서 살았어. 그 고모는 항상 목포 큰고모 집에서 같이 삼서(살면서) 자주 듣고 하닌까 더 잘했고 나는 고모가 진도 오면 한 번씩 공부를 하닌까 더 못했어요. 그러면

"에이, 저 송대 가시나 못한다 못한다."

하면 어린 마음이라 부애(화가) 나갖고 안 해분다 하고 그람믄 오라해갖고 한 서너 번 오라 해갖고 안 온다 하믄 기어시(기어이) 오라 해서 그냥 성격이 급한게 내 귀싸다구를 이리저리 쳐불어요.

"이놈의 가시나 어디서 어른 말에 대꾸하고 응? 있으라 하면 있제."

무릎 꿇으라 하면 꿇고 그랬거든요. 우리는 일일이 무릎 꿇고 공부했어요.

옛날에 그래갖고 잘못했다 하고 했는데 응, 인자 그렇게 하다가 그 고모가 일찍 죽고 또 취미가 있으닌까, 그 밑에가 강한수 씨여.

쩌 밑에 거그서도 노래 좀 배웠지마는. 하다가 노래를 좀 함시로 여겨서 생활하고 춤도 가르치고 하다가 저는 어려서부터 했어도 늦게사 나타났어요. 왜냐하면 할아버지랑이 못하게 한께 그걸 못하게 한께.

그래갖고 내중에사(나중에) 정식 국악인으로, 스물여섯 살 먹든 정월보름날부터 인자 완전 프로로 내가 뛰었제. 낮에는 어디 외출 공연을 하고, 저녁에는 춤을 가리키고 그랬어요.

인자 그때부터 돈을 벌기 시작해갖고 정식으로 국악인으로 뛰었지요. 그래갖고 지금 일흔 일곱이닌까, 한 51년, 그렇게 스물여섯 살부터 시어도(세어도) 오십일 년이 되었어요.

그 세월에는 객지 생활도 목포서도 살았고 했제만은 광주서 많이 살아불었그만요. 광주서 이십 삼년을 살았어요.

그 전에 박승만 군수님 살았을 때 여그 향토회관 저 뭣이 생긴다 한께 거그서 저 공부를 갈치라 해서 육년간을 광주서 내리댕김시로(내려다니면서) 일주일에 두 번씩 안갈쳤소.

그라고 또 올라가고 학원을 하고 있으닌까, 그래갖고 육년간을 가리켜서 여그 박종숙이랑 모도 함금숙씨랑 안정자, 이런 사람들이 모두 내 제자였잖아요. 그 사람들을 손잡아서 갈쳐왔고(가르쳐서) 향토회관 토요마당이 생겨갖고, 그때 내가 적극 가리킴시로 나감시로 그랬오. 발전을 시켰어.

그게 원인이 되었어요. 그래갖고 인자 그 뒤로도 와서도 많이 갈쳤지만 그러다가 암만해도 안 되긌은게 내가 내중에는 보따리 싸갖고 여기 내려 왔잖아요.

'인자 나이도 먹고 했으니까 남은 여생을 후학양성을 하러, 진도를 위해서는 내가 내려가서 사는 것도 괜찮겠다.'

그런 생각으로 내려 왔습니다. 내려 와갖고 오늘날까지 이러고 살다가 인자 문화재가 여그 대통령상 타고 97년도에 전국 판소리로 강진서 대통령상이, 그때는 그 뒷 해에 없어져갖고 장관상인데, 또 전국 명창부라놔서 내가 거그 가서 장관상을 판소리로 탔잖아요. 대상으로 탔어.

그러고 나서 97년도에 그라고 그 뒷해 99년도에 2회 차에 탔제. 1회는 장관상이고 박진섭이가 타불었어. 난 장관상을 탔은께 더 갈 수가 없어. 그란게 그 뒷해 김대중 대통령 때 대통령상이 된게 내가 2회 때 탔잖아요.

그라고 2001년도엔가 또 내가 문화재를 받잖아요. 긋게 되었어요. 남도 잡가로요. 진도 잡가가 아니라 남도잡가 그렇게 되었어요. 도 지정으로 그렇게 되었습니다.

의신면 만길리 도목마을

무승부로 끝나버린 이무기들의 싸움

자료코드   589_FOTA_20170717_DMR_LCH_001
조사장소   진도문화원 회의실
조사일시   2017. 7. 17
조 사 자   윤홍기, 김명선
제 보 자   이춘홍(남, 78세, 1940년생)

> **줄거리** 황범도와 무저도 두 섬에 사는 이무기들은 싸우기도 전에 서로 상대의 섬까지 가다가
> 지쳐 돌아오는 바람에 결국 싸워보지도 못하고 무승부로 끝나버렸다는 이야기이다.

인제 바닷가이기 때문에 또 다른 얘기가 있어. 황범도하고 무저도 거리가 약 1
킬로 정도 되는데 두 섬에 이무기가 살았어.

(서로) 싸웠대. 싸웠는데, 싸워서 이기는 자가 인제 하늘로 올라가는지는 모르
겠고…. 먼저 침범해서 공격하는 자가 졌다. 진다. 그래서 가다가 돌아와불었
어. 가다가 힘이 팡지면(떨어지면) 지니까.

그리고 인자 황범리 이무기가 갔다가 돌아와불고, 또 한 번은 무저도 이무기
가 가다가 돌아와불고…. 가면은 힘이 팡져서 지니까.

그래서 그런 얘기가 있었는데, 지금도 하는 것은 몰라도 그런 것이 있어. (그 싸
움은) 무승부가 됐어. 무승부.

인명은 하늘에 달렸다

자료코드   589_MONA_20170717_DMR_LCH_001
조사장소   진도문화원 회의실
조사일시   2017. 7. 17
조 사 자   윤홍기, 김명선
제 보 자   이춘홍(남, 78세, 1940년생)

> **줄거리** 돛단배를 타고 목포에서 귀향하던 중 태풍을 만나 제방공사 중인 도목리로 밀려왔는데, 둑이 무너지는 물살에 배가 밀림과 동시에 썰물 때가 되어 배에 탄 사람 모두 살았다는 이야기이다.

간척 공사 중에 태풍이 불었어.

그때가 노라호 태풍[1962년 8월 3일]인가? 사라호도 있었고 노라호도 있었는데(사라호가 아니고), 노라호 태풍 때, 구자도 사람들이 생활필수품을 항상 돛단배를 이용해서 목포에서 갖다 사용했는데, 하필이면 그때 태풍이 불 때 귀향하던 중, 태풍을 피하기 위해서 돛대를 달지 못하고 밀리다가 도목리로 밀렸는데, 제방 공사가 거의 절반 정도 다 되고 했는데, 둑에 부딪치기 직전에 둑이 무너졌어.

그래서 그 무너짐과 동시에 같이 배가 물쌀 타고 돈지 쪽으로 올라갔는데, 그 사람들은 이미 죽었다고 체념하고 있는 중에서 나와서 보니까 갯벌에 엎혀갖고 있었거든.

그때 바닷물은 나가고, 나갔은께 태풍 불었어도 일 없었어. 그래갖고 살았어. 전부 다 살았어. 그래서 아마 '인명은 재천'인가 하는 그런 얘기가 있어.

고향을 그리워하다가 죽어간 실향민

자료코드 589_MONA_20170717_DMR_LCH_002
조사장소 진도문화원 회의실
조사일시 2017. 7. 17
조 사 자 윤홍기, 김명선
제 보 자 이춘홍(남, 78세, 1940년생)

줄거리 이북에서 피난 온 실향민 형제가 진도 간척사업 일을 하러 왔다. 형은 돈을 벌어 고향 가까운 곳으로 옮겨갔지만, 동생은 가족을 따라가지 않고 '통일이 돼야 집에 갈 수 있을 것'이라면서 고향을 그리워하며 도목리에서 살다가 죽었다는 이야기이다.

간척사업을 시작해가지고 큰 회사가 들어왔는데 중앙 공무사라고 자유당 때 굴지의 회사였어. 여러 곳에서 노가다 일꾼들이 모였는데, 이북서 피난 온 신 모씨라는 사람이 있었는데, 어릴 때 노가다 일하러 왔어.

자기 형하고 둘이 남하를 했지. 자기 형은 둔전리 간척지 논을 중개 받아가지고, 먹고 살만 하니까, 아우도 데려다 농사짓고 오순도순 살자고 했는데, 이 양반이 안 가는 거여.

그래서 형이 어렵게 데려다가 결혼 시켜서 같이 살자 그랬는데, 결혼한 지 며칠 안돼서 또 와불었어. 또 와가지고는 인자, 그 함바집 신세를 지고 있었어.

그 젊은 색시가 생과부가 되어가지고 애들 기르고 그라고 있었는데 그래도 안 가고. 그래서 형은 피난민들이 보통 다 올라가는데, 고향 가까운 쪽으로 다 가거든.

그란데 즈그 형도 올라가고, 그분 색시도 올라가불었어.

그 후로 아들 딸이 좀 성장해갖고 데리러 왔어, 데리러 와도 안 갔어. 안 가고, 인자 함바집 신세를 졌는데, 내가 생각하기는 아, 이 사람이 술 한 잔 먹으면

"빨리 통일이 되어야 집으로 갈 텐데…."

그라면서 그래서 나는,

'가정이나 가족보다는 통일이 더 우선이었지 않았냐'

그런 생각을 내가 해 봤어.

[그 사람은 지금] 죽었어. 죽었는데, 도목리에서. 그래도 사람은 좋았거든. 생이(상여)를 걸게 해서 인자 묻혀줬어. 벌초는 누가 지금 하는지 마는지, 묘도 잊어불고 그런 단계여.

부인들을 속여서 술을 훔쳐 먹은 술꾼들

자료코드   589_MONA_20170717_DMR_LCH_003
조사장소   진도문화원 회의실
조사일시   2017. 7. 17
조 사 자   윤홍기, 김명선
제 보 자   이춘홍(남, 78세, 1940년생)

줄거리 어느날 세무서 직원이 단속을 나왔다는 거짓말에 속은 마을 부인들이 술을 마을 밖 상여집에 감추었는데, 그 마을에 술을 좋아하는 사람이 몰래 그곳에 들어가 그 술을 공짜로 엄청 마시고 취해서 일어나지 못했다는 이야기이다.

옛날, 그, 세무서 직원이나 산림계 직원이 상당히 그 참 무서운 시절에 술 잘 먹는 분이 둘이 계셨어.

그래 인자 오늘은 어찌게 해서 술을 잘 먹냐 그라다가 그 바램이잔등이라고, 그케 훈련 갔다 오다가 그 동네가 보이거든.

"세무서 직원 온다요!"

그라고 소리치니까 부인들이 술동이를 이고 그 너메 생이집(상여집)이 있어 으석진 데가. 거기다 갖다 감추니까, 두 사람이 가서 그놈 먹고 얼마나 많이 먹고 취해버렸는가 못 일어났다는 그런 말이 있어. 공짜로 먹었지.

그란데 그 분들도 다 돌아가셨어.

의신면 만길리 원두마을

국민학교 때 저수지 둑에서 본 인민군들

자료코드   589_MONA_20171118_WDR_PJM_001
조사장소   진도군 의신면 만길리 원두마을
조사일시   2017. 11. 18
조 사 자   박정석, 박영관
제 보 자   박주민(남, 77세, 1941년생)

줄거리 제보자는 초등학생이었을 때 6·25를 겪었다. 인민군이 따발총을 닦는 것을 보고 웃다가 혼이 나기도 하고, 마을 청년들이 모여 있는 곳을 안내하라는 말에 인민군을 따라가기도 했다는 이야기이다.

아! 좀 6·25때 겪은 얘기를 말씀 드리겠습니다. 에, 6·25 당시 저는 열한 살로서 국민학교 4학년생이었습니다. 그때 팔월쯤일까 될 때 의신면 원두리 우리 집 그 마루 반침에서 점심을 온 식구가 먹고 있었습니다.

에, 그때 점심 먹다가 명금 저수지 뚝 쪽을 바라보니까 웬 사람들이 수십 명이 어깨에 뭣을 통 같은 것을 걸치고 등에는 가방 같은 것을 메고 천천히 지나가고 있었습니다.

신기한 마음이 들어서 얼른 점심 먹고 마을 동무들 서넛이(3, 4명) 모여서 그곳에 한번 놀로(놀러) 가자 해가지고 저희 집에서 약 1킬로미터쯤 되는 거리까지 우리 조무래기 친구들 모도(모두) 놀로를 거그를 갔습니다.

그 어린 시절이었으니 그때만 해도 공산당이 뭔지 인민군이 뭔지 아무것도 모르는 때였으니 아무런 두려움도 없이 그들이 걸어가던 명금 저수지 뚝에 찾아가 봤습니다.

지금 생각에는 그들은 북에서 내려온 인민군이었고 저수지 수문을 지나서 외따로 있는 어느 집 마당에 멍석을 깔고 앉아서 무기를 닦고 있었습니다. 소위 말해서 병기 수입을 하고 있었습니다.

푸른 군복에 별로 나이가 들지 않은 그들은 열심히 총을 닦고 있었고 그들이 앉아 있는 주변에는 두어 명이 사방을 경계하고 별초를 서 있었습니다.

에, 그 따발총이라는 것도 그때 저는 처음 봤습니다. 우리는 신기한 이런 광경에 서로 웃고 떠들면서 구경하고 있는데 그 중에 나이가 좀 들은 군인이,

"야, 꺼져!"

"빨리 가란 말이야!"

하고 소리를 버럭버럭 질렀습니다. 우리는 그 큰 소리에 두릅기도(두렵기도) 해서,

"가자!"

하고 그곳을 떠나서 메뚜기를 잡으면서 마을로 돌아왔습니다. 그런지 인자 며칠이 지났을까 또 어느 날 길에서 친구들하고 놀고 있는데 어떤 사람이 말을 타고 마을로 오고 있었습니다. 차츰 우리들 곁으로 오더니,

"야, 너희들 이리와 봐."

하고 우리를 불렀습니다. 우리는 좀 망설이면서도 그 사람 곁으로 다가갔습니다. 지금 생각하면 무섭기도 할 텐데 어째서 하나도 두렵지 않았습니다. 철없는 어린 시절이었으니까 그랬는지 모르겠습니다.

우리는 그 말 탄 사람 곁에 다가갔습니다. 아니! 그 사람은 며칠 전 우리가 그들 그 저 병기 수입을 하고 있을 때 우리보고 가라고 소리를 버럭버럭 지르는 바로 그 군인이었습니다. 어디서 말은 얻어 타고 왔는지 빼앗았는지 모르지만 말 타고 와서 그 군인이 우리에게 다가오더니,

"야, 이 마을에 그 주재소가, 그 청년들이 모여서, 그 부락 청년들이 모이는 곳이 어디냐?"

하고 그 집 어디냐고 물었습니다. 그래서 우리는 그 쪽 편으로 가르쳐 주고 그

말 탄 사람 뒤를 졸졸 따라가서 그 집 앞에까지 가니까 그 말 탄 군인은 바로 대문 앞까지 다가가서 말을 매놓고 그 안으로 들어가드니 버럭버럭 소리를 질르고 있었습니다.

그러니까 무슨 명령을 하는지 몰랐지요. 그런 일이 있는 그 다음날부터 명금에서 꽤나 산다는 몇 마을 집들은 바로 마을 각 마을 그 청년들도 가고 인민군도 가가지고 수채가 불을 질러버려가지고 또 부잣집이라고 소문난 그 집들은 다 불이 나불었습니다.

이러니까 그 인민군이 에, 그때 금갑에가 주둔을 했다고 말은 들었습니다. 그라고 가끔 그 말 탄 사람은 우리 마을도 오고, 오고 했든 것이 아득한 기억 저편에서 생각이 납니다.

예, 그래가지고 그 인민군들이 퇴각할 때까지 그 마을 주재소는 그대로 있어가지고 퇴각한 뒤에는 그것이 참 공가처럼 꽤 괜찮은 집이었는데 공가처럼 그렇게 남아 있었습니다.

돔바위에 떨어진 노루를 먹고 횡사하다

자료코드   589_MONA_20171118_WDR_PJM_002
조사장소   진도군 의신면 만길리 원두마을
조사일시   2017. 11. 18
조 사 자   박정석, 박영관
제 보 자   박주민(남, 77세, 1940년생)

줄거리 돔바위라는 큼직한 돌산에 모여서 낚시질을 하고 있는데, 갑자기 철퍼덕하는 소리와 함께 신음소리가 나서 보니 노루 한 마리가 피를 흘리며 죽어가고 있었다. 노루를 마을로 데려와서 다음 날 잡아서 동네잔치를 했는데, 그 후 한 달쯤 지났을 때 노루를 들쳐 메고 왔던 두 사람의 아버지가 돌아가시는 횡사가 일어났다는 이야기이다.

저 의신면 원뚜리(원두리)에를 가면은 마을 뒷산 그 한쪽 옆이가 '돔바위'라는 큼직한 돌산이 지금 있습니다.

그러니까 명금 앞에 명금 그 들판 원뚜리 앞 들판이 저 앞에 바닷물을 막기 전에는 원뚜리 앞에까지도 바닷물이 들어 와가지고, 저그 지금 신정 노상 앞에까지도 바닷물이 들어와 가지고 그 돔바위라고 지금 불르는 그 바위 있는 데서 이곳저곳에서 모여 와서 낚시질을 하면서 돔이 주로 많다 해갖고 돔 낚았다 해갖고 지금도 돔바위, 돔바위 하는데….

그때 어느 날 마을 젊은 사람들 서넛이가 인자 점심도 준비하고 낚시질을 돔을 낚고 자기들끼리 떠들고 한참 웃고 뭐 준비한 음식도 먹고 있는데, 아, 오후 쯤 됐는데 갑자기 밑에가 철퍼덕하는 무슨 소리가 나면서 깩 하고 신음 소리가 나서 보니까 아, 노루가 어디서 떨어져가지고 피를 펄펄 흘리고 바다로 댕기고 뒹굴어가지고 피를 흘리고 있어요.

그래 인자,

"야! 노루다!"

하고 하던 낚시질을 멈추고 그 노루를 쩌 보니까 큼직한 노루가 한 마리 거가 죽어갔고 있었어요. 그래 낚시질보다도 그 노루를 묶어가지고 에, 두 사람이 그거를 몽둥이에다 매가지고 어깨에 들쳐 메고 마을로 돌아 왔습니다.

그래가지고 그 다음날은 그 노루를 잡아가지고 동네잔치를 하고 큰 아주 경사처럼 그 노루 잔치가 벌어졌어요.

잘 먹고 그래, 이제 참, 그것도 호사다마까. 그런지 한 달도 못 돼가지고 지금 생각 하면은 그 당시에는 호열자 병이라 했는데, 그 노루를 메고 가던 두 사람 네 아버지가 같은 날께 좀 돌아가셔 붙었으니 그 마을 사람들은 그 노루의 참 무슨 횡액이 노루를 들쳐 멘 그것에서 생긴 것이 아닌가, 아닌가 하고, 지금까지도 그런 얘기가 좀 전해오고 있습니다.

예, 돔바위 얘기입니다.

지랄병하는 신랑에게 시집가서 잘살고 있는 신부

자료코드   589_MONA_20171118_WDR_PJM_003
조사장소   진도군 의신면 만길리 원두마을
조사일시   2017. 11. 18
조 사 자   박정석, 박영관
제 보 자   박주민(남, 77세, 1940년생)

줄거리 예식을 끝내고 기념 촬영을 하는데 신랑이 간질병으로 쓰러져버렸다. 신부측에서는 신부를 데리고 집으로 돌아가려고 하지만 신부는 팔자타령을 하면서 신랑에게 가겠다고 고집을 부렸다. 수십 년이 흐른 뒤 자식들을 성공시키고 부유하게 잘살고 있는 부부의 이야기이다.

예, 이거는 지금부터 한 오십 년이 거이 되어가는 이야기입니다.

결혼식장 이야기입니다. 옛날에 결혼을 하면은 말을 타고 또 신부집에 가서 그 모든 예식을 다 마치는데, 예 옛날에는 말 타고 가마 타고 하는 세상이었기 때문에 이 사모관대 그러니까 저 무슨 연극에나 나오는 그 이도령이 이도령 춘향이가 쓰는 그 사모관대를 쓰고 가는 그런 예식하든 시절이었습니다.

게 인자, 신랑이 자기 마을 친구들 한 이십 명과 같이 부락 사람들도 결혼식이 있다 하면은 전부 그 신부 집에 모여 가지고 동네잔치가 벌어지는데 예식이 다 끝나고 인자 기념 촬영을 하는 그런 시간이 되었습니다.

동백나무로 만들어가지고 손에 다 들고 한참 해가지고 사진사는 그 삼발 세발 시어진 사진기를 가지고,

"신랑, 고개 좀 들으시오."

"신부, 더 가깝게 스시오."

하고 사진사가 야단하고 있는 그런 차에, 막 사진을 찍을라고 하는 참에 아니, 이건 무슨 변곱니까. 그 자리에서 바로 신랑이 팍 꼬구라짐서 자리에 꼬부라져 누워버린 것 아닙니까.

그러니까 간질병, 우리가 흔히 그 말하는 지랄병 그거를 그 자리에서 해가지고 넘어 지면서 앞에 놔진 것 상 그거를 발로 탁 걷어차면서 넘어져불었습니다.

그 수많은 사람들 부락 사람들 모이고 그 신랑 친구들도 온 그 속에서 그런 변이 일어났으니 그 결혼식장이 어찌게 되었습니까?

그래 한참 그 꼴을 보고 있던 신부는 손에 든 꽃다발을 땅에다 내버리고 방으로 그냥 들어가 버렸습니다. 그래, 한참 있다 보니까 신랑은 신부도 데리고 가지 못하고 그저 꼭 패잔병들처럼 슬렁슬렁 모두 걸어서 빈 가마 타고 메고, 그리고 그리 가 버립니다.

그래 인자 그 다음날부터 이게 인자 그쪽 신랑측 참, 부락 유지급들이나 그 옛날 구장들이 모도 인자 와가지고 이 신부측 참 가족들하고 협상을 벌려요.

그란데 그 신랑측 참 대표 되는 어떤 사람이 하는 말이 일단 예식은 끝났으니까 신부는 우리 신부 아니냐. 그 신부 데리고 가겠다 그래서 신부측 참 그래서

좀 말 깨나 한다는 청년이 부떡 일어나드니 당신들 칠거지악이라고 아요 모르요?

결혼을 정상으로 해갔고 낳고 사는 사람도 일곱 가지 죄가 있으면 못 살고 쫓겨 내는 것 아니요? 그란데 벌써 옛날 그 칠거지악 뭐 문둥병, 지랄병, 또 참 나쁜 다른 남자를 본다는 것, 애기 못 난 것, 부모 공양 잘 못한 것, 모두 일곱 가지 아닙니까?

그란데 당신들 딸 같으면 그 딸을 그런 신랑한테 이 지랄병하고 있는 이런 신랑한테 보내느냐? 빨리 아무 말도 하지 말고 가라고 그래서 그 다음 날도 또 오고 또 오고 해가지고 협상은 끝이 나지 않았는데 하루는 신부가,

"에, 모두 좀 모이십시오. 내가 참 부모나 오빠들한테 모두 할 말이 있습니다. 하고 무릎을 꿇고 다 모인 다음 방에서 하는 말이 내 팔자가 오죽 했으면은 이런 일을 당하겠습니까? 이것도 내 평생 그 팔자려니 하고 나 하나만 그 집으로 가면 모두가 편케 양쪽 다 편하게 될 텐데 나 그리 갈랍니다."

하니까 옆에 가족들은 할 말이 없죠. 신부가 간다니까. 그래 인자 진즉부터 그 신랑과는 그런 병이 있는 줄 모르고 서로 사랑하고 자주 참 만나고 해가지고 정이 들었던 것 같다고.

"그라믄 니가 간다면 어쩔 수 없다. 그래, 그래 가거라."

하고 신랑 측에 연락을 해갖고 오늘 저녁에 신부가 갈 테니까 신부 맞을 준비를 해라 하고 연락을 하고 와서, 그날 저녁에 신부는 그러니까 가마 타지 못하고 걸어서 가고 옛날 그 이불도 지고 모도 패물 가지고 가는 것도 모도 등불 잡고 그 신랑집까지 신부하고 신부 참 신부 가족들은 신부 데리고 그렇게 가가지고 그 예식은 다 끝났습니다.

그래갖고 결과적으로 수십 년이 흐른 지금 그 신랑 신부는 서울가 집이 두 채고 자식들도 공부해갖고 어디 의과대학 나와갖고 병원도 차리고 해갖고, 참 잘 살고 있다니까요.

참, 인생 그 일이라는 거는 참 알 수 없는 것이,

"참, 사람 팔자구나."

그런 얘기입니다.

부처돌을 팔아서 화를 입다

자료코드 589_MONA_20171118_WDR_PJM_004
조사장소 진도군 의신면 만길리 원두마을
조사일시 2017. 11. 18
조 사 자 박정석, 박영관
제 보 자 박주민(남, 77세, 1940년생)

줄거리 고학년에게 뺨을 맞은 저학년 학생이 바닥에 있는 돌을 주워 때리려고 했는데, 주위에서 말리는 바람에 때리지는 못하고 울화에 들고 있던 돌을 보니 석불이었다. 신기한 마음에 주변에 알리고 삼백만 원에 팔았는데, 그 다음날부터 시름시름 앓더니 일주일 만에 죽고 말았다는 이야기이다.

지금부터 한 사십 년이 쫌 넘은 그런 얘기 같습니다. 명금 저수지. 명금학교 다니던 국민학생들이 둘이 학교가 다 파하고 오면서 육학년생한테 사학년생이 뺨을 좀 서너 차례 맞았습니다. 그래 눈물을 흘리면서도 육학년한테 대들 수도 없고 그래갖고 욕지거리만 하면서 한참 오는데, 그 당시에 명금 저수지 물이 가뭄에 말라가지고 에, 바닥이 나니까는 그 신작로 길로 안 다니고 가까운 그 저수지로 가 가지고 그 길로 모도 학생들이 걸어 다니고 하던 그런 때였습니다.

그래, 인제 육학년생한테 자꾸 맞은 사학년생 놈이 공부도 꽤 잘하는 놈인데 자꾸 맞으니까 힘으로는 해 볼 수는 없으니까 자꾸 맞다가,

"이놈 자식 뭐 죽인다!"

그라고 저도 바닥에 있는 돌멩이를 집어갖고 탁 뗄려니까 차마 참 육학년생을 돌로 치지는 못하고, 가만히 그 돌을 집고 이라고 있으니까 옆에 사람들이 모도 말려 버리니까 차마 때리지는 못하고 있는데 돌을 집고는 있었어요.

눈물을 닦으면서 가만히 이케 자기가 들고 있는 돌을 이렇게 보니까, 아, 이거는 보통 돌이 아니고, 이 뭐이까요 석불.

부처님 새겨진 것 거 부처님 새겨진 그런 돌이었어요.

그래 눈물을 흘리면서도 그 빰 맞은 그거를 잊어버리고 야, 이거는 이상히 생겼다. 자기 속으로도 그랬는지, 그 빰 맞고 아픈 것은 아랑곳 아니고 그것만 들여다보면서 가니까 옆에 친구들도 전부 와가지고 그거를 막 구경하고 야단 했습니다.

그래 인제 그 자기 집이 명금 저수지가 그 책문 있는 수문 곁에 거그 있어요. 그리 가가지고 그냥 눈물도 닦고 맞았다는 말은 안 하고 그거를 하나 주었다고 하니까는 응, 자기 부모들도 그것을 쳐다보고,

"아, 그 좋은 것 주셨구나!"

하고 있었습니다. 그래 인제 그런 것이 어째서 났냐? 거가 탑곡 옛날 거가 탑이 있었는데 그 탑곡에서 모셔 놓은 석불이 아니였는가.

지금 사람들은 그렇게 생각합니다. 그래 인제 그런 석불을 하나 줏었다고 하니까는 그런 것을 수집하는 목포 등지에서 사람이 와가지고 지금 같으면은 뭐 오십만 원을 준다 또 안 판다고 그라니까 백만 원 준다 그래 갖고 그 당시에 삼백만 원인가 주고 그것을 팔았어요.

그래 그 당시로 큰돈이다 싶어갖고 참 그 뺨도 맞을 만하다 하고 그런 거 줏어다가 그래갖고 그 삼백만 원에 팔았습니다. 그런데 공교롭게도 그 다음날부터 그 석불은 줏은 학생이 열이 나고 아파요. 가는 딸 셋에 아들이라고는 자기가 외아들인데 그렇게 앓고 있다가 한 일주일 만에 그 아들이 저 세상으로 가불었습니다.

그 부모들이 그 비통함이 오죽했겠습니까? 그래 그래 가지고 하도 참 슬픔에 못 이겨서 그 죽은 사람네 어머니가 점쟁이를 데려다가 점을 딱 해 보니까 그 석불을 집에다 모셔놓고 자꾸 불공도 잔 드리고 했으면은 크게 얘기가 될 텐데 그거를 그냥 돈 받고 팔아불어서 그랬다 하는 그런 점괘가 나왔습니다.

지금도 그런 얘기가 응 실제로 있었던 얘기이기 때문에 지금도 그쪽 사람들 전부 알고 있습니다.

구렁이 태워 죽이고 화를 입어 돌아가시다

자료코드   589_MONA_20171118_WDR_PJM_005
조사장소   진도군 의신면 만길리 원두마을
조사일시   2017. 11. 18
조 사 자   박정석, 박영관
제 보 자   박주민(남, 77세, 1940년생)

줄거리 집 돌담으로 넘어오는 구렁이를 죽여서 아이들에게 버리라고 던져준 할아버지가 다시 살아난 구렁이를 이번에는 태워버리라고 했다. 구렁이가 집안에 횡액을 예고하는 것인지 얼마 뒤 마을 유지였던 그 할아버지가 별 이유 없이 죽었다는 이야기이다.

에, 또, 옛날에 그 흔한 구렁이 얘기를 하나 할랍니다.

옛날에 지금 생각하면 담이라고 하면 모도 돌담이 있었는데 그 돌담에다가 그 옛날에 명주실도 아니고 무명으로 그 실을 쭉 날아가지고 꾸리를 감았던가 담에다가 이리고 왔다 갔다 해갖고 쭉 하니 해 놓고 그 담을 왔다 갔다 하면서 그 꾸리 감는 그런 일을 했었습니다.

그래 인자 원뚜리 그것도 참 꽤나 참 돈도 있고 괜찮은 분이 그거를 자기 집 앞에 돌담에다가 이리 저리 쳐 놓고 꾸리를 감고 있는데 오후 한 세시쯤 됐겠지요.

큰 구렁이가 자기 담으로 해서 자기 집으로 넘어 올라고 야단이여. 그러니까 깜짝 놀란 이 노인네가 그걸 몽둥이로 때려 죽여 가지고 실로 목 있는 데를 묶어가지고 국민학생들 마침 놀고 있은게,

"야, 느그들 이것 잔 저그다 버려라."

하니까는 참 국민학생 조무래기들은 좀 구렁이를 실로 묵으라니까 좋구나 하고 그 놈을 가지고 그 집에서 한 이삼백 미터 떨어진 곳에 갖다버렸어요.

그 수풀 속에 그것으로 모든 것이 끝난 줄 알았는데 해가 석양에 넘어 갈랑말

랑하는 그런 저녁참에 아니 얘들이 놀고 있는데, 아까 그 실로 묶어 갖고 몽둥이까지 다 찬 그 구렁이가 그 한 이 삼백 미터 된 데를 다시 북북 기어갖고 그 집 앞 대문으로 대문 앞에가 그렇게 서 있어요.

그러니까 그 얘들이 그 어르신한테 아까 그 구렁이 내버리라는 어르신한테

"예, 할아버지, 할아버지 저 저 아까 그 구렁이가 살아서 여기 왔어요."

와 갖고 뛰어 나와가지고 그때는 그 구렁이를 진짜로 때려서 죽여 가지고 갔다.

"느그들 저쪽 그 자리에 가서 다시 태워버려라."

"예."

하고 돈도 몇 푼 주면서 과자 사먹으라고 좀 주니까 그놈을 가서 태워버렸어요. 그런데 그것이 구렁이가 그 집안에 그 횡액을 예고하는가 어짜는가 몰라도 그런 일이 있은지 그 쌩쌩하던 그 근방에 참 유지급 된 사람이, 그분이 한 3개월 만에 그냥 돌아가셔봅디다.

그렁께 구렁이의 그 참 예견하는 그런 무슨 판단력이 있는가 몰라도, 지금도 그런 것이 참 전설처럼 내려오고 있습니다. 그것이 실지로 있었던 얘깁니다.

의신면 사천리 사상마을

쌍계사 절고랑의 벼락바위

자료코드　589_MONA_20170411_SSR_PJS_001
조사장소　진도군 의신면 사천리 사상마을 쌍계사입구
조사일시　2017. 4. 7
조 사 자　박영관, 박정석, 서만석
제 보 자　박정석(남, 69세, 1948년생)

> **줄거리**　6·25전쟁이 일어난 지 5년 후, 비행기가 쌍계사 위로 날아갔는데, 절고랑에서 천둥치는 소리가 들렸다. 마을 사람들이 놀라서 달려가 보니 절고랑 왼쪽 계곡에 있던 바위가 굴러 떨어져 있었다. 그때부터 그 바위를 '벼락바위', '비행기바위'라고 부르게 되었다는 이야기이다.

아, 옛날 그 6·25전쟁이 일어난 후로 5년이 지났는데 그때 마침 비행기가 쌍계사 위를 아주 빠른 속도로 북쪽으로 날아갔어요.

그런데 바로 조금 있다 절고랑에서 천둥치는 소리가 아주 세게 들렸습니다. 사천리 사람들이 모두 놀래서 쌍계사로 몰려갔습니다. 모두들 비행기가 떨어졌다고 생각하고 올라갔는데 올라가도 비행기를 찾을 수 없었어요.

그래서 뒤에 확인을 해 보았는데, 절 옆에 있는 절고랑 바로 왼쪽 계곡 제일 위에 있던 큰 바위가 굴러서 내려왔던 겁니다. 그래서 그때 굴러 내려온 바위를 비행기 바위, 벼락 바위라고 부르게 되었습니다.

얹힌바위가 인장바위로 불리게 된 사연

자료코드   589_FOTA_20170411_SSR_PJS_001
조사장소   진도군 의신면 사천리 사상마을 쌍계사 앞
조사일시   2017. 4. 7
조 사 자   박영관, 박정석, 서만석
제 보 자   박정석(남, 69세, 1948년생)

줄거리 쌍계사 뒤편 산 정상에 큰 바위가 곧 굴러 내릴 듯 비껴 있는데, 예로부터 그 바위를 '얹힌바위'라고 불러 왔다. 그런데 최근에 어느 스님이 첨찰산과 주변 경관, 경승지를 상징하는 '인장바위'라고 했다는 이야기이다.

얹힌바위가 있는 첨찰산

명산 첨찰산 남쪽으로 내려오면 쌍계사가 있고 그 남쪽에 운림산방이 있습니다. 쌍계사 뒤편 정상에 큰 바위가 빗겨서 곧 굴러 떨어질 것처럼 그런 바위가 있는데, 옛날에 전부 '얹힌바위'라고 불러 왔는데, 최근에 어느 스님이 첨찰산과 주변 경관, 경승지를 표시하는 '인장바위'라고 해서 그 이야기가 정말 일리가 있다고 생각합니다. 마을에서는 '얹힌 바위'라고 알려졌지만 이것이 '인장바위'라고도 알려졌습니다.

첨찰산에는 수많은 고려시대 암자 터가 있고 진도에서 가장 고찰인 쌍계사가 있고 그 남쪽에 운림산방이 있습니다. 그래서 이곳들이 모여 있는 첨찰산을 진도의 제1경이라고 할 수 있습니다.

첨찰산 삼선암에서 수행한 신라 고승들

자료코드   589_FOTA_20170411_SSR_PJS_002
조사장소   진도군 의신면 사천리 사상마을 쌍계사 앞
조사일시   2017. 4. 7
조 사 자   박영관, 박정석, 서만석
제 보 자   박정석(남, 69세, 1948년생)

> **줄거리** 첨찰산 아래 절고랑에 삼선암이 있는데, 이곳에서 신라 고승인 원효, 의상, 윤민 대사가 수행을 했다고 한다. 지금도 가보면 대나무가 많이 자라고 있고 오래된 주춧돌이 있다는 이야기이다.

쌍계사 앞 삼선암

진도의 명산인 첨찰산 아래 절고랑이 있습니다. 절고랑 상류에가 삼선암이라는 골짜기가 있는데, 마을 사람들은 이곳을 '삼선암, 삼성암'이라고도 합니다. 그곳은 옛날 신라시대 원효대사, 윤민대사, 의상대사가 함께 머무르면서 수도를 했다는 곳입니다. 지금도 가보면 주변에가 대나무가 많이 자라고 있고 오래된 주춧돌이 있습니다.

소치 선생은 산꼭대기 바위를 '선인암'이라고 불렀고, 거기에 가서 보면은 첨찰산의 산줄기가 전부 삼선암 암자 자리로 모이는 것을 볼 수 있어요. 그래서 지금도 '삼선암'이라고 부르고 있습니다.

병풍 친 것 같은 평평바위

자료코드　589_FOTA_20170411_SSR_PJS_003
조사장소　진도군 의신면 사천리 사상마을 쌍계사 앞
조사일시　2017. 4. 7
조 사 자　박영관, 박정석, 서만석
제 보 자　박정석(남, 69세, 1948년생)

줄거리 쌍계사 우측 봉우리에 병풍을 친 듯 서 있는 평평바위가 있다. 과거 명절이면 사람들이 반석처럼 평평한 그곳에 올라가 음식을 나눠 먹으며 즐겁게 놀았다는 이야기이다.

진도 명산 첨찰산 아래 남쪽으로 쌍계사가 있고 쌍계사 우측 편 봉우리에 병풍바위 또는 평평바위라고 하는 바위가 산 정상에 높이 있습니다.

옛날부터 빗기내 사천리 사람들은 명절을 쇠고 나면 항상 쌍계사와 산 경계에 조금만 샛길이 있었는데, 그 길을 올라서 평평바위에 올라가 모도 추석에는 송편도 먹고 같이 놀면서 즐기던 곳입니다.

약간 위험하지만 모두 함께 모여 놀던 곳입니다. 바위 위가 평평하기 때문에 '평평바위'라 하고 밑에서 보면 병풍을 친 것 같기 때문에 '병풍바위'라고도 합니다.

소미산 화가가 된 빗기내 나무꾼

자료코드   589_FOTA_20170411_SSR_PJS_004
조사장소   진도군 의신면 사천리 사상마을 운림산방 소치생가
조사일시   2017. 4. 7
조 사 자   박영관, 박정석, 서만석
제 보 자   박정석(남, 69세, 1948년생)

> **줄거리** 소치 선생은 큰아들 대미산을 지극히 사랑하여 화법을 가르쳤으나 큰아들은 19세의 나이로 요절하였다. 어려서 천연두를 앓아 얼굴이 얽은 넷째 아들 형(瀅)은 나무나 하는 신세였으나, 어느 날 넷째가 그린 묵모란을 본 소치 선생은 그 재주를 알아보고 그림을 가르치기 시작했다. 아버지는 대미산의 호를 이어 받아 '소미산'이라 칭하였다는 이야기이다.

남종화를 우리나라에 정착시킨 소치(허련) 선생님은 이곳 운림산방에 사시면서 자기의 후계자로 큰아들 대미산을 지극히 사랑하여 화법을 가르쳐 왔습니다.

그런데 어느 날 진도 읍내에 나갔다가 오니까 화실에 넓게 펼쳐 놓았던 화선지에다가 모란화를 제법 그려서 허치까리(헛짓거리, 장난)를 해놓은 것처럼 그렇게 해 놓아서 깜짝 놀래서 누가 했는가 그렇게 의문을 가지고 있었는데,

'암만해도 제자 남전이 이 짓을 한 모양이다!'

그렇게 생각을 했어요. 그런데 뒤로 알아보니까 남전이 한 것이 아니고 막내아들 소미산이 한 것이었습니다.

소미산은 이름을 형(許瀅)이라 했는데 어려서부터 천연두를 앓아서 그림은 안 가르치고 날마다 여기 뒷산 첨찰산에서 나무를 해오고 그랬어요. 그런데 형, 대미산이 19세 젊은 나이로 요절하게 되었어요. 그래서

'내가 잘못했구나, 넷째아들을 함께 가르쳐야 하는데 그렇지를 못했구나.'

해서 그때부터 소미산을 가르치기 시작했습니다. 그리고 대미산의 호를 그대로 이어받도록 해서 '소미산'이 되고, 그 뒤로 소치 선생이 돌아가시고 미산 선생이 목포로 와갖고 목포의 초대 화가가 되서는 미산 선생이 목포에 화업을 닦도록 해서 정착을 하게 되었습니다.

그래서 그 아들이 남농(許楗)이고, 계속해서 이 남종화를 뿌리 내리게 되었습니다.

헌종 어진에 떨어진 먹물

자료코드	589_FOTA_20170411_SSR_PJS_005
조사장소	진도군 의신면 사천리 사상마을 운림산방
조사일시	2017. 4. 7
조 사 자	박영관, 박정석, 서만석
제 보 자	박정석(남, 69세, 1948년생)

> **줄거리** 조선후기 시·서·화의 삼절이라고 불린 소치 선생은 헌종대왕 초상화를 그리다가 실수로 먹물을 떨어뜨렸다. 그런데 그것이 헌종대왕의 이마에 가려진 점을 그린 것처럼 되었다는 이야기이다.

소치 선생은 28세 때 두륜산방에서 초의선사께 공제 '윤두서'의 화첩을 보면서 그림을 익히기 시작했습니다. 33세 때 초의선사의 소개로 서울로 올라가서 추사 김정희 선생님의 제자가 되어 본격적인 서화수업을 받게 되었는데, 추사 김정희 선생님은 소치의 시, 서, 화를 평하며

'압록강 동쪽에서는 소치를 따를 자가 없다!'

고 극찬하였습니다. 조선후기 최고의 화가요, 명필인 소치 선생이 어느 날 왕실에 가서 헌종대왕 어진화가로 하루는 초상화를 그리고 있었는데, 헌종대왕이 잠깐 나가신 사이에 초상화를 그리다가 헌종대왕의 초상화 이마 부분에 먹물을 떨어뜨리게 되었습니다.

헌종대왕이 들어와 보니 다 그린 초상화에 먹물을 떨어뜨려 소치 선생이 잔뜩 긴장을 하고 있는데 그것을 보고 헌종대왕이 빙그레 웃으면서 이렇게 말씀하셨답니다.

"아주 잘 그렸다. 과연 조선의 삼절이로고. 내 이마에 큰 점이 있는 걸 어찌 알았누?"

이 말을 듣고 놀란 소치 선생이 고개를 들어 헌종대왕의 이마를 살펴보니 큰

점이 머리로 살짝 가려져 있었답니다. 그 뒤로 헌종대왕의 총애를 더 많이 받아가지고 그림을 그리고 계시다가 스승인 추사 김정희 선생님이 돌아가시니까 49세에 낙향해서 운림산방을 짓고 후학들을 가르치게 되었습니다.

빈대 잡으려다 암자를 태우다

자료코드   589_FOTA_20170411_SSR_PJS_006
조사장소   진도군 의신면 사천리 사상마을 사상저수지
조사일시   2017. 4. 7
조 사 자   박영관, 박정석, 서만석
제 보 자   박정석(남, 69세, 1948년생)

> **줄거리** 사천마을 첨찰산 남쪽 산꼭대기에 고려 때 지어진 정수암이라는 암자가 있었는데 마을 사람들은 정삼이 절터라고 불렀다. 여기서 공을 들이면 아주 효험이 뛰어나다고 해서 인근 사람들의 왕래가 잦았다. 어느 해, 빈대가 아주 성해서 불을 질렀는데 암자는 타버렸어도 빈대를 없애서 속이 시원했다는 이야기이다.

의신면 사천리 첨찰산 남쪽의 저 산꼭대기 저기에 고려시대 '정수암'이라는 암자가 있었습니다. 맑을 정자, 샘 수자 그래서 '정수암'이라고 하는데 이곳 마을 사람들은 '정삼이 절터'라고 부르고 있습니다.

저기에서 공을 드리면 아주 효험이 있다고 해서 여기 의신면 중앙부 일대 돈지, 옥대 일대의 중앙부 사람들이 저 산에 올라 공을 들였는데, 어느 때엔가 빈대가 아주 성했어요.

그래서 그 암자에 결국 불을 질러불었다고 그럽니다. 절을 태워 버렸는데 그래도 빈대를 잡아서 아주 속이 시원했다는 전설이 있습니다.

소치 선생이 스승을 향한 마음으로 심은 백일홍

자료코드   589_FOTA_20170411_SSR_PJS_007
조사장소   진도군 의신면 사천리 사상마을 운림산방 연못가
조사일시   2017. 4. 7
조 사 자   박영관, 박정석, 서만석
제 보 자   박정석(남, 69세, 1948년생)

> **줄거리** 소치 선생이 진도에 낙향하여 운림산방을 짓고 연못을 파서 한가운데에 백일홍을 심었
> 는데, 스승인 추사 김정희 선생의 은덕을 영원히 잊지 않겠다는 마음으로 백일홍을 심
> 었다는 이야기이다.

소치 선생님께서 스승인 추사 김정희선생이 돌아가시자 49세에 낙향을 해가
지고 진도에서, 내가 고향에서 머무를 곳이 어디냐 하고 이곳저곳을 살피다가
운림산방, 이 좋은 터를 잡았습니다.

거기에 연못을 파고 주위에 유자나무를 심고 또 약초원을 만들고, 그리고 이
운림산방을 조성했습니다. 또 주변 산들과 바위에 이름을 짓고 여기 연못 한
가운데에다가 백일홍을 심었습니다.

그랬는데 이 연못이 '중도오방지'라고 가운데 섬을 두고 사각형으로 해서 중
앙에 있는 이 섬까지 해서 오방 다섯 방향입니다.

모든 꽃들은 화무십일홍이라고, 아무리 예쁜 꽃도 십일 동안 피다가 지는데
이 백일홍은 변치 않고 오래오래 피어 있다 이겁니다.

백일홍을 심은 그 뜻은 스승인 추사 김정희 선생이 가르쳐준 그 은덕을 영원
히 잊지 않겠다는 그 사모하는 마음으로 백일홍을 심었는데, 그 후 200년이
지났어도 지금도 아름다운 꽃을 피우고 있습니다.

진도 매화의 시초, 운림산방 매화

자료코드   589_FOTA_20170411_SSR_PJS_008
조사장소   진도군 의신면 사천리 사상마을 운림산방 소치기념관 앞
조사일시   2017. 4. 7
조 사 자   박영관, 박정석, 서만석
제 보 자   박정석(남, 69세, 1948년생)

> **줄거리**   소치 선생이 해남 대흥사의 초의선사 밑에서 공부할 때, 백운동에서 매화나무 한 그루를 가져와 진도 운림산방에 심었는데 그것이 진도 매화의 시초가 됐다는 이야기이다.

운림산방 소치기념관 앞 매화나무

여기 운림산방에는 소치선생이 손수 심었다는 매화나무가 있습니다. 이 일지매는 우리 소치선생님이 해남 대흥사 위 일지암에서 오랫동안 초의선사 밑에서 공부를 했는데 거기에 백연동이라고 있어요.

그 해남 백연동에서 진도로 매화나무를 가져왔습니다. 그것이 진도 최초의 매

화나무라는 겁니다. 해남 삼지원에서 벽파진으로 처음 건너온 매화나무를 내가 가져왔다는 시가 소치선생의 운림잡저*에 실려 있습니다.

그래서 매화나무가 여기에서 자라다가 뒤에 흔적도 없이 없어졌는데, 그중 한 그루가 돌아가신 임순재씨 집으로 옮겨 심어져 가지고 그것이 그대로 종자가 퍼뜨려져 가지고 1대, 2대, 3대가 지나가지고 현재 살고 있는 임태영씨가 다시 이 운림산방에 그 중 한 그루를 기증해서 여기 옮겨 심은 겁니다.

집 나간 매화나무가 손주가 되어 다시 돌아온 셈입니다. 소치 선생이 진도에 맨 처음으로 매화나무를 가져왔다고 전하고 있습니다.

---

*소치 선생이 1856년 음12월 5일 해남 백련동에서 매화나무를 가져와 우물곁에 심고 시 한수를 읊다.
(『운림잡저』, 18쪽)
思到梅花夢幾廻 매화가 보고파 꿈속에 몇 번이나 사무쳤던고
參橫月落起徘徊 이른 새벽 삼횡월락 할 때부터 서성거렸네
老枝畢境碧波渡 老梅가 필경은 벽파진을 건너오니
此是此山初祖來 이것이 진도에 매화의 시초라네

멧돼지 잡으려다 멧돼지에게 물리다

자료코드 589_MONA_20170411_SSR_PJS_002
조사장소 진도군 의신면 사천리 사상마을 쌍계사 해탈문 앞
조사일시 2017. 4. 7
조 사 자 박영관, 박정석, 서만석
제 보 자 박정석(남, 69세, 1948년생)

줄거리 첨찰산 일대에 멧돼지가 자주 출몰하여 치(덫)를 놓아 방비를 하곤 했는데, 어느 날 멧돼지를 묶은 치가 끊어지자 치에서 벗어난 멧돼지가 사람에게 달려들어 허벅지를 무는 바람에 시름시름 앓다가 죽었다는 이야기이다.

이곳 첨찰산 일대는 옛날에 아주 멧돼지가 성했습니다. 근래에 없어졌다가 다시 생겼습니다만 옛날에는 아주 농토가 없고 박하고 그러기 때문에 모다 산골에 전답을 벌고 있었어요.

그래서 여기 중턱 여기에도 전답이 있었고 거기를 이 마을에서는 속칭 '부지등'이라고 불리는 곳입니다만 멧돼지가 계속 출몰을 하니까 치(덫)를 놓아서 멧돼지를 방비를 했어요.

하루는 이 마을 사는 주필진 어르신이 저녁에 치를 놓고 내려 왔는데 그 뒷날 아침에 산에를 딱 올라를 가니까 멧돼지가 새벽에 걸렸나 봐요.

멧돼지가 거기 있어서 멧돼지가 달려들면 몽둥이로 치고, 치고 했는데 멧돼지가 아주 죽을힘을 다해 달려들고, 달려들고 했는데 아주 큰 나무가 아니고 조금 적은 나무에 매달아 놓았나 봐요.

그런데 멧돼지를 묶은 치가 끊어져버려 멧돼지가 달려들어서 나무로 올라가는데 그 어르신의 허벅지를 물어버렸습니다. 그래 그때부터 시름시름 앓다가 돌아가셨는데 멧돼지 잡으려다 멧돼지에 몰려 화를 입어서 돌아가셨다는 전설이 있습니다.

진도에 유배 온 무정 선생과 경주이씨의 사랑

자료코드 589_FOTA_20170411_SSR_PJS_009
조사장소 진도군 의신면 사천리 사상마을 봉수로 입구
조사일시 2017. 4. 7
조 사 자 박영관, 박정석, 서만석
제 보 자 박정석(남, 69세, 1948년생)

> **줄거리** 진도로 유배 온 한학자 무정 정만조 선생은 사천리에서 서당을 하며 학동들을 가르치다
> 가 과부인 경주이씨를 사랑하게 되어 아들도 한 명 낳게 되었다. 유배가 풀려 서울로 돌
> 아간 무정 선생은 대제학까지 지냈으나 이씨 부인은 평생 이곳 사천리에서 외롭게 살다
> 가 죽었다는 이야기이다.

사천리 진도아리랑비 위에 위치한 경주이씨 묘소

이곳은 조선조말 우리나라 3대 한학자인 무정 정만조 선생이 진도에 유배해
오셔갖고 사천리 마을에서 서당을 하면서 이곳에서 함께 살았던 이 지역 사람
인 경주이씨 할머니의 묘소입니다.

무정선생은 금갑도, 접도에서 유배 생활을 했는데 한시를 즐기던 주변의 유학

자들이 접도까지 가서 무정 선생과 글을 짓고 시를 읊으며 자주 모임을 가졌습니다.

소치 선생의 아들인 미산 선생이,

'접도에 이렇게 훌륭한 학자가 계시니 자기와 함께 이곳 사천리 마을에서 관란재라는 서당을 하면 쓰겠다.'

하고 원님에게 간청을 해가지고 유배 온 무정 선생을 사천리로 모시게 되었습니다. 여기에서 서당을 열고 사천리의 젊은 학동들을 가르쳤어요.

그러면서 여기 과부로 혼자 된 경주이씨와 사랑하게 되어 함께 지내다가 여기에서 자식을 하나 낳았습니다. 자식이름이 정인용입니다. 그러다가 유배가 풀린 무정 선생은 서울에 가셔서 성균관 대제학이 되었습니다.

그런데 이 할머니는 서울로 가지 못하고 이 마을에서 아들과 함께 살고 있다가 돌아가셨어요. 그래서 이 묘소에 묻히고 그 아들은 서울로 갔는데 만났는가 하는 것은 전해지지 않고 있습니다.

그래서 이향동 할머니가 첨찰산 오르는 봉화골에 외로이 주무시고 계십니다.

빗기내 무안박씨 집안을 일으킨 윤씨 할머니

자료코드   589_FOTA_20170411_SSR_PJS_0010
조사장소   진도군 의신면 사천리 사상마을
조사일시   2017. 4. 7
조 사 자   박영관, 박정석, 서만석
제 보 자   박정석(남, 69세, 1948년생)

줄거리 무안박씨가 사천리에 입촌해서 번성하게 된 것은 윤씨 할머니 때문이라 한다. 외아들을 데리고 사천리에 들어온 윤씨 할머니는 낮에는 일하고 밤이면 첨찰산 쌍계사에서 공을 들여 결국 자손이 번성하고 재산도 일구었다는 이야기이다.

무안박씨 대를 지킨 윤씨 할머니는, 무안박씨 집안이 사천리에 들어오도록 입촌을 한 할머니입니다.

조선조 말에 '태' 자, '우' 자 할아버지가 해남에 살았습니다. 해남에 살다가 옛날에 진도가 목장이 성해서 천지에 목장이 많을 때 지산면 인지리로 들어온 걸로 추정이 됩니다.

인지리에 살 때게(살 때에) 자손들이 번창하지 못하고 할머니와 외아들만 남았어요. 이러니 잘못하면 무안박씨 대가 끊기게 되었기에, 어느 날 점을 하니 큰 산에 가서 공을 들이면 자손이 번성한다하고 해서 진도에서 가장 크고 명산인 이 첨찰산에 족보와 이삿짐을 싸들고 왔더랍니다. 그때는 재력도 없어 어디 냇가에 사는데 어느 해는 큰물이 져서 족보와 이삿짐마저 몽땅 떠내려 가버렸답니다.

그러나 낮에는 산에 가서 약초를 캐고 밤이면 공을 들였는데 암만해도 쌍계사에서 공을 들인 것 같아요. 그래갖고 점점 몸이 쾌차해서 35세 나이에서야 결혼해서 자식 하나를 딱 낳고 그 뒤로 그 자식이 장성을 해서 아들을 넷이나 낳게 되었어요.

의신면 사천리 윤씨 할머니 입촌 기념비

이 할머니가 집안을 크게 번성하게 만들었고 할머니가 아니면 사천리 무안박
씨가 완전히 없어질 뻔했는데 파평윤씨 할머니 덕분에 집안이 다시 일어나게
되었다는 겁니다.

그래서 여기에 그 공을 새겨서 길이길이 조금이라도 보답을 하고 있습니다. 또
한 할머니는 일제 강점기 바로 전에 2만 천 평이나 되는 산을 장만하셨습니다.
그래서 후손들은 할머니를 추모하고 이곳 지날 때마다 고개를 숙이곤 합니다.

첨찰산 동천암에서 불법을 깨우친 사명당

자료코드   589_FOTA_20170411_SSR_PJS_0011
조사장소   진도군 의신면 사천리 사상마을 첨찰산 동천암
조사일시   2017. 4. 7
조 사 자   박영관, 박정석, 서만석
제 보 자   박정석(남, 69세, 1948년생)

> **줄거리** 조선시대 첨찰산에서 수도하던 사명당이 꽃이 지듯 인생도 허무하니 각자의 불성을 깨달아야 함을 설파하였고, 도를 깨우친 곳이 이곳 동천암이라는 이야기이다.

사명당이 수행한 동천암

옛날에는 진도를 옥주(沃州)라고 했습니다. 첨찰산, 옥주 제1봉 할아버지 봉다리 그 바로 밑에 있는 동천암입니다. 이곳 동천암은 조선조 1580년대, 사명대사께서 청량산으로 해서 우리나라 명산을 주유하다가 마지막으로 이곳 옥주 고을 진도 첨찰산에 있는 이곳에 오셔서 수도하였습니다.

사명대사가 여기에서 수도한다는 말을 듣고 이 일대의 불자들이 불법을 듣기 위해 모였습니다. 그런데 때가 봄인지라 암자 앞 뒤 뜰에 꽃들이 만발하였는데 한밤중에 비가 내려서 꽃들이 다 저버리고 말았어요.

사명당이 그 모습을 보고,

'인생이 정말 무상하구나, 어제 피었던 꽃이 이제 빈가지만 남았구나!'

하면서 인생이란 무엇인가를 깨우치고 거기에서 법회를 열어 제자들을 모여 놓고 사명대사가 설법을 하시기를,

"어제 가지가지 피었던 꽃이 다 지고 빈가지만 남았다. 이 얼마나 허망하냐. 모든 인생이란 이와 같으니 저마다 마음속에 불법이 있으니 이제 깨우치고 이 세상에 나가서 좋은 일들을 많이 하기를 바란다!"

하니 그 제자들이 그 뜻을 깨우치고 세상에서 불법을 전파하면서 살았습니다. 그러고 나서 사명대사께서는 이곳 바위 밑에 앉아서 완전히 진흙으로 굳어진 허수아비처럼 움직이지도 않고 도를 닦았다고 합니다.

그러니 이곳이야말로 정말로 사명대사가 도를 깨우친 수도처 명소가 아닐까요? 그 후로 이 암자는 없어졌지만 지금도 뜻이 있는 분들이 여기에 와서 소원을 기원하고 또 기가 충만하여 소원이 이루어진다고도 합니다.

이 산이 '천을태을형' 이라 듣고 있는데 양쪽 산이 이곳 동천암을 중심으로 싸고 있는 이 앞에는 세봉우리가 우뚝하게 솟아 있어서 이곳은 산맥으로 둘러싸여 있는 곳이라서 정말로 기가 모이는 곳이고 이곳 바로 밑에는 산정상이면서도 샘물이 일 년 내내 끊이지 않고 샘물 또한 맛이 좋은 곳입니다.

그래서 이곳을 동천암이라고 부르고 첨찰산의 보배로 전해지고 있습니다.

할머니를 해친 첨찰산 호랑이

자료코드 589_FOTA_20170411_SSR_PJS_0012
조사장소 진도군 의신면 사천리 사상마을
조사일시 2017. 4. 7
조 사 자 박영관, 박정석, 서만석
제 보 자 박정석(남, 69세, 1948년생)

줄거리 사천리는 첨찰산 바로 아랫마을로 8, 90년 전까지만 해도 호랑이가 출몰했다. 어느 날 첨찰산에서 내려온 호랑이가 초가집에서 자고 있던 할머니를 물어가자 가족들이 놀라 소리를 지르니 할머니를 담장 위로 확 던지고 도망갔다는 이야기이다.

이곳 의신면 사천리 마을은 바로 진도에서 가장 높은 첨찰산 아랫마을입니다. 산이 깊고 나무가 아주 무성해서 여기에는 약 8, 90년 전까지 호랑이가 살았습니다.

그래서 하루는 한 여름에 여기 초가집에 주인이 꺼적을 깔고 잠을 자고 있었는데 잠이 곤히 든 자정이 넘은 시간에 갑자기 호랑이가 내려와서 자고 있는 할머니 엉덩이를 무니까 할머니가 아프고 놀래서 큰 소리를 질러 온 가족이 깜짝 놀랐어요.

모도(모두) 일어나서 소리소리 지르니까 호랑이가 할머니를 확 잡아 던지고는 산으로 갔는데 할머니가 여기 있는 담장위에 걸쳐졌답니다.

그 뒤로 그 할머니는 시름시름 앓다가 얼마 못살고 그냥 돌아가셨다는 그런 전설이 있습니다. 그 후로 이 마을에서는 아직까지도 그런 이야기를 하고 있습니다.

의신면 사천리 사하마을

술에 취해 도둑으로 몰린 할아버지

자료코드 589_MONA_20170827_SHR_KMJ_001
조사장소 진도군 의신면 사천리 사하마을 제보자 자택
조사일시 2017. 8. 27
조 사 자 박정석, 박영관
제 보 자 김명자(여, 64세, 1953년생)

> **줄거리** 성격이 호인이라 집에 있는 술을 모조리 다 퍼다 나눠주는 할아버지는 술을 드시면 열
> 이 많아 옷을 다 벗어버린다. 어느 날 밤에는 술에 취한 채 나체로 마당에서 돌아다니다
> 가 도둑으로 몰리기도 했다는 이야기이다.

옛날에 제가 어렸을 적 얘기인데, 저희 할아버지가 참 인자하시고 성품도 좋으
시고 그런데 성격이 워낙 급하셔갖고 우리 엄마가 딸을 많이 낳았어요. 아들
삼형제랑 저희가 딸 다섯이었어.

그란데 우리가 쫌 뭐하면은 이렇게 막 호통을 치시고 그러셔. 그냥 옆 사람 의
식을 안 하셔. 당신이 술만 드시면은 의식을 안 하시고 아무데서라도 옷을 벗
고 주무시고 낮에도 필요 없어 어쩔 때는. 그럼 누가 말리도 못하제.

그래갖고 한번은 이렇게 전부 마당에서 멍석 깔아놓고 주무시고 또 마루에서
주무시고 그런데 할아버지는 당신 방 안에서 주무시다 그대로 그냥 술 바람에
화장실을 이렇게 가시거든요.

근데 바로 옆에 닭장이 있어서 닭이 꼬꼬꼬꼬하고 우는데 고모가 이렇게 쳐다
보니까 캄캄한데 바로 이케(이렇게) 사람 그림자가 왔다 갔다 다니니까는
'도둑이다! 도둑이여!'

마을에 전해오는 설화 | 의신면

하면서 그 긴 빗자루 있지요 그걸 들고 막 내리쳤어요. 그렇게,

'사람 살려! 나다, 나다.'

막 소리 지르니까 옆에 사람들까지 다 오고. 그래갖고 보니까는 할아버지가 완전 나체로 있어. 빗자루로 얼마나 막 이렇게 내리쳐서 얼굴이 다 상처 나고 배도 다 긁혀갖고 며칠 누워계신 그런 적도 있었어요.

그래도 필요 없고 술만 드시면은 열이 나니까 옷을 벗는 게 그냥 습관이 되었어. 아무데나 옷을 벗고 낮에도 나무 목침 그거 비고(베고) 이라고 딱 마루에 누워서 그냥 그대로 주무시고 그랑께 그건 보통이었어요. 근데 또 술이 깨시면 옷도 깔끔하게 입으셔.

옛날에는 집에서 술을 다 만들어서 이렇게 쓰고 하니까는 그걸 무조건 주전자에다 퍼가지고 놈(남) 다 갖다 나나주고(나눠주고) 사람사서 일 할라고 그걸 담가(담궈) 놓으면은 무조건 다 퍼가요.

그냥 할아버지가 다 퍼다가 수용소 어디 뭐 산밭에 어디로 해갖고 어쩔 때 일 할라고 보면은 술이 없어. 그케 다 퍼 가져도 저희 엄마는 생전 한 마디도,

'왜 그라시냐.'

고 그렇게 말씀 안 하셨어. 우리 어릴 때 보면은 할아버지께 그렇게 잘 하셨던 그런 기억들이 있었고, 근데 할머니는 성격이 좀 까다로우신 분이셨어.

천수 만수 구만수 백년 원수 내 원수

자료코드   589_MONA_20170827_SHR_KMJ_002
조사장소   진도군 의신면 사천리 사하마을 제보자 자택
조사일시   2017. 8. 27
조 사 자   박정석, 박영관
제 보 자   김명자(여, 64세, 1953년생)

줄거리 할머니가 토사곽란이 심해지자 약을 사러 읍내에 간 할아버지는 3일이 지나도록 돌아
오지 않았다. 그 사이에 몸을 추스른 할머니가 밭에 나가 일하고 있는데 술에 취해 비
틀거리며 3일 만에 돌아오시는 할아버지를 보고 탄식하며 '천수 만수 구만수 백년 원수
내 원수' 하고 말했다는 이야기이다.

근데 할머니가 옛날에는 그 토사광란이라고 그라면은 막 설사하고 위로 막 올
리고(올라오고) 그러기를 자주 하시던만요, 우덜 어렸을 때.

그러면은 뭐 옥수수수염 같은 거 막 끓여서 얼른 드시고, 약을 구할라면 여기
읍내까지 와야 되고 하니까. 그런 때는 뻐스도 없었고 그렇게 불편한 시상(세
상)이었어. 그렇게 하면은 황토 같은 것도 이케 파서 끓여갖고 국물을 마시고,
모조 끓여서 마시고, 어른들을 모시고 사니까는 그런 거를 굉장히 많이 봤어
요. 저희들 어렸을 때부터.

그렇게 하는데 갑자기 토사 광란이 나가지고 막 완전히 다 욱이로(위로) 올리고
설사를 하고 난리가 났어. 그래갖고는 우리 아버지는 그때 어떻게 못 갈 그런
형편이었을까. 대신 할아버지가 약을 사러 간다고 가셨어요. 약을 사러 갔는
데 안 와요. 그래갖고 전화도 안 되니까 어디로 찾을 수가 없고 그런 때는.

그랬더니는 그날 겨우 지나고 그 다음날까지 일도 못하시고 인자 할머니가 고
생하시다가 삼일 째 된 날 오후에, 그래도 일을 하던 사람은 일을 해야 되니까
가만 가만 나와서 밭에 가서 이렇게 일 한다고 나왔어요.

다른 사람들이 밭 매고 있으니까 당신도 일을 한다고 하고 있으니까 그 때사라

(그때야) 할아버지가 술 취하셔갖고 왕무덤재 딱 넘어 오시면 다 보이잖아.

이렇게 술 취해갖고 사방으로 막 갈고 온게 길이 좁아. 근디 삼 일만에 오시는 데 그냥 빈손으로 그렇게 들어오셨어.

그렇게 할머니가 딱 보시고는 한숨을 푹 쉬시면서,

'천수 만수 구만수! 백년 원수 내 원수!'

그라고 말 한 것이 완전히 얘기 거리가 됐어. 그래갖고 누구네 할아버지 강남에 약지로(약지으러) 가데끼(가듯이) 그런 식으로 한다고 다 그래 갖고 아주 동네가 그것이 웃음거리가 되고 누구 얼른 안 오시면은,

'아야, 쩌, 정기네 할아버지 강남에 약지로 갔다.'

고 빗대고 그랬어. 지금 얘기니까 그라요. 그람 그런 때는 그케 아파갖고 있는데 약 사러 나가셔갖고 삼일 만에 들어오시면 그것이 보통 일이 아니제.

그런 일도 있었고 아무튼 일거리가 많으셨어.

맨발로 울면서 도망간 두 손녀

자료코드 589_MONA_20170827_SHR_KMJ_003
조사장소 진도군 의신면 사천리 사하마을 제보자 자택
조사일시 2017. 8. 27
조 사 자 박정석, 박영관
제 보 자 김명자(여, 64세, 1953년생)

> **줄거리** 할아버지가 외출하신 틈에 화롯불에 콩을 구워먹다가 할아버지가 갑자기 돌아오자 들키지 않으려고 소동을 벌이다가 결국 화로를 방에 엎어버렸다. 이것을 본 할아버지가 삽을 들고 쫓아오고, 두 손녀는 울면서 맨발로 부모들이 일하는 밭으로 도망갔다는 이야기이다.

그란데 한번은 저희들이 화로, 옛날에 이케 담뱃불 꾹 눌러 났다가 담뱃대 길게 해갖고 그 화로가 있지요.

항-시 아침에 불 때면은 화로에다 불을 담아서 이렇게 놔둬야 되고 옛날에 다 불을 때니까 점심 때 또 화로에 불 담아서 이렇게 드려야 돼. 따북따북 이렇게 눌러갖고 그라믄 긴 담뱃대에다 이렇게 해서 항시 방에다 갖다드려야 되고.

한번은 할아버지가 잠깐 나가셨어. 또 술 마시러 가셨을 거여. 그때도. 그래갖고 나하고 서외리 언니하고, 할아버지가 안 계신께 화로 좀 둘러갖고 거그다 콩 좀 구워먹자 했어요.

화로를 내다가 마루에다 놓고 콩을 군데(굽는데) 할아버지가 푹 들어오셨어. 그란디 우리가 당황해갖고 화로를 뒷목간에다 갖다 났어. 그랬더니 화로가 어디 갔냐고 찾으셔. 그래서 내가 언니 보고,

"빨리 빨리 화로 갖고 와! 무선대야(무섭다)."

그라드니(그러더니) 언니가 화로를 들고 오다가 당황해갖고 방에 엎어불었어. 그 불이 인자 다 엎어져불었어. 웜마, 웜마, 그랬드니 할아버지가 그 화로를 불 엎어불었다고 막 삽을 들고 우리 둘이를,

"가시나들을 많이 낳아논께 집구석 불 질러서 망해 먹을라고, 응 화로를 엎었다."

고 우리를 막 쫓아 다니고 땔고(때리고) 그라니까 우리는 발 벗고 땅골 있어, 옛날 오빠네 동네 좀 보이는 땅골 거기가 우리 큰~ 밭이 있었어. 거기로 식구들 다 일하러 갔는데 거기까지 막 울고 발 벗고 달려서 가고 그런 사연도 있었고, 아무튼 여러-가지 지금은 추억이제 그런 일들이 많이 있었어요.

그래도 할아버지 계실 때는 집안이 이렇게 짱짱했었어. 돌아가실 때도 청용언니한테,

"아야 옥자야, 너는 방구를 퉁퉁 잘 뀌는데 시집가서는 어른들 앞에서 어찌게 하고 사냐?"

"할아버지 나는 그냥 방구가 나오면은 퉁퉁 껴부요."

언니가 그라면은

"그래 방귀를 참으면 안 되니까 퉁퉁 껴불어라."

그라고 웃고 하시더만은 그 다음날 아침 식사를 안 하신다 그라대. 할아버지 왜 식사를 안 하시냐고 그랬드니 아니 어째 밥맛이 없다 그라드니, 그렇게 건강하시고 그 전날까지 술 드시고 그라드니는, 딱 하루 누워 계시드니 그 다음날 그냥 돌아 가셔라 그렇게.

그랑게 사람들이 하도 복진 어른이라 해. 그런 때 육십 한 살 사시믄 오래 사신 거지요. 그렇게 해왔고 그냥 하루 편찮으셔갖고 그렇게 돌아가십디다.

그러고 나니까는 집안이 이케 딱 약해지던만. 하기야 형제간들이 많으니까 결혼시키고 어째 분가 시키고 어쩌고 하다 보니까는 딱 집안이 더 그렇게 됐제마는.

할아버지가 복인이셨은께 그렇게 식구 많고 열일곱 식구까지 살고 그래도 할아버지 계실 때는 집안이 짱짱 해갖고 어짠때(어떤때) 알다시피 그랬었는데 그 후로는 그렇게 딱 집안이 더 기울어지고 그랑께 아, 할아버지가 그려져도 복인이시라 복을 갖고 계셨다고 동네서 다 말씀들 하시고 그러십디다.

그래도 할아버지가 이케 어른 대접을 받으셨어요. 에, 주위에 잘하시고 막 자기 것 갖다 그런 걸 베풀고 하셨제. 남의 것을 갖고 막 이케 남을 못 살게 하고 그런 거는 전혀 없었어요. 할아버지가 술땜시(때문에) 그런 이야기들이 많이 있었어. 그런데 지금은 다 까먹었네요. 오래돼서.

시아버지가 부르면 모시옷을 들고 달려간 며느리

자료코드 589_MONA_20170827_SHR_KMJ_004
조사장소 진도군 의신면 사천리 사하마을 제보자 자택
조사일시 2017. 8. 27
조 사 자 박정석, 박영관
제 보 자 김명자(여, 64세, 1953년생)

줄거리 술친구들과 만나기 위해 빳빳하게 다림질 된 모시옷을 차려 입고 나가는 할아버지는 길게는 한 달 만에 돌아오시곤 했다. 며느리는 항상 옷 심부름을 대비해서 깨끗하게 손질된 아버님의 옷을 벽에 걸어놓고 연락이 오면 먼 길을 걸어서 옷을 갖다 드렸다. 그래서 '우리 며느리, 우리 며느리' 하며 칭찬을 아끼지 않고 예뻐했다는 이야기이다.

덕병, 예 그 떡절네 모도 그 친구들 만나러 다니길 좋아하셨는디요. 거기서 주로 할아버지한테 오라고 연락을 많이 해 거그서. 그라믄 모시옷으로 딱 아주 까삭-하니(빳빳하게) 옛날 대리미에다가(다리미에) 불 담어갖고 이렇게 대리는 것 있어.

이렇게 사람이 잡어주고 양쪽에서 그렇게 해갖고 엄마가 항~시 바쁘니까는 밤에 그렇게 해서 대려놓고(다려놓고) 새벽에 대려놓고.

우리가 생각할 때도 당신 방에다가 이렇게 몇 벌씩 딱 모시로 해갖고 이렇게 걸

어놔, 여름에랑은. 그렇게 해 놓으면 차근차근 길을 올 때마다 한 벌씩 갖고 가다 보면은 와서 또 해놓고 또 해놓고 비축을 항시 해야 돼.

언제 어짤주(어쩔줄) 모르니까. 한번 놀러가시면은 빨리 오셔야 삼일, 오일이제. 안 그라믄 열흘, 보름이고 어쩔 때는 한 달 만에도 들어오셔. 만약에 걱정이 되서 기별 하면은 잘 계시다 해.

근데 그렇게 집에를 안 오시고 한 달 동안 계실 때는 옷을 한 열 벌씩은 갖다 드려야 돼. 근데 그냥 좋게 입고 계시면 되는데, 술 먹고 옷에다가 일을 보니까는 누가 어떻게 할 수가 없제.

거그서 일을 봐 불면은 갈아 입혀야 되니까 가서 갈아 입혀 놓고 또 그걸 싸갖고 오고 그런 식으로 계속 하시더만. 우리 애려서(어려서) 학교 다닐 때부터 완전히 우리가 다 성인이 될 때까지 할아버지가 그렇게 하시던만. 우리가 거의 클 때 까지도.

집 나가서 친구들하고 주야로 술을 그렇게 드셔. 친구를 좋아하셔갖고 술친구들 다 불러갖고. 그래도 그런 때 시골에서도 사는 것이 막 어려웁기는 안 하고, 우리 집이 내가 알기로는 그렇게 살아서 할아버지 용돈은 아버지가 어떻게 하든지 다 충당해 드리고 하니까는 술을 그렇게 드셨든가 봐요.

주머니에 돈이라고는 없어요. 생전 딱 얼마 드리면은 다 외상 해 놓고 또 갚으러 가야 돼.

'외상이 어디에 얼마 있다, 어디에 얼마 있다.'

그라믄 우리 아버지가 남한테 소리 안 듣게 할라고 다 갚어드리고 와요. 갚고 나면 또 할아버지가 오실 때도 거의 혼자 오실 때가 없어. 들어오실 때는 만땅으로 취해가지고 옆에 사람이 부축해 가지고 오시는 경우도 있고.

또 어쩔 때는 술이 깨서 좋게 들어오시는 경우도 있고 그래갖고는 한 이틀은 집에가 조용하니 계셔. 술을 많이 드시고 나면은 그래왔고

"아야 정개네 엄매야, 내 오늘은 먼(어떤) 옷하고 먼 옷하고 주라."

"예, 아버님."

그라면은 딱 내서 입혀 놓으면은,

"나는 기다리지 마라, 내가 알아서 올거니께."

그라고 딱 나가셔갖고 한 이삼일 있으면 또 기별이 와, 옷 갖고 오라고. 그라믄
옷을 싸갖고 다니는 보자기를 딱 펴서 옷 옆에다 항시 이케 걸어놔. 엄마가. 그
래앉고 기별 바로 오면은 열일을 제쳐놓고 그렇게 해갖고 할아버지 계신 곳까
지 갖다 드리고 그래앉고 항시 며느리 칭찬을 하셨어.

할아버지가 성격이 그렇게 급하시고 직선이고 그래도 엄마한테는 생전 진짜,

"너 어째서 그라냐?"

그렇게 말씀 안 하셨어요. 어머니가 하도 잘하니까는,

"우리 며느리! 우리 며느리!"

그렇게 칭찬하고, 돌아가신 날까지도,

"우리 정개네 엄매, 우리 정개네 엄매"

그람시로(그러면서),

"나 때문에 고생 많이 했다."

그런 것도 내가 지금 기억이 나는데요. 다 그라시드만 그리고 항시,

"너는 고맙다!"

고. 엄마가 친정이 향동이셨어. 그란데,

"내가 참 너는, 내가 너를 만나서…"

이라면서 그런 말씀 하시고 그라시던만 그렇게 살다가 돌아가셨고 할머니는
나중에 돌아 가셨고.

(조사자 : 옛날에 그 할아버지 보고 팡팡이 할아버지라 했다는데요?)

술을 하도 한 잔 가득이 빵빵하게 드시니까 팡팡 할아버지라고 했쌌드랍니다.
술을 가득이 팡팡하게 그렇게 별명이 팡팡이셨어요. 남들이 우덜보고 팡팡이
네 그래야지 알지, 천수씨(할아버지 성함) 그라믄 잘 몰라요.

사람들이 아 그 논수동 팡팡이네 이래야 돼. 그렇게 하셨어. 술을 큰 주전자에
다 막 다 넘치게 흘리면서 팡팡하게 따라갖고 수용소로 어디로 막 가져 날르

고 해 놓으면 없어져불어. 금방 한 동우씩 없어져. 예, 그렇게 사셨어요. 그래도 참 호인으로 시골에 사시면서도 일도 안 하시고 우리 할아버지는 그렇게 편안하게 자기 즐기면서 평생을 그런 식으로 살다가 가셨어요. 참, 다른 사람들은 그래도 그 농촌에서 살면은 어딘가 다 일을 해야 먹고 살고 근데.

동외리 서당 화재사건

자료코드	589_MONA_20170827_SHR_KMJ_005
조사장소	진도군 의신면 사천리 사하마을 제보자 자택
조사일시	2017. 8. 27
조 사 자	박정석, 박영관
제 보 자	김명자(여, 64세, 1953년생)

줄거리 할아버지가 젊어서 동외리에 살 때 서당에 돌림병 환자들을 수용한 일이 있었다. 그런데 마을에 피해가 생기자, 마을의 피해를 줄이려고 환자들을 피신시킨 다음 서당에 불을 지른 사건이 일어났다. 할아버지도 이 사건에 가담함으로써 경찰서에 잡혀갔지만 다행히 큰 고생은 하지 않았고 가족에게도 피해가 가지 않았다는 이야기이다.

(조사자 : 할아버님이 젊었을 때 동외리 사셨는데 거기 동외리 서당에 돌림병 환자들을 수용하자 마을에 피해가 생기니까 환자들은 피신시키고 마을분 몇 분이 가서 서당에 불을 질러서 후에 감옥에 갔다는 이야기를 들었는데요.)
예, 그거는 말만 들었어요, 제가 풍문으로 일제시대에 감옥 간 적 있다고 들었어요. 그래갖고는 청용 큰 형부가 한번은 아버지, 아버지 그라고 막 오셨어. 면사무소 다닐 때요. 그래갖고 "어 먼일이야?" 그랬드니
"아니, 무슨 조회를 해 보니까 처갓집 할아버지가 붉은 줄이 끄셔져(그어져서)갖

고 내가 지금 그게 걸림돌이 됐다."

고 이런 말씀을 하시더라고.

"아, 그런 일이 있었냐?"

고. 내가 듣기로는 할아버지가 옛날에 창고에다가 불을 질러갖고 그런 때 좀 살다가 나온 그런 일이 있었다고 아버지가 그렇게 말씀 하시든만. 그래갖고 아무튼 엇찌게(어떻게) 되었는가 형부가 끝까지 무탈하게 다니셨어.

그걸로 해서 그만둔 게 아니라 그랬든만. 처갓집에 그런 일도 그것이 뭐 말썽이 됩디다. 그런 때. 그래갖고 좀 심각하게 그랬는데 내가 알기로는 별일 없이 다니셨어. 형부가 끝까지. 좋게 됐으니까 그랬겠지요. 그런 기억이 있었어요, 제가.

자네가 참게, 빡보! 이름이 뭐인가, 빡보!

자료코드　589_MONA_20170827_SHR_KMJ_006
조사장소　진도군 의신면 사천리 사하마을 제보자 자택
조사일시　2017. 8. 27
조 사 자　박정석, 박영관
제 보 자　김명자(여, 64세, 1953년생)

> **줄거리** 얼굴이 얽어서 빡보(곰보)란 별명이 붙은 최빡보는 마을 사람들뿐만 아니라 인근 마을에까지 널리 알려져 놀림을 받았다. 싸움이 붙자 싸움을 말리던 아주머니가 "자네가 참게 빡보, 이름이 뭐인가 빡보, 어야 최빡보" 하고 쫓아다니며 싸움을 말렸다는 이야기이다.

옛날에 우리 집 밑에 사람이 있었어요. 근데 우리 집에 놀러 온 오빠 친구 분이

계셨는데 그분 이름이 기억이 안 나는데 그 사람이 최빡보였어요. 얼굴이 얽어 갖고 빡보였는데 오빠를 찾아서 집에 자주 오셨거든요.

그런데 우리 밑에 사는 사람이 괜히 잘 알아요. 전부터 그 사람도 오면 서로 인사하고 그런 사이였어. 맨날 자주 오시니까 그랬는데 처음에는 어째서 둘이 만나면 싸우는지 우리가 그 이유를 몰랐어.

나중에 알아보니까는 욕을 막 이렇게 하면서 놈의 신혼방에서 잠을 자고 그란게 지가 성질나게 했다고 그람시로 씨○놈이, ○놈 새끼가, 니가 어디서 이 빡보 같은 놈이, 그란다고 그람시로(그러면서), 빡보, 빡보 함시로(하면서) 싸움이 붙어갖고 있는데 자기 엄마가 옛날에 대한등 있소? 이케 들고 다니는 대한등 말이요.

깜깜한데 거기 그걸 들고 나왔어. 밤이니까. 자기 엄마가 막 쫓아다니면서,

"어야, 자네가 참게 빡보!"

"이름이 뭐인가 빡보!"

"어야, 최 빡보!"

"이름은 모른게 그라네 빡보!"

"우리 아들이 술먹은 개라네 빡보!".

함시로 계속 쫓아다니면서 빡보, 빡보한게 그 사람은,

"아니 괜찮아요. 빡보니까 빡보라 한데 괜찮아요. 괜찮아요."

그라고 말해. 거그서 싸움이 끝났으면 그대로 끝나는데 안 끝나고 계속 붙어갖고 싸움을 하니까는,

"어야, 빡보, 어야, 빡보, 최빡보, 최빡보! 자네가 참게. 빡보, 빡보!"

함시로 계속 그래서 몰라 하이튼(하여튼) 저녁 내도록 그렇게 하고 다녔어. 그래갖고 엇찌기(어떻게) 엇찍 해갖고 사람들이 막 달려 들어서 말겼어요(말렸어요). 그래갖고 싸움이 중단되었어. 그래았고 나중에 우리 오빠가

"아따 아짐, 그란다고 빡보한테 빡보 소리를 한두 번만 하제, 그케 말끝마다 빡보, 빡보, 하고 쫓아 댕기면 쓰것소?"

그랑께 그 아짐 하는 말이,

"우리 아들 때릴까 싶으고(싶고), 이름은 모르고 그랑께 최빡보 밖에 생각이 안 난께, 자네가 참게 빡보, 술먹은 개라네 빡보, 이름이 뭐인가 빡보."

우하하하~ 지금이니까 덜 우습네요. 그때는 아주 그래았고 시골이고 어디고 그 말들이 이렇게 전해지게 되갖고 가기만 하면 그렇게 다,

'자네가 참게 빡보! 이름이 뭐인가 빡보!'

하고 막 그런 일도 있었어요. 동네에서 지금은 좀 덜 그란데 그때는 진짜 지금 도 여기 이런 데서도 말하면 자네가 참게 빡보, 이름이 뭐인가 빡보, 지금도 그 래요 우리는 그런 말 하고 그래요. 그런 일도 있었어요.

저그 다른 동네까지 퍼져서 청룡언니가 인지리로 파 작업인가 그걸 하러 갔는 데, 거기서 사람이 일하다가 밭으로 하나(가득) 일을 하면서 점심시간에 밥을 먹으면서,

"자네가 참게 빡보, 이름이 뭣인가 빡보."

하드래요.

"웟매, 웟매, 그 말을 어디서 들었소?"

그랑게는 아니 사람들이,

"자네가 참게 빡보, 이름이 뭐인가 빡보!"

함시로 막 그라고 웃고 댕겼다고 그람시로(그러면서) 갔다 오드니

"아야, 인지리고 어디고 의신면은 말할 필요도 없고 다 소문이 나았고…"

그런 때 그게 유행이었어요.

'자네가 참게 빡보, 이름이 뭐인가 빡보, 최빡보. 술먹은 개라네, 빡보.'함시로. 동네에서 그런 일도 있었어요.

삼별초군이 남긴 나근당골과 말무덤

자료코드   589_FOTA_20170606_SHR_POG_001
조사장소   진도군 의신면 사천리 사하마을 제보자 자택
조사일시   2017. 6. 6
조 사 자   박정석, 박영관
제 보 자   박옥길(남, 76세, 1942년생)

줄거리 삼별초군이 도망을 가는 도중 나근당이라는 장수는 병사들과 떨어지면서 논수동 뒤쪽 땅골로 숨어들어 오랜 기간 살았다고 한다. 그래서 그곳을 나근당골이라고 불러 왔는데 지금도 돌성이 남아 있다. 그리고 삼별초군의 접전이 있었던 저포리재에서는 말이 많이 죽었는데 지금도 말무덤이 몇 개 있다. 왕무덤재를 지나다 말무덤 용미를 밟게 되면 '꿍' 하는 소리가 났다는 이야기이다.

제가 어렸을 때 우리 집 뒤에 나이 드신 육십 대 할머니가 있었습니다. 그 할머니한테 들은 바에 의하면, 삼별초군들하고 전쟁이 나서 왕무덤재를 넘어서 도망을 가다가 왕무덤재 지금 왕 무덤 자리에서 말이 쓰러졌드랍니다.

그래갖고 말은 거그서 그냥 죽고 왕은이 그 욱에로 올라가다 적군에 또 살해를 당해서 논수동을 거쳐서 삼밭 위에 있는 저포리재를 통해서 거그 넘어서 의신을 거쳐서 금갑 이렇게 해서 제주도로 갔다고 들었습니다.

가는 도중에 나근당이란 장수가 거그서 또 병사들하고 흩어져서 논수동 뒤에 땅골이라는 골(골짜기)이 있었습니다. 거기 가서 은둔해갖고 상당한 기간을 살았다고 합니다.

그란데 거가 장수가 살던 흔적이 있습니다. 논수동 뒤에 땅골 나근당, 그 나근당 이라는 장수가 있었다 해서 나근당골로 나중에는 긋게(그렇게) 불러 왔습니다. 그래 산 봉달이에(봉우리) 가면은 약 백여 메타, 높이는 일 메타 정도 되는 돌성이 지금도 있고 나근당이라는 장수와 그 잔병들이 어디로 갔는지 없어졌다고 그래요.

그 다음에는 저포리재로 삼별초군들이 가다가 접전하고 아마 포로도 많이 잽

히고 거그서 큰 싸움이 일어났는데 역시 말이 많이 죽었다고 합니다. 그 산봉우리에 가면 지금도 말무덤이 몇 개가 있다고 그래요. 그란데 그 말들도 죽었다 합니다. 의신 중리를 통해서 돈지 앞으로 해서 만길 잔등을 넘어서 제주도로 갔다고 했습니다.

그란데 왕무덤재를 지내서 저희들이 학교를 다녔습니다. 말무덤, 용미를 지나서 읍내를 다니고 하는 그런 길이었습니다. 그 길을 통해 다니다 보면은 거 용미 거그를 어찌기 하다 밟았다 하면은 용미에서 꿍, 하는 소리가 났어요.

그래서

'누가 크게 소리를 내느냐'

하고 시합을 하곤 했습니다. 그런데 어느 날 보니깐 도굴을 해 버렸어요. 그때 도굴을 했어도 꿍 하는 소리가 났습니다. 그런데 나중에 그 말무덤이나 왕무덤을 복원한다고 한 뒤로는 그 소리가 지금은 안 나더군요.

그란데 그것이 상당히 아쉬운 점이 있습니다. 어떻게 해야 그 꿍, 소리를 찾을란가 모르겠습니다.

천수 만수 백년 웬수, 팡팡이 할아버지

자료코드 589_MONA_20170606_SHR_POG_001
조사장소 진도군 의신면 사천리 사하마을 제보자 자택
조사일시 2017. 6. 6
조 사 자 박정석, 박영관
제 보 자 박옥길(남, 76세, 1942년생)

줄거리 천수 만수 백년 웬수, 팡팡이 할아버지라는 별명을 가진 논수동 천수씨는 집안일에는 관심이 없고 허구한 날 술만 좋아해서 한번 나가면 며칠씩 있다가 집에 돌아오는 생활을 했다. 아무리 급한 일이 있어도 본인이 하고 싶은 대로 사는 세상에 무서울 것 하나 없는 별난 사람이었다는 이야기이다.

저희 논수동에 천수씨란 분이 동외리에서 이사를 와서 살았습니다. 그런데 저희들 애랫쓸대(어렸을 때) 보면은 할아버지가 거의 집안일은 하지 않는 성질이고, 또 친구들 할라(조차) 똑같이 놀고 술을 하루 종일 자시고, 그리고 또 술을 먹다가 술이 잔에 적게 차면,

"팡팡하니 따라라!'

그래서 '팡팡이 할아버지'란 별명이 있었습니다.

그리고 또 어디를 가면은 그저 며칠 있다 오는 그런 습성이 있었는데 할머니가 설사 배탈이 나가지고 대신 약을 지로(지으러) 간다 했는데 읍에서 친구들 만나서 놀다 보니까 삼일이 지났드랍니다.

그래갖고 그때사 약을 지어 와서 할머니가,

"뭣하고 인자 오요?"

한 게 친구들하고 좀 놀다 본께 이렇게 됐다고 해. 근게 할머니하는 말씀이,

"이 천수 만수, 백년 웬수야!"

그리고 해서 할아버지 별명이 또 '천수 만수 백년 웬수'가 되었습니다. 그리고 술잔은 야튼(하여튼) 팡팡 따라라, 그래 '팡팡이 할아버지'라고 불렀습니다.

그라고 덕병에 친구들이 많이 있었는데 근데 여기가 덕병하고는 멉니다. 군내면 덕병리 거그를 가면 거의 겨울내 살고 한 달도 살고 그런 경향이 있었어요. 저희 어려서 보면 그러면 며느리가 바지 돔방이 그걸 한복을 해갖고 가서 갈아 입히고 온 적이 한 두 번이 아닌 것을 저희가 봤습니다.

그렇게 아주 참 별난 할아버지였습니다. 몸은 아주 장사 체질이었습니다. 키가 아주 육척이고 누구 무설(무서운) 것이 없이 그렇게 사시는 분이었습니다.

기와를 구웠던 잣굴

자료코드   589_FOTA_20170606_SHR_POG_002
조사장소   진도군 의신면 사천리 사하마을 제보자 자택
조사일시   2017. 6. 6
조 사 자   박정석, 박영관
제 보 자   박옥길(남, 76세, 1942년생)

줄거리 잣골 들어가는 언덕에서 굴이 발견되었는데 거기에 기와를 굽던 흔적이 있었다. 그래서 원래는 기왓굴로 부르던 것을 '잣굴'로 부른 것 같다고 하고, 쌍계사를 신축하면서 그곳에서 기와를 구웠을 것으로 추정하고 있다는 이야기이다.

논수동에서 사천리 쪽으로 가면은 땅골 있고 잣골이라는 골이 있었습니다. 그런데 잣골에서는 세가구나 살았어요. 그런데 어느 날 잣골 들어가는 어덩에가(언덕에) 굴이 발견 됐습니다.

그 굴을 보니까 기와를 군(구운) 흔적이 있었어요. 그란데 지금은 개발하는 과정에서 없어졌습니다마는 그것이 잣굴이 아니라 기와를 구던(굽던) 데서 잣굴,

잣굴, 그랗게 기왓굴을 잣굴로 부른 것 같습니다.

그런데 어른들이 추정한 것은,

'쌍계사를 신축하면서 거그서 기와를 구워다 쓰지 않았나.'

이렇게 생각을 하고 계십니다. 기왓골 규모는 둘레가 약 4, 5메타, 높이는 한 3
메타 정도로 굴이 있었습니다. 그런데 그 굴이 지금까지 있었으면 좋았을 턴
데 개발하는 도중에 없어져서 참 아쉽습니다.

그것이 한참 뭣할 때 육십 년도에 발견 됐는데 그때는 화학 비료가 없으니까,
논에다 풀을 뜯어서 엿고(넣고), 떼(잔디)를 뜯어서 논에다 넣다가 굴이 있어서
파다 보니까 거 굴이 나와불었제.

호랑이에게 물린 연안명씨 할머니

자료코드 589_FOTA_20170716_SHR_CCW_001
조사장소 진도군 의신면 사천리 사하마을 제보자 자택
조사일시 2017. 7. 16
조 사 자 박정석, 박영관
제 보 자 차철웅(남, 64세, 1954년생)

> **줄거리** 여름날, 마당에 나와 있던 연안명씨 할머니가 첨찰산에서 내려온 호랑이에게 다리 안쪽
> 을 심하게 물렸다. 다행히 할아버지가 보고 소리쳐서 호랑이는 도망가고 할머니는 목
> 숨은 구했지만 상처가 너무 커서 평생 목욕 한번 제대로 하지 못하고 살았다는 이야기
> 이다.

아니, 우리 할머니가 연안차씨인데 이 할머니도 연안명씨여. 저 초사리서 시집
왔다고 한디, 나는 그분을 못 봤지만은 우리 할머니는 봤겠소. 마을에서 동네

가운데 집이었어.

한 동네 가운데서 사는데 여름에 이렇게 더우니까 밖에 나와서 앉았는데, 호랭이가 여그를(여기를) 꼭 여그를 [허벅지를 가리키며] 이렇게 겁나게(심하게) 물려 불었어. 바로 여그 삿타기(사타구니) 밑에 거그였당께. 그란게는 그 놈을(상처를) 못 보여주고 그랬던 것이여.

그런데 할아버지가 어디 갔다 오다 봐갖고 소락지(소리를) 지른게, 호랑이가 놔두고 나가 불었다는데 우덜은 모르는데. 사실일 것 아니여.

엄매랑 전부 다 하는 소리가 다 그라고 보는 사람도 있고 그란게, 그 흉터가 엄청나게 커불어갖고 할머니가 생전 목욕을 못 했다고 그라대. 거가(흉터가) 너무 커분게.

그런 말을 들었습니다. 그 일이 백오십년 정도 되지라. 호랑이 물린 곳이 예전에 문병섭씨 집터, 거기에서 아마 할머니가 살았었는데 그 집이 그때는 쬐깐한(작은) 초가집이었는데 병섭씨가 그걸 사갖고 이렇게 밀어불고 새로 짓었어요. 그 집자리에서 어찌께 살았다 합디다.

이렇게 그 때 들은 대로 얘기를 또 한번 거가 할머니 집하고, 아니 거가 죽옆에(대나무밭 옆에)가 있는데, 거그도 집이 짓어져(지어져)갖고 살았었는데, 호랭이가 자주 온게 무섭잖애. 그냥 거그서 못살고 그랬다 드란게. 그 집을 놔둬 버리고 동네 내려와서 살았던 거제.

백 오십년 전 그런 때는 호랑이가 이쪽 사천리 일대는 많이 있었던 모양이여.

시어머니에게 구박 받은 각시의 한이 서린 각시둠벙

자료코드   589_FOTA_20170716_SHR_CCW_002
조사장소   진도군 의신면 사천리 사하마을 제보자 자택
조사일시   2017. 7. 16
조 사 자   박정석, 박영관
제 보 자   차철웅(남, 64세, 1954년생)

줄거리 저수지가 완공되기 전에는 각시둠벙이 있었는데, 그곳은 각시가 시어머니에게 엄청 구박을 받아 친정 다녀오는 길에 그 둠벙에 빠져죽었다고 해서 붙여진 이름이라고 한다.

내가 초등학교 이학년 때, 저수지가 완공이 되어갖고 물이 찼응게, 그전에는 사천리서 길이 없어갖고 저수지 물차기 전에는 전부 다 돈지로 가야했거등. 학교를 댕기는데 학군도 전부 다 의신면이었고 생활권도 의신면이었어. 그라고 댕겼었는데 거가 큰 길이고 내가 다니는 길은 샛길이었고 그래 다녔는데.

어머니 말 들어보면 나는 잘 모르지만은 각시둠벙이라고 둠벙이 하나 있었나 보더라고.

각시가 오다 그랬는가 가다 그랬는가는 잘 모르겠는데 하여튼 시어머니한테 엄청나게 구박을 받아갖고 친정에 갖다 오다가 거그서 그냥 내(냇물)에 빠져 자살해불었어, 빠져죽어불었다 해.

그란데 그 뒤로 하도 비만 올라믄 거그서 각시가 울고, 또깨비가 그렇게 많이 났다고 그런 전설이 있는데, 나는 어려서 모르지마는 어머니랑 부모들이 거그를 밤낮 각시둠벙이라 그라더라고.

그람시로(그러면서) 거그 가문(가면) 무섭다고 그런 이야기를 하는데 자세한건 난 모르지만은 마을에서 내려오는 그런 유래가 있다고 그케만(그렇게만) 알고 있습니다.

각시둠벙이 거 무넹기(수로, 물길) 좀 욱에(위에)제. 지금 선바욱독 밑에여. 선바위는 바위가 두개 딱 섰는데 그동안 저수지 물에 잠가(잠겨) 있다가 지금 나왔어요.

바위가 딱 이렇게 있었는데, 비가 아무리 와도 이 속에 들어가면 비가 안 맞어. 딱 서 있는 큰 바위여. 물 방죽 수몰된 곳에 있다가 올해 물이 많이 빠져서 인자 나왔어.

상여를 앞서 가던 노인의 정체

자료코드   589_FOTA_20170716_SHR_CCW_003
조사장소   진도군 의신면 사천리 사하마을 제보자 자택
조사일시   2017. 7. 16
조 사 자   박정석, 박영관
제 보 자   차철웅(남, 64세, 1954년생)

> **줄거리** 국민학교 6학년 때 남천교 다리에서 사천리로 가던 중, 덕배씨라는 노인이 상여 행렬 앞에 가는 것을 보고 아무리 앞서려고 부지런히 가도 따라 잡을 수가 없었다. 그래서 빙기덤재에 올라가서 그곳에서 놀고 있는 아이들에게 물어보니 그런 사람은 안 지나갔다고 해서 순간 도깨비인가 하고 무섬증이 일어 겨우 집에 돌아갔다는 이야기이다.

옛날에 국민학교 육학년 때 남천교 다리에서 사천리로 오고 있었어. 그란데 진도 사천리에서 강씨라는 분이 읍내에서 살다가 가갖고 사천리 사하리 상두기여.

그란데 죽어갖고 우리 마을 사람들이 전부다 생이(상여) 미로(메러) 갔는데, 그날 남천교에서 다리를 죽 나오는데 친구 길영이하고 둘이 막 오고 있었어.

나는 국민학교 육학년이고 갸는 중학교 일학년이고 같이 오는데 덕배씨라고 동네 노인 한분이 계시는데 아부지 친구여.

생이(상여) 미고(메고) 딱 오는데 앞에 가길래 그 사람 딸라고(앞서려고) 그렇게 힘들게 가도 안 나오고, 또 가도 안 나오고 그러더니 빙기덤재 막 올라와서 보면 미스 바위라고 있어. 미스 바위에 앉아 있어도 앞에 재를 또 넘어야 되는데 그 재를 못 넘고 계속 그라드란 말이여.

그라고 뒤로 가갖고 그 재를 딱 올라 간 게는 이런 말하면 안 되는데 그 집이 빡보네라든야. 이름을 잘 모른게 빡보네라고 했어.

애기들이 구슬치기를 하고 있드라고. 그래서 그리 지나 갔거든. 거그 와서 물어 본게는 그런 사람 안 지나갔다는 소리여.

"그람 우리가 본 것이 뭣이여? 헛것이여? 또깨비여."

거그서부터 무섬증이 드는 거여. 가네는 논수동 우리 집하고 가까운 집이여. 유자나무가 있어 유자 준다는데 갈라다가 길영이가 거그 가다간 밤인데 유자 못 딴다고 내일 오라 한게, 거그서 혼자 어려움에 처했는데 우리 어머니가 델러(데리러) 와갖고 다행히 집이 온 거여.

어머니가 옛날에 대한등이라고 호롱불 들고 내 이름 부르면서 오드라고. 그란데 나는 거그서 진퇴양난이었지. 가도 못하고 거그서 어머니가 부른게 높이 5미터 되는 논에서 아무 것도 안 뵈제. 그란데 달려왔단게 그래갖고 어머니 만나갖고 집으로 온 기억이 나요.

운림산방을 복원하기까지

자료코드   589_MONA_20170716_SHR_CCW_001
조사장소   진도군 의신면 사천리 사하마을 제보자 자택
조사일시   2017. 7. 16
조 사 자   박정석, 박영관
제 보 자   차철웅(남, 64세, 1954년생)

줄거리 소치 선생은 말년에 자식들에게 운림산방을 떠나 도회지로 나가라고 하셨다. 그때 제보자의 할아버지가 운림산방을 사서, 행랑채를 고쳐서 막내아들을 분가시켰다. 후에 남농 선생이 운림산방을 복원하려고 이 집을 사려고 하자 건물은 뜯어가되 그 자리에 집을 지어달라고 했다는 이야기이다.

운림산방에 대한 내력을 나는 잘 모르지만은 우리 아버지랑 전에 들은 얘기로 하면은 우리 '병' 자, '윤' 자 할아버지께서 누구한테 산지는 모르지만은 운림산방 소치 생가를 샀어. 우리 할아버지가 사갖고 거그서 살다가 우리 아버지가 행랑채 지금 같으면은 사랑방이랄까 사랑채라 할까, 행랑채를 뜯어갖고 우리 아버지를 제금을(분가를) 냈어.

우리 아버지가 막둥이여. 근디 저그 아래 집으로 산밭으로 제금을 냈어. 그란데 제금내갖고 사는 도중에 거그 운림산방에서는 우리 큰 아버지, 아버지 형님분들이 전부 살다가 셋째 큰아버지가 거그 살다가 다시 윤대 씨한테 폴아갖고….

그 집을 산밭에다 짓어갖고(지어서) 살았는데 남농 (선생) 보좌관인가 비서인가 모르겠는데 그 사람이 몸이 겁나게 좋았어. 하튼 그 사람이 와갖고 운림산방 복원 할란다고 집을 포라(팔라고) 하드라고 그러걸레(그래서),

"나는 집은 못 폴겄소."

그라길래,

"왜, 못 포냐?"

1970년대, 복원 전의 운림산방의 황량한 모습. 소치생가와 배롱나무가 을씨년스럽다. 연못은 논으로 경작하고 있었다.

그래서 우리 집이 뜯어 올 때 4칸 집이었어. 내가 그 4칸 집에다가 달아내갖고 6칸 집에서 살았어. 더 이상 6칸이고 4칸이고 5칸이고 필요 없이 사칸 집을 지어만 주라. 내가 땅은 줄란게. 이 집을 폴면 내가 돈 몇 푼 받고 어디가 살겄냐. 나는 거지 되야분다.

그라닌까 뜯어온 사칸짜리 그 집만치 브르크(블록)로 짓든지 초가집을 짓든지 지어주라. 나는 그람 그리 갈란게. 헌 집은 맘대로 뜯어가서 해라 그랬제.

그거이 팔십 이삼년도 된다고 봐야지요. 참말로 칠십이 년도에 저수지를 막었거든. 그랑게 팔십 이삼년 되것네. 아이 긍게(그러니까) 내 말 들어보쇼. 그 집을 지어주라 한게, 그 남농 비선가 그 사람이 하는 말이,

"응, 응, 그것도 좋은 말이다."

하드라고. 아니 내가 살던 집을 줘불면, 그런 때는 참말로 몇 푼 받도 안하고 폴아불면 나는 어쩌겄소. 그때 집이 한 오십만 원 갔을 거여.

그란데 그때 내가 집을 뜯어가는 대신 한 채를 지어주라고 말한게, 우리 동네 허○○이라는 사람이,

"그것 돈 한 오십만 원 밖에 안 하 거인데 그 돈 받고 잔(좀) 팔제마는 뭔 놈의 집을 짓을라고 하냐?"

함시로 막 성질을 내. 자기는 아무 상관이 없는 사람이여. 나도 집을 포나(팔든) 안 포나 상관이 없어. 그래도 그 운림산방을 남농 선생이 복원하고 좋게 한닥 한게 내 솔직한 대로는 큰맘 먹고 그렇게 해 준 것이여.

그란데 ○○이라는 사람은,

"돈 오십만 원이면 집을 살 것인데"

그람시로(그러면서)

"하지 말어!"

막 성질 내갖고 가분당게. 결국 내가 안 폴았제. 집을 폰 것이 아니라 나는 무조건 하고 이 땅만치 부르크 짓든지 내 땅에다가 집만 지어주라 한게는 ○○씨가 그렇게 나쁜 소리를 하네 진짜. 내 생각에는 소치 생가를 복원하기 위해서는 즈그들이 사정을 더 많이 하고 돈을 줘야 될 판인디 왜 그랬쌓는지.

그러니까 소치 선생님이 운림산방을 딱 지어가지고 살다가, 그 때가 칠십 한 팔세 그렇게 나이가 들어서 딱 돌아 가셨어요. 돌아가심서 지금 자식들한테 사천리 땅이 척박하고 자갈땅이고 소출이 적고 하닌까, 그 나이 들어서 쓴 시에가 뭐라고 나오냐면,

"너희들은 도회지에 나가 살아라."

그라고 시를 지었어요. 그랑께 소치 선생이 돌아가시고 나서 바로 우리 할아버지한테 팔고 강진으로 모두 가버렸거든요.

그전에 미산 선생하고 남농 선생을 여기서 운림산방서 낳고 그라고 나중에 강진 병영으로 가. 강진 병영을 가서 좀 살다가 목포 유달산 밑으로 딱 갔단 말이요.

소치 선생의 글씨가 적힌 대들보

자료코드 589_MONA_20170716_SHR_CCW_002
조사장소 진도군 의신면 사천리 사하마을 제보자 자택
조사일시 2017. 7. 16
조 사 자 박정석, 박영관
제 보 자 차철웅(남, 64세, 1954년생)

줄거리 제보자의 집 대들보에 아주 잘 쓴 글씨가 있는데, 이 글씨는 소치 선생의 것으로 생각된다는 이야기이다.

우리 집에가 보가(대들보가) 있었는데 보에가 글자가 아주 잘 써져 있드라고. 그 글자를 나는 잘 모르는데 아무튼 잘 써 졌는데, 복관이 맞거든 이케. 그라고 기둥나무에 이렇게 써주고(써지고) 내가 볼 때는 소치 선생 글씨 같은데, 그란게 잘 모르지만은 근데 내가 토두지에다가 한 둘 싯(셋) 닛(넷), 열개 있으면 일 이 삼 사 십자 그것은 내가 썼거든 이케.

"그란데 저것도 당신이 썼냐?"

하고 남농 선생 비서가 물었어. 그란게는 내가,

"그 글자하고 저 글자하고 같으요? 내가 국민학교 다닐 때 한문으로 일, 이, 삼, 사 쓴 글자하고 저 글자하고 같으요?"

하고 웃었어. 본래 써 있던 글자는 잘 써진 글자여, 아주. 그라고 이 글자는 내가 이캐 써논 글자고. 그런 이야기까지 다 했다니까.

그런 사람들은 집을 욕심을 냈었는데 중간에 한 사람 땀세(때문에) 못 가져갔어.

(조사자 : 확실하니 그 대들보에 있는 것은 소치 선생의 글씨였그만.)

나는 그것은 모른당께.

의신면 연주리 연주마을

동산이 구슬처럼 이어진 연주리

자료코드   589_FOTA_20170508_YJR_JGJ_001
조사장소   진도군 의신면 연주리 연주마을 제보자 자택
조사일시   2017. 5. 8
조 사 자   박정석, 박영관
제 보 자   조권준(남, 66세, 1952년생)

> **줄거리** 배의 닻을 놓는 형국인 연주마을은 옛날에는 200여 가구가 넘는 마을로 풍요롭고 살기
> 가 좋았다. 어느 날, 마을을 지나가던 도사님이 이곳은 세 개의 뒷동산이 구슬처럼 이어
> 져 있는 형국이라면서 마을 이름을 '연주리'로 지어주었다는 이야기이다.

아주 오랜 옛날에는 연주리를 둠버리라고 저그(저기) 앞산이 배의 닻을 놓는 그
런 형국이어서 둠버리라고 했다 했는데, 그때는 이쪽 마을이 거의 200호에 가
까운 아주 큰 농촌마을이었던 것 같습니다. 어르신들의 말씀에 의하면 그런
때 어촌에서 오시는 분들에게 상당히 푸대접도 했었고, 그래서 좀 안존일이(좋
지않은 일) 많이 있었던 것 같습니다.

뒤쪽에 보시면 우리 마을은 동산이 세 개가 있거든요. 그러던 차에 어느 도사
님이 오셔서 그 동산을 구슬로 생각해서 '구슬 주(珠)' 자에, '이을 연(連)' 자를
써서 구슬이 이렇게 이어졌다 해서 연주리라고 하면 아주 좋을 것이다고 해서
우리 마을이 연주리라고 되었다고 합니다.

그란데(그런데) 그 뒤로 산이 헐리고 도로가 나고 개화가 되면서 연주리는 이렇
게 거의 어려워지는 그런 상태로 되었다는 어르신들의 말씀이 있어서 저희들
은 뭐 구술로 전해오는 그런 얘기로 거기까지만 알고 있습니다.

(조사자 : 연주마을하고 응덕마을하고 어느 곳이 주축이 되었나요?)

연주리였죠. 지금도 할머니들이 이쪽으로 들어오실라고 표를 사러 가면은 응덕리는 없어요. 지금도 연주리라 해야 차표를 줍니다. 그래서 이쪽이 근거지가 됐고 요쪽으로 보면은 지금도 기와가 많이 출토 되거든요.

그래 지금 요 뒤에 박재열(?)씨네 집 뒤로 보면은 지금도 옛날 기와로 담도 이렇게 싸놓고 그런 것이 있었는데 그런 것들이 새마을 사업으로 많이 없어졌지만 그 흔적이 지금도 나오고는 있어요.

그 당시 200호나 되었다는 마을의 규모나 크기가 짐작도 안가지만 하튼 옛날의 어르신들의 말씀을 들으면 아마 이쪽 지역에서는 초사리, 그 다음에 연주리, 그 다음에 중리, 그리고 돈지, 그렇게 본다면은 농촌 규모로는 상당히 번성했던 마을이었던 것 같습니다.

의신면 연주리 응덕마을

부유하고 기세등등했던 연주리

자료코드 589_FOTA_20170518_EDR_PBY_001
조사장소 진도군 의신면 연주리 응덕마을 제보자 자택
조사일시 2017. 5. 18
조 사 자 박정석, 박영관
제 보 자 박복용(남, 82세, 1936년생)

> **줄거리** 연주리는 밀양박씨 본토로 사람들이 드세고 부유했다. 옛날에는 연주리를 '둠버리'라고
> 했다는 이야기이다.

연주리가 밀양박씨 본토여서 아주 잘살았는데 사람들이 드세서, 초상서 말을
타고 넘어오는 사람들이 읍내를 갈려면 초상재에서 말을 내려서 걸리고(걷고)
청용고개에서 다시 말을 타고 읍내로 행차하고 그랬답니다.

그걸 보면 옛날에 밀양박씨네들이 연주리서 아주 잘 살았다는 걸 알 수 있습
니다.

아, 옛날에는 연주리를 둠버리라 했답니다. 그래서 사람들이 숨을 헐떡헐떡 쉬
면서 어딜 갔다 오는 사람을 보면,

'너 둠버리 갔다 왔냐?'

그렇게 이야기를 했다고 합니다. 그랑께 얼마나 사람들이 쫓겨 내빼고(도망치듯
달리고) 왔는지 숨을 몰아치고(몰아쉬고) 그래서 둠버리에 갔다 왔다고 그랬다고
하더만요.

넙덕골 덕사동이 응덕마을이 된 까닭

자료코드   589_FOTA_20170518_EDR_PBY_002
조사장소   진도군 의신면 연주리 응덕마을 제보자 자택
조사일시   2017. 5. 18
조 사 자   박정석, 박영관
제 보 자   박복용(남, 82세, 1936년생)

줄거리 덕사동이란 마을은 부자가 많은 기와집촌이었는데 시간이 흐르면서 마을이 망하여 아랫마을로 내려와 응덕마을로 이름을 바꾸었으며, 현재 여섯 반으로 나뉘어 있다는 이야기이다.

옛날에는 응덕리가 저기 넙덕골 산 밑에가 덕사동이란 마을이 있었는데, 거기가 아주 기와집으로 해서 수십 채가 잘 살고 그랬는데, 살다 보니까 어찌께(어떻게) 됐든가 몰라도 완전히 도산이 되고 그 기와집도 전부 없어지고, 그 다음에는 아랫마을로 내려와서 응덕리로 인자 이름을 바꿨답니다.

그래갖고 응덕리는 지금 여섯 개 반인데 일반은 가양동, 이반은 어덩미실, 삼반은 웃반, 사반은 중간, 오반은 밑에, 육반은 버들냇골이라 해요.

옛날에 버드나무가 많이 있어서 이렇게 버드냇골이라 했습니다. 그래서 여섯 반으로 나눠져 있습니다.

빈대가 성해서 폐사한 덕사동 절

자료코드   589_FOTA_20170518_EDR_PBY_003
조사장소   진도군 의신면 연주리 응덕마을 제보자 자택
조사일시   2017. 5. 18
조 사 자   박정석, 박영관
제 보 자   박복용(남, 82세, 1936년생)

> **줄거리** 덕사동 산 안에 절이 하나 있었는데 원래는 아주 융성하였다. 그런데 한때 빈대가 성하면서 어느 순간 폐사되었다. 절터의 흔적으로 네 개의 기둥 자리가 남아 있고 주변에 비자나무가 많이 있다는 이야기이다.

지금부터 한 오백년 전인가 어쩐가 응덕리 덕사동 산 그 안에가 절이 있었습니다. 그란데 절 이름은 잘 모르겠고 그 절이 융성하여 잘 살았는데, 어느 순간 한때 빈대가 성해갖고 도저히 절을 운영 못하고 일시에 파산됐답니다.

저희들 어려서 가서 봐도 거그가 절터, 응 기둥 자국이 네 개 다 있고, 비자나무가 많이 있었는데 그것을 아이들이 분재 한다고 꺾어대서 비자나무는 손실돼불고. 지금 가보면 아마 그 절의 지축돌은(주춧돌은) 남아 있을 것입니다. 지금까지.

(조사자 : 그라믄, 거기에 절이 있었으면 거기 샘이 틀림없이 있었을 것인데…)

예, 계곡물이 아주 좋아납니다.

돔바위에서 돔을 낚시하다

자료코드   589_FOTA_20170518_EDR_PBY_004
조사장소   진도군 의신면 연주리 응덕마을 제보자 자택
조사일시   2017. 5. 18
조 사 자   박정석, 박영관
제 보 자   박복용(남, 82세, 1936년생)

줄거리 넙덕골 산위에 올라가면 돔바위가 있는데 예전에는 그 바위에서 돔을 낚았다고 한다.
지금은 숲이 우거져 들어갈 수 없어 아쉽다는 이야기이다.

지금 넙덕골을 가보면 한 육부 능선이나 그렇게 되는데, 거기에 옛날에 돔바위
라고 있었습니다. 그란데 거기 돔바위서 뭣을 했냐 물어본께 거기서 돔을 낚
았다고 합니다. 고기를.

그래서 이 중년까지도 우리 삼사십년 선배들이 가보면 그때까지도 거기서 조
개껍질 같은 것이 나왔다고 합니다.

그런데 지금은 산이 너머(너뮤) 우거져 갖고 들어갈 수가 없게 되어버렸습니다.
거기 응덕리 웃반(웃바위) 제일 위에 반 거기서 쭉 산 위로 올라가면 있습니다.
육부능선이나 칠부 아니 아 사부능선이나 올라가면 될까? 거기에 큰 바위가
있습니다.

주역과 의술에 능통한 허성

자료코드 589_FOTA_20170518_EDR_PBY_005
조사장소 진도군 의신면 연주리 응덕마을 제보자 자택
조사일시 2017. 5. 18
조 사 자 박정석, 박영관
제 보 자 박복용(남, 82세, 1936년생)

줄거리 옛날 응덕리에 허성이라는 선비가 있었다. 그는 주역과 의술에 능통하여 하룻밤 사이
          몇 천 평의 논에 모내기를 끝내는 신통력을 가졌으며, 향동에 사는 여인이 살이 긴 것을
          예견하는 등 허성에 대한 감탄이 자자했다는 이야기이다.

지금으로 부터 한 이백년 전에 응덕리에 허성이라는 사람이 있었는데, 이분이
주역에도 아주 능통하고 의술에도 참 능통한 사람이었나 봅니다.

하루 저녁에는 즈그(자기) 며느리보고 밥 좀 잘하라고 해서 며느리가 밥을 다
해다 놓고 논머리를 가는데 허성이 며느리에게 그냥 집으로 돌아가라고 해요.
며느리가 그 뒷날 논에 가본께(가보았더니) 한 천 평 이상 되는 논에 모내기가 아
주 깨끗이 끝나 있는데, 가다 보니까 어느 모는 거꾸로(거꾸로) 심어진 놈이 더러
있더라고 그럽니다.

그걸 보면 주역에 아주 능통한 사람이고 또, 향동 사는 어느 여인이 자기 남편
이 몹시 병에 앓고 있었는데 이 허성이란 의사를 만나러 오다가 도중에 나쁜
사람을 만나서 강간을 당했답니다.

그래서 하는 수 없이 강간을 당했단 소리를 못하고 허주역(주역에능통하여 허주역
이라불렸다) 허성 의사 선생님께 와서 자기 남편 병세를 이야기했더니 허주역 선
생이 집에 가면 당신 남편은 이미 다 나셨을(나았을) 것이니 얼른 집으로 가라고
해요.

그리고 아까 오는 도중에 만난 그 사람이 죽어서 누워 있을 거라고. 그라믄

당신이 수건을 갖고 그 사람 얼굴을 가려놓고 집에 가라고 해서, 시킨 대로 하고 집에 와서 본게(보니) 자기 남편 병이 말끔히 나샀드라(나았더라) 그랍니다. [실은 여자가 살이 끼어 남편이 죽을병에 걸렸는데 남편 대신 악한이 살을 맞아 죽은 겁니다.]

그라고 그렇게 되어서 허성에 대한 감탄이 자자했다고 합니다.

의신면 옥대리 정지마을

누에머리와 정지머리

자료코드   589_FOTA_20170623_JJR_KSS_001
조사장소   진도군 의신면 옥대리 정지마을 제보자 자택
조사일시   2017. 6. 23
조 사 자   박정석, 박영관
제 보 자   김삼순(남, 75세, 1943년생)

줄거리 누에머리는 응덕리로 오고가는 모퉁이에 있었던 곳으로 그 형태가 굽실굽실 누에같이
생겨서 붙여진 이름이다. 그리고 정지머리는 옥대와 한마을이었다가 나중에 옥대에서
분리되자 정지리로 이름을 지었다고 한다.

옛날 전설에 누에머리란 데가 자주 나오는데, 아버님 하시는 말씀이 거기가 누
에머리같이 생겼다고 해서 이름을 그렇게 지었다는 이야기를 들었습니다.
그라고 그 형태가 굽실굽실 누에같이 생겼다는 그런 이야기를 하대요. 그래서
긋게만(그렇게만) 알고 있습니다.
거가 응덕리 오고가는 홈테기(모퉁이) 우측에가 있어요. 거 모서리 그란데 거가
현재 폐수 처리장이 생겨가지고 바로 그 밑에가 있었어요.
여기 정지머리가 옥대하고 한마을이었는데 마을이 나눠져서 이름을 지었는
디 그때는 옥대4반으로 불렀어요. 나중에 옥대에서 분리를 해서 독립하라 했
어요. 그래갖고 여그를 그전 그대로 정지리로 이름을 지었지요.
그때는 한 55가구 쯤 되었어요. 결국 55가구가 다 나가버렸지만요. 그때는 부
안 같은 데서 와갖고 인자 개를(갯벌을) 막으닌까 논벌기 위해서 왔는데 난중에
(나중에) 그 사람들이 분배를 제대로 못 받고 있다가 다 고향으로 다시 갔지요.

태풍에 터져버린 둑을 막기 위해 밀가루를 버리다

자료코드   589_MONA_20170623_JJR_KSS_001
조사장소   진도군 의신면 옥대리 정지마을 제보자 자택
조사일시   2017. 6. 23
조 사 자   박정석, 박영관
제 보 자   김삼순(남, 75세, 1943년생)

> **줄거리** 사람들이 흙을 져 나르며 둑을 막았는데 태풍이 불어 무너져버렸다. 재공사를 하는데 밀가루 배가 돈지 앞까지 밀려와서 그 배를 끌어내느라 싣고 있던 밀가루를 바다에 버릴 수밖에 없었다. 먹을 것이 귀한 때라 주민들이 그 밀가루를 주워다 먹기도 했다는 이야기이다.

옛날에는 원을(둑을) 막을 때 사람 인력으로 천으로 깔아갖고 흙 담고 어찌 했냐믄 그 하꼬떼기라고 해, 하꼬떼기. 철 구루마 한나(한가득) 담아갖고 한나 푸는데(퍼다주는데) 얼마씩 주고 그래갖고 힘들게 막았지요.

나중에 태풍이 불어서 헐어져(무너져) 버린게 다시 재공사를 했지요. 인자 다시는 재공사를 못하게 튼튼히 막은 후로는 그 다음부터는 괜찮았지요.

그때 사라호는 아니었고 옛날에 배 뭣 할 때는 아니었고 그전에 했으니까 육십 년 더 전에 그때 밀가루 배가 여그 올 때 원이(둑이) 터져갖고 굿게(그렇게) 되었소. 사라호는 아니었그만.

사라호는 너무 오래 되었는데 그 때 뭐 하튼 태풍이 와갖고 그 원이 완전히 그 큰 데가 탁 벌어져갖고 나중에 아침에 일어나 보니까 완전히 바다가 되어갖고 바닷물이 돈지 앞에까지 올라와 불었는데….

바닷물이 그래갖고 그 해 고 사람들 진짜 원 막느라고 고생 많이 했어요. 저그 도목리 막느라고 고생깨나 했어요. 그때 뭐 사라호 태풍 땐가 밀가루 배가 돈지하고 그 앞에 까지 밀렸어요.

그래갖고 바닷물이 드니까 그놈 배를 다시 빼서 끄서(끌어) 내리느라고 고생 많

이 했지라. 마을에서 전부 동원 해갖고 아부지랑 우리 삼춘이랑 배 끄집어 내 갖고 다시….

밀가루 실고(싣고) 장사를 했던가 몰라도 밀가루 배에 그 사람들이 올라 인자 바다에다 던져 분 것이 나중에 그 사람들이 하는 이야기가 차라리 이럴 줄 알 았으면 안 퍼붓것인데(바다에 던지지 않을 것인데), 고연시(괜히) 펐다(내다버렸다) 그래 요. 그때만 해도 어려운 때라 밀가루 주워다 먹은 사람도 많고 그랬지요.

(조사자 : 그런 때 바다를 막아서 논 만들고 할 때 전라북도 부안 분들이 와서 여그 전부 그런 작업을 하고 집들도 짓고 그랬다면서요?)

지었지요. 짓고 살라고 했는데 나중에 보니까 한 몇 년 그럭저럭 살다가 거그 서 분배를 못 받으닌까 엇찌게(어떻게) 살 수가 없지요. 본토인 하고 쪼금 뭣한 사 람만 남았지요. 부안서 온 사람들이 그때 한 이십오 가구 정도나 되었어요. 약 삼십 오호 이십 오호 잡으면 될 거요.

옛날에 여기에 원을 막기 전 긍게 의신포 막기 전에는 지금 배가 저그 저 도목 리 가는 다리 있는데 거가 포구였어요.

다리 거그 포구서 보면 어르신들이 장작을 패갖고 다발로 묶어서 싣고 그냥 굵 은 마루다(일본말로 긴 통나무) 그런 것도 저서(저기서) 배로 싣고 목포로 가고 그랬 죠. 여기 나무를 벼가지고요(베어가지고요).

이 산 전부 다니면서 다 볏죠(베었죠). 여 벼 가지고 묶어서 갔지요. 목포로 전부 갔어요.

의신면 옥대리 중리마을

의신면 마을 변천사

자료코드   589_FOTA_20170509_JR_KYS_001
조사장소   진도군 의신면 옥대리 중리마을 제보자 자택
조사일시   2017. 5. 9
조 사 자   박정석, 박영관
제 보 자   김영식(남, 84세, 1934년생)

> **줄거리** 오래된 마을로 상리, 중리, 옥대리가 있으며, 면사무는 처음 중리에 있다가 돈지리로 옮겨갔다. 그리고 의신면은 명금면과 분리되었다가 명금면이 없어지고 의신면으로 통합되었다는 이야기이다.

천 사백년 대에 우리 마을이 젤(제일) 첨에(처음) 설치되었는데, 그때는 사람이 많이 안사니까 한 다섯 집이나 이캐(이렇게) 사는데 제일 욱에가(위에) 상리라고 '웃 상'자 써서 상리, 그라고 그 다음에는 중리, 그 다음에 오래되았고(되어서) 옥대리 그렇게 되았습니다.

그란데 거그 상리 그 욱에서 뭣 할 때는 원장굴하고 비죽굴하고 접포리재 그런데서 내려오는 데가 보통 사람들이 산 밑에서 조금씩 살다가 아까침에(전에) 내나(여지껏) 상리서 살다가 거기도 맨(거의) 대밭이고 그랑께(그래서) 자동적으로 내려와서 여그 중리다가 모여듭니다.

그때 저그 청용서 얘기한 그 마을이 여그하고 가까우니까 중리서 일부 뭣하는 사람은 거그도 살다가 다리는 다 나가불고 마을이 없어지고 아리(아래) 청용마을만 이캐 되아있고, 옥대도 처음에는 마을이 없고 중리에서 살게 됐는데 그 뒤로 옥대가 마을이 더 커지고 그렇게 되는데요.

아까 말씀드렸다시피 중리 면사무소가 1889년도에 생겨갖고 1914년까지 옥대리 942번지에서 쭉 있다가 그것이 돈지로 내려갔는데, 그 때 내려갈 때 까지는 의신면이 명금면하고 의신면하고 둘로 분리되았는데, 거그 내려가서는 명금면이 없어지고 의신면이 이케 합해져갖고 살게 된 것이여.

[옛날 고려 조선조 말까지 의신향과 의신면소재지는 오랫동안 중리에 소재지를 두었을 것으로 전한다] 여기서 근무를 하다가 지금 현재 돈지로 내려간 것이 100년 지난 그런 시점입니다.

강성봉에 모여서 충제를 지내다

자료코드   589_FOTA_20170509_JR_KYS_002

자료코드　　589_FOTA_20170509_JR_KYS_002
조사장소　　진도군 의신면 옥대리 중리마을 제보자 자택
조사일시　　2017. 5. 9
조 사 자　　박정석, 박영관
제 보 자　　김영식(남, 84세, 1934년생)

> **줄거리** 마을 뒷산 강성봉에서 네 개 마을이 모여 충제를 모셨는데, 지금은 중리만 제사를 모시고 있다. 예전에는 강성봉 중턱에서 제를 모셨으나 근래에는 제관들이 나이가 들어 강성봉 아래쪽이며 새로 길이 난 근처에서 제를 모신다는 이야기이다.

우리 마을 뒤 쪽에 있는 산이 강성봉이랍니다. 그리고 왼짝으로(왼쪽으로) 작은 당 저수지가 있는데, 그 구계지 저수지 있는 재를 막 들어와서 높은 곳이 왕봉입니다. 강성봉하고 왕봉 그 밑에서 지금 우리들이 사는데 강성봉에는 처음에 산이 뭣할 때(형성될 때) 산신들이 내려와서 거기서 지나 댕긴(다닌) 그 발자국이

430 마을에 전해오는 설화 | 의신면

지금도 남아있어요.

그래갖고 그 밑에다가 귀신들 제사를 모시는데 충제를 모실 때는 내나(늘) 옥대, 중리, 정지, 청룡 네 개 마을이 충제를 모십니다. 그란데 충제를 모실 때는 음식을 많이 장만하고 그런 때는 물이 귀하니까 째그만한(작은) 샘을 하나 파갖고 거기서 밥하는 물만 좀 쓰고 그 나머지는 여기서(여기서) 물을 한통이나 두통 갖고 가요.

산에서 닭도 잡아갖고 밥을 여러 상을 하는 것이 아니고 밥 한상하고 국하고 아까침에(좀 전에) 닭은 삶아서 고기로 제사를 제대로 모셔갖고 뭣할 때는 모두 나놔서(나눠서) 해.

그때 밥은 갖고 내려올 수가 없은게 그대로 비워갖고 국이고 뭐이고 전부 그 자리에 비워서 옆에서 굿만 보고 있던 산신들 보고 잘 먹고 어찍하든지(어떻든지) 농사짓는데 하나도 피해가 없이 전부 풍년이 되게 해 주라고 빌었습니다.

그란데 그 동안 해방된 후로 청용마을이 한번 충제를 안 왔습니다. 안 와갖고 뭣한데 그 뒤로 그 제관이 가서 빌었던가 어쨌던가. 제사도 안 오고 그랬은게 거그는 농사지었어도 못 먹게 하라고 그랬든가 갑자기 충이 많이 생겨갖고.. 그때는 이 조, 서숙 그런 것을 많이 심긴게(심으니까) 아주 충이 많이 생긴게 큰일이제.

그때 청용서 와서 막 빌면서 우리가 다시 제 모시는데 전부 책임지고 할테인게 잔(좀) 뭣해주라고(용서해주라) 다시 그렇게 해서 제를 모시고 난게(모셨더니) 그날 저녁부터 해충 벌레가, 예전에는 돌담이 많은데 그리 싹 들어가갖고 그렇게 해서 농사를 건졌제.

그랑께 그 뒤로 부터는 청용서 안 빠고(안 빠지고) 닭이라도 한 마리 갖고 댕기다가 인자는 그냥 안 와. 저 옥대서도 안 오고 정지리는 적은게 아주 안 오고. 그란께 중리가 할 수 없이 책임지고 하제.

제관은 하나에 도울 사람 두 분 뭣하니 해서 세 분이 올라가서 제를 모시고 그라고 내려오는데 제관들도 나이가 먹어서 못 올라간게 작년부터서는 인자 더

431

밑에 밑에로, 지금 새로 질 난(길이 난) 그 욱에서(위에서) 작년에는 제를 모셨어.
앞으로는 욱으로 안 올라 갈라해. 강성봉 중간만큼 되는 데서 제를 모셨는데
응 이제 많이 내려와불었어.

자손 없는 걸인들을 위한 마을 제사

자료코드   589_FOTA_20170509_JR_KYS_003
조사장소   진도군 의신면 옥대리 중리마을 제보자 자택
조사일시   2017. 5. 9
조 사 자   박정석, 박영관
제 보 자   김영식(남, 84세, 1934년생)

줄거리 공알바위에서 손 없는 걸인들을 위해 마을 사람 가운데 제일 깨끗하고 흠이 없는 사람
이 제를 모시는데, 지금은 제각에서 모시고 있으며 제 지낸 음식을 마을 사람들 모두 모
여 나눠먹는다는 이야기이다.

우리 마을 회관 바로 뒤에 있는 것이 공알바위입니다. 그런데 예전에는 이렇게
하천정리가 안 되고 비만 오믄 하천으로 물이 넘쳐나거든. 거그가(거기에) 한 삼
백 년 묵은 아주 큰 팽나무가 있었는데 그놈이 태풍이 부닝께(불어서) 그대로 자
빠져서(뽑혀 넘어져서) 그 팽나무는 못쓰게 되얏제.
거기에서 공알바위에다가 이르트면(말하자면) 별신제를 모시다가 낸중에(나중
에) 하천정리를 하게 되어갖고 그 돌을 포크레인이 빼불어놔서(뽑아버려서) 인제
는 시제를 못 모실 것 같은게 별도로 제각을 쪄갖고(지어서) 시제를 모시는데 그
시제에는 주로 누구 위해서 모시는가 하니 주로 지 자신, 자식들도 없고 먹을

것이 없어서 맨 얻어먹고 댕기는(다니는) 걸인들을 위해서 그렇게 제사를 모십니다.

그래갖고 될 수 있으면 여그서(여기서) 걸게 차려줄 것인게 잡수고 마을 주민들한테는 하나도 피해가 없게 해 주라고 빌어요. 헌신할 때는 저그 어디 앉아서 못 오고 있는 엄매도(어머니도) 이렇게 불러서 여그 와서 이렇게 걸게 잡수라고 그리고 밥을 별도로 한 서 너 되 더 해 갖고 가서 아주 사방에다 그렇게 하고 반찬도 명태나 그런 것 많이 해갖고 가서 그놈이 그랑께 전부 그렇게 하고.

그것 모실 때는 그 참대나무 시누대나무를 쪄갖고(베어내서 모아) 거기에다가 그 하얀 기를 달아서 꽂아 놓고 거기다가 전부 그렇게 밥을 헌식을 하고 그 뒤로 상당한 시간이 걸리면은 그때사라(그때야) 깃대를 뽑아불고.

그라고 제를 모시기 전날은 사람들을 모아놓고 말해요. 마을에 해를 끼치는 사람은 절대 산에 올라가서는 안된께, 그런 사람은 오늘 시제를 모시면 죄를 받는다고 절대로 마을에 피해주지 말라고 해요. 그렇게 청년들하고 제 모시러 안가는 사람들은 거그 가서 모두 빌고 내려 왔습니다.

그래갖고 다하고 나오면은 그 다음 날은 남은 음식을 마을주민들 오시라고 그래갖고 같이 회관에서 전부 나눠 먹고 그라고 하고.

그 시기는 정월 보름날이제.

짱배미에서 공치기를 하며 화합하던 풍습

자료코드 589_MONA_20170509_JR_KYS_001
조사장소 진도군 의신면 옥대리 중리마을 제보자 자택
조사일시 2017. 5. 9
조 사 자 박정석, 박영관
제 보 자 김영식(남, 84세, 1934년생)

줄거리 짱배미에서 마을의 어른들과 청년들이 함께 모여 편을 나눠 공치기를 하면서 서로 화합하는 시간을 가졌던 풍습에 관한 이야기이다.

짱배미에서는 지금 게이트볼 같이 꽁을(공을) 치는데 팬을(편을) 두 패로 나눠서 한패에 열 사람씩 그렇게 해갖고 그 짱배미에서 꽁도 치고 그라고 냉중에는(나중에는) 씨름도 하고 그렇게 운동을 많이 하면서 응 잘 못한 (진)사람들한테는 어, 그 벌로 해서 머리를 하낙씩 (한대씩) 때리든지 그래.

그런 식으로 해갖고 엇찌기(어떻게) 하든지 동네 어른들이 같이 서로 화합해서 운동도 하고 몸을 건강하게 하기 위해서 노력한 것으로 그깨(그렇게) 알고 있습니다.

(조사자 : 공을 쳐서 구멍에다 넣는 놀이인가요?)

아니 구녕에(구멍에) 여기는(넣기는) 안 하고….

의신면 옥대리 청용마을

시묘살이하는 소년과 효를 가르쳤던 호랑이

자료코드   589_FOTA_20170506_CYR_PJS_001
조사장소   진도군 의신면 옥대리 청용마을 회관
조사일시   2017. 5. 6
조 사 자   박정석, 박영관
제 보 자   박종성(남, 84세, 1934년생)

줄거리 강씨 성을 가진 소년이 아버지 묘 앞에서 시묘살이를 하는데, 호랑이가 매일 문 앞에 와서 잤다. 어느 날은 호랑이가 오지 않아서 걱정하고 있는데 꿈에 호랑이가 나타나서 사람들에게 맞아 죽게 되었으니 구해 달라고 했다. 호랑이를 살리려고 달려간 소년의 사정을 들은 사람들은 '호랑이가 나타난 것은 사람의 효를 만방에 널리 알리려는 뜻'이라고 말하였다고 한다.

호랭이에 대해서 말씀드릴랍니다. 아주 옛날에 모리동 들녘에가 강씨 성 가진 머이마가(남자애) 살았는데, 당신 선친이 돌아가신 거그서 묘를 묻고는 세모(시묘)를 살았드랍니다.

옛날에는 세모를 사는 사람은 살고 안사는 사람은 안 살았는데, 거그서 삼년 상을 겪그고 집으로 돌아오는 길입니다. 그렇게 옛날 예가 엄중했드라 합니다. 그래서 인자 세모를 사는데 하룻저녁에 범이, 호랭이가 와서 문 앞에 와서 자드라 합디다. 거 무선 줄도 모르고 둘왔는(들어오다) 것이다. 그라고 같이 한 몇 년을 지나다 보닌까 하룻저녁은 인자 내일은 세모가 끝나고 집으로 돌아갈 것이다 그라고 있는데 엇째 안오드랍니다.

호랭이가 안오닌까 이상하다 그러고는 있는데 잠을 자는데 꿈에 호랭이가 나와서,

"내가 어느 해남 저수지에 빠져서 죽게 되었으니 날 구해 주쇼."

그라닌까 그 사람이 뿔뚝 자고 일어나서 말을 타고 바로 해남으로 같드랍니다. 그래갖고 가니까 아니, 범은 방죽 안에 놔두고 사방에서 사람들이 막 몽둥이 갖고 호랭이를 죽일라고 그러고 있으니까,

"그 호랭이 내 호랭이니까 죽이지 마쇼!"

그러니까 인자 그 사람이 그람 당신호랑이면 당신 호랑이 그 뭐드라 증언 해달라고 그러니까 호랭이 보고 오라고, 이리 오라고 그러니까 뿍둑 일어나서 막 핥고 그라드래. 그래서 사람들이 머이마한테,

"니가 어찌 되어서 이래 그랬냐?"

그런게 사정 이야기를 했드래요. 이리저리해서 내가 시묘를 살다가 이케댜서 거그서 살다가 오늘 저녁 엊저녁에 호랭이가 없길래 나는 산으로 올라간 줄 알았드니 이 모양 댜(되어) 갖고 그러니까 그란게. 그때 사람들이,

"아, 이 사람의 효를 만방에 알릴라고 호랭이가 그랬다."

이라고 머이마의 효가 그렇게 소문이 났드랍니다.

그 얘기는 지금부터 몇 십 년 전 일입니다만은 지금 그가 거기 묘가 다 없어지고 그 건너 산으로 갔어요. 경치정리 하니깐 거기 묘가 두비석인가 시비석이었는데(세비석) 그리로 옮겨졌어. 거그는 농지정리 되고 이 얘기는 그렇게 끝내도 되겠습니다.

내가 절에 가봐야 알지만은 그 묘자리가 몰이동, 저 중리서 이쪽으로 가면 한 중간쯤 인가. 강씨네 집안은 저 지금 돈지 송대네. 그러고 그 사람들이 저 군포 여기 군포 안있오? 송군, 군포에서 사는 것입디다.

아니 강씨 여기 사는데 그란께 여가 묘는 있어도 삶을 살면서 시묘를 살았드랍니다.

(조사자 : 강송대씨네 거가 군포에서 살았오?)

아니 이사가 살았든 갑디다. 강송대씨네 일가, 손주들은 여그 살고, 집안들이….

시아버지를 재가시켜 대를 이은 송씨 부인

자료코드   589_FOTA_20170506_CYR_PJS_002
조사장소   진도군 의신면 옥대리 청용마을 회관
조사일시   2017. 5. 6
조 사 자   박정석, 박영관
제 보 자   박종성(남, 84세, 1934년생)

> **줄거리** 박광성 씨의 증조모인 여산송씨 부인은 남편이 일찍 죽음으로써 대를 잇지 못하게 되었다. 대가 끊길 것을 걱정한 송씨 부인은 시아버지를 재가시켜 두 아들을 얻게 하였는데, 그 자손들 몇몇이 이곳에 살고 있다. 아직까지 송씨 부인의 열녀비를 세우지 못해서 아쉽다는 이야기이다.

열녀에 대에서 말씀드릴랍니다. 박광성 증조 될랑가 모르겠습니다마는, 거가 그 할마니가 송씨입니다. 여산송씨인데, 자기 남편이 애기 낳지도 못하고 그냥 세상을 떠나니까,

'이것 큰일 났구나. 이제 우리 집안 문이 닫히겠구나!'

하고는 자기가 자기 씨압시(시아버지)를 결혼을 시켰어요. 자기 씨압시를. 요새 그런 일이 있겠소? 결혼을 시켜갖고 머이마 두 분네를 낳았어. 아들 둘, 큰아들 작은아들 낳았는데 큰아들은 그때 의사였어, 지금 한의사였어.

그저 뭐어 경순씨라 그러드라. 작은아들은 아들도 없이 묵혀 불고, 그라고 큰아들 자손들이 여그서 몇 집 살지라. 그라고 객지가 살고 그라는데 열녀비를 그전부터 세워야 할 것인데 못 했어.

광삼이가 그 뭐드라 책에도 나왔어. 족보 책에도 수록 됐습니다. 그래 인자 결국엔 그전에 즈그 작은 아배라도 할 것인데 그것도 못했습니다. 그렇게 되었습니다.

마음을 곱게 쓰지 않아서 망한 구룡머리

자료코드 589_FOTA_20170506_CYR_PJS_003
조사장소 진도군 의신면 옥대리 청용마을 회관
조사일시 2017. 5. 6
조 사 자 박정석, 박영관
제 보 자 박종성(남, 84세, 1934년생)

> **줄거리** 나쁜 마음을 갖은 사람들 때문에 도사에게 미움을 받은 구룡머리는 '마을에 도랑을 내면 복을 받는다'는 도사의 말을 믿고 도랑을 냈다가, 도랑에서 피가 나오면서 마을은 망하고 사람들은 흩어지게 되었다는 이야기이다.

구룡머리에 대해 내가 옛날에 들었던 얘기가 생각이 납니다. 정확하게 몰라서 말씀 못 드렸는데, 아마 저 똘을(도랑을) 낼 때 그저 피가 났다는 말이 맞습니다. 피가 났어요. 나왔다고 그럽디다.

그래갖고 그 마을 살림살이가 시슴시슴(시름시름) 망하게 되어갖고 다 사방으로 흩어져 살았다고 그럽디다. 그래갖고 그냥 옥대, 청용 요리 갈라져 살고 딴 데로 나가고 그랬는데, 그 당시에 인자 그 마을이 원차(원체) 큰 마을이라 그때 얘기 들으니까 들어가는 사람은 있어도 나가는 사람이 없었다 그럽디다.

그래서 도사가 하는 말이,

'나쁜 맘을 쓰는 것이 있어 이거 안 되겠다.'

해갖고, 작은 당 저수지 바로 거그서 똘을 쭉 내라고 그래서 그 똘이 그 작은당 이르트면 농지정리 하기 전까지 있다 거가 물이 풀어져 도로로 나불었어.

도로로 나갖고 지금 현재 이르렀습니다. 지금은 도로로 이르렀은게 이건 여러 가지로 말씀이 많았단 것이지라.

이미 죽은 도깨비에게 놀림 받은 한씨

자료코드   589_FOTA_20170506_CYR_PJS_004
조사장소   진도군 의신면 옥대리 청용마을 회관
조사일시   2017. 5. 6
조 사 자   박정석, 박영관
제 보 자   박종성(남, 84세, 1934년생)

줄거리 구룡목을 넘어가면 두새꼴이 있는데, 도깨비가 나타나 동네 이장이었던 한씨를 놀리며 도망쳤다. 한씨는 죽어라고 도깨비를 쫓아가다가 동생을 만나게 되는데 동생이 말하기를 진작 죽은 도깨비라고 했다고 한다.

그라고 또 한 가지 말씀드릴 것은 도깨비에 대해서 이야기 할라. 구룡목 거그를 넘어가면 두새꼴이 있습니다. 거그서 우리 동네에 오는 길에, 나로 해서 작숙 되는 분이 한씨인데, 옛날 동네 이장이었던 것입디다.

면사무소 회의를 갔다 오는데, 어느 날 사람이 딱 나타나서,

"어이 양반, 어디 갔다 오시는가?"

"어이 나 윈데 갔다온다."

거런게

"내 좆이 양반, 내 좆이 양반"

그라고 내삐드랍니다. 잽힐 듯 잽힐 듯 안 잽히고 담장 담을 휘닥 넘아가고 그래 인자 소리 소리를 지르고 가닌까, 그때 우리 마을에서 자기 동생이 살았다요. 남근씨라고, 그래 그 분네가,

"아 어짠 일로 쫓아갑니까?"

하니까 형이,

"상놈 새끼가 나보고 양반이라 건든다. 오늘 가만두면 안 되겠다."

그라고 그냥 집으로 돌아갈라 항께,

"진즉 돌아가신 도깨비요, 갑시다."
그래, 옛날 도깨비도 심했든 갑다. 옛날 그런 얘기가 있어요. 우리가 상상도
안 될 말씀 같지만 그런 일이 실지 있었다고 그랍디다.

씨름하자고 덤비는 도깨비

자료코드   589_FOTA_20170506_CYR_PJS_005
조사장소   진도군 의신면 옥대리 청용마을 회관
조사일시   2017. 5. 6
조 사 자   박정석, 박영관
제 보 자   박종성(남, 84세, 1934년생)

줄거리 광천씨가 초사리에 갔다가 저물어 돌아오는데, 작은당 골짜리 부근에서 어떤 사람이 씨
름을 하자고 했다. 처가 사람들이 진즉 죽어서 거기에 묻힌 사람이 도깨비로 나타난 것
이라고 말했다는 이야기이다.

청룡재 막 넘어가면 옛날 묘가 더러 있어요. 그란데 그전에 허진만이 어쩌다가
작은 당 골짜기 가서 군대 가기 싫다고 목매달아 죽어불었어. 그래갖고,
'젊은 사람 묘인께 도로변에 묘를 써야 쓰겄다.'
하고 묘를 도로변에 썼단 말이요. 썼는데 그때 광천이란 그 분네가 초사리를
갔다 저물게 오는데,
"나하고 씨름 하자!"
그 사람이 씨름 하자고 그랑께 인자 이 사람은 그 사람이 죽은 줄도 모르고 있
는데 그 사람이 씨름 하자고 그러니까,

"나쁜 놈! 니가 뭔디 누구하고 씨름하자고 그라네!"

그라고 왔대. 여기 광천네 집에 와서 처가 집이닌까 가서는

"오늘 나 묘한 것을 봤소. 뭐이야 그란게, 아니 저 작은당 진만이란 놈이 나보고 씨름하자고 안하요."

그란게,

"아마 자네도 도깨비 만났네. 도깨비 들었다고, 진즉 돌아가셔갖고 거그다 묻었은게 그란 줄 알고 가라고."

그래 갖고 거그서 울리고 어짜고 그랬드랍디다.

유골을 잘 묻어준 포크레인 기사

자료코드 589_MONA_20170506_CYR_PJS_001
조사장소 진도군 의신면 옥대리 청용마을 회관
조사일시 2017. 5. 6
조 사 자 박정석, 박영관
제 보 자 박종성(남, 84세, 1934년생)

> **줄거리** 모리동에서 경지정리를 하다가 뼈가 나와서 한쪽에 묻어 두었는데, 어느 날 포크레인이 왕무덤재를 넘어갈 수가 없자, 기사가 내일 좋은 곳에 유골을 묻어주겠다고 약속하고 길을 통과했다고 한다. 그리고 약속대로 인부를 사서 공동묘지에 이장해 주었다는 이야기이다.

'모리동' 농지정리 할 때 어느 포크레인 기사가 담을 허닌까 이렇게 좋은 뼈가 나오드랍디다. 그 뼈를 스르르 한비짝에(한쪽에) 묻어놓고 왕무덤재를 막 넘어갈라고 그라는데 못 넘어 가드랍디다. 앞이 딱 개려져(가려져)갖고 사방을 볼 수

가 없으닌께 그란께 그 사람도 영리한 사람이여.

'여그서 일이 있었구나. 내가 내일 가서 꼭 좋게 모실 것인게 나를 좀 가게 해주쇼. 가게만 해주시면 내일은 분명히 좋은 데다 모신답니다.'

그란께 그때사라(그때야) 질이 터지드라 그래. 그때 읍내를 갔다가 그 이튿날 와갖고 우리 동네 사람들 서이를(셋을) 사가지고 그 뼈를 수거해서 저 공동묘지다 묻었드랍니다.

그런 얘기도 있어요. 그러니까 묘라는 것은 함부로 건드는 것이 아닌 것입디다. 함부로 건드는 것이 아녀. 그때 한 사람은 살았고 다 돌아가시고 그 제수란 사람은 살고 다른 사람은 다 돌아가셨는데 그렇게 했다는 말이 있어요. 그때 여그 모리동 밭 정리 할 때인게 얼마 안 됩니다. 이십년도 채 안 될란가.

그란게요. 아무 사람이나 남의 묘를 함부로 대함은 안 된다는 것을 말이요.

꿈에 나타난 장군의 묘에 치성을 드리다

자료코드 589_MONA_20170506_CYR_PJS_002
조사장소 진도군 의신면 옥대리 청용마을 회관
조사일시 2017. 5. 6
조 사 자 박정석, 박영관
제 보 자 박종성(남, 84세, 1934년생)

줄거리 해남에서 밭에 있는 묘를 파헤쳤는데, 그날 밤 꿈에 묘의 주인인 장군이 나타났다. 주인이 깨달은 바가 있어서 정성을 다해 묘를 만들어주고 제를 모셨더니 집안이 잘되었다는 이야기이다.

이 얘기도 있습니다. 그전에 내가 뭔 얘기를 들으닌까 해남서 그런 일이 있드랍디다마는 아니 묘가 있은게 묘를 파헤치고 밭을 벌어 먹을란게 그날 저녁 꿈에,

"내가 누군 줄 아냐, 내가 장군이다. 장군 묘를 느그가 이렇게 해? 내 묘를 다시 좋게 하면 느그가 살 것이고, 그대로 두면 느그는 망할 것이다!"

그란게 그 사람이 깨닫고 묘를 좋게 해주고 가서 제도 지내고 그란게 그 집이 잘 댯드라(되었더라) 안합니까. 해남서 그런 이야기였었드랍니다.

해남서는 뭐냐 하면 그때 백제가 망한께 장군들이 아마 흩어져서 내삐다 그렇게 된 모양입디다.

의신면 창포리 가단마을

경지정리로 사라져버린 사불계샘

자료코드	589_FOTA_20170521_GDR_KSS_001
조사장소	진도군 의신면 창포리 가단마을 회관
조사일시	2017. 5. 21
조 사 자	박정석, 박영관
제 보 자	김신수(남, 68세, 1950년생)

> **줄거리** 가단마을 뒤쪽에 있는 사불계샘은 물이 맑고 시원해서 여름철에 부인들, 아이들이 즐겨 찾는 곳이다. 또 전답에 물줄기를 대기도 했던 곳으로 지금은 경지정리로 사라지고 없지만 시원한 물이 그립다는 이야기이다.

사불계는 가단마을 뒤쪽 250미터 지점에 시원하고 맑은 물이 쿵쿵 솟아오릅니다. 그래서 여름이면 부인네들이나 아이들이 그 물을 먹기 위해서 동이를 들고 가서 떠다가 여름에 먹고 하였습니다.

그 물이 하도 많이 흘러서 전답 물대는 데도 쓰고 그랬는데요. 거기 물이 너무 시원하고 양이 많아서 참 좋았던 기억이 납니다. 그런데 한 칠십 년 후로 경지정리 하면서 합배미를 친 관계로 지금은 기억에만 남아있고 없어지고 말았습니다. 대덕산 남서쪽에 있는데요. 거기를 사불계라 하니까 '모래 사(沙)'자를 써서 맑은 물, 시원한 물이 이곳에 있다는 의미로 해석을 하고 있습니다.

(조사자 : 거기가 샘이면 이름에 샘이라고 하지, 왜 '계'자를 썼을까요?)

샘은 아니고 자연적으로 거그서 물이 나니까 사불계샘이라고 했는데, 샘 형태는 아니고 막 흘러가는 물이라 우리들이 소 띠기로(풀 먹이로) 가서 맹감 잎사귀에다 물먹고 잡으면(싶으면) 떠먹고 그게….

행귀샘의 물이 나오지 않은 사연

자료코드   589_FOTA_20170521_GDR_KSS_002
조사장소   진도군 의신면 창포리 가단마을 회관
조사일시   2017. 5. 21
조 사 자   박정석, 박영관
제 보 자   김신수(남, 68세, 1950년생)

> **줄거리** 대덕산의 바위 근처에 정사각형으로 된 행귀샘이 있는데, 이곳에 치성을 드리면 아들을
> 낳는다고 한다. 그런데 어느 날 창포리 처녀가 그 샘의 은복개를 깨버리자 이후부터 물
> 이 나오지 않았다는 이야기이다.

대덕산 주봉 10미터 정도 아래 바위가 있는데 정사각형으로 된 샘인데 물이
나오고 또 거기서 기도를 드리고 치성을 들이면 아들을 낳는다고 해서 서울서
도 찾아오고 했답니다.

그런데 거그서 물도 떠먹고 하는 은복개는(은복짓개) 인자 좋은 복개를 말하겠
지요. 그런데 하루는 창포리 아가씨가 뭐 땡그랑 땡그랑 소리가 나길래(나서) 성
질이 좀 안 좋은 아가씨였던가, 그 솥뚜껑을(은복짓개를) 던져서 깨버린게 그때
부터 물이 안 나왔다고 합니다.

으, 그것이 행귀샘에 대한 전설이라고 하겠습니다. 그런데 가단리 현재 이장하
고 있는 조태인씨 아버지께서 그 샘을 봤다고 살아계실 때 말씀하셨습니다. 내
가 그분 살아계실 때 물어보고 찾아갔어.

대덕산의 여러 명칭

자료코드   589_FOTA_20170521_GDR_KSS_003
조사장소   진도군 의신면 창포리 가단마을 회관
조사일시   2017. 5. 21
조 사 자   박정석, 박영관
제 보 자   김신수(남, 68세, 1950년생)

> **줄거리** 가물었을 때 대덕산에서 기우제를 지냈는데 '비가 와서 큰 덕을 봤다'고 대덕산이라고
> 했다. 그전 이름은 봉황산이지만, 마을 사람들은 예나 지금이나 비행기산이라고 부른다
> 는 이야기이다.

대덕산은 높이가 227미터, 그리고 '큰 대(大)' 자, '큰 덕(德)' 자, '뫼 산(山)'자를
써가지고 대덕산이라 하는데 정식 명칭은 '봉황새 봉(鳳)'자에다, '닭 계(鷄)'자
에다, '뫼 산'자라 합니다.

그런데 실지로는 옛날 어르신 때부터 현대에 이르기까지 '비행기산'이라 하지
봉계산이나 대덕산이라 하지 않았습니다. 우리들은 지금까지 계속 비행기산
이라고 하고 있습니다.

그런데 하도 날씨가 가물어서 비가 오지 않는 관계로 나주목사가 와가지고 거
그서 기우제를 지내고 내려오는 도중에 큰비가 와서 덕을 봤다 해서 '큰 대'자,
'큰 덕'자, 대덕산이라 이렇게 명명하였다 합니다. 그렇게 알고 있습니다.

신정에서 볼 때는 자기들이 대덕산을 신정산이라 하는데, 가단서는 또 가단
대덕산이다고 하는데….

음양의 형상을 띤 논배미

자료코드   589_FOTA_20170521_GDR_KSS_004
조사장소   진도군 의신면 창포리 가단마을 회관
조사일시   2017. 5. 21
조 사 자   박정석, 박영관
제 보 자   김신수(남, 68세, 1950년생)

줄거리 논배미의 형태가 마치 남자성기와 여자성기 모양이었는데, 지금은 두 논배미가 합쳐져 그 형태가 사라지고 없다는 이야기이다.

초구답(屌구畓)과 취비답(취尿畓)에 대에서 말씀 드리겠습니다. 좀 비속어 외설적으로 들릴지 모르지만은, 어르신들께 대단히 죄송하지만 옛날에 실제 있었던 얘기를 할라니깐 할 수 없이 이렇게 비속어를 쓰게 된 점을 대단이 죄송스럽게 생각합니다.

일명 한문으로는 초구답과 취비답인데, 에, 좆배미, 씹배미라고 합니다. 논 형상이 꼭 그렇게 생겨가지고 이름이 그렇게 되었습니다.

가단동네 약 이백메타 방죽 밑으로 올라 가면은 옛날에 저 박○○씨 벌던(빌려서농사짓던) 논과 조○○씨 벌던 논빼미(논배미)가 있는데, 그 여자 성기를 닮은 배미는 님배미라 했습니다. 사모하는 님, 그래서 더 업그레이드 시켜서 그렇게 상스런 욕을 안 하고 님배미라고 여자배미를 그렇게 불렀습니다.

그라고 촉우답은 약 사백 평 쬐금 넘고 추비답은 팔백 평 정도 됐습니다. 그런데 촉우답은 1미터 20 정도 높이 솟아있고, 또 큰데 가서는 영락없이 붕알 모양 남자 고환 모양으로 생겨갖고 그 논을 모내기하면서 어르신들이 웃고 그케 한(그랬던) 기억이 납니다. 그리고 영락없이 이렇게 생긴 모양이 남녀가 성교하는 모양으로 있어가지고 모내기 할 때는 웃고 그랬는데….

그것이 조동수씨가 칠십년도 넘어서 그 배미를 합침으로써 이 배미가 영원히 사라지게 되었는데, 아까 말씀드린 사불계라는 맑은 물이 흐르는 옆에가 그 배미가 이렇게 음양이 조화를 두고 있었어요.

지금 생각하니 이런 것들이 가단 뒤안길의 추억 같습니다.

의신면 창포리 창포마을

소쿠리가 덮어줘서 구사일생으로 살아난 아이

자료코드 589_FOTA_20170523_CPR_PJH_001
조사장소 진도군 진도읍 진도문화원
조사일시 2017. 5.23
조 사 자 박정석, 박영관
제 보 자 박종화(남, 82세, 1936년생)

> **줄거리** 산골인 용산마을에 어머니와 아기가 살았는데, 어느 날 호랑이가 내려와서는 두 사람을 잡아가려고 했다. 마침 시렁에 올려둔 소쿠리가 떨어지는 바람에 그것을 덮어쓴 아이는 다행히 살았지만, 엄마는 호랑이에게 잡혀가 젖가슴을 물려 죽었다는 이야기이다.

임회면 용산 산골마을에서 있었던 이야기인디, 어뜬 아주머니가 어린애를 키움서 살고 있었어요. 근디 어느 날 갑자기 호랑이가 집 안으로 침범을 해갖고 방에서 넋을 놓아 싸우고 있는디 옛날에는 시렁에 소쿠리를 올려놓거든.

마침 그때 소쿠리가 툭 떨어짐서 그 애기를 덮어불었어. 그래갖고 다행히 애기는 살고 엄마는 호랭이한테 물려 갔어요.

마을 사람들이 대를(대나무를) 뚜들면서(두드리면서) 쫒아가 본게 호랑이가 이미 엄마는 잡어 먹어서 죽어불었드래.

호랑이가 항상 사람을 잡어가면 부드런 데부터 먹는 습관이 있다는디, 젖가슴을 먹어불어갖고 즈그 엄마는 죽고, 그 애기는 커갖고 지산면 고야리로 결혼했다 합디다.

개만 물고 간 호랑이

자료코드   589_FOTA_20170523_CPR_PJH_002
조사장소   진도군 진도읍 진도문화원
조사일시   2017. 5.23
조 사 자   박정석, 박영관
제 보 자   박종화(남, 82세, 1936년생)

줄거리 용산마을은 산골이라 심심찮게 호랑이가 출몰했는데, 하루는 마당에 모여서 다 같이 밥을 먹고 있는데 갑자기 호랑이가 뛰어 들어와 밥을 먹던 개를 물고 달아났다는 이야기이다.

용산은 산골마을이라 호랑이가 항시 거기에 서식함서 출몰을 했는갑든마. 옛날에는 마당에서 주로 밥을 많이 먹었기 땜에(때문에) 개와 같이 마당에서 밥을 먹고 있는디 호랑이가 갑자기 침범을 해갖고 다행히 개만 물어갔어. 사람은 전혀 피해를 보덜 않고 무사허니 살게 되었다고 합니다. 누구 집인지 그건 모르제만.

호랑이를 잡은 의신면 향교 포수들

자료코드 589_FOTA_20170523_CPR_PJH_003
조사장소 진도군 진도읍 진도문화원
조사일시 2017. 5.23
조 사 자 박정석, 박영관
제 보 자 박종화(남, 82세, 1936년생)

> **줄거리** 용산 산골마을에 해가 지면 호랑이가 자주 출몰하여 피해를 입히자, 원님이 의신면 향교 포수들에게 호랑이를 잡아오라고 명령을 했다. 그래서 포수들이 호랑이를 잡아서 메고 원님에게 갔다는 이야기이다.

용산이란 조그만 산골마을에서 일어난 일입니다. 에, 날이 저물어지고 해가 지면 항상 미쳐서 날뛰는 호랑이가 마을로 내려와서 인간들한테 피해를 주니까, 사람들은 미리 호랑이를 예방하기 위해서 짚덤(짚 덤불)으로 창을 게려(가려) 놓고 잠을 자고 그런디.

그렇게 어려운 생활하다가 원님이 의신면 향교 포수들한테 명령을 해서 그 미친 호랑이를 잡아갖고 오라고 명령을 했어.

그란게 의신면 향교 포수들이 와서 잡아갖고 원님한테 그 호랑이를 미고(매고) 갔다는 이 애기를(이야기를) 어머님이 살아계실 때 해준 겁니다.

아이 참, 어디서 어떻게 끝낼 줄도 모르겄고.

학식이 뛰어나고 축지법에도 능했던 창포 할아버지

자료코드 589_FOTA_20170523_CPR_PJH_004
조사장소 진도군 진도읍 진도문화원
조사일시 2017. 5.23
조 사 자 박정석, 박영관
제 보 자 박종화(남, 82세, 1936년생)

> **줄거리** 180여년 전, 창포리에 학식이 뛰어나고 축지법에 능했던 할아버지가 있었는데, 밀양박씨 족보의 기틀을 잡아주기도 해서 지금까지 사당에 모시고 있다는 이야기이다.

옛날 183년 전에 의신면 창포리에 한 할아버지가 살았는디, 구전에 내려오는 말에 의하면 그 살던 집에서 할아버지가 목침으로 쌈을 붙였다는 그런 전설이 내려오고 있어요.

지금 생각해 보면 그것이 바로 축지법이 아닌가 생각이 납니다. 그래, 그 마을에 원님들이 새로 오시믄 그 할아버지께 와서 인사드리고 갔는데, 그 이유는 그분이 중앙에 가서 마을 고관대작들 자제들에게 아마 한문 같은 많은 학식을 가르친 훌륭한 할아버지 같아요.

근데 진도에 유배오신 김이익 판서의 수제자로 계심서 진도를 위에서 '순칭록'이란 책자를 발간해 주도록 요청을 혔고, 또 그 순칭록 책을 갖고 많은 예절 교육을 시켰어.

또 우리 대종 진도 밀양박씨에 대한 족보를 만들 때 기초적인 것 모도 그런 모든 것을 참 만들어서 훌륭한 일을 해 주셔서 지금도 사당에 모셔져 있습니다.

화롯불에 불이 붙어 무논에서 구른 호랑이

자료코드   589_FOTA_20170523_CPR_PJH_005
조사장소   진도군 진도읍 진도문화원
조사일시   2017. 5. 23
조 사 자   박정석, 박영관
제 보 자   박종화(남, 82세, 1936년생)

줄거리 황도승이라는 용감한 할아버지는 호랑이가 침범하자 방안에 있던 화롯불을 호랑이에게 덮어 씌웠다. 그러자 털에 불이 붙은 호랑이가 견디지 못하고 무논에서 구르다가 산으로 도망갔다는 이야기이다.

옛날에 임회면 용산이라는 산골마을이 있었습니다. 거그(거기에) 노인이 살고 있었는데 갑자기 호랑이가 침범해가지고 황도승이라는 그 할아버지가 호랑이와 싸우는 과정에서 마치 화로가 있어 화로를 호랑이한테 덮어 씌워 버리니까, 호랑이 털에 불이 붙어서 호랑이가 견디지 못하고 바로 마을 앞에 물 있는 논에 가서 두굴두굴 굴러서 불을 끄고 산으로 달아난 그런 이 애기(이야기)를 저희 어머니 강천심씨가 해주셨습니다.

백한 살에 돌아가셨는데 항상 저희들 보고 호랭이 이 얘기를 하면 그런 좋은 이 얘기를 많이 해 주셔서 기억하고 있습니다.

의신면 칠전리 칠전마을

유휴각(裕休閣) 안에 세워진 철비(鐵碑)

자료코드   589_FOTA_20170823_CJR_PGI_001
조사장소   진도군 진도읍 동외리 진도문화원
조사일시   2017. 8. 23
조 사 자   김명선, 윤홍기
제 보 자   박규일(남, 81세, 1937년생)

> **줄거리** 유휴각(裕休閣)은 노암제(露巖祭) 건립 공적을 기리기 위해서 철비와 함께 세운 것이다. 철비에는 서당을 세울 당시 재정이나 노력 봉사를 했던 열한 분이 새겨져 있다. 매년 3월 7일에 유휴각에서 제를 지내고 수비당(守碑堂)계를 조직했는데, 계문에 철비에 새겨진 내용이 다 들어있다고 한다. 우리나라에 현존하는 철비 중 가장 큰 철비이며 전라남도 문화재 203호로 등록되어 있다.

유휴각(裕休閣)은 그러니까, 그 안에 철비(鐵碑) 첫머리를 보면 강희(康熙) 27년으로 나왔어요. 그래서 강희 기원을 서기 기원으로 한번 풀어보니까, 내가 지금 암기를 못하고 있는데 약 300년 이상 돼요.

유휴각을 건립한 지가 한학에 불탄 우리 9대조 선조들이 서당을 짓고 '유휴각(裕休閣)'이라는 '넉넉할 유(裕)'자, '쉴 휴(休)'자, '집 각(閣)'자를 써서 현판을 걸고 철비를 세웠어.

그란데 그 철비를 전에 포철에서 와서 얘기를 하는데, 탁본을 할란다고 왔던만. 그 분 얘기를 들으니까 철비가 대한민국에 한 50기가 남아 있는데 지금.

일제 공출에 전부 털려 갖 버리고 50기가 남아 있는데, 그 중에서 우리 노암제(露巖祭) 그 철비가 제일 크답니다. 제일 크고 글씨는 음각이 아니라 양각으로 되어 있는데, 얏튼 글씨 숫자도 제일 많다고 그래.

포스코 포항제철에서 철비(鐵碑) 연혁을 조사 다니는 사람 말에 의하면 그 사람이 탁본을 해가지고 나중에 탁본 1부를 보내 드립시다."

그라더니 오리무중이여. 아직까지 보내준 사실은 없어. 그래서 그 유휴각 옆에는 노암제란 서당이 지금까지 현존하고 있어요. 우리 9대조 할아버지들이 전부 뜻을 모아서 기념비를 세우고 기념각을 짓고 유휴각 이라는 현판을 걸었어요.

그래서 유휴각은 후학에 얏튼 뜻이 깊은 우리 선조님들을 거기다가 양각으로 이름을 거기다 새겨 놓고 지금까지 보전하고 있어요.

그란데 3월 7일 날 1년에 한 번씩 제향을 모

칠전 학계철비

십니다 제사를, 제사 모시는 분들은 우리 할아버지 다섯 할아버지 하고, 일곱 할아버지하고 또 그때 서당을 할 때 모다 재정을 기증한 사람들, 또 자기네들이 노임없이 서당을 짓을 때 노력봉사를 하신 분들 이런 분들 모두해서 열한 분이 거가 새겨져 있어요.

철비가 그렇게 해서 지금 3월 7일 날은 잔을 올리고 제사를 지내고 있습니다 지금까지.

(조사자 : 철비 내용에 대해서 더 하신 말씀 없나요?)

아니 철비 내용은 전에 어르신들이 '수비당(守碑堂)계'라는 '지킬 수(守)', '비석 비(碑)', '집 당(堂)', '맺을 계(契)'를 조직해서 모두 계문도 있고 그랬는데 철비에 나온 글씨가 전부 나와 있었어요 책자에가,

그리고 이게 소실될 부분은 ○표하고 이렇게 됐는데, 그건 근거가 전부 사라지고 없습니다. 수비당계라 해서 야튼 내가 그것을 확인을 한번 했었어요. 그란데 그분은 병제씨가 수비당계 비문을 나한테 한 부 주었는데 아무리 지난번에 내가 찾아도 없어요.

신(神)중의 신(神) 산신당(山神堂)

자료코드 589_FOTA_20170823_CJR_PGI_002
조사장소 진도군 진도읍 동외리 진도문화원
조사일시 2017. 8. 23
조 사 자 김명선, 윤홍기
제 보 자 박규일(남, 81세, 1937년생)

> **줄거리** 노암제 뒤편에 있는 산신당은 후학들이 잘 자라고 모든 일들이 잘되게 해달라고 빌던
> 곳으로, 1년에 한 번 쌀을 갈아 담고 제를 지냈었다. 산신에게 불경한 짓을 하면 키우던
> 닭들이 없어져버리는데, 물을 떠놓고 용서를 빌면 닭들이 다시 나타난다고 한다. 지금
> 도 일 년에 한 번 새로 수확한 쌀을 단지에 담아놓고 제를 모신다.

산신당은 노암제 뒤편에가 있는데요, 사실상 마을하고 가까우면서도 좀 외져
요. 노암제란 서당이 그래서 산속에서 살면서 산신령을 얏튼 모시고 잘 봐주
고, 그저 후학들도 잘 자라고 모도 하는 일이 탈이 없게 해주십시오 하고 1년
에 한 번씩 쌀을 갈아 담고 제를 지내고 하던 곳입니다.

산신당이 지금도 그 흔적(痕迹)은 남아 있어요.

그런데 지금은 그런 것을 믿습니까, 전부 없애 불고. 그래서 지난번 문화원장
박병훈씨가 늘 자꾸 산신당을 복원합시다. 하는 소리를 여러 번 했어요. 그란
데 누가 선뜻 나서서 복원을 할 사람이 있습니까?

그런데 전해오는 이야기를 들으면, 거기서 노암제 한 삐짝에서(옆에서) 제지기(노
암제 지킴이)를 하시는 분이 있어요. 그분이 닭도 키우고 뭐 이런 돼지, 개, 이런
것을 안키웁니까.

닭을 키우는 데 좀 산신한테 불경한 짓을 하면 닭이 일시에 없어져불어요. 없
어져불고 나중에 인제 산신당에 뭐 물을 떠 놓고 잘 용서해 달라고 빌면 또 닭
이 모르는 사이에 나타나고 그랬다, 하고 전해오는 애기도 있고 그래요.

(조사자 : 산신당의 제는 어떤 방법으로 모셨나요?)

칠전 산신당

산신당의 제요? 제사 지낼 때 일 년에 한번이면은 고 안에가 뭣이 있냐 하면은, 조그만한 단지 이런 것이 있어. 거기다가 새로 나온 쌀 햅쌀을 새로 수확해서 나온 정성 드린 쌀을 그 안에 담고 창호지로 봉하고 덮어서 놓았는데 그란께 산신으로 생각을 하고 제사 지냈제.

할아버지 제사 지낼 때, 먼저 거기다 산신제를 지내야 하고 그라고 이런 데서도 산에 있는 제각 같은 데서도 시제를 모시면 반듯이 먼저 산신제를 모십니까? 그런 식이지요.

(조사자 : 산신제 모시는 이유를 다시 말씀해 주실 수 있습니까?)

아니 그러니까 후학들도 성공하게 해 주고 잘못한 일이 있어도 너그럽게 용서해 주시고 관용을 베풀어 주십사 하고 말이여 빌던 자리입니다.

유서 깊은 서당 노암재(露巖齋)

자료코드   589_FOTA_20170823_CJR_PGI_003
조사장소   진도군 진도읍 동외리 진도문화원
조사일시   2017. 8. 23
조 사 자   김명선, 윤홍기
제 보 자   박규일(남, 81세, 1937년생)

> **줄거리** 한학에 열의가 있던 선조들이 300년 전에 노암재(露巖齋)라는 서당을 칠전리에 세웠는
> 데, 진도에서 보전되어 있는 유일한 서당이다. 훈장님은 학생들을 봉사정신으로 가르쳤
> 으며, 학생들은 자신들의 형편에 맞게 훈장님께 감사함을 표했다. 50-60년 전까지 서
> 당이 있었다고 한다.

노암재(露巖齋)는, 인자 유휴각을 짓게 된 동기가 바로 노암재 서당 건립의 공적
을 기리기 위해서 유휴각을 지었습니다. 그렇께 그 전에 보면 한 300년 이상 되
야요. 그란데 유휴각을 지난번 원체 노후 되고 그래서 군청에서 예산을 받아
가지고 1억 받아서 다시 지으셨습니다.

그런데 유휴각 저 끝에 상량 보에가 상냥문을 새겨서 딱 저장한 곳이 있어서
그것을 찾았습니다만 지금은 내가 그 연대를 역서 암기를 못하고 하니까 그런
것이 있었다는 것만 생각을 하제. 그라고 아여튼 지금 진도에서 서당이 남아
있는 곳이 칠전밖에 없습니다. 노암재(露巖齋).

(조사자 : 서당터지요?)

서당입니다. 반드시. 옛날에는 이렇게 쭉 놓면은 장틀이라 하던만. 우덜도 서
당을 다니기는 안 했어도 몇 번가서 구경을 했는데, 훈장 선생님이 앉는 요 안
에가 이케 장틀이 있고 지도 생들이 양 옆에가 앉고 그라고 장나무를 쭉 걸쳐
놓고 서당 학도들은 요 앞에서 책을 읽고 쓰고 그러던만요.

(조사자 : 서당 선생님의 월급은요?)

아! 선생님 월급은 제가 그것을 감히 년대가 지나서 알겠습니까 만은 전부 봉

사하시는 분들이 많고, 또 광(光)자 썼던만요. 쭉해서 하나의 상장 같은 것을 훈도들한테 주면, 그것을 받은 가정에서 훈장 선생님 옷도 해다 드리고 먹을 것도 제공하고, 그런 것은 내 기억에 좀 남아요.

뭐 월급보다는 후학을 위해서 마을에서 이케 금년 농한기 한철에 애들을 가르쳐 주십사 하면은 봉사 정신이 주로 앞서지요.

(조사자 : 언제까지 서당이 있었나요?)

우리 알기로는 한 50~60년 전까지는 서당이 있었어요.

노암재는 유서가 깊은 곳입니다. 진도에서는 여기 저기 서당이 칠전 한군데 있겠습니까? 많지만은 지금까지 보전하고 있는 곳이 우리 마을 밖에 없어요. 전국적으로 드물 것이오. 거가 지금 도 문화재 203호로 등록이 되어 있어요. 203호.

노암재, 유휴각, 모두 해서 철비가 203호로 되어 있는데, 요번에 노암재를 문화재로 지정을 해 주십사 하는 건의도 드리고 그랬어요. 203호는 철빕니다.

(조사자 : 노암재의 뜻은 무엇인가요?)

노암재는 '이슬로(露)', '바위암(巖)', '집재(齋)'자인데 아주 연한 것은 이슬이고, 아주 강한 것은 바위고, 연한 이슬 같은 것을 단단한 바위같이 기르는 하나의 집이다. 내 나름대로 그렇게 생각을 해 보았습니다.

재행(再行) 왔다가 요절한 신랑

자료코드 589_FOTA_20170823_CJR_PGI_004
조사장소 진도군 진도읍 동외리 진도문화원
조사일시 2017. 8. 23
조 사 자 김명선, 윤홍기
제 보 자 박규일(남, 81세, 1937년생)

> **줄거리** 옛날 결혼식에 재행(再行) 풍습이 있었는데, 한번은 마을에 불이 나자 학도들이 재행 왔던 신랑을 천장에 매달아 놓은 채 급한 마음에 불을 끄고 왔더니 신랑이 죽어있었다는 이야기이다.

내 큰 누님이 90세에 돌아가셨는데, 그런 때 결혼해 갖고 금년에 아흔 살에 돌아가셨어. 큰누나가 그란데 결혼해 갖고 우리 매형 탈선(脫扇)한 부채 찾으러 가는 데 내가 따라간 기억이 있어.

그란데 그 누님이 한 17, 18세 되아서 시집을 갔던가? 그라면 역순으로 계산하면 상당히 한 60~70년은 됐것소. 전해들은 애기지만은 옛날에 그 결혼식을 하면 예청에서 신랑 부채 갖고, 예드리는 부채를 탈선해 갖고 학도나 훈도들이 부채를 가지고 가서, 나중에 3일 후 재행(再行)에 와서 찾으러 간다 말입니다. 찾으러 갔는데 서로 인제 옛날에 그 어려운 문자를 써서 묻고 답하고 [신랑이

답을 못하면 신랑을 천장에 메달아 놓고] 이런 식으로 [신랑을 시험]하는데, 마을에서 불이 나불었어.

[신랑을 천장에 메달아 놓은 채로 모두 나가] 불을 끄로 갔다 와 보니까 거꾸로 달아 메 놓은 신랑이 요절했다는 그런 이야기가 있어요.

칠전마을의 유래담

자료코드   589_FOTA_20170823_CJR_PGI_005
조사장소   진도군 진도읍 동외리 진도문화원
조사일시   2017. 8. 23
조 사 자   김명선, 윤홍기
제 보 자   박규일(남, 81세, 1937년생)

줄거리 칠전마을은 단종 복위 사건에 연류 된 조씨 가문의 손(孫)이 멸족을 피해 흩어져 살다가 진도에 입도한 곳이다. 마을에 옻나무가 많아서 '옻나무 칠(漆)'자를 써서 칠전마을이라 했는데, 일제가 쓰기 불편하다는 이유로 '일곱 칠(七)' 자로 한자를 바꿔버렸다는 이야기이다.

단종복위 우리 20대조(祖)가 심(審)자 문(問) 청제(青齊)공 할아버지인데, 사육신들하고 단종 복위를 모의 했어요. 해놓고 당나라 질정관(質正官)으로 갔다 오는데 사육신 안부를 물으니까 세조한테 처형되어 불었거든. 그래서 함길도 의주에서 음독자살하고 노복한테 "3족이 멸할 일이니 전부 흩어져 살아라."는 이런 뭣을 냉기고 거기서 돌아가셨어요.

우리 18대조는 4형제인데 세(世)자 번(藩)자, 세(世)자 분(芬)자, 세(世)자 부(浮)자, 세(世)자 평(玶)자 4형제인데 세(世)자 부(浮)자가 우리 직곕니다. 그 할아버지가

나주로 은둔 생활을 하고, 나주서 은둔 생활을 하면서 아들 용(容)을 낳거든
요. '얼굴 용(容)'자 용인데 용(容)을 낳는데 용(容) 할아버지가 아들 4형제를 낳
어요. 연(衍),정(珽), 동(棟), 종(樅) 4형제를 낳는데 종(樅)자씨 맨 끝에 우리 16대조
할아버지는

"아버지를 지켜라!"

하고 연(衍), 정(珽), 동(棟) 3형제를 대리고 입향을 했습니다, 진도로.

맨 처음에 17대조가 입향했으니까 500년이 넘었겠습니까? 입도를 해가지고
우리 동(棟)자씨 할아버지가 칠전 다 설립을 했어. 그란데 그때 터를 잡고 살 때
는 이무 칠전이 맡을 임(任)자 임(任)씨가 설립했다는 그런 이야기를 들었는데,
임씨는 지금 딱 한집 살고 전부 박씨 집성촌이에요.

칠전마을이 그때 당시는 옴막한 마을 터에가 옻나무가 꽉 차서 그래서 '옻나
무 칠(漆)'자 '밭 전(田)'자 '옻나무 밭'이다. 그래서 칠전(漆田)이라고 이름 짓고 살
았는데, 일제 때 '옻나무 칠(漆)'자는 쓰기가 성가신께 바꿔 써불었다고 이야기
를 들었어.

4형제 중 셋째 우리 할아버지 동(棟)자 할아버지가 설립을 해서 지금까지 300
호 대촌(大村) 집성촌을 이루고 살았어요. 그런데 지금은 포도시(겨우) 150호 될
까 요정도요. 한때는 거가 모도 초등학교도 세워서 한 300명 학생이 자라고
있는 터전이 되어오고 그랬는데 학교도 폐교가 되고, 전부 대부분이 한 집에
한명 아니면 두 사람이고, 세 사람 사는 집은 극히 드물어요. 그렇게 살고 있습
니다.

상당히 정남쪽이어서 겨울에는 따습고 여름에는 서늘하고 그래서,

"칠전은 일명 나그네를 쫓아내는 동네다"

모두 그렇게 이야기를 했어요. 옛날 어른들에게 왜 그랬냐고 물으니까, 겨울
날씨가 너무 따뜻하거든. 그러니까 나그네가 들어왔단 말이어. 참 옛날 오유월
나그네는 범보다 무섭다고 그랬는데, 겨울이지만 먹고 살기가 나그네가 귀찮
한 존재 아니겠습니까?

그러니까 나그네가 미안하고, 따뜻하니 갈란다고 그라면 아무리 가지 말라고
잡아도 나가 불면은 다시 못 들어오고 후회했다는 그런 이야기가 있어요. 워
낙 추우니까 동네를 벗어지면은, 그런 이야기를 들었습니다.

읍내서 뺨 맞고 꿀재에서 눈 감춘다

자료코드 589_FOTA_20170823_CJR_PGI_006
조사장소 진도군 진도읍 동외리 진도문화원
조사일시 2017. 8. 23
조 사 자 김명선, 윤홍기
제 보 자 박규일(남, 81세, 1937년생)

줄거리 옛날에 사면이 바다인 임회와 지산에서 진도로 오기 위해서는 꼭 꿀재를 통과해야 했는
데, 현관(現官)이 탄 가마도 꿀재로 넘어가야 했다. '임회, 지산 사람들 읍내서 뺨맞고
꿀재 가서 눈 감춘다'는 속담이 있을 정도로 '꿀재'는 임회와 지산의 관문이었다.

꿀재(꿀치고개)는 사실상 우리 진도군이 1읍 6면(面)이어요. 꿀재 넘에가 두 개면
(面)이 있어. 임회, 지산 그런데 임회, 지산은 옛날에는 전부 4면(面)이 바다고,
바다인데다 더구다나 꿀제를 넘어갈 때면 포산 지구가 전부 바다였어. 육로로
걸어갈라면 반드시 임회, 지산 사람들은 꿀재를 통과해야 돼.
그란데 아까도 내가 말씀을 드렸습니만, 칠천에는 상굴, 중굴, 하굴이 있어요.
행정구역 단위로 칠전리에는 칠전마을, 상굴마을, 중굴마을, 하굴마을 이렇
게 네 개 마을이 있어요. 지금은 신생 마을이 있습니다만 네 개 마을이 있는
데, 그 임회, 지산서 막 넘어오면 중굴이라 그 말이어.

중굴, 하굴이어서 중굴, 하굴재다 해서 굴잰데, 대개 붙쳐서 지방말로 꿀재! 꿀재! 이렇게 애기를 했어.

"임회, 지산 사람들이 읍네서 뺨맞고 꿀제가서 눈 검춘다."

는 이야기가 있거든요. 읍네 관야에서 뺨맞고 거기서는 뒤도 못 돌아보고 오다 꿀제 와서 쉬면서 눈 검춘다 그래요. 이런 속담이 있어요.

어느 날 거기를 지나면서 보니까 '문전새재'로 그것이 개명되어 부렀드라고… 이것은 일단 잘못된 것이다. 그런 생각을 했어요. 얏튼 옛날부터 임회, 지산 사람들이, 두 개면(面) 사람들이 반드시 진도 일보러 올라면 꿀재를 거쳐야 올 수 있어.

거가 임회, 지산 관문인데 현관(現官)이 탄 가마도 거기로 가제 판대로 갈 수가 없어요. 그란데 그 유래 깊은 꿀재를 '문전새재'로 고쳐 논 것을 보고 깜짝 놀랐습니다. 저 나름대로는 진도 역사상으로 유명한 곳인데 하루아침에 죽 감추듯이 '문전새재'로 바꿔 분 것은 내 나름대로 서운해요.

진도의 물물교환 칠전장터

자료코드   589_FOTA_20170823_CJR_PGI_007
조사장소   진도군 진도읍 동외리 진도문화원ââ
조사일시   2017. 8. 23
조 사 자   김명선, 윤홍기
제 보 자   박규일(남, 81세, 1937년생)

줄거리   진도읍과 의신면 경계 위쪽에 있는 신생리는 옛날 장터로 진도 사람들과 임회, 지산 사람들이 물물교환 했던 곳이다. 지금까지 '장태'라고 쭉 전해오고 있다.

(조사자 : 장터 위치가 어딘가요?)

장터는 지금도 여기 가면 신생 마을이 있어요. 여그서 2~3분 차로 달리면 약사사 부근 진도읍하고 의신하고 딱 경계된 거그서부터 칠전인데, 거그를 쫌 더 가면 신생리라는 마을이 있어, 신생리.

옛날에 피난민 식으로 집을 줄줄이 짓어논 집이 있는데, 거가 바로 장터였어요. 옛날 옹구, 토기 옹구 굴도 있었고 어째서 거가 장터입니까? 하고 물으니까 옛날은 거그서 돈 주고 팔고 그런 것이 아니라 서로 물물교환을 했다 해요.

진도 이쪽 사람들하고 저쪽 임회, 지산 사람들하고 그 자리에서 물물교환 했다 해요. 소도 팔고 곡식 같은 것도 갖고 와서 바꾸고 그런 장소여서 지금까지 '장태'라고 쭉 전해오고 있어.

(조사자 : 거기다 표지석 안 세워났습니까?)

신생마을이 여순 반란사건인가 그때 피난 온 사람들일 거여. 그 사람들이 주둔했던 자린데, 지금은 본 주민들이 많이 사라지고 없어요. 표지석도 없고.

마을로 굴러 내려온 충제봉의 바위

자료코드   589_FOTA_20170720_CJR_PDP_001
조사장소   진도군 의신면 칠전리 칠전마을 회관 옆 정자
조사일시   2017. 7. 20
조 사 자   윤홍기, 김명선
제 보 자   박동판 (남, 71세, 1947년)

> **줄거리** 충제를 모셨던 충제봉에 둥근 바위가 있었는데, 자손을 갖기를 원하는 부인들은 그곳
> 에 가서 빌었다. 그런데 그 바위가 태풍으로 굴려내려와 지금은 버스 승강장 옆에 그 바
> 위가 있다.

옛날에 내가 듣기로는 충제봉이라는, 저그 저 충제봉이 있어. 옛날에 거기서
비가 안 오던지 하면은 제를 모시는 그 충제골이, 또 농사하는데 벌레 같은 것
이 안 성하기 위해서, 벌레 충(虫)자, 충제를 거기서 모셨어.

그러는데 거기에가 약 지름이 1미터 정도 되는 둥그런 바위, 둥근 바위가 있었
는데, 마을의 부인네들이 자손을 못 갖든지 하면은 거기 가서 빌고 그러면 자
식을 낳는다는 그런 바위가 있었어.

한때는, 어느 때 태풍으론가 해가지고, 그 바위가 여기 냇가 샘이라고 있는데,
그 샘가에로 굴려서 내려와 불었답니다.

그래가지고 그 바위가 지금 현재 어디가 위치가 되어있느냐 하면은, 여그 보면
버스 타는 그 승강장에 지금 그 바위가 있어.

그래서 옛날 어르신들이 참말로, 그 바위를, 자손을 못 갖는 부인네들이 거기
가서 빌고, 물 떠놓고 빌고 하면은 자손을 가졌다고 그런 말이 있어요.

송장 닮은 바위가 있는 무서운 넘언들

자료코드 589_FOTA_20170720_CJR_PDP_002
조사장소 진도군 의신면 칠전리 칠전마을 회관 옆 정자
조사일시 2017. 7. 20
조 사 자 윤홍기, 김명선
제 보 자 박동판 (남, 71세, 1947년)

줄거리 버스가 없어 학교를 걸어다니던 시절, 넘언들을 가다보면 좁은 길에 송장 같이 누운 바위가 있어 그곳을 지나 올 때마다 아이들은 무서움에 떨었다고 한다.

진도읍에서 옛날에 큰 버스 다니는 큰길이 없었고, 이 넘어로 오는 넘언들이라는 거기, 일로(이리로) 다니는 길이 있었는데, 저쪽에는 인자 저수지 있는 산 밑에 쪽으로는 길이 조금 큰 길이 있고, 이쪽으로 왼쪽으로는 인자 조금 이케 좁은 골목길이랄까 그런 좁은 길이 있었는데, 거기 오다가 영락없이 송장, 사람이 드러누웠는 것 같이로 송장같이 누운 바위가 있어.

내가 학교 다닐 때 순전 버스가 없어갖고 거기를 걸어 다녔단 말이요. 걸어 다니는데, 거기 오면은 그렇게 송장 같이로 바위가 딱 뻗쳐 있으니까 그냥 으쓱으쓱하고, 그럴 때는 그런 바위도 있었어.

배고팠던 시절의 닭 서리

자료코드   589_MONA_20170720_CJR_PDP_001
조사장소   진도군 의신면 칠전리 칠전마을 회관 옆 정자
조사일시   2017. 7. 20
조 사 자   윤홍기, 김명선
제 보 자   박동판 (남, 71세, 1947년)

> **줄거리** 옛날에 배고팠던 시절에, 부잡한 청년들은 중태에 넣어기르는 닭을 몰래 서리해서 친구들끼리 먹다가 들켜서 혼나기도 했다.

옛날에 그 닭 잡아먹던 시절, 배가 고파갖고 닭 잡아먹던 시절, 어르신들 말씀 들으면은 옛날에는 가정에가, 이 뭐 중타리라 하요. 중타리라 하지. 닭 안에다가 부엌안에다 가둬 놓고 키우는 중태, 중태라고 해.

거기다 해놓고 닭을 키우고 했었는데, 그 부잡한 사람들은 가서 여기 이 (닭)젖탈 밑에다 손을 집어 넣어갖고, 따뜻하게 해갖고 잡어 먹으면 소리도 안 나고 닭을 잡아다 먹고, 닭서리 하면서 또 친구들 하고 이케 모태서 먹다가 들키기도 해갖고, 혼나고 매도 맞고 그랬어요.

도깨비와 씨름 한판

자료코드   589_FOTA_20170720_CJR_PDP_003
조사장소   진도군 의신면 칠전리 칠전마을 회관 옆 정자
조사일시   2017. 7. 20
조 사 자   윤홍기, 김명선
제 보 자   박동판 (남, 71세, 1947년)

줄거리 할아버지가 저녁에 천방이라는 곳에 있던 논에서 도깨비를 만났다. 도깨비하고 한참 씨름을 하다가 허리띠로 그 또깨비를 소나무에 묶어 놓았다. 다음날 허리띠를 찾으러 가니 빗자루 몽당이가 소나무에 묶여 있었다.

어느 날 할아버지가 저그, 저 천방이라는, 이 큰길이 없었고, 우리 마을이 저 그 의신면으로 갈려면 글로(그리로) 가는데, 그란데 천방이라는 골로(거기로) 길이 있었는데, 거기가 할아버지 전답이 조금 있었는데, 논엔가 가갖고 늦게 거기 가서 도깨비를 만났드라고 해.

그래가지고 도깨비 하고 한참 씨름을 하다가 그 할아버지가 혁대(허리띠)를 가지고 도깨비를 딱 해서 소나무에다 묶어 놨다가, 그 다음날 가서 혁띠 찾으러 가니까, 딱 가서 보니까 비찌락(빗자루) 몽댕이를 묶어 놨더라고 해.

단합이 잘 되는 칠전마을

자료코드   589_MONA_20170720_CJR_PDP_002
조사장소   진도군 의신면 칠전리 칠전마을 회관 옆 정자
조사일시   2017. 7. 20
조 사 자   윤홍기, 김명선
제 보 자   박동판 (남, 71세, 1947년)

줄거리 칠전리는 2015년 환경 크린 운동에서 1등을 한 기념으로 버스 승강장 옆에 표지석을 세웠다. 칠전마을은 주민들이 단합이 잘 돼 1년에 네 번이나 있는 마을 행사들도 잘 치르고 있다.

우리 마을이 2015년도에 진도에서 처음으로 환경 크린 운동 발대식을 해가지고, 환경 크린 운동을 했어요. 그래서 제 욕심대로는 참 내가 해 볼라고 해가지고, '우리가 최우수상 받어봐야 쓰것다' 해서 한 것이 2015년도 '환경 크린운동' 진도군에서 1등을 해가지고 천만 원 상금을 받아 가지고, 지금 승강장 입구에 마을 입구에 보면 표지석이 있어요.

그것은 '마을 환경 크린 운동' 뭐라할까, 천만 원 상금 탄 고놈을 가지고 지금 거기다 표지석을 해놨습니다.

그러면 거기에 보면 칠전마을 유래가 써 있어. 앞쪽에는 환경 크린 운동 최우수상 천만 원 상금 받아서 마을 주민 일동이 설립을 했다고 해놨어.

우리 마을은 행사가 1년이면 한 네 차례 정도 행사를 하는데, 주민 모두가 참말로 단합이 되가지고 청년 회원들과 부인회 회원들이 모든 음식을 장만해서 회관에다 차려 놓고, 그런 행사를 1년에 네 번을 하고 있어.

옛날 교통의 요지 꿀재

자료코드   589_FOTA_20170720_CJR_PDP_004
조사장소   진도군 의신면 칠전리 칠전마을 회관 옆 정자
조사일시   2017. 7. 20
조 사 자   윤홍기, 김명선
제 보 자   박동판 (남, 71세, 1947년)

> **줄거리** 칠전리에서 꿀재는 다른 곳으로 가기위한 교통의 요지로 "어디 가서 쳐 맞고 꿀재 가서 눈 감치지 마라"는 말이 있다.

저그 가면 꿀재라는 재가 있는데,

거기가 중굴 앞에 고런데가 염장쪽으로는 다 옛날 바다였어.

그래갖고 글로해서 지금 저그인데 꿀재가, 저쪽 하굴 뒷산인데, 지금 거기가 임도가 나 있어. 그 꿀재로. 그란데 그 우리 마을 사람들이 꿀 깨러 가갔고 어디 갈라면 임회쪽으로 갈라면, 그 산을 넘어서 가는 꿀재인데,

"어디 가서 쳐 맞고 꿀재 가서 눈 감치지 마라."

고 그런 말도 있고….

인자 꿀재가 정말로 우리 마을로 보면은 임회쪽으로 가는 큰길에다가, 또 그런 때는 임회, 지산가는 길도 없고, 전부 읍에서는 그 길을 통과해서 넘어 갔어. [그런 교통의 요지여.]

문둥이 골창, 진골

자료코드	589_FOTA_20170720_CJR_PDP_005
조사장소	진도군 의신면 칠전리 칠전마을 회관 옆 정자
조사일시	2017. 7. 20
조 사 자	윤홍기, 김명선
제 보 자	박동판 (남, 71세, 1947년)

> **줄거리** '문둥이 골창'은 골창 옆 샘에서 나병환자들이 많이 죽은 곳이다. 이곳에 도깨비가 잘 나와 사람들이 도깨비에 홀리기도 했다.

저기 진골을 가면은 여기서 의신면 소재지하고 우리 마을하고 중간 지점인데, 중간 좀 못가고 여기서 한 600미터 가면 진골이 있어. 진골. 거기가 '문둥이 골창'이라고, 옛날 나병환자 그것 보고 문둥이라 했어.

'문둥이 골창'이라고 하는데, 우리가 거기가 밭이 한 400평 짜리 밭이 있는데, 할머니가 그 밭에를, 나는 어려서 잘 몰랐고, 할머니가 말씀하시기를 거기가 문둥이 골창이 있었다 해.

지금 가면 거기가 샘이 하나 있어. 샘이 있는데, 거기다가 문둥이를 막 때려 죽이고 해가지고, 그래서 거기보고 '문둥이 골창'이라고 했대.

거기가 또 도깨비가 잘난다고 하는데, 인자 이 큰길로 오는 사람들이 밤에 오면은 거기서 막 웃음소리도 나고 우는 소리도 나고 그런다고 도깨비가 잘 난다고, 그런 말이 있어.

또 우리 동네 김덕환씨라고 그분이 밤에 경운기를 돈지서 고쳐갖고 오는데, 도깨비를 만나서 도깨비 신이 들려갖고 아주 그 사람이 죽다시피 했어. 그래갖고 그 진골 그 도로가에서 도깨비 홀려갖고 끌려가고 그랬다는 그런 말이 있어.

300년 된 학계 철비

자료코드   589_FOTA_20170720_CJR_PDP_006
조사장소   진도군 의신면 칠전리 칠전마을 회관 옆 정자
조사일시   2017. 7. 20
조 사 자   윤홍기, 김명선
제 보 자   박동판 (남, 71세, 1947년)

줄거리 칠전마을에는 유후각 안에 300년 된 학계철비가 세워져 있는데 도 문화재로 지정되어
있다. 옛날 서당에서 제자들을 가르치는 훈장 선생님들을 기리기 위한 비이다.

(조사자 : 학계철비에 대해서 얘기해주세요.)

옛날에 서당이라는, 왜 서당이냐면은 아까침에 인자 그 뭐냐 학계, 학자들 그
학계, 훈장이라고 그분들이 여섯 명이 조직이 되어가지고 서당을 설립했어.
그 옆에다가 서당에서는 전부 다 제자들, 이케 가르치는 훈장들이 한문 공부
를 그 당시에는 그케 시켜가지고, 여러 훈장을 보냈어. 지금 보면은 고 옆에 훈
장들, 옛날 선생님들, 비석이 지금 거가 다섯 명인가? 여섯 명인가? 세워져 있
어. 보시면 그리고, 그 옆에 '유후각'이라는 제각이, 별도의 제각이 있는데, 그
안에가 약 한 300년 된 철비가 구석까지 세워져가지고, 철비가 세워져 있어.
거기에 보면은 주물로 그 철비가 되어 있는데, 한나(하나도) 손상 없이 지금 현
재도 보존이 되어 있고, 글씨는 우리나라에서 제일, 글씨가 약 한 400자 정도가
새겨져 있다고 해. 그리고 두께는 약 한 10센티 정도 되고, 전라남도에서 제일
두께가 두껍다고 들었어요. 고것이 현재 도 문화재로 지정이 되어가지고, 거기
서 지금 약 한 500미터 거리까지는 지금 신축을 하기 어려워. 도 문화재 지정이
되어가지고. 그래서 진도군에서 인자 거리를 조금 조정해갖고 300미터로 조정
을 한다고, 지금 현재 도 문화재로 지정 되갖고 진도군에서 관리를 하고 있어.

의신면 침계리 영산마을

영산마을에 터를 일군 송씨들의 돌 떡판

자료코드 589_FOTA_20170504_YSR_PHJ_001
조사장소 진도군 의신면 침계리 영산마을 회관
조사일시 2017. 5. 4
조 사 자 박정석, 박영관
제 보 자 박행집(남, 76세, 1942년생)

줄거리 영산마을에 처음으로 터를 잡은 송씨들은 예전에는 부유했으나 지금은 망해서 마을을 떠나고 없지만, 그 당시 송씨들이 잘 살았던 흔적으로 제보자의 집 마당에 있는 돌로 만든 떡판을 보더라도 짐작할 수 있다는 이야기이다.

이 마을은 약 삼백 년 전에 송씨들이 들어와서 이 동네를 개발해갖고 집터를 마련해서 살던 동네인데, 약 백오십 년 후에 송씨들이 다 망해서 없고 초상 허씨한테 재산 다 팔아먹고 도망가불었습니다.

현재 우리 마을에 남아있는 것은 우리 집에가 송씨들이 옛날에 잘살았다는 흔적으로 돌로 만든 떡판이 지금 하나 남아 있습니다. 그것은 진도 어디에서도 볼 수 없는 돌로 만든 떡판인데, 그 돌도 진도 돌도 아니고 한 것을 지금 제가 보관하고 있습니다.

(조사자 : 송씨들이 여기에 들어온 것이 근 삼백 년 정도 되요?)

예, 그랑게 우덜도 알기에는 그 떡판이 우리 집에 항상 있어갖고요. 제일 첨에 송씨들이 집을 짓어갖고 살 때부터 그 떡판이 대대로 유물로 남아있어요. 우리 집에가.

그래서 인자 송씨 덜 내력에는 그런 것도 직접 우리가 그 원리원칙에 살고 그

유물이 우리 집에 있기 땜에 인자 아버지한테 부모님들이 아 이것은 송씨들 유물이라고 말을 다 전해서 그것을 지금까지 보관하고 있습니다.

그것 때문에 여러 사람이 왔었어요. 돈 좀 줄 테니 그 돌 떡판을 달라고, 그래서 내가 안 된다고 하고 지금까지 보관하고 있습니다. 우리 집은 두 번이나 새로 짓었지요. 두 번이나. 옛날 초가집 이었는데 짓고, 또 다시 짓고 그리고 내가 어려서 또 초가집이었는데 짓고 슬라브 집으로 짓고 세 번 지었어,

(조사자 : 그럼 송씨 다음으로는 어느 성씨들이 들어와서 살았습니까?)

송씨들 다음으로는 경주이씨가 거의 많이 살고 있고, 경주이씨 한 70프로, 그라고 최씨가 10프로 그리고 박씨가 5프로 살아있어요.

쌀이 나온 광전굴

자료코드   589_FOTA_20170504_YSR_PHJ_002
조사장소   진도군 의신면 침계리 영산마을 회관
조사일시   2017. 5. 4
조 사 자   박정석, 박영관
제 보 자   박행집(남, 76세, 1942년생)

> **줄거리** 영산마을에 있는 광전굴은 스님이 매일 끼니를 해결할 정도의 쌀이 나왔는데, 하루는 손님이 와서 밥을 더하려고 그 굴을 쑤셨더니 쌀이 나오지 않고 대신 피가 나왔다고 한다. 그리고 광전굴 외에도 마을 골짜기에 절터골이 있는데, 지금은 우물과 함께 동백나무 한주가 있다고 한다.

옛날에 우리 마을에 광전굴이 있는데 그 앞에가 절이 있었다고 합니다. 절은 다 없어지고 현재 남아있는 것은 절 축대인데 돌 쌓은 형태는 그대로 전부 잘 보전 되었습니다.

그라고 광전굴 안에서 옛날 스님이 살면서 매일 식사 끼니를 해결할 쌀이 나왔는데, 하루는 손님이 와갖고 스님 밥을 더 할라고 그 굴을 씻다(쑤시다) 보니깐 쌀이 안 나오고 피가 나왔대요.

인자 그 바위가 막혀불어서 쌀도 안 나오고 그 굴이 식량이 떨어져갖고 그 중과 스님은 둘 다 거그서 나가고 없으니 인제 폐허가 되었다고 합니다.

그런데 굴은 굉장히 넓습니다. 그라고 굴 안에는 절터도 다 있고 또 지금 가면 깨진 기왓장들이 많이 있습니다. 우리덜이 어렸을 적에는 가서 보면 나무가 없었으니까 뛰어 놀고 그랬는데 지금은 나무가 우거져갖고 인자 가서 착실히 찾아봐야 될 수 있을 정도입니다.

거기 쌀 굴에 평상시에는 스님하고 동자스님하고 둘이만 살았는데 스님이 오니깐 인자 밥을 더 지으려고 굴을 쑤시닌까, 더 쑤시닌까 쌀이 안 나오고 피가 나서 절이 망하게 되었다고, 우리들이 어려서부터 어른들로부터 유래로 들어

서 그렇게 알고 있습니다.

(조사자 : 여기 영산마을에는 거기 광전굴 외에도 절이 두 군데나 또 있다면서 요?)

예, 바로 우리 동네 집 뒤에 골짜기로 올라가면 '절터골' 그렇게 부르고 있습니 다. 지금도 물이 잘나오고 있고, 거그 돌로 쌓여진 절터 그대로 반반히 보전되 어 있습니다. 가운데가 나무가 들어서 있기 땜에 그러지 최근 몇 년 전까지 해 도 우리 동네 사람이 산에 가면 그 절터 샘에서 물을 먹었습니다.

지금까지 물이 아주 참 좋고….

(조사자 : 저기 지금 마을 앞에 넓게 있는 곳도 절터라고 합니까?)

거기에는 절터라고 써와서 듣고는 있는데 우덜이 가본 즉 절터라고는 뭐 별로 아무 흔적도 없고 우물이 있고 거기가 큰 동백나무 하나 있습니다. 그래서 물 어 보니깐 옛날 절터 안에 있던 동백나무라고 다들 그렇게 이야기 했습니다.

거그 샘물이 있습니다. 아주 좋습니다. 지금도 좋고, 그래서 동백나무가 하도 커서 좋아 보이기에 물어 보니까 옛날에 유일하게 절에서 심은 동백나무 한주 가 그렇게 남아 있습니다.

장수들이 돈치기 하던 장수바위

자료코드 589_FOTA_20170504_YSR_PHJ_003
조사장소 진도군 의신면 침계리 영산마을 회관
조사일시 2017. 5. 4
조 사 자 박정석, 박영관
제 보 자 박행집(남, 76세, 1942년생)

줄거리 영산마을 뒷산에 올라가면 커다란 바위 두 개가 나란히 있는데, 옛날에 장수들이 돈을 던지면서 돈치기를 했던 바위이다. 바위 한가운데는 사람이 일부러 판 것처럼 동그랗게 구멍이 패어 있는데 장수들이 돈을 던져서 생긴 구멍이라 해서 그 바위를 '장수바위'라고 부른다는 이야기이다.

우리 동네 뒷산에 올라가면 크나큰 바위가 나란히 두 개 있습니다. 그랑께 옛날부터 어른들이 그 바위를 장수바위라 불렀는데 그 바위를 올라가면 돌이 동그렇게 돈치기하는 그 돌이 있어요.

그것이 무엇이냐고 물어 봤드니 어르신들이, 옛날 장수들이 건너편 산에서 돈던지기 돈치기해서 이 바위를 장수바위라고 이름을 지었다고 그런데, 가서 보면 모든 그런 흔적들이 다 나와 있습니다.

현재 인자 우덜도 어렸을 때 매년 명절 때 마다 마을청년들, 애기들까지 다 장수바우에 올라갔는데 지금은 올라가는 사람이 없어 안 올라가요.

돈 던지기를 했고 바위에 구녕이 파져 있어요. 떨어져 있어요. 동구렇게 이렇게 크게 그렇게 사람이 판 것처럼 희한하게 그렇게 되어 있는데 그것이 장수들이 골로(거기로) 돈 던지기를 한 구녕이다.

인자 그래서 '장수바위'가 되었다고 불러오고 있습니다.

웃영매 아랫영매

자료코드   589_FOTA_20170504_YSR_PHJ_004
조사장소   진도군 의신면 침계리 영산마을 회관
조사일시   2017. 5. 4
조 사 자   박정석, 박영관
제 보 자   박행집(남, 76세, 1942년생)

> **줄거리** 옛날에는 영산마을을 '웃영매', 침계는 '아랫영매'라 불렀는데, 일제강점기에 마을 이름을 한자화 시키면서 영매를 '영산'으로 바꾸어 버렸다는 이야기이다.

우덜은 모르지만은 우리 저수지 둑 자리가 옛날에는 장터라고 지금까지 부르고 있습니다. 그란데 옛날에 수백 년 전에 여그서 장을 봤든 모양입니다. 장을 보고 왔다 갔다 했는데 지금은 흔적이 다 없어져버리고. 우리 마을에서 이름만 장터라고 그렇게 지명을 부르고 있습니다.

원래 우리 마을은 '영매' 그렇게 불렀습니다. 그리고 침계리 영매, 침계리는 아랫영매, 그렇게 불렀고 영산은 웃영매, 그렇게 부르면 옛날 어른들은 압니다. 옛날 어른들은 알고 있습니다.

영매 그러면 어디 영매냐 그라면 웃영매입니다. 이라믄 영산으로 알고, 아랫영매 그러면 침계로 알고 어른들이 알고 있어요. 그라고 우리 마을은 영산이란 글자를 '신령 령(靈)'자, '뫼 산(山)'자인데, 일제 해방 후로 일본 놈들이 그냥 '길 영(永)'자, '뫼 산'자로 바꿔버렸어요.

옛날 우리 족보에 보면 영산이 '신령 령' 자로 다 나와 있는데…. 우리 족보에 영산이라고 나와 있는데, 인자 옛날에 우리 아버지한테 물어봤거든 해방되면서. 그랑께 일본사람들이 정리하면서 '길 영'자로 바꿔버렸어. 그전에는 '신령 령'자였는데.

479

(조사자 : 지금 돈지로 넘어가는데 영산 넘어 가는 데를 장구목재라고 하는데요?)

장구목재, 저것은 저수지 뚝 있는데 있던 옛날 장, 그 옛 장을 넘어 다니는 고개라 해서 장구목재, 옛 시장 장터 그래서 지금 그렇게 부르고 있습니다.

(조사자 : 옛날에 여가 역이 있어서 진도에는 여기 영산하고 저 임회면 송정 저기 송정에가 역이 또 있어 가지고 두 군데가 역이 있어서 영산했는데 그런 얘기도 있어요?)

저는 아직까지는 그런 얘기를 들은 적은 없는데. 아까 했던 모든 마을 얘기는 옛날 어른한테 다 들은 대로 기억이 생생하기 땜에 지금 말씀을 드리는데, 지금도 나는 한 오십년 전 기억이 지금도 내 머리 속에 다 남아 있어요.

의신면 침계리 진설마을

피난민 일대기

자료코드   589_MONA_20170623_JSR_JKR_001
조사장소   진도군 의신면 침계리 진설마을 회관
조사일시   2017. 6. 23
조 사 자   박정석, 박영관
제 보 자   주광열(남, 91세, 1923년생)

> **줄거리** 제보자는 황해도 장연군 출신으로 친척을 따라서 남하하여 이곳 진도에 터를 잡았다. 공사장 식당, 나무장사, 엿장사를 하면서 진도를 제2의 고향으로 삼고 살아가고 있다는 이야기이다.

6·25 나갖고 1·4후퇴 때 나왔는데 초도에가 유격대란 것이 있었어. 육지에 댕기면서 그 이북 빨갱이들을 척결하고 또 먹을 것 없는게 말하자면 육지로 나와갖고 쌀 같은 거, 소 같은 거, 먹을 것을 밤에 석게를 나가.

그라믄 나는 어떻게 그 초도를 들어갔냐 하믄 우리 친척 되는 사람이 유격대가 있었어. 밤에 몰래 유격대들이 배타고 육지를 나와갖고 쌀을 원래 내놓는 사람도 있고 안 내놓으면 억지로 뺏어가는 수도 있고 다 그랬어. 소도 끄서(끌어) 가고. 소를 이게 코뚜래를 배에다가 이렇게 싸매 노면(놓으면) 헤엄쳐서 잘 가대. 그 형제간 되는 이웃을 따라서 초도에 들어갔어요.

초도를 들어갔는데, 에 그 유격대 놀이를 하다가 육지에 나가면 그 빨갱이들한테 잽혔다하면 죽거든요. 잽히기만 하면 죽은게 유격대 그 사람이 나를 덱고(데리고) 남하를 했어. 그 친척이 유격대 소대장을 했는데 행행 유격대를 몰래 나댕기면(드나들면) 죽을 것 같은 게 나를 뎃고(데리고) 남한으로 내려 왔어. 그 당

481

시에 엘 에스 티라고 미국 배가 싣고 오든만.

응, 목포로 와서 문태중 거그다 푸데.(내려줬어) 문태중학교에서 아마 한 열흘 있는가 몰라. 거그서 다시 진도로 보내갖고 진도 우리 한참사네 집에서 또 얼마를 한 달을 살았는가, 두 달 살았는가 몰라. 잔뜩 오래 돼서 또 칠전으로 배치되어갖고 갔어. 거그서 다시 그 한참사네 집에 수용를 다 시킬 수가 없는게, 또 각 마을로 분할을 시켰어.

진도군에서 나는 칠전 가서 살다가 어찌게(어떻게) 저 사람이 또 나하고 살다가 임회면 상미실 거 저수지 막는 데가 우리 같이 피난 온 사람이 총무 노릇을 했어. '여그 와서 일을 해라' 그래 거그 가서 저 인부들 밥 해 주는데 거 함바라고 그랬지. 함바를 거의 마치도록 했어요. 일을 마치도록 함서 거그서 돈 푼이나 좀 생기던가. 그래갖고 이리 왔어.

여그서 쭉 엿장사 하든서 나무 하면서 살어. 거그 사천리 산이 우리를 살렸당게. 여 우리 나 뿐만 아니라 실향민 한 백 세대를 살린 셈이여, 사천리 산이. 그럼 거그서 나무해다 팔아갖고 뭐 사다 묵고 그랬제. 헤 헤 헤 지금 나이가 아흔하나.

(조사자 : 오랜 세월을 고생 많이 하시고 사셨그만요.)

그 피난 여그 완(온) 것을 세세히 다 말할라믄 며칠해도 못 다 하제 헤 헤, 대충하라면 그렇게 되었었어.

(조사자 : 여기 수용소에서 피닌민들이 여러 군데 살다가 그러다 일부가 안농으로 갔지요? 군내면 안농으로…)

안농으로 간 사람들은 우리 보다 냉중에(나중에) 휴전 되어갖고 정부에서 이주를 시킨 사람이여.

그 초도라는 데를 알까? 지도상으로는 알지 가보지는 못했지? 쪼그만 섬이여. 쪼그만 섬인데 거그 사람을 전부다 우리 대한민국에서 엘 에스 티다 싣고 왔어. 남은 사람 하나도 없이.

원래 고향은 장연군이라. 거그서 소학교 나와서 왔어. 그래갖고 안농 사람들은 또 백령도 사람들하고 이렇게 합쳐서 와 있다가 진도군에서 간척지논을 분배 시켜서 집 짓어(지어서)갖고 거기 보내고.

우리는 몬양(먼저) 온 사람들은 그런 혜택을 못 받고 살다가 지금은 이렇게 저렇게 다 나가고 세 집밖에 없어요, 세 집밖에….

의신면 침계리 침계마을

침계리 농민운동기념탑 건립 과정

자료코드   589_MONA_20170504_CGR_JSI_001
조사장소   진도군 의신면 침계리 침계마을 제보자 자택
조사일시   2017. 5. 4
조 사 자   박정석, 박영관
제 보 자   조상인(남, 77세, 1941년생)

줄거리 일제강점기에 농민운동에 적극 참여했던 침계리의 역사를 기념하기 위하여, 여러 지역
의 기념탑을 연구하고 힘든 시간과 노력을 기울인 끝에 침계마을 농민운동 기념탑을 건
립할 수 있었다는 이야기이다.

일제가 탄압할 시기 1924년도에 침계에서는 농민운동이 시작되었습니다. 그
때 우리 마을에서는 많은 희생자가 있었고 그 후손들, 자손들이 전부 육지 나
가서 열심히 살면서 지금은 흩어진 마을이 되었습니다.

그때는 한 팔십 호가 되었는데 지금은 한 삼십호 밖에 안 되는 적은 마을입니
다. 제가 후에 그 어르신들의 내력을 담아 기념탑을 세워서 우리가 그 사람들
넋을 기리고 있습니다.

엄청나게 많은 분들이 돌아가시고 외지로 나가버리고 지금은 35호, 한 40호
정도밖에 안된답니다. 요번에 저 탑을 세우고 제각 지으면서 묘를 하나 찾았어
요. 많이 저그 경상도 그런데서 당내간들이 고조할아버지 정도 되는 그 손들
이 어찌게(어떻게) 알아갖고….

이것을 하면서 내가 얼마나 고생을 했냐 하면은 이것을 자료로 만들고 탑을
세울 때 그 자료가 정확 하지를 못해서 전부 안내장을 내가지고 거그서 자료

가 전부 다시 왔습니다.

쬐금이라도 문제가 있으면 그런 때는 자료에 의해서 다시 하고 천팔백만 원 거작 이천만 원 모아서 탑을 세우고, 탑에 올 수 있는 그런 탑도는 제탑을 할 수 있는 것은 동네 이장한테 전부 일임해서 동네로 전부 보내 드렸습니다.

아따, 말할 줄을 몰라서 모르겠소. 내가 이 고생을 해갖고 또 병술이 박선생, 천길이 박선생, 이 사람들도 적극적으로 호응을 해 주셔갖고 했습니다.

우리가 저 탑을 깨끗이 훌륭히 세워야 되겠다 해서 이 전남권은 전부 돌아다녔어요. 천길이 박선생하고 진원이 박선생하고, 나하고 서니(셋이) 제일 좋게 최선을 다하여 저 탑을 세웠어요.

제일 처음에는 진도에 다 돌아 댕겨도 쓸 만한 탑이 없습디다. 그래서 전남 요쪽으로 목포, 무안 저그 저쪽 전부 댕기면서 저 탑을 보고 그때 생각한 게, 내가 사람들 세워서 사진 찍어보면 높이 그런 것이 딱 나올 것이 아니요, 요것을 하면서 내가 너무 고생을 심하게….

한 1900여 년[1900년대는 농민운동을 한 시작한 연대이고 침계마을은 1600년 경에 제주양씨가 시거한 것으로 진도군지에 기록됨]부터 이 마을이 있어가지고 지금까지 농민운동이며 일제탄압의 절대적으로 저항하면서 지내온 좋은 마을입니다. 그리고 진도로 봐서는 우리 마을이 제일 중심 정도 되는 가운데 있는 바이며, 완전히 농촌 마을입니다.

여기는 한 명도 어업 하는 사람이 없이 농촌마을이어서 어려서부터 부모들이 어떻게 해서든지 많은 자식들을 학교를 보내고 자식교육을 시킬라고 해서 우리 마을은 한 삼십 년 전부터 많은 대학생이 나왔고, 모든 사람들이 배출되어서 박사학위 또는 고등고시 합격한 사람까지 모두 배출되었어요.

마을 앞에 좋은 탑까지 세웠는디 지금 마을에는 노인들만 계시고 대부분 사람들은 근서울이며 육지에 계시고 마을에 계시는 분들도 자손들이 많은 협조를 해 주기 땜에 큰 농사짓지 않으면서도 열심히 잘살고 있는 마을입니다.

침계마을 출신 인재

자료코드   589_MONA_20170504_CGR_JSI_002
조사장소   진도군 의신면 침계리 침계마을 제보자 자택
조사일시   2017. 5. 4
조 사 자   박정석, 박영관
제 보 자   조상인(남, 77세, 1941년생)

> **줄거리** 침계마을 출신 인재들이 마을에 도움을 많이 주었고, 그 사람들이 적극적으로 협조하여 기념탑을 성공리에 건립할 수 있었다는 이야기이다.

인자 우리 마을 출신 교육자 및 박사에 대해서 말씀 드릴랍니다. 교육자는 십

여 명이 대학을 전부 졸업했고, 박사학위 또는 변호사 또는 고등고시 합격한 사람이 있고, 한 십여 명이 교장서 퇴임 한 사람들이나 모도 변호사도 하고 했어요.

그래서 우리 마을을 적극적으로 많이 도와주었고, 또 크게는 두산그룹 회장 하신 분도 있고, 그때 학교 다니던 분들이 동네를 위해서 굉장히 협조도 하고 빚을 많이 냈습니다. 그런 공들을 기리기 위해서 기념탑을 세웠습니다.

매생이바위와 매생이둠벙

자료코드 589_FOTA_20170504_CGR_JSI_001
조사장소 진도군 의신면 침계리 침계마을 제보자 자택
조사일시 2017. 5. 4
조 사 자 박정석, 박영관
제 보 자 조상인(남, 77세, 1941년생)

> **줄거리** 침계마을 위쪽으로 '매생이바위'가 있고, 좀 멀리 나가면 '매생이둠벙'이라고 있는데,
> 이러한 지명을 보더라도 예전에는 마을 주변으로 바닷물이 들어왔을 것으로 추측할 수
> 있다는 이야기이다.

우리 마을 한 150미터 위에 바위가 있는데, 거기는 옛날부터 '영매바위'라고도
하고 '매생이바위'라 합니다. 매생이바위라 하는 것은 옛날부터 전해오는 것이
라 합니다. 그때는 그곳까지 바닷물이 들어오지 않았냐 그렇게도 생각하지만
우리는 자세한 내력은 모르고 전수만 했어요.

그리고 저기 좀 먼데 한 둠벙이(둠벙) 있는디 '매생이둠벙'이라고 합니다. 매생이
둠벙, 그란게 우리 마을 한 이백 미터 주위 까지 옛날에는 바닷물이 들어왔지
않았냐, 그런 것이고 지금 현재는 상당히 멀리 있습니다만은, 옛날에는 우리
마을 주변까지 물이 들어왔으리라고 그렇게 생각하고 있습니다.

이 아랫부분 매생이 그리고 쩌아래 바다에 대한 둠벙이 하나 있어 가단과 창
포리 사이에.

(조사자 : 저 영매 영매실이라 하는데 어째 영매실이라 불렀습니까?)

그것은 잘 안 나와 있는데, 영산하고 침계하고 같은 영매라고 하는데 웃 영매
아랫 영매 아까 우리 크나큰 그 종이 댕이에 써진 그것까지 나와 있어요.

그래서 영매라는 이야기가 바다는 옛날부터 맷자가 들어가면서 인자 쓴다고
그러더그만, 영매 영매 그래서. 우리 마을은 무슨 큰 재앙이 있을 때에 뒷산에

칩계마을 앞 하천변 매생이바위

서 요쪽으로 불이 떨어진대요.

재앙이 있을 적에 그 뒷산에서 앞산으로 큰 불이 떨어지는 걸 본 사람이 한 사람씩 있어. 동네 쫌 뭐한 사람이 죽을 때 당 뒷산에서 앞산으로 불이 떨어진다 그래. 그라고나믄 누가 죽었네 그래요. 흔 나가면은 그런 것이 있었든가. 뒤에서 저 앞산으로 인자 한번 씩 본 대요.

옛날 사람 냅두고 지금 사람들도 이렇게 한번 씩 볼 정도이고 그랑께 저기 저 창포리 같은데 다 전부 바다였던 것이 우리 중학교 막 댕길 때, 컸을 때 까지 전기 들어오기 전에 불이 여기까지 왔어. 불이 새벽에 꺼져요. 새벽에나 밤에만 보여요. 불이 환하게 써져요.

불이 여기 막 보여 전기 들어오기 전에는, 전기 들어오기 전까지는 우리가 초등학교 중학교 댕길 때에도 창포리 동네 앞에가 불이 한 서너 개 이렇게 왔다 갔다 그런 불이 있어. 예전에는 도깨비불이라고 그랬제. 거그가 그랑께 거까지 다 바다였다는 이야기 했지, 우리는 모르는 거제.

의신면 초사리 송군마을

송군마을 언덕에서 한라산을 보다

자료코드 589_FOTA_20170508_SGR_KJD_001
조사장소 진도군 의신면 초사리 송군마을 제보자 자택
조사일시 2017. 5. 8
조 사 자 박정석, 박영관
제 보 자 김종대(남, 79세, 1939년생)

> **줄거리** 길게 형성된 샘기미 모래사장과 몰막기미, 또 건너편 세 개의 섬 갓삼섬, 간대삼섬, 밖삼섬과 기암괴석이 많은 써르끝과 붉바위까지 이 모두가 송군마을의 비경을 만들어낸다는 이야기이다.

제가 생각할 때는 뭐 특별한 경관이 아닌 것 같은데 이 ○○콘도가 지금 우리 마을에 와서 공사를 시작을 하고 있습니다마는 그 근방 마을에서 고개를 넘어 가면은 한 200메타정도 되는 모래사장이 있는 데 거기는 샘기미라고 그렇게 불렀어요.

또 그 옆에 골짜기는 우리 마을 아까 몰막기미, 거기서 건너다 보는 섬이 세 개가 있는데 제일 가까운 섬은 갓삼섬, 가운데 있는 섬은 간대삼섬, 제일 밖에 있는 섬은 밖삼섬 이렇게 불렀는데, 지도상으로는 소삼도, 중삼도, 대삼도 이렇게 부르고 있습니다.

소삼도하고 몰막기미하고는 하루에 두 번씩 물이 갈라지고 또 물이 차고 하는 참 신비의 바닷길처럼 그런 곳이고, 또 거기를 돌아서 한 100메타 정도 가면은 큰 굴이 하나 있어요. 거기는 저 어려서도 그런 것을 많이 봤습니다. 외지에서 고기 낚으러 오시면은 그분들이 거기에서 막을(천막을) 칠 필요 없이 그 굴에 들

어가 주무시면서 몇날 며칠 낚시를 하고 가시고 하는 그런 뭣이 있습니다.

그런데 6·25전쟁 후에 뭐 간첩이 들어올 은신처가 될 수 있으니까 그 동굴을 폭파해야 되긋다 그래요. 그 지서장 이름은 기억은 못하나 거기를 폭파를 해야 쓰겠다 해서 저는 절대 그것을 반대를 함서 거기는 은신할 그런 장소가 아니다.

다만, 비나 피할 만한 그런 정도의 굴이지 깊이 들어가서 사람이 숨어 있거나 그런 장소가 아니니까 폭파는 하지를 마라고 그래갖고 폭파를 면했습니다. 하여튼 외지에서 오시는 낚시꾼들은 거기서 생활을 하셨어요.

그리고 또 그 옆으로 돌아가면은 구랍이라는 데가 아까(좀전에) 말씀을 드렸지만은 고깃배가 외지에서 와서 파시를 이뤘던 그런 자리고 거기서 또 그 오른쪽으로 돌아가면 써르끝이라는 데가 있습니다. 써르끝이 있는데, 거기는 어째서 써르끝이냐. 실제 지형을 가서 보면은 참 꼭 써레가 써레 이빨처럼 그 바위가 그렇게 갈라져 있고 또 그것뿐만이 아니라 거기가 파도에 부딪혀갖고 기암괴석이 형성되어 있어요.

우리 마을에서 제일 높은 곳인 ○○콘도 자리에 가서 보면, 날이 밝을 때 청명한 날에는 제주 한라산까지 아주 깨끗하게 보이는 그런 위치가 되고, 왼쪽으로 보면은 아까 그 샘기미라는 데가 있고 또 그 옆으로 돌아가면은 붉바위가 있는데, 거기는 바위가 거의 다 붉은색으로 돼 있어요. 그래서 지형적으로 이곳이 이렇게 유명해질 것을 아마 잘 알고 있지 않았나 하고 생각합니다.

진도에서 맨 처음 사람이 살기 시작한 군포

자료코드   589_FOTA_20170508_SGR_KJD_002
조사장소   진도군 의신면 초사리 송군마을 제보자 자택
조사일시   2017. 5. 8
조 사 자   박정석, 박영관
제 보 자   김종대(남, 79세, 1939년생)

줄거리 진도에 사람이 살기 시작한 것은 군포가 처음일 것이라는 옛 어른들의 말씀을 들은 적
이 있다. 그 당시 군포마을은 부유하고 번성하여 지금도 예전 집터에서 기왓장이 출토
된다고 한다.

군포 마을에서 왼쪽으로 가면은 서당골이 있는데, 거기가 서당이 있다 해서
서당골이라고 한다고 예전부터 들었고, 오른쪽 골짜기는 중이 거가(거기에) 머
물렀다 해서 중굴이라 한 대요. 그라고 또 앞산에는 무당들이 기거했다고 하
는데 그것은 확실하지 않아.

지금 현 마을 위치로 모도(모두) 모여서 군포에 살게 되었다는디. 그것이 몇 백
년전 인가는 몰라도 하여튼 집터가 많이 비어 있는데, 그 집터 자리에 가면은
청기와 기왓장도 많이 발견도 되었고(되었고), 진도읍네 유명한 서예가 손재형
씨하고 진도 읍장 하시던 허정돈씨 집에서 내가 어려서 하숙할 때 두 분이서
앉아서 말씀하시는 것을 들을 때에, 진도 입도를 군포, 말하자면 땅끝이라는
곳으로 제일 먼저 진도에 입도했을 것이라고 말씀하시는 것을 들었어요. 기억
하는 것은 그 정도뿐입니다.

그런데, 거기가 전에 군인들이 주둔했다는 그런 것이 있어. '군사 군' 자를 썼
는데 군포, 포구를 해서 쓰는 포자하고 이렇게 썼는데 지금은 '무리 군' 자로
바까져(바뀌어)갖고. 우리 송천하고 군포하고 두 마을이 합쳐져갖고 현재는 송
군리로 개칭 됐다는 것 그런 정도만 저는 알고 있습니다.

수십 척의 배들이 모여들었던 송군 앞바다

자료코드   589_FOTA_20170508_SGR_KJD_003
조사장소   진도군 의신면 초사리 송군마을 제보자 자택
조사일시   2017. 5. 8
조 사 자   박정석, 박영관
제 보 자   김종대(남, 79세, 1939년생)

줄거리 제주도 사람들이 이곳 송군마을 굴 앞으로 들어와 모여 살았고, 고깃배들이 전국 각지에서 수십 척씩 들어와서 파시가 크게 섰다고 한다.

우리 송천은 내가 생각할 때는 의신 개(갯벌)하고 연주리 개하고 군포 개하고 세 갈래가 내려와서 송천에 천자가 '내 천' 자를 쓴 걸로 아는데, 그래서 송천기미라고 이렇게 했지 않았나 생각합니다만 그것보다 원래 제주도에서 기거하시던 분이 굴 앞에로 진도에 들와(들어와) 가지고 거기에서 주거 생활을 하면서 옛날에는 고기배가 굴 앞으로 아주 몇 십 척이 들어왔다는 그런 뭣도 있는데, 포주도 있었고 심지어 기녀까지 둘 정도의 파시가 섰다하는 그런 이야기를 들었습니다.

지가(제가) 젊었을 때는 완도 지방, 저 경상도 지방에서 동력선이 아닌 풍선, 무동력선을 타고 고기잡이를 와 가지고 배를 쉴(댈) 곳이 없을 정도로 그렇게 들어서서 고기를 위판 핸(한) 것을 거기서 봤습니다.

우리 마을에서는 두 집이 중선 배를 했어요. 거기 면장을 하셨던 박○○씨라고. 그 선친께서 중선 배를 하셨고 그리고 제 아버지하고 정성호 그분하고 같이 또 한 척을 했고. 그렇게 여기 이 마을에서는 그때 중선 배가 두 척이 있었어요.

몰막기미로 와서 우는 말

자료코드 589_FOTA_20170508_SGR_KJD_004
조사장소 진도군 의신면 초사리 송군마을 제보자 자택
조사일시 2017. 5. 8
조 사 자 박정석, 박영관
제 보 자 김종대(남, 79세, 1939년생)

> **줄거리** 제주도에서 말을 싣고 진도로 와서 거래하는 곳을 '몰막기미'라 한다. 실제로 고삐가 풀려 주인을 잃은 말이 몰막기미에 와서 울고 있으면 주인이 바로 찾으러 왔다고 한다.

저 우리가 지금 부르기는 '몰막기미'라고 요렇게 부르고 있는데, 예전 어르신들 말씀에, 제주에서 말을 싣고 진도로 와서 말을 거래할 때 그 몰막기미라는 장소에서 말을 내려가지고 사고팔았다는 그런 설이 있어요.

진도 내에서 말이 꼬삐가 떨어지면은(주인을 잃으면) 그 말이 몰막기미로 와서 거기서 눈물을 흘렸다고 합디다. 그러면 말 주인은 다른 데 가보지도 않고 바로 여기로 와서 찾아갔다는 그런 말을 들었는데 저 어렸을 때도 직접 말을 찾으러 여기로 오는 것을 직접 봤습니다.

(조사자 : 말들도 그렇게 영리했던 모양이네요?)

그런게요. 말들도 뭐 물고기가 저 강물 따라 올라가듯 그런 뭣이 되지 않는가 그런 생각이 들어요.

의신면 초사리 초상마을

말이 물을 먹는 혈, 갈마음수형

자료코드 589_FOTA_20170506_CSR_PDY_001
조사장소 진도군 의신면 초사리 초상마을 제보자 자택
조사일시 2017. 5. 6
조 사 자 박정석, 박영관
제 보 자 박동양(남, 79세, 1939년생)

> **줄거리** 범바위에서 범이 말을 쫓으니 말이 도망가다가 회동과 초사리 사이에서 물을 먹는 소리가 꿀꿀꿀 난다고 하여 그곳을 갈마음수형 혈자리라고 한다.

저 범바우가 있는데 범이 말을 쫓다가 말을 쫓친게 내삐다가 저그 저 물을 먹는 소리가 꿀 꿀 하니 있어.

(조사자 : 꿀꿀 하는 데가 지금 저기 저 회동하고 초사리 사이에가 있습니까?)

거가 있어. 바닷가에 그 갈마음수, 그란데 호랑이가 쫓는다 해서 이제 거그를 범바위 이쪽 마을 뒤에 있는 큰 바위가 범바위이구만요.

(조사자 : 그리고 초사리 쪽으로 거기에가 말바위가 있고.)

말바위. 그러고 저쪽에 해변가 그 모도가 바라보이는데, 거그가 인자 저 바닷물이 꿀 꿀 하는구만요. 그래서 그걸 먹는 것 같은, 물 먹는 소리가 그전에 우덜도 그 소리 들었어. 지금은 엇짠지(어쩐지) 몰라도 바다를 회(시멘트)붙이고 납 붙이고 해서 몰라 지금은 엇짠고.

해 그늘을 따라 출몰하는 호랑이

자료코드   589_FOTA_20170506_CSR_PDY_002
조사장소   진도군 의신면 초사리 초상마을 제보자 자택
조사일시   2017. 5. 6
조 사 자   박정석, 박영관
제 보 자   박동양(남, 79세, 1939년생)

> **줄거리**   한여름에 문을 열고 갓난 애기 젖을 먹이며 자던 엄마를 호랑이가 들어와 물고 가버렸다.
> 첨찰산 남쪽이라 해가 지면 해 그늘을 따라 호랑이가 심심찮게 출몰하여 사람을 물고 갔
> 다는 이야기이다.

한 150년 전에 집에서 자는 사람을 저그 호랑이가 물어 갔는데 저 산으로 물고 가서 그 뒷날 생이바우 밑에서 찾아갖고 맷을 묻었어. 바로 우리 외할아버지 어머니여.

그란데 그때 호랑이가 물어갈 때가 한여름이여. 여름인게 문 열어 놓고 잤든 것이제. 문 열어놓고 잤는 모양이여 문턱 비고 자다가 애기 젖을 물리면서 그러고 있었어. 애기는 자빠져 디레 놔두고 어미만 물고 갔어.

그람 이 초상마을이 첨찰산 그 남쪽에 여그 큰 산 밑에라놔서(밑이라서) 호랑이가 그런 때 있었던 모양입니다. 호랑이가 있었제. 그라고 그 할머니만 그라잖애(그러지않고), 또 딴 할마씨도 물어갔다드만.

거그도 여그 초상 할마니인데 응 다른 할마니도 물어 갔다 해. 그때도 그런 때인 모양인 거제.

(조사자 : 호랑이가 많이 침몰을 했던 모양입니다.)

여기 산이 우거져갖고 무섭제. 그랑게 그런 때 저 해가 지면 해 그늘 따라 내려온다는구만 호랑이가. 해 그늘 따라서 온 게 사람덜이 들에 갔다가도 막 들어오고 그랬다든만.

부자들이 많은 초상마을

자료코드   589_FOTA_20170506_CSR_PDY_003
조사장소   진도군 의신면 초사리 초상마을 제보자 자택
조사일시   2017. 5. 6
조 사 자   박정석, 박영관
제 보 자   박동양(남, 79세, 1939년생)

> **줄거리** 초상마을은 밭만 많고 논은 없는데 향동들녘이나 가계까지 하루 여러 번 소를 끌고 다니면서 농사를 지어 부자들이 많았고, 이 부자들은 집에서 찹쌀로 청주를 담가 직접 내려먹었다고 한다.

옛날에 산골 마을이 부자였어. 그란데 저 초상은 그 밭만 많고 논은 없는데 아이 그랑게 향동 같은 데는 논이 있고 가계까지 논이 있고 그란데 저그 길이 나쁘닌까 소로 실어 나르면 하루에 다섯 번 댕기는 때도 있고, 세 번 댕기는 때도 있어.

그래 농사를 짓고 살았다고 고생 많이 했다고. 그랑께 그 순 농민이 잘 살아야제. 그 일꾼들을 상일꾼, 중일꾼, 또 깔담살이 이케 내가 알기에는 일꾼 서이석(셋씩) 데리고 살고 그 식모를 둘도 뎃고 사는 사람 모도 그랬다고.

(조사자 : 깔담살이가 뭣하는 사람인가요?)

그러니까 세죽(소죽) 끼리는 깔담살이 안 있소. 응 일꾼도 상일꾼 있고 중일꾼 있고 깔담살이 있고 그래. 근게 윤수씨랑 젊은 할압씨랑 그렇게 일꾼들 데리고 살았어. 그라고 그 깔담살이, 그 식모 덱고(데리고) 살고.

(조사자 : 그라고 여그 초상에서 지금 향동 들녘까지 한 4킬로나 됩니까?)

한 십리 정도 돼야. 길이 직선거리로는 못 될 것이지만은 인자 뭣 한게 10리길 봐야제, 10리길 이상 봐야제.

여기 초상은 아주 산골마을인데, 그 초상사람들이 부자닌까, 저기 거 가계나

향동 그런데 사람들은 가난했던 모양이지요? 그렇게 논을 바로 마을 앞에다 두면서도 전부 초상 사람들이 실지 농사를 짓으닌까 좋은 논은 전부 다 초상 허씨 네들 논이었어.

허씨고 다른 박씨고 김씨고 이씨도 있어도 그래 그 사람들 팽야(평야) 허씨네들 하고. 허 씨들 몇 몇 집이가 그렇게 다 잘 살았어.

집이야 큰 채 있고 행낭도 있고 뭐 곳간 있고 집이 니채, 다섯채 되고 그랬어. 기와집도 아니고 초가집여. 기와집은 내가 알기로는 제일 처음에 그 누가 짓었어, 정무네. 응 허정무씨네 할압씨가 짓었어. 그 집이 부자였제.

(조사자 : 여그 초상마을이 부자로 살고 하닌까, 청주를 용수 박어서 이렇게 청주도 내려서 자시고 아주 명주 생산한 마을이고.)

부자집 사람들은 청주 그렇게 해놓고 귀한 손님 오면 그런 대접 했어. 그란게 우덜도 청주는 먹어 봤 다닌까.

(조사자 : 청주 맛이 좋습니까?)

쌉시름 함시로도 입에가 엿 같이 엉거 엉거. 긋게(그렇게) 맛있어. 그라고 술맛이 긋게(그렇게) 좋제. 그놈 취하도록 먹어노믄 은근이 취하제, 많이 먹으면. 부자집 사람들 많이들 해 먹었으니까. 그것 하기가 힘이 들고 그거 찹쌀로 해 그러니까 많이 못 먹어. 부잣집 사람들도 이녁집이서 해도 많이 못 먹어.

광전리 유자효자

자료코드   589_FOTA_20170716_CSR_HSM_001
조사장소   진도군 의신면 초사리 초상마을 제보자 자택
조사일시   2017. 7. 16
조 사 자   박정석, 박영관
제 보 자   허상무(남, 68세, 1950년생)

> **줄거리** 한때 유자가 열리지 않는 나무에까지 세금을 매겨 무리하게 걷자, 농민들은 스스로 유자
> 나무를 죽였다. 그 후 광전리 사는 효자가 어머니 유언을 들어주기 위해 묘 옆에 유자를
> 심고 삼년상을 치렀더니 유자가 열려 어머니 묘소에 바쳤다. 그리하여 그 유자를 효자나
> 무라 불렀다고 한다.

유자나무는 조선시대에 수난을 겪게 되는데, 진도에서는 논밭 두렁에 주렁주
렁 황금 열매처럼 열렸는데, 유자에 한 그루당 공납품이 세금으로 착취하기
땜에 안 연 것(나무)도 유자를 내도록 해서 농민들은 이걸 바닷물을 거기다 주
어 가지고 나무를 죽이게 되는 유자 수난사가 시작됩니다.

유자나무가 이토록 수난을 당하다가 나중에 그걸 들키게 되면 곤장을 맞게
되어 많은 수난을 당하게 되는데, 이로써 유자나무가 없어지게 됐어요.

그런데 임회면 광전리에 이씨 되는 분이 선산에다가, 자기 어머니가 유자 한번
먹어 봤으면 좋겠다 한이 없겠다 유언을 남기게 되어서 그걸 유자씨를 담는데
삼년상을 치르게 되자, 그 당시에 삼 년 만에 유자가 열어서 어머니 묘소에 바
쳤다 해서 유자가 됐다 이런 기록이 남아 있습니다. 근데 그 기록은 광전리 이
씨 선산 선친 비문에 '효자나무'라 해가지고 자세히 나와 있어요.

이렇게 해서 유자가 없어 졌는데, 1972년에 제가 군대를 제대하고 나서 유자나
무 심기 운동 농특사업으로 시작을 해가지고, 제일 먼저 약 팔백여주 유자나
무를 심게 되었는데, 이걸 새마을 운동사업으로 확산이 되어서 오늘날 진도에
230헥타르에 면적을 가지게 된 황금나무로 정착을 하게 되었습니다.

저기 그 농촌지도소 원예계장 시절에 전국 그리고 남해안 지역에 보급 활동 운동 강의를 하면서 보급 한 바, 오늘날 유자가 이제 황금 열매로 정착이 된 계기가 됐다고 했습니다. 그래서 현재는 약 만 이천여 평에 800여주가 지금 산목이 되서 주렁주렁 황금열매로 발돋움 하고 있습니다.

효자유자 이야기는, 창고 건너편 보면 거기가 여섯갠가 비석이 있어요. 거가 유자 효자 가운데 것이 유자 효자 있어요. 거기가 그 기록이 짝(쫙) 있어요, 그래서 그 맷가에다 먹고 심었는데 3년 만에 나와서 그걸 맨날 시제에 모셔갖고 그래서 유자 효자비라고, 나중 나도 몰랐는데 그걸 발견 했어요. 그 소나무 밑에 있는 걸.*

저 남해도 유배 문화관을 가 보면은 진도에 유배 온 사람이 써 논 시에가 유자 김치, 김치를 담그려면 유자를 여(넣어) 가지고 썰어서 여 가지고 그래서 정말 진도에 유자 김치가 맛있다 그라고 시를 써 놨는데 그러면 유자 김치가 아주 좋겠지요. 그리고 옛날에 유자 찰떡이 있었잖아요.

---

*유자 효자비 '童蒙教官 咸陽朴公 東春之 孝行碑'에 쓰인 내용

… 제사에 쓰신 柚子씨를 瑤下에 심었든 當年 여섯 열매가 맺어 그 中 한 열매만이 익어 모든 사람들이 다 기이하다 여김이니 공의 효심이 바로 여섯 형제들 중 뛰어남을 뜻하는 것이니라. 아~ 地에 動했고 天에 感한 孝誠이란 이를 두고 일컬음이고 出天之孝란 이를 두고 칭함이라.

의신면 초사리 초중마을

정월대보름 팽돌이 세우기

자료코드   589_FOTA_20170811_CJR_KGC_001
조사장소   진도군 의신면 초사리 초중마을 제보자 자택
조사일시   2017. 8. 11
조 사 자   박정석, 박영관
제 보 자   김광철(남, 62세, 1956년생)

> **줄거리** 정월 대보름날 집안에다 팽돌이를 세우고 빗자루, 방망이, 가마니 등을 달았다. 마을이 잘 돌아가도록 팽돌이를 달고, 복을 쓸어 담는다고 빗자루도 달고, 곡식 모가지가 커지라고 방망이도 달았다.

지금은 요 앞에 도는 걸 바람개비라고 하는디 진도만 있는가 모르겠습니다. 팽돌이라고. 정월 대보름날 집안에다 큰 장대나 소나무, 대나무를 시어(세워)가지고 제일 욱에다가(위에다가).

지금으로 말하면 바람개비인디. 팽돌이를 달고 그 밑에 가마니를 달고 거그 장대에다 빗자루, 방망치,(방망이) 가마니 이런 거를 달았습니다.

다시 말해서 바람개비는 집안이 잘 돌라는(돌아가라는) 뜻이 있고 우리 마을도 잘 돌아가라는 뜻에서 달고, 빗자루는 복을 쓸어 담는다 해서 빗자루를 달고, 또 방망치는 곡식 모가지가 방망치 정도는 되라 하는 뜻에서 달았다 합니다.

또 입춘대길이라고 거기다 좋은 글귀를 많이 쓰기도 하셨제. 지금은 많이 사라져서 아쉬운 감이 있습니다. '입춘대길 건양다경'이라 썼지요.

집집마다 그걸 안 세우는 집이 없습니다. 또 팽돌이를 세우지 않는 집이 있다 하면은 젊은 청년들이 와서 달아 주기도 하고, 그래 동네 마을 전체가 그 팽돌

이를 달았는데 지금은 팽돌이란 말도 사라지고 그걸 다는 사람도 없고 좀 아쉬운 감이 있습니다.

그 전날 저녁 애기덜이 상 차려 놓으면 밥을 둘러가고 아침에는 또 밥을 얻으려 오고 이런게 있었지요. 밥을 둘러가면서 제사 밥까지 싹 가져 가버려갖고 동네에 소동도 나고 이런 일이 많았는데 지금은 전부 사라져서 아쉬운 감이 있습니다.

그런 때 또 더위를 판다 해갖고 내독(내 더위) 내독 했지요. '내독(내 더위) 가져가라' 이렇게 보름날 제일 일찍 본 사람에게 말하면 그 해 여름을 시원하게 보낸다 해서 처음 만나는 사람한테 내 독 했다고 뭐 이런 것이 있었어요.

의신면 초사리 초하마을

골목에 엽전 뿌리고 명당에 묘 쓰기

자료코드   589_FOTA_20170506_CHR_SJS_001
조사장소   진도군 의신면 초사리 초하마을 제보자 자택
조사일시   2017. 5. 6
조 사 자   박정석, 박영관
제 보 자   신주생(남, 79세, 1939년생)

줄거리   마을 뒤에 명당이 있는데 개인이 묘를 쓰면 마을이 망한다는 말이 있어 절대로 못하게 했다. 그러나 어느 날 나씨들이 골목에 엽전을 뿌려두고 마을 사람들이 그걸 줍는 동안에 그 명당에 묘를 썼다는 이야기이다.

이 마을 뒤에가 명당이 있는데, 그 명당이 오래 전부터 명당인줄 알고 서로 이 사람 저사람 묘를 쓸라고 해도 마을에서 그 묘를 쓰면 마을이 흥망이 걸렸다 해서 절대 그 못쓰게 했습니다.

그래서 누가 쓰지도 못했는데 지금부터 약 삼사백년 전에 나씨란 분들이 나씨 성을 가진 사람들이 하루는 이 당나귀에다가 엽전을 한 짐 싣고 와서 그 엽전을 동네 주변에다 뿌리고 또 골목마다 천천히 뿌리면서 돌아 다니닌까 마을 사람들이 이 돈에 환장해서 전부 그 엽전 줍는데 정신이 팔려가지고 있어요.

이 당나귀들을 빨리 몰지도 않고 천천히 몰아가면서 하닌까 아, 그냥 엽전 줍는 순간에 이 나씨 들이 뒷산에다가 바로 묘를 만들어서 써 불었습니다. 그리고 난 다음에 인제 동네사람들은 돈을 엇찌게(어떻게) 되았냐, 그 사람들도 줍던지 어쨌던지 그 사람들은 돈을 받아썼고, 또 그 사람들은 인제 그냥 맷을 썼으닌까 가버리고 말았습니다.

그 뒤로 마을이 별로 성하도 못하고 그랬었는데, 지금부터 한 이백 한 이십년 남짓된 그 무렵, 초상 허 씨들이 잉 들어와서 그 초상서 살면서 그 맷을 욕심내서 나 씨들한테 인수를 했습니다.

그래서 엉 이제 그 맷을 쓰고 많은 재물과 인재가 나왔었는데 해방직후에 그 초상 사는 사람들이 한 사십호 밖에 안되는데 그 중에서 전문학교 이상 나온 사람이 한 사십 명 되었다고 그럽니다.

모두 재산이 충분하고 또 향학열이 높아서 많이 배워갖고 인물이 많이 났는데, 거기에는 고등고시 합격한 허성득씨라고 산림청에 근무하신 분도 있습니다마는, 그 외로 작은 직이지만은 면장만 해도 인물이 여러명 제가 알기는 여섯 명이며 수협장도 나오고 그전에 허준무 수협장, 어 그리고 중고등학교 교장도 몇 분 나오고 또 뭐 의사들도 몇 분 나오고 응 인물이 참 많이 나왔었습니다. 허정무씨도 나오고.

허정무 같은 국가 대표선수 감독도 나오고 그랬는데 그 혈이 방초식혈이라 하고 소가 풀을 뜯어먹는 혈이라 해서 재산에는 생전 어려움이 없다고 그럽니다.

초사리 해안가 기미마을

자료코드   589_FOTA_20170506_CHR_SJS_002
조사장소   진도군 의신면 초사리 초하마을 제보자 자택
조사일시   2017. 5. 6
조 사 자   박정석, 박영관
제 보 자   신주생(남, 79세, 1939년생)

> **줄거리** 바닷가에서 만으로 굽어 들어간 곳을 기미라 부르는데, 그 중 샛기미는 제일 크고 넓은
> 곳이라 한다.

이 근방 지금 초사리 앞에 바닷가에가 어 대부분 만으로 구부러 들어간 데가 이름 끝에 기미라고 많이 부르는데, 동쪽에 고군하고 의신하고 경계인 그 지점이 바로 동기미입니다.

동기미에서 또 초평마을 지켜서 서쪽으로 오자면 처음에 방기미라고 합니다. 방기미라 하고 그 다음 그 들어간 데가 저 장셋기미라 그리고 응 그다음에 용왕바우라 바욱독이 큰 바욱돌이 있습니다. 그러고 그 다음에 예 목돌기미입니다. 애란기미, 따순기미 또 뭐 아까 뭐더라….

예, 말막기미 말고 애련기미, 응, 샛기미 지금 대명콘도가 들어서는 데가 샛기미입니다. 지금 그 옆에가 말막기미. 말막기미는 제주서 말을 펏다(데려다 놓았다) 그래서 말막기미라.

그 다음에 저 굴바우가 있단 말이여. 큰 굴바우. 그렇게 지금 있고 송군으로 걸어 돌아가자면, 저그 끝이 있는데 곧 우리는 보통 그 바닷가 나온데는 곳이라 하는데 거그는 쓰리, 쓰리 끝이라는 데가 저그 송군 바로 앞에 있습니다.

장세기미는 작은 샘이라는 곳이고 작은 샘.

(조사자 : 지금 대명콘도가 들어서는 그 모래밭 있는 데는 샘기미인가요?)

505

인자 거그는 약간 넓더만. 넓고 제일 크제 샛기미.

(조사자 : 대명콘도 들어서는 거그서 바로 앞바다를 멀리 보면 완도 보길도가
싹 보이고 그래 아주경관이 좋던데요?)

응. 그라제.

샛금의 유래

자료코드   589_FOTA_20170506_CHR_SJS_003
조사장소   진도군 의신면 초사리 초하마을 제보자 자택
조사일시   2017. 5. 6
조 사 자   박정석, 박영관
제 보 자   신주생(남, 79세, 1939년생)

줄거리 이곳 샛금이라는 마을 이름의 유래는 해남 사람들이 색금에서 이사왔다 해서 색금이라는
말이 유래됐다는 것과 샛기미가 변해서 샛금으로 불린다고 추측한다는 이야기가 있다.

그러니까 초상, 초하가 당초에는 초전상리, 초상은 초전상리라고 부르고, 초하
리는 초전하리라고 불러서 보통 윗쪽은 초전이라고 불렀습니다. 근데 이 초전
이라고 하는 그 지명을 사용하기는 지금부터 한 500년전 그전 옛날 최초 호적
에는 요쪽이 초전리라고 나왔단 말이요. 초사리라고 안하고 그 호적에도 초전
이라고 됐습니다.

그 오래된 호적에는 예 그러고 그 또 잊어 버린다, 음 그러고 이 초전이란 말이
제일 첨에 문헌상으로 나오기는 내가 그 전에 진도문화원장 하시던 그 박문규

씨한테 들은 애기인데, 초전이란 말이 제일 첨에 나오기는 우리 이조실록에서 문종실록에 보면은 초전에서 응감초를 생산했다하는 것이 있다고 그럽니다. 내가 보기는 안 했습니다만은, 그러고 또 이 마을은 보통 샛금이라고 부르는데 샛금 이라는 말은 어째서 샛금이라 하는지 여러가지 이야기가 있는데, 에 보통 그 한문으로 '막을 색' 자, 에다가 그 '거문고 금' 자를 쓰고 그래 색금이라는데, 우리 마을이 당초에 김 씨들이 여 옥대 사는 김해 김씨들이 와서 처음에 살았드래요.

그런데 그 김씨들이 어디서 이사를 왔냐 그러면 해남 색금이라는 데서 이사를 왔어요. 그란데 옛날에 해남을 색금현이라 그랬다네. 그란데 그것은 뭐 확인해 봐야 알 일이고 야튼(여튼)보통 샛금네 샛금네, 그 해남서 왔다해갖고 이쪽 사람들은 그렇게 부르다가 마을 자체를 샛금 이 샛금이 이렇게 방언겸해서 불렀다고 그럽니다.

(조사자 : 예, 여가 좀 들어오는데 아닙니까? 그러나 인자 샛김이란 말이 바다에서 들어온데 이닌까 하나의 사이 기미, 요렇게 쏙 들어 온데니까 방금 같은 그런 뜻도 내포될 겁니다.)

그런게 바닷갓이 많이 들어간 데는 기미라 해서 뭐여 이 근방에도 방기미, 동기미, 뭐 장세기미 이렇게 있단 말이요. 그란데 여그 만큼은 인자 상당이 떨어졌는데도 샛금이라고 특이하게 지금까지 불러 왔습니다.

병사가 주둔했던 군포

자료코드　589_FOTA_20170507_CHR_SJS_004
조사장소　진도군 의신면 초사리 초하마을 제보자 자택
조사일시　2017. 5. 7
조 사 자　박정석, 박영관
제 보 자　신주생(남, 79세, 1939년생)

> **줄거리** 마을에 옛 활터가 남아있고 망을 보는 망재가 있는 것으로 보아 옛날 이 지역은 병사들
> 이 주둔했던 곳임을 짐작할 수 있다는 이야기이다.

이 마을 한가운데 옛 사장터가 있습니다. 사장터는 바로 활터인데 옛날에 장
정들이 활을 쐈다고 그럽니다. 그런데 거기는 옛날 우리 어렸을 적만 해도 한
오백년 된 귀목나무가 있었는데, 태풍에 쓰러지고 지금은 한 350년 이상 된 팽
나무가 한 주 있습니다.

그런데 거기서 이 마을 청년들이 활동을 아니 활쏘기를 했는데 여기는 그 당
시 무관이 주둔 했든가 살았든가 하는 그런 생각이 듭니다.

연주리 하고 초하리 사이에 망재 즉 망을 보는 고개가 있습니다. 나라에 뭔 일
이 있거나 지역에 무슨 큰일이 나면 망재에서 청년들이 망을 봤다고 그럽니다.
그리고 어 또 송군포, 군포가 지금은 군자가 '무리 군(群)'자를 쓰지만 옛날에
는 '군사 군(軍)'자를 썼어. 거기서 군인들이 주둔 했다는 전설도 있습니다. 또
거기 앞바다에가 제주에서 나는 화산석이 간간이 있는데 에, 그 화산석은 음
제주, 무역하는 제주 배들이 싣고 와서 여기다 퍼버렸다고 그럽디다.

우리 집에도 그것이 한 덩어리인가, 두 덩어리가 있습니다.

제주말을 풀었던 몰막기미

자료코드   589_FOTA_20170507_CHR_SJS_005
조사장소   진도군 의신면 초사리 초하마을 제보자 자택
조사일시   2017. 5. 7
조 사 자   박정석, 박영관
제 보 자   신주생(남, 79세, 1939년생)

줄거리 송군 근처에 몰막기미는 옛날에 제주도에서 진도로 실어온 말들을 풀어놓았던 곳이며, 말막기미가 부르기 쉽게 몰막기미로 된 것이라 한다.

그러고 그 송군, 지금 대명콘도 있는 바로 그 근방에 에 몰막기미란 그 바위 바닷갓이 있는데 포구라 하기는 뭣하고 모래밭이 있는데, 거기는 옛날에 제주에서 진도로 말을 실어 펏다고(날랐다고) 그래서 몰막기미란 말이 있습니다.
근방사람들은 전부 몰막기미, 몰먹기미 해서 전부 알고 있습니다.

설화 조사를 마치며…

설화 발굴의 소중함을 되새기다

김명선

2017년 4월부터 진도군 설화발굴을 위한 작업이 시작되었다. 진도군 실정에 밝고 진도의 지역사와 문화에 이해도가 높은 진도 문화원 원장 및 이사들이 조사위원으로 참여하였고, 남도학연구소의 설화 전문 연구자들이 지원팀으로 참여했다.

퇴직 후 낙향하여 고향에 살면서 지역의 발전과 개인의 성숙한 삶을 위한 여러 가지 길을 찾고 있는 시점에서 설화 조사 사업에 참여할 수 있었던 것은 큰 행운이라고 생각한다.

조사위원들과 지원팀은 멋진 설화집을 만들겠다는 다짐 속에 이미 발간된 설화집을 수집하여 그 목차와 내용을 면밀히 검토하고 분석하는 시간을 가졌다. 이를 통해 진도의 특성이 반영된 새로운 모습의 설화집을 구상하였다.

내가 소속된 제3팀(김명선, 윤홍기)은 의신면 일부와 임회면 지산면을 중심으로 설화발굴을 시도하였다. 여러 마을을 돌아다니며 어른들께 지역의 이야기와 살아온 이야기를 들으면서 함께 웃고 가슴아파 하며 함께 감탄한 시간들은 참으로 소중한 기억이다. 다만 행방불명된 외아들을 오매불망 기다리며 밤에는 불을 켜 놓고 잠을 청한다는 금갑 이만심 어머님의 가슴아픈 이야기를 아들이 언젠가 읽어주기를 바래본다.

오래된 기억을 되살려 제보에 응해주신 어르신들께 감사의 말씀을 드리고 많은 이야기를 간직한 분들이 故人이 되었거나 기억을 잃어가는 현실을 보고 조금만 더 일찍 설화 발굴 활동을 했더라면 하는 아쉬움이 남는다. 가급적 많은 동네의 다양한 이야기를 채록한다는 기준을 정해놓고 활동했으나 채록 과정에서 부득이 편중된 점은 보완이 필요하다고 본다.

끝으로 제보에 응해주신 뒤 얼마 지나지 않아 타계하신 용호리 백년 고택의 소유자 조은님과 3명의 손자를 키워 장한 할머니 상을 받은 매정리 김내동님의 명복을 빕니다.

옆집 할아버지의 이야기 바다

김현숙

박주언 선생님과 함께 진도읍과 조도면 설화 조사를 맡게 되면서 나는 인터뷰보다 촬영을 책임지기로 하였다. 진도읍 북상리에 사시는 94세 박종민 할아버지는 우리 조사의 첫 대상자였다. 설화 조사를 시작하기 전에는 전동휠체어를 타고 지나치던 평범한 우리 마을 할아버지셨다.

진도영화사의 산 증인이라는 언질을 받고 진도영화의 시작에 관한 언급 정도일 것이라는 예측과 다르게 우리는 박종민 할아버지의 이야기로부터 쉽사리 벗어나지를 못하였다. 카메라를 잡고 방관자 자세를 취하던 나는 어느덧 무궁무진한 할아버지의 이야기 속으로 빨려들어가 저절로 여러 가지 질문을 내뱉고 있었다.

일제강점기 교육 상황과 일본인 교사들 이야기, 6.25사변 때 인민군들의 진도 점령 정황, 진도에서 시작하여 곡성, 성환 등으로 이동하며 영화사업을 선도한 이야기들, 게다가 어릴 적에 명창 임방울이 진도서 공연한 이야기, 박옥진 박보아 자매의 창극단을 진도서 공연하게 만든 이야기 등등….

이야기는 다양한 분야에 걸쳐 끝없이 이어졌다. 연로하셨지만 기억력이 좋으셨고 외지생활을 많이 하셔서 이해하기 어려운 사투리도 별로 안 쓰셨다. 아무튼 조사 첫날 나는 이 조사에 참여하게 된 것이 얼마나 행운인지를 실감하기 시작했다. 박주언 선생님의 강권에 마지못해 참여한 조사였는데 첫날부터 신바람이 나기 시작하였다.

각 팀은 매월 40꼭지씩을 채록 정리해서 제출하게 되어 있는데 박종민씨 이야기가 40꼭지를 넘다 보니 너무 편중된다는 지적이 조사자 회의에서 나오기도 했다. 마을마다 꼭지수를 고루 배분해서 조사하는 팀도 있었지만 우리 팀은 마을이나 사람 배분보다는 '다양한 이야기 채록'이라는 이야기중심에 고집을 부렸다.

진도읍과 조도면의 이야기들은 그런 특징이 있다. 그래서 이야기를 읽게 되는 사람들은 어쩌면 조사대상자들의 이야기 바다에 빠져 헤어나지 못하는 조사자들의 모습을 발견하게 될지도 모른다. 그리고 또한 똑같이 그 바다 속에 빠지게 될지도 모르는 일이다.

보석을 캐 가꾸려는 마음으로

박영관

엊그제까지 창밖엔 하얀 눈이 소복하게 쌓여 있더니, 오늘은 촉촉한 봄비가 꽃망울을 재촉한다. 우리 고장 진도 곳곳에 간직된 전설을 2017년 4월 초부터 6개월간 조사하며 촬영하고 채록하였다. 조사를 하면서 전에 느껴보지 못한 서민들의 삶을 피부로 느낄 수 있었다. 이 기간 동안에 진도 지방의 마을 유래나 지역에 얽혀 있는 여러 가지 사연들을 현장에서 보고, 듣고, 관련 서적을 찾아 배울 수 있는 좋은 기회가 되었다.

시간이 흘러 날이 가면 세월이 되고 일상의 일들은 삶의 흔적으로 남는데 그 흔적이 지워지지 않고 오래 기억되었을 때 전설로 이어진다. 전설 속에서 우리의 평범한 일상 중 흔히 일어나는 일보다 특이한 재미와 해학, 뉘앙스, 불가사의한 일, 애환, 상상 등 삶의 편린들이 켜켜이 진주처럼 빛나고 있음을 엿볼 수 있었다.

권력자들의 행위는 사서로 엮어지지만, 서민들의 삶은 면면하게 야생화나 큰 나무의 그루터기에 매달려 구비문학에 담긴다. 그런 소중한 일을 하는데 어찌 낮은 목소리라도 업시름하게 여길 수 있을까? 수많은 이야기 주머니 속에서 희로애락이 꿈틀대고, 한(恨)과 열(悅)이 암묵적인 교훈으로 스멀거렸다.

나른해 할 때 전화벨이 울려서 받으면 "보석을 캐 담으러 가자"는 박정석 문화원장님의 열정적인 목소리가 들려온다. 사명감으로 무장된 저력을 지니신 분이라 따라다니기 버겁기도 했지만 보람 있는 시간이었다고 자평한다. 전설조사 때 반갑게 맞이해 응해주시고 도움주신 많은 분들께 머리 숙여 "감사합니다"라고 큰절 올린다.

514

옥주골 사람들의 숨은 자취를 찾아서

박정석

진도설화에는 옥주골 사람들이 살아온 자취가 숨겨져 있다. 나와 박영관 문학박사는 그 자취를 찾아서 군내면과 고군면, 그리고 의신면의 중심지인 의신초교 학구와 의동초교 학구에 속하는 마을을 담당하여 채록에 들어갔다.

박영관 박사는 촬영을 맡고 나는 이야기를 해 줄 제보자를 섭외하여 설화마다의 핵심을 얘기할 수 있도록 진행을 하였다. 매월 20건 이상의 설화를 녹음하고 영상에 담아 글로 풀어쓰는 작업은 많은 시간이 소요되었다.

특히 죽전마을 이승희 어르신이 들려준 '추자도 낚시 가서 세찬 파도에 죽을 고비를 겪었던 생생한 경험담'은 30여분 동안이나 구술이 이루어졌는데 이를 글로 풀어 쓰는 데는 이틀간에 걸쳐 작업을 해야 했다.

인내심을 필요로 하는 지난한 작업이었지만 조사와 채록 과정에서 새롭게 알게 된 사실도 많았고 감동을 받은 사연도 많았다.

신기리 무조마을 김성조 제보자가 들려준 어미소와 송아지 이야기를 생각하면 지금도 가슴이 먹먹하다. 가사도 솔섬(松島)으로 어미소와 송아지를 실러 갔는데, 어미소를 배에 실어놓으면 세 차례나 배 밖으러 내려가 버리더니 송아지를 실으니 어미소가 스스로 배에 올라와 살고 있던 솔섬을 멍하니 바라보더라는 내용이었다.

옛날에 제주도에서 말을 싣고 진도로 오면 의신면 송군과 삼섬(三島)사이의 몰(말)막기미에 말을 내렸다고 한다. 그런데 의신면 옥대마을 사람들이 제주도에서 가져온 말을 키우다가 잃어버리면 몰막기미에 가서 찾을 수 있었다고 한다. 금수(禽獸)도 고향을 그리워함을 느끼게 하는 설화였다.

유례없는 가뭄으로 더웠던 7개월 동안에 땀을 흘리며 우리는 280여 설화를 채록할 수 있었다. 짧은 기간이라 일부분에 그쳤지만 영원히 사라질 이야기들을 기록으로 남길 수 있는 소중한 시간이었다. 바쁘신 중에도 마을에 전해오는 이야기들을 전해 주신 여러분께 진심으로 감사드립니다.

백 사람이 읽을 한 사람의 이웃 이야기

박주언

모든 사람의 각각 다른 시각은 그 수만큼의 세계를 만들지만 우리는 그 세계들을 무관심으로 지나쳐버린다. 이번 설화채록 작업은, 오랜 세월 함께 살아온 이웃들을 눈을 번쩍 뜨고 바라보게 했다. 그동안 무심했던 스침이 그의 이야기를 통해 매우 소중한 존재로 떠올라 손을 잡게 한다. 그들의 이야기를 통해 나를 발견하기 때문이다.

우리 조사팀은 진도읍과 조도면 사람들을 만나면서 그들이 평생 해보지 않았던 자신의 이야기를 녹화하는데 합의 보았다. 해묵은 이야기가 할머니의 물레처럼 풀려나올 때 옆에 앉아서 소중히 받아 적은 작업은 이제 한 권의 책으로 출현한다. 이 책은 진도 사람들이 서로를 좀 더 가까이 바라보고 새로운 이웃으로 반기게 만드는 매개체가 될 터이다.

많은 대상자 가운데 94세 박종민 조재언 두 분이 큰 비중을 차지한 것은 언제 또 채록할 기회가 있을지 알 수 없어, 가지고 계시는 이야기를 모두 받고 싶은 욕심에서였다. 게다가 이분들은 기억력이 특출하고 일제시대, 한국전쟁까지를 체험한 스토리를 간직하고 계셨다. 많은 이야기를 수집했지만 아직도 아쉬움이 남는다.

설화 조사가 끝나갈 무렵에 진도읍 이행자씨를 만난 것은 행운이었다. 상징적으로 내세울 진도여성을 못 만나고 조사가 마감되던 차에 기회를 얻었다. 가정과 사업을 꾸려가느라 남들이 볼 때는 정신이 없을 것 같지만 이야기를 들으면서 놀라게 된다. 세상을 살아가는 기본정신이 분명하여 자녀교육으로부터 모든 일처리가 정대하고 분명했다. 진도에 훌륭한 여성들이 많겠지만 이행자씨를 만남은 잘된 일이다.

설화채록작업은 지역화시대의 매우 중요한 사업이다. 지역 사람들의 라이프 스토리는 지역문화의 뿌리이기 때문이다. 따라서 지역의 설화모음집은 단권으로 끝낼 일이 아니다. 각 시군마다 10권 정도는 나와야 한다.

21세기 사회상을 보여주는 귀중한 자료

윤홍기

고향을 떠난지 40여년 만에 중국 송나라 도연명의 '귀거래사'를 차용하여 읊으며 (『진도문화』66호(2011.9)게재) 귀향한지 벌써 8년이 흘렀다. 서울의 공기업에 근무하며 경제의 최일선에서 세계인들과 경쟁하며 치열하게 살아오다가, 은퇴한후 어머니 품 같은 포근한 고향에 내려와 여러 선후배님들의 배려 속에서 어느덧 시골생활에 익숙해져 가는 중이다.

그사이 박정석(진도문화원장), 박주언(향토사학자) 선배님들의 크나큰 배려로 문화원과 인연을 맺게 되었고, 『진도문화』 편집과 각종 자료의 정리 등 미력이나마 여러가지로 재능기부를 하게 됨은 퍽이나 다행이다. 앞으로 남은 여생도 내 고향 진도의 발전을 위해 내가 할 수 있는 일들을 찾아 성실히 봉사하는 삶으로 채우고 싶다.

그런 의미에서 금번 진도군 설화민담 수집사업에 참여하게 됨은 나에게 크나큰 행운이었다고 생각한다. 이를 위하여 임회, 지산, 의신면의 몇개 마을을 돌아다니면서 많은 사람을 만나 보았는데, 제보해 주신 분들이 연세가 대부분 연로하시어, 언제 사라질지 모르는 우리들의 삶의 옛이야기들을 하루라도 빨리 채록 보존해야 한다는 사명감이 들기도 하였다.

그런 와중에 설화 수집 중 최초로 만나 뵈었던 매정리 김내동 할머니께서 몇 달전 작고 하셨다는 비보를 듣고 안타깝기 그지 없었으며, 이 지면에서 나마 삼가 고인의 영전에 머리숙여 명복을 빌어 본다.

아울러 몇백년 후 우리의 후손들이 이 채록집을 읽어 본다면 오늘 우리들이 살고 있는 21세기의 사회상을 보여 주는 귀중한 자료가 될 것임을 의심해 마지 않으며, 향후에도 기회가 된다면 추가하여 진도의 구석구석 현존하는 어르신들이 기억하고 계시는 설화와 민담들이 꼭 영상과 책으로 기록되길 바라는 마음이 간절하다.

부록

진도 설화 유형별 목록

기이담

설화제목	유형	조사마을	제보자	조사코드
뽕할머니의 기도	기이담	진도군 고군면 금계리 회동마을	용홍태 (남, 1932년생)	589_FOTA_20170507_HDR_ YHT_002
경주이씨들이 도론리에 터를 잡은 유래	기이담	진도군 고군면 도평리 도론마을	이영목 (남, 1945년생)	589_FOTA_20170703_DRR_ LYM_005
감보도 앞바다 지네와 용의 결투	기이담	진도군 고군면 벽파리 벽파마을	김필윤 (남, 1934년생)	589_FOTA_20170424_BPR_ KPY_002
신성한 탕건바위	기이담	진도군 고군면 지수리 지수마을	박양언 (남, 1934년생)	589_FOTA_20170411_JSR_ PYU_001
먹구렁이와 호박 태몽 꿈	기이담	진도군 임회면 고정리 매정마을	강돈지 (여, 1941년생)	589_MONA_20170417_MJR_ KDJ_004
윤선도 꿈에 나타난 구렁이	기이담	진도군 임회면 굴포리 남선마을	강진간 (남, 1939년생)	589_FOTA_20170609_NSR_ KJG_004
묘에서 나온 색깔 좋은 녹두색 병	기이담	진도군 임회면 굴포리 남선마을	이길삼 (남, 1937년생)	589_FOTA_20170630_NSR_ LKS_004
뱀골재 세 개의 동삼 이야기	기이담	진도군 임회면 명슬리 상미마을	김구보 (남, 1942년생)	589_FOTA_20170918_SMR_ KGB_003
죽림마을 흔들바위 대참사	기이담	진도군 임회면 봉상리 봉상마을	윤춘엽 (여, 1947년생)	589_MONA_20170422_BSR_ YCY_001
제삿날에 오신 영혼	기이담	진도군 임회면 봉상리 봉상마을	윤춘엽 (여, 1947년생)	589_FOTA-20170422_BSR_ YCY_001
서럽게 죽은 혼백 위로	기이담	진도군 임회면 봉상리 봉상마을	윤춘엽 (여, 1947년생)	589_FOTA-20170422_BSR_ YCY_002
저승에서 돈 받으러 온 시어머니	기이담	진도군 임회면 봉상리 봉상마을	윤춘엽 (여, 1947년생)	589_FOTA-20170422_BSR_ YCY_005
궂은 날 신랑무덤에서 나는 소리	기이담	진도군 임회면 봉상리 봉상마을	윤춘엽 (여, 1947년생)	589_FOTA-20170422_BSR_ YCY_008
우렁각시가 여기있어 여기산	기이담	진도군 임회면 봉상리 송정마을	김복진 (여, 1946년생)	589_FOTA-20170604_SJR_ KBJ_001
눈동자가 네 개인 쌍동자 할아버지	기이담	진도군 임회면 봉상리 송정마을	김복진 (여, 1946년생)	589_FOTA-20170604_SJR_ KBJ_002
대흥사로 간 동자부처	기이담	진도군 임회면 상만리 상만마을	이계진 (남, 1932년생)	589_FOTA_20170511_SMR_ LKJ_004
두 마을 장사들의 힘 자랑	기이담	진도군 임회면 상만리 상만마을	이계진 (남, 1932년생)	589_FOTA_20170511_SMR_ LKJ_005
작은 아버지의 영혼과 이장(移葬)	기이담	진도군 임회면 상만리 석교마을	하양수 (남, 1945년생)	589_MONA_20170424_SKR_ HYS_001
상만 남장사와 탑리 여장사의 탑 싸움	기이담	진도군 임회면 죽림리 탑립마을	소두영 (여, 1941년생)	589_FOTA_20170415_TRR_ SDY_001
앞날을 예견하신 할아버지	기이담	진도군 의신면 돈지리 향교마을	강송대 (여, 1941년생)	589_MONA_20170624_HGR_ KSD_001
무승부로 끝나버린 이무기들의 싸움	기이담	진도군 의신면 만길리 도목마을	이춘홍 (남, 1940년생)	589_FOTA_20170717_DMR_ LCH_001

설화제목	유형	조사마을	제보자	조사코드
인명은 하늘에 달렸다	기이담	진도군 의신면 만길리 도목마을	이춘홍 (남, 1940년생)	589_MONA_20170717_DMR_LCH_001
돔바위에 떨어진 노루를 먹고 횡사하다	기이담	진도군 의신면 만길리 원두마을	박주민 (남, 1940년생)	589_MONA_20170717_WDR_PJM_002
부처돌을 팔아서 화를 입다	기이담	진도군 의신면 만길리 원두마을	박주민 (남, 1940년생)	589_MONA_20170717_WDR_PJM_004
꿈에 나타난 장군의 묘에 치성을 드리다	기이담	진도군 의신면 옥대리 청룡마을	박종성 (남, 1940년생)	589_MONA_20170502_CYR_PJS_002
소쿠리가 덮어줘서 구사일생으로 살아난 아이	기이담	진도군 의신면 창포리 창포마을	박종화 (남, 1936년생)	589_FOTA_20170523_CPR_PJH_001
재행(再行)왔다가요절한신랑	기이담	진도군 의신면 칠전리 칠전마을	조규일 (남, 1940년생)	589_FOTA_20170823_CJR_CGI_004
부인을 지켜주는 죽은 남편의 혼불	기이담	진도군 지산면 보전리 갈두마을	안장진 (남, 1944년생)	589_FOTA_20170918_GDR_AJJ_001
목침끼리 싸우다	기이담	진도군 지산면 보전리 하보전마을	허 재 (남, 1946년생)	589_FOTA_20170624_HBJR_HJ_004
불 타버린 당솔나무	기이담	진도군 지산면 소포리 소포마을	김덕춘 (남, 1931년생)	589_MONA_20170725_SPR_KDC_002
동백사에 떨어진 벼락	기이담	진도군 지산면 인지리 독치마을	김봉의 (남, 1939년생)	589_FOTA_20170816_DCR_KBU_003
할아버지의 선몽	기이담	진도군 지산면 인지리 독치마을	김봉의 (남, 1939년생)	589_FOTA_20170816_DCR_KBU_006
무서운 마음이 들면 바를 정자, 마음 심자를 써라	기이담	진도군 진도읍 교동리 북상마을	박종민 (남, 1925년생)	589_FOTA_20170418_BSR_PJM_0012
혼불 나가더니 죽어불었어	기이담	진도군 진도읍 교동리 북상마을	박종민 (남, 1925년생)	589_FOTA_20170418_BSR_PJM_0013
소주잔 올리자 팔을 짝 편 시신	기이담	진도군 진도읍 북상리 30번지 조규식 자택	조규식 (남, 1951년생)	589_MONA_20170609_BSR_JGS_003
등을 보인 여자 시신	기이담	진도군 진도읍 북상리 30번지 조규식 자택	조규식 (남, 1951년생)	589_MONA_20170609_BSR_JGS_005
씻김굿 받을 귀신을 태운 택시기사	기이담	진도군 진도읍 남동리 남동마을	박병훈 (남, 1936년생)	589_FOTA_20170420_NDR_PBH_003

인물담

설화제목	유형	조사마을	제보자	조사코드
사라호 태풍에 구사일생한 정명부씨	인물담	진도군 군내면 나리 신기마을(무조마을)	김성조 (남, 1956년생)	589_MONA_20170419_MJR_KSJ_005
봉침 무료봉사자 김종식씨	인물담	진도군 군내면 녹진리 만금마을	한추향 (남, 1938년생)	589_MONA_20170528_MGR_HCH_001
상골산 석공 박중순	인물담	진도군 군내면 둔전리 둔전마을	박세종 (남, 1938년생)	589_FOTA_20170528_DJR_PSJ_004
많은 제자를 배출한 송암 선생과 이근 선생	인물담	진도군 군내면 송산리 송산마을	김용태 (남, 1936년생)	589_FOTA_20170603_SSR_KYT_001
마을을 위해 전재산을 기부한 박정준씨	인물담	진도군 군내면 죽전리 죽전마을	이승희 (남, 1935년생)	589_MONA_20170418_JJR_LSH_002
소치선생을 모신 양천 허씨 선산	인물담	진도군 고군면 내산리 황조마을	조윤환 (남, 1962년생)	589_FOTA_20170705_HJR_JYH_004

설화제목	유형	조사마을	제보자	조사코드
고려 말 충신 이제현 선생을 모신 영당	인물담	진도군 고군면 도평리 도론마을	이영목 (남, 1945년생)	589_FOTA_20170703_DRR_LYM_002
마을에 큰 공을 준 두 분의 공로비	인물담	진도군 고군면 지막리 지막마을	조병재 (남, 1947년생)	589_MONA_20170503_JMR_JBJ_001
이순신 장군과 함께 전사한 판관 박만재	인물담	진도군 고군면 지수리 지수마을	김서규 (남, 1937년생)	589_FOTA_20170423_JSR_KSG_002
일본인 교장을 쫓아낸 곽충로 선생	인물담	진도군 고군면 지수리 지수마을	김서규 (남, 1937년생)	589_MONA_20170423_JSR_KSG_002
고군면 출신 항일운동가 이기환 열사	인물담	진도군 고군면 지수리 지수마을	김서규 (남, 1937년생)	589_MONA_20170423_JSR_KSG_006
율파선생 추모를 위해 헌신한 제자 이순목	인물담	진도군 고군면 하율리 하율마을	김맹우 (남, 1930년생)	589_FOTA_20170503_HYR_KMW_001
명당 먹통바위를 알아본 윤선도	인물담	진도군 임회면 굴포리 남선마을	강진간 (남, 1939년생)	589_FOTA_20170609_NSR_KJG_006
윤선도가 막은 남선둑이 간척사업의 시초	인물담	진도군 임회면 굴포리 번답마을	박청길 (남, 1940년생)	589_FOTA_20170630_BDR_PCG_006
임금 앞에서 연주한 대금의 명인 박종기	인물담	진도군 임회면 삼막리 하미마을	하영호 (남, 1945년생)	589_FOTA_20170612_HMR_HYH_008
상만리에 책계를 조직했던 12선생	인물담	진도군 임회면 상만리 상만마을	이계진 (남, 1932년생)	589_FOTA_20170511_SMR_LKJ_001
상만에서 10년을 왕래하며 연구한 이또 교수	인물담	진도군 임회면 상만리 상만마을	이계진 (남, 1932년생)	589_MONA_20170511_SMR_LKJ_001
대학자 송오선생 아버지의 훈육	인물담	진도군 임회면 석교리구 분실마을	주광현 (남, 1945년생)	589_FOTA_20170424_BSR_JKH_001
학문에 매진하라는 엄격한 가르침	인물담	진도군 임회면 석교리구 분실마을	주광현 (남, 1945년생)	589_FOTA_20170424_BSR_JKH_002
국악 입문에서 인간문화재가 되기까지	인물담	진도군 의신면 돈지리 향교마을	강송대 (여, 1941년생)	589_MONA_20170624_HGR_KSD_003
소미산 화가가 된 빗기내 나뭇꾼	인물담	진도군 의신면 사천리 사상마을	박정석 (남, 1948년생)	589_FOTA_20170411_SSR_PJS_004
헌종 어진에 떨어진 먹물	인물담	진도군 의신면 사천리 사상마을	박정석 (남, 1948년생)	589_FOTA_20170411_SSR_PJS_005
소치 선생이 스승을 향한 마음으로 심은 백일홍	인물담	진도군 의신면 사천리 사상마을	박정석 (남, 1948년생)	589_FOTA_20170411_SSR_PJS_007
진도에 유배 온 무정 선생과 경주이씨의 사랑	인물담	진도군 의신면 사천리 사상마을	박정석 (남, 1948년생)	589_FOTA_20170411_SSR_PJS_009
빗기내 무안박씨 집안을 일으킨 윤씨 할머니	인물담	진도군 의신면 사천리 사상마을	박정석 (남, 1948년생)	589_FOTA_20170411_SSR_PJS_010
첨찰산 동천암에서 불법을 깨우친 사명당	인물담	진도군 의신면 사천리 사상마을	박정석 (남, 1948년생)	589_FOTA_20170411_SSR_PJS_011
천수 만수 백년 왼수, 팡팡이 할아버지	인물담	진도군 의신면 사천리 사하마을	박옥길 (남, 1942년생)	589_MONA_20170606_SHR_POG_001
소치 선생의 글씨가 적힌 대들보	인물담	진도군 의신면 사천리 사하마을	차철웅 (남, 1954년생)	589_MONA_20170716_SHR_CCW_002
주역과 의술에 능통한 허성	인물담	진도군 의신면 연주리 응덕마을	박복용 (남, 1936년생)	589_FOTA_20170518_EDR_PBY_005
학식이 뛰어나고 축지법에도 능했던 창포 할아버지	인물담	진도군 의신면 창포리 창포마을	박종화 (남, 1939년생)	589_FOTA_20170523_CPR_PJH_004
침계마을 출신 인재	인물담	진도군 의신면 침계리 침계마을	조상인 (남, 1942년생)	589_MONA_20170502_CGR_JSI_002

설화제목	유형	조사마을	제보자	조사코드
거제리 설립자 백씨	인물담	진도군 지산면 거제리 거제마을	박 청 (남, 1940년생)	589_FOTA_20170828_GJR_PC_002
길은리의 입향조 나상서	인물담	진도군 지산면 길은리 용동마을	박양수 (남, 1945년생)	589_FOTA_20170715_YDR_PYS_005
생명의 은인인 보건소 진료소장	인물담	진도군 지산면 보전리 하보전마을	허 재 (남, 1946년생)	589_MONA_20170624_HBJR_HJ_004
버릇없는 나루쟁이	인물담	진도군 지산면 소포리 소포마을	김덕춘 (남, 1931년생)	589_FOTA_20170725_SPR_KDC_002
소포 봉이 김선달	인물담	진도군 지산면 소포리 소포마을	김덕춘 (남, 1931년생)	589_FOTA_20170725_SPR_KDC_003
신침이라 불렀던 임종의씨	인물담	진도군 지산면 소포리 소포마을	김덕춘 (남, 1931년생)	589_MONA_20170725_SPR_KDC_004
동네사람들 모두 살리고 죽은 박득재씨	인물담	진도군 진도읍 교동리 북상마을	박종민 (남, 1925년생)	589_MONA_20170418_BSR_PJM_020
박보아·박옥진 자매의 진도공연	인물담	진도군 진도읍 교동리 북상마을	박종민 (남, 1925년생)	589_MONA_20170418_BSR_PJM_022
약장시 하던 우리국악단 계만씨를 삽교서 만났어	인물담	진도군 진도읍 교동리 북상마을	박종민 (남, 1925년생)	589_MONA_20170418_BSR_PJM_024
정의현과 국악인들	인물담	진도군 진도읍 교동리 북상마을	박종민 (남, 1925년생)	589_MONA_20170418_BSR_PJM_026
곡성극장 할 때 신영희도 만났어	인물담	진도군 진도읍 교동리 북상마을	박종민 (남, 1925년생)	589_MONA_20170418_BSR_PJM_027
진도교장들을 청와대에 데리고 간 박정희의 동창	인물담	진도군 진도읍 교동리 북상마을	박종민 (남, 1925년생)	589_MONA_20170418_BSR_PJM_0034
국악인 오갑순과 살았던 북상리 박금재	인물담	진도군 진도읍 교동리 북상마을	박종민 (남, 1925년생)	589_MONA_20170418_BSR_PJM_0036
함경도에 코르크 공장을 차린 박국재	인물담	진도군 진도읍 교동리 북상마을	박종민 (남, 1925년생)	589_MONA_20170418_BSR_PJM_0037
백하고도 여덟 살을 더 먹은 복길네 할머니	인물담	진도군 진도읍 북상리 30번지 조규식 자택	조규식 (남, 1951년생)	589_FOTA_20170609_BSR_JGS_008
소전 손재형 선생님과의 인연	인물담	진도군 진도읍 남동리 조금마을	김현술 (남, 1950년생)	589_MONA_20171029_JGR_KHS_001
소전 선생님께 직접 사사 받은 박정희 대통령	인물담	진도군 진도읍 남동리 조금마을	김현술 (남, 1950년생)	589_MONA_20171029_JGR_KHS_002
소전선생과 주위의 인물들	인물담	진도군 진도읍 남동리 조금마을	김현술 (남, 1950년생)	589_MONA_20171029_JGR_KHS_003
호랑이 잡고 원님한테 곤장 맞은 장사 박춘도	인물담	진도군 진도읍 동외리 동외마을	서순창 (남, 1935년생)	589_FOTA_20170420_DWR_SSC_001
진도아리랑을 만든 허감찰과 동 외리 박씨	인물담	진도군 진도읍 쌍정리 두정마을	이평은 (남, 1936년생)	589_FOTA_20171009_DJR_LPE_002

효열우애담

설화제목	유형	조사마을	제보자	조사코드
일 년 내내 자식 기다리는 손꾸락섬 노부부	효열 우애담	진도군 군내면 나리 신기마을(무조마을)	김성조 (남, 1956년생)	589_MONA_20170419_MJR_KSJ_004
무명지를 베어 아버지를 살리다	효열 우애담	진도군 군내면 녹진리 녹진마을	명춘희 (여, 1940년생)	589_MONA_20170526_NJR_MCH_002

설화제목	유형	조사마을	제보자	조사코드
상가리의 열부 박씨	효열 우애담	진도군 군내면 송산리 상가마을	양상훈 (남, 1934년생)	589_FOTA_20170603_SGR_ YSH_004
어머니 몰래 놓은 노둣돌	효열 우애담	진도군 군내면 월가리 월가마을	김선원 (남, 1944년생)	589_FOTA_20170420_WGR_ KSW_001
장한 할머니상을 받은 할머니	효열 우애담	진도군 임회면 고정리 매정마을	김내동 (여, 1930년생)	589_MONA_20170417_MJR_ KND_001
어머니의 고생을 알기에 먼길을 걸어다닌 아들	효열 우애담	진도군 의신면 금갑리 금갑마을	박매심 (여, 1940년생)	589_MONA_20170413_KKR_ PMS_001
호랑이를 가족처럼 돌본 효자 할아버지	효열 우애담	진도군 의신면 돈지리 향교마을	강송대 (여, 1941년생)	589_FOTA_20170624_HGR_ KSD_001
시아버지가 부르면 모시옷을 들고 달려간 며느리	효열 우애담	진도군 의신면 사천리 사하마을	김명자 (여, 1963년생)	589_MONA_20170827_SHR_ KMJ_004
시묘살이하는 소년과 효를 가르쳤던 호랑이	효열 우애담	진도군 의신면 옥대리 청용마을	박종성 (남, 1934년생)	589_FOTA_20170502_CYR_ PJS_001
시아버지를 재가시켜 대를 이은 송씨 부인	효열 우애담	진도군 의신면 옥대리 청용마을	박종성 (남, 1935년생)	589_FOTA_20170502_CYR_ PJS_002
광전리 유자효자	효열 우애담	진도군 의신면 초사리 초상마을	허상무 (남, 1950년생)	589_FOTA_20170716_CSR_ HSM_001
열녀비를 세운 사연	효열 우애담	진도군 지산면 관마리 관마마을	윤영웅 (남, 1940년생)	589_FOTA_20170816_GMR_ YYU_001
시부모를 지극정성으로 모신 관마리 효부	효열 우애담	진도군 지산면 관마리 관마마을	윤영웅 (남, 1940년생)	589_MONA_20170817_GMR_ YYU_001
부도난 아들에게 용기 주는 아버지의 사랑	효열 우애담	진도군 진도읍 쌍정리 통정마을	이행자 (여, 1942년생)	589_MONA_20170918_TJR_ LHJ_008
박참봉과 늦게 얻은 아들	효열 우애담	진도군 진도읍 포산리 포구마을	박상림 (남, 1935년생)	589_FOTA_20171024_PGR_ PSL_006

동물담

설화제목	유형	조사마을	제보자	조사코드
팔려가는 어미소와 송아지	동물담	진도군 군내면 나리 신기마을(무조마을)	김성조 (남, 1956년생)	589_MONA_20170419_MJR_ KSJ_002
우수영에서 헤엄쳐 온 개	동물담	진도군 군내면 녹진리 대사마을	문종욱 (남, 1948년생)	589_FOTA_20170717_DSR_ MJW_002
호랑이에 팔 잃은 세배씨 한을 풀 어준 마을 사람들	동물담	진도군 고군면 향동리 향동마을	박상철 (남, 1940년생)	589_FOTA_20170711_HDR_ PSC_003
호랑이도 놀란 할머니의 고함소리	동물담	진도군 임회면 굴포리 남선마을	강진간 (남, 1939년생)	589_FOTA_20170609_NSR_ KJG_009
돌아온 백구	동물담	진도군 임회면 죽림리 동헌마을	윤홍기 (남, 1951년생)	589_MONA_20170916_DHR_ YHG_001
백구의 충직함이 낳은 백구테마센터	동물담	진도군 의신면 돈지리 돈지마을	박현재 (남, 1945년생)	589_MONA_20170704_DJR_ PHJ_005
구렁이 태워 죽이고 화를 입어 돌아가시다	동물담	진도군 의신면 만길리 원두마을	박주민 (남, 1940년생)	589_MONA_20170717_WDR_ PJM_005
멧돼지 잡으려다 멧돼지에게 물리다	동물담	진도군 의신면 사천리 사상마을	박정석 (남, 1948년생)	589_MONA_20170411_SSR_ PJS_002
할머니를 해친 첨찰산 호랑이	동물담	진도군 의신면 사천리 사상마을	박정석 (남, 1948년생)	589_FOTA_20170411_SSR_ PJS_012

설화제목	유형	조사마을	제보자	조사코드
호랑이에게 물린 연안명씨 할머니	동물담	진도군 의신면 사천리 사하마을	차철웅 (남, 1954년생)	589_FOTA_20170716_SHR_CCW_001
개만 물고 간 호랑이	동물담	진도군 의신면 창포리 창포마을	박종화 (남, 1937년생)	589_FOTA_20170523_CPR_PJH_002
호랑이를 잡은 의신면 향교 포수들	동물담	진도군 의신면 창포리 창포마을	박종화 (남, 1938년생)	589_FOTA_20170523_CPR_PJH_003
화롯불에 불이 붙어 무논에서 구른 호랑이	동물담	진도군 의신면 창포리 창포마을	박종화 (남, 1940년생)	589_FOTA_20170523_CPR_PJH_005
몰막기미로 와서 우는 말	동물담	진도군 의신면 초사리 송군마을	김종대 (남, 1939년생)	589_FOTA_20170508_SGR_KJD_004
해 그늘을 따라 출몰하는 호랑이	동물담	진도군 의신면 초사리 초상마을	박동양 (남, 1939년생)	589_FOTA_20170502_CSR_PDY_002
전설 속의 홍사를 눈으로 목격하다	동물담	진도군 지산면 보전리 하보전마을	허 재 (남, 1946년생)	589_FOTA_20170624_HBJR_HJ_001
몽둥이로 호랑이를 때려잡았으나	동물담	진도군 지산면 보전리 하보전마을	허 재 (남, 1946년생)	589_FOTA_20170624_HBJR_HJ_002
지게로 세 짐이나 되는 구렁이와 혈투	동물담	진도군 지산면 보전리 하보전마을	허 재 (남, 1946년생)	589_FOTA_20170624_HBJR_HJ_003
풍어를 예견하는 바다 구렁이	동물담	진도군 지산면 인지리 독치마을	김봉의 (남, 1939년생)	589_MONA_20170816_DCR_KBU_001

식물담

설화제목	유형	조사마을	제보자	조사코드
풍년과 흉년을 점치는 귀목나무	식물담	진도군 군내면 용장리 용장마을	곽재설 (남, 1943년생)	589_FOTA_20170413_YJR_KJS_005
수백 년된 소나무로 배 만든 사람	식물담	진도군 고군면 원포리 원포마을	임경웅 (남, 1942년생)	589_FOTA_20170422_WFR_LKY_009
만병통치약 진도 토종 석류	식물담	진도군 고군면 지막리 지막마을	박석근 (남, 1933년생)	589_MONA_20170409_JMR_PSG_001
신전리 말고는 그 담배 만들 수 있는 나무가 없어	식물담	진도군 조도면 신전리 신전마을	박정인 (남, 1942년생)	589_MONA_20170819_SJR_PJI_0034
상만을 지켜주는 600년 된 비자나무	식물담	진도군 임회면 상만리 상만마을	이계진 (남, 1932년생)	589_FOTA_20170511_SMR_LKJ_002
용산 저수지와 호구마을 소나무	식물담	진도군 임회면 용호리 호구동마을	조 은 (남, 1936년생)	589_FOTA_20170526_HGDR_JE_001
하늘을 가릴 만큼 울창했던 여귀산 숲	식물담	진도군 임회면 죽림리 동헌마을	윤흥기 (남, 1951년생)	589_FOTA_20170916_DHR_YHG_001
떨어진 아이를 잘 받아준 팽나무	식물담	진도군 임회면 죽림리 탑립마을	소두영 (여, 1941년생)	589_FOTA_20170415_TRR_SDY_002
진도 매화의 시초, 운림산방 매화	식물담	진도군 의신면 사천리 사상마을	박정석 (남, 1948년생)	589_FOTA_20170411_SSR_PJS_008
일경구화(一莖九花) 난(蘭)이 발견된 곳	식물담	진도군 지산면 보전리 상보전마을	김병훈 (남, 1939년생)	589_MONA_20170816_SBJR_KBH_001
장수마을 북상리의 비결은 구기자	식물담	진도군 진도읍 교동리 북상마을	박종민 (남, 1925년생)	589_FOTA_20170418_BSR_PJM_0014
진도구기자 갖고 대구 약재상에 가다	식물담	진도군 진도읍 교동리 북상마을	박종민 (남, 1925년생)	589_MONA_20170418_BSR_PJM_0039

설화제목	유형	조사마을	제보자	조사코드
청양에서 사간 진도 구기자순	식물담	진도군 진도읍 교동리 북상마을	박종민 (남, 1925년생)	589_MONA_20170418_BSR_PJM_0040
진도 외밭과 외 품종들	식물담	진도군 진도읍 동외리 동외마을	서순창 (남, 1935년생)	589_MONA_20170420_DWR_SSC_001
구기자 잎삭 담배	식물담	진도군 진도읍 성내리 성동마을	조재언 (남, 1925년생)	589_MONA_20170505_SDR_JJE_014

신성담

설화제목	유형	조사마을	제보자	조사코드
금호도에서 신성시한 김시중 묘	신성담	진도군 고군면 금계리 금호도마을	양재복 (남, 1947년생)	589_FOTA_20170426_GHDR_YJB_006
자식 이름을 지어주고 풍랑도 예견한 당할아버지	신성담	진도군 고군면 벽파리 벽파마을	김필윤 (남, 1934년생)	589_FOTA_20170424_BPR_KPY_001
마을을 지켜주는 원포당제	신성담	진도군 고군면 원포리 원포마을	임경웅 (남, 1942년생)	589_FOTA_20170422_WFR_LKY_001
3구로 가신 당할머니	신성담	진도군 조도면 가사도리 가사도마을	문형주 (남, 1938년생)	589_FOTA_20171009_GSDR_MHJ_001
할마니당과 할아버지당	신성담	진도군 조도면 가사도리 가사도마을	문형주 (남, 1938년생)	589_FOTA_20171009_GSDR_MHJ_002
교회 생겨 사라진 당	신성담	진도군 조도면 가사도리 가사도마을	문형주 (남, 1938년생)	589_MONA_20171009_GSDR_MHJ_005
태풍으로 옮긴 새 당집	신성담	진도군 임회면 굴포리 남선마을	강진간 (남, 1939년생)	589_FOTA_20170609_NSR_KJG_003
조카 영초의 씻김굿	신성담	진도군 임회면 죽림리 강계마을	소진덕 (여, 1929년생)	589_MONA_20170415_KKR_SJD_004
신(神)중의신(神) 산신당(山神堂)	신성담	진도군 의신면 칠전리 칠전마을	조규일 (남, 1938년생)	589_FOTA_20170823_CJR_CGI_002
당솔나무를 베었더니	신성담	진도군 지산면 인지리 독치마을	김봉의 (남, 1939년생)	589_FOTA_20170816_DCR_KBU_001

신앙종교담

설화제목	유형	조사마을	제보자	조사코드
폐사된 한산사와 사라진 5층 석탑	신앙 종교담	진도군 군내면 분토리 한사마을	박성배 (남, 1938년생)	589_FOTA_20170603_HSR_PSB_001
현몽으로 일으켜 세운 용장사 부처	신앙 종교담	진도군 군내면 용장리 용장마을	곽재설 (남, 1943년생)	589_FOTA_20170413_YJR_KJS_003
부주산 밑의 연주사 절터	신앙 종교담	진도군 군내면 정자리 정자마을	김진일 (남, 1950년생)	589_FOTA_20170518_JJR_KJI_002
상조도의 혼건짐 당골	신앙 종교담	진도군 조도면 여미리 율목마을	박막례 (여, 1937년생)	589_MONA_20170720_YMR_PMR_003
빈대바위와 무학사	신앙 종교담	진도군 임회면 굴포리 번답마을	박청길 (남, 1940년생)	589_FOTA_20170630_BDR_PCG_002
풍어 기원하는 연신굿	신앙 종교담	진도군 임회면 죽림리 강계마을	소진덕 (여, 1929년생)	589_FOTA_20170415_KKR_SJD_001

설화제목	유형	조사마을	제보자	조사코드
풍년을 기원하는 죽림 마을 충제	신앙 종교담	진도군 임회면 죽림리 죽림마을	최수봉 (여, 1929년생)	589_FOTA_20170415_JRR_ CSB_001
해남 대흥사로 간 죽림사 북	신앙 종교담	진도군 임회면 죽림리 죽림마을	최수봉 (여, 1929년생)	589_FOTA_20170415_JRR_ CSB_002
조상숭배도 신앙생활 중의 하나다	신앙 종교담	진도군 의신면 금갑리 금갑마을	윤주빈 (남, 1942년생)	589_MONA_20170613_KKR_ YJB_005
첨찰산 삼선암에서 수행한 신라 고승들	신앙 종교담	진도군 의신면 사천리 사상마을	박정석 (남, 1948년생)	589_FOTA_20170411_SSR_ PJS_002
빈대 잡으려다 암자를 태우다	신앙 종교담	진도군 의신면 사천리 사상마을	박정석 (남, 1948년생)	589_FOTA_20170411_SSR_ PJS_006
빈대가 성해서 폐사한 덕사동 절	신앙 종교담	진도군 의신면 연주리 응덕마을	박복용 (남, 1936년생)	589_FOTA_20170518_EDR_ PBY_003

역사전쟁담

설화제목	유형	조사마을	제보자	조사코드
백구 때문에 징용 간 아버지	역사 전쟁담	진도군 군내면 나리 나리마을	김기율 (남, 1950년생)	589_MONA_20170717_NR_ KGW_001
이순신 장군이 만들었다는 녹진 쇠고리	역사 전쟁담	진도군 군내면 녹진리 만금마을	김종식 (남, 1940년생)	589_FOTA_20170528_MGR_ KJS_001
삼별초 군인과 말무덤	역사 전쟁담	진도군 군내면 송산리 송산마을	조재홍 (남, 1942년생)	589_FOTA_20170603_SSR_ JJH_003
추모비에 새겨진 전쟁의 상처	역사 전쟁담	진도군 군내면 용장리 용장마을	곽재설 (남, 1943년생)	589_MONA_20170413_YJR_ KJS_001
삼별초와 망바위	역사 전쟁담	진도군 군내면 용장리 용장마을	곽재설 (남, 1943년생)	589_FOTA_20170413_YJR_ KJS_002
공출을 피해 산밭에 감춘 쌀 항 아리	역사 전쟁담	진도군 군내면 용장리 용장마을	곽재설 (남, 1943년생)	589_MONA_20170413_YJR_ KJS_002
일제강점기 당시 바다를 관리한 사람	역사 전쟁담	진도군 고군면 금계리 회동마을	용홍태 (남, 1932년생)	589_MONA_20170507_HDR_ YHT_002
왜군을 놀라게 한 허새비재	역사 전쟁담	진도군 고군면 내산리 내동마을	고용범 (남, 1934년생)	589_FOTA_20170420_NDR_ GYB_001
한국전쟁 때 목격한 마을 참극	역사 전쟁담	진도군 고군면 지막리 지막마을	박석근 (남, 1933년생)	589_MONA_20170409_JSR_ PSG_006
일제강점기 가마니치	역사 전쟁담	진도군 고군면 지수리 지수마을	김서규 (남, 1937년생)	589_MONA_20170423_JSR_ KSG_001
1·4후퇴 때 나주 부대의 만행	역사 전쟁담	진도군 고군면 지수리 지수마을	김서규 (남, 1937년생)	589_MONA_20170423_JSR_ KSG_004
오사카에서 태어나 열두 살에 한국으로	역사 전쟁담	진도군 조도면 가사도리 가사도마을	장봉현 (남, 1933년생)	589_MONA_20171018_GSDR_ JBH_001
가사도 광산에서 일하다가 일본으로 건너간 부친	역사 전쟁담	진도군 조도면 가사도리 가사도마을	장봉현 (남, 1933년생)	589_MONA_20171018_GSDR_ JBH_002
일본 집 판 돈을 소매치기당하다	역사 전쟁담	진도군 조도면 가사도리 가사도마을	장봉현 (남, 1933년생)	589_MONA_20171018_GSDR_ JBH_003
조선말 하다가 걸리면 경찰서에 잡혀가다	역사 전쟁담	진도군 조도면 가사도리 가사도마을	장봉현 (남, 1933년생)	589_MONA_20171018_GSDR_ JBH_004
오사카의 우리 집은 한국사람 하숙집	역사 전쟁담	진도군 조도면 가사도리 가사도마을	장봉현 (남, 1933년생)	589_MONA_20171018_GSDR_ JBH_005

설화제목	유형	조사마을	제보자	조사코드
일본인들 모르게 소고기 사먹기	역사 전쟁담	진도군 조도면 가사도리 가사도마을	장봉현 (남, 1933년생)	589_MONA_20171018_GSDR_ JBH_006
기타오카지마 학교와 저지대 공장들	역사 전쟁담	진도군 조도면 가사도리 가사도마을	장봉현 (남, 1933년생)	589_MONA_20171018_GSDR_ JBH_007
밀선을 타고 일본에서 가사도	역사 전쟁담	진도군 조도면 가사도리 가사도마을	장봉현 (남, 1933년생)	589_MONA_20171018_GSDR_ JBH_008
불빛이 빤딱거린 곳은 폭격신호	역사 전쟁담	진도군 조도면 신전리 신전마을	박정인 (남, 1942년생)	589_MONA_20170819_SJR_ PJI_003
폭격을 맞은 나룻배 주인	역사 전쟁담	진도군 조도면 신전리 신전마을	박정인 (남, 1942년생)	589_MONA_20170819_SJR_ PJI_004
제식훈련 받던 처녀들	역사 전쟁담	진도군 조도면 신전리 신전마을	박정인 (남, 1942년생)	589_MONA_20170819_SJR_ PJI_006
감시막에서 살게 된 일가족	역사 전쟁담	진도군 조도면 신전리 신전마을	박정인 (남, 1942년생)	589_MONA_20170819_SJR_ PJI_007
팽나무로 가늠하는 남도석성 의 역사	역사 전쟁담	진도군 임회면 굴포리 남선마을	강진간 (남, 1939년생)	589_FOTA_20170609_NSR_ KJG_002
6·25때 피해없이 평화로웠던 마을	역사 전쟁담	진도군 임회면 명슬리 상미마을	김구보 (남, 1942년생)	589_MONA_20170918_SMR_ KGB_001
6·25전쟁에 얽힌 일가족의 비극	역사 전쟁담	진도군 임회면 봉상리 봉상마을	하영순 (남, 1945년생)	589_MONA-20170424_BSR_ HYS_001
신호를 착각해 목숨을 잃은 진 준이	역사 전쟁담	진도군 임회면 봉상리 봉상마을	하영순 (남, 1945년생)	589_MONA_20170424_BSR_ HYS_002
아버지 목숨을 구해주었더니	역사 전쟁담	진도군 임회면 봉상리 봉상마을	하영순 (남, 1945년생)	589_MONA-20170424_BSR_ HYS_003
귀성에서 훈련한 일본군 상륙작전	역사 전쟁담	진도군 임회면 상만리 상만마을	이계진 (남, 1932년생)	589_MONA_20170511_SMR_ LKJ_002
6·25때 초소와 산털이	역사 전쟁담	진도군 임회면 상만리 상만마을	이계진 (남, 1932년생)	589_MONA_20170511_SMR_ LKJ_003
전사자, 유가족이 없는 상만	역사 전쟁담	진도군 임회면 상만리 상만마을	이계진 (남, 1932년생)	589_MONA_20170511_SMR_ LKJ_004
6·25때 비극의 죽림 송림해변	역사 전쟁담	진도군 임회면 죽림리 강계마을	소진덕 (여, 1929년생)	589_MONA_20170415_KKR_ SJD_001
초등학교 시절의 대피 훈련	역사 전쟁담	진도군 임회면 죽림리 동헌마을	윤홍기 (남, 1951년생)	589_MONA_20170916_DHR_ YHG_002
800여 명의 수군이 주둔한 금갑진	역사 전쟁담	진도군 의신면 금갑리 금갑마을	황석옥 (남, 1931년생)	589_FOTA_20170511_KKR_ HSO_002
일제 때 새로 만들어진 길, 신작로	역사 전쟁담	진도군 의신면 금갑리 금갑마을	황석옥 (남, 1931년생)	589_MONA_20170511_KKR_ HSO_001
정부 수립 후 치안 유지를 위해서 만든 금갑 경찰출장소	역사 전쟁담	진도군 의신면 금갑리 금갑마을	황석옥 (남, 1931년생)	589_MONA_20170511_KKR_ HSO_004
14후퇴 당시의 금갑 주변 상황	역사 전쟁담	진도군 의신면 금갑리 금갑마을	황석옥 (남, 1931년생)	589_MONA_20170511_KKR_ HSO_005
삼별초의 흔적인 떼무덤에서 농사를 짓다	역사 전쟁담	진도군 의신면 돈지리 돈지마을	박현재 (남, 1945년생)	589_FOTA_20170704_DJR_ PHJ_002
남자들은 급창돔병에, 여자들은 여귀돔병에 몸을 던져	역사 전쟁담	진도군 의신면 돈지리 돈지마을	박현재 (남, 1945년생)	589_FOTA_20170704_DJR_ PHJ_003
고향을 그리워하다가 죽어간 실향민	역사 전쟁담	진도군 의신면 만길리 도목마을	이춘홍 (남, 1940년생)	589_MONA_20170717_DMR_ LCH_002
국민학교 때 저수지 둑에서 본 인민군들	역사 전쟁담	진도군 의신면 만길리 원두마을	박주민 (남, 1940년생)	589_MONA_20170717_WDR_ PJM_001

설화제목	유형	조사마을	제보자	조사코드
삼별초군이 남김 나근당골과 말무덤	역사 전쟁담	진도군 의신면 사천리 사하마을	박옥길 (남, 1942년생)	589_FOTA_20170606_SHR_ POG_001
피난민 일대기	역사 전쟁담	진도군 의신면 침계리 진설마을	주광열 (남, 1923년생)	589_MONA_20170623_JSR_ JKR_001
침계리 농민운동기념탑 건립 과정	역사 전쟁담	진도군 의신면 침계리 침계마을	조상인 (남, 1941년생)	589_MONA_20170502_CGR_ JSI_001
해방 후 압록강 다리에서 겪은 일	역사 전쟁담	진도군 지산면 보전리 하보전마을	허 재 (남, 1946년생)	589_MONA_20170624_HBJR_ HJ_001
풍선 항로권 뺏은 진도환	역사 전쟁담	진도군 진도읍 교동리 북상마을	박종민 (남, 1925년생)	589_MONA_20170418_BSR_ PJM_015
고작굴 뻘등 준공식하고 진도환 취항식을 같이 했다	역사 전쟁담	진도군 진도읍 교동리 북상마을	박종민 (남, 1925년생)	589_MONA_20170418_BSR_ PJM_016
목포서 한 달간 준비한 인민군 진도 점령	역사 전쟁담	진도군 진도읍 교동리 북상마을	박종민 (남, 1925년생)	589_MONA_20170418_BSR_ PJM_017
조도학서 살아남은 사람	역사 전쟁담	진도군 진도읍 교동리 북상마을	박종민 (남, 1925년생)	589_MONA_20170418_BSR_ PJM_018
독립운동가가 공산주의자가 되었어	역사 전쟁담	진도군 진도읍 교동리 북상마을	박종민 (남, 1925년생)	589_MONA_20170418_BSR_ PJM_019
만주로 간 진도사람들	역사 전쟁담	진도군 진도읍 교동리 북상마을	박종민 (남, 1925년생)	589_MONA_20170418_BSR_ PJM_021
인민군 선전에 동원된 악단장 채다인	역사 전쟁담	진도군 진도읍 교동리 북상마을	박종민 (남, 1925년생)	589_MONA_20170418_BSR_ PJM_025
군인들이 애기 낳았다고 안 죽이고 그냥 가불었어	역사 전쟁담	진도군 진도읍 교동리 북상마을	박종민 (남, 1925년생)	589_FOTA_20170418_BSR_ PJM_009
일제강점기에 벌어졌던 해남·진도 축구시합	역사 전쟁담	진도군 진도읍 교동리 북상마을	박종민 (남, 1925년생)	589_MONA_20170418_BSR_ PJM_0029
5, 6학년 때 농사실습하고 졸업 때 통장 줘	역사 전쟁담	진도군 진도읍 교동리 북상마을	박종민 (남, 1925년생)	589_MONA_20170418_BSR_ PJM_0030
학교 교장, 경찰서장, 군청 내무과장은 일본인	역사 전쟁담	진도군 진도읍 교동리 북상마을	박종민 (남, 1925년생)	589_MONA_20170418_BSR_ PJM_0031
진도국민학교에 있었던 일본 선생들	역사 전쟁담	진도군 진도읍 교동리 북상마을	박종민 (남, 1925년생)	589_MONA_20170418_BSR_ PJM_0032
5, 6학년 되면 진도읍으로 편입하다	역사 전쟁담	진도군 진도읍 교동리 북상마을	박종민 (남, 1925년생)	589_MONA_20170418_BSR_ PJM_0033
도전할 사람이 없어야 이겼던 씨름대회	역사 전쟁담	진도군 진도읍 교동리 북상마을	박종민 (남, 1925년생)	589_MONA_20170418_BSR_ PJM_0035
고군 지서에서 만든 여권	역사 전쟁담	진도군 진도읍 성내리 성동마을	조재언 (남, 1925년생)	589_MONA_20170505_SDR_ JJE_008
일본말과 영어를 배우다	역사 전쟁담	진도군 진도읍 성내리 성동마을	조재언 (남, 1925년생)	589_MONA_20170505_SDR_ JJE_009
차표를 사려면 일본말로 해야 한다	역사 전쟁담	진도군 진도읍 성내리 성동마을	조재언 (남, 1925년생)	589_MONA_20170505_SDR_ JJE_010
차표 한 장으로 목포에서 동경 집 앞까지 도착	역사 전쟁담	진도군 진도읍 성내리 성동마을	조재언 (남, 1925년생)	589_MONA_20170505_SDR_ JJE_011
둥글둥글 돌아가는 동경역	역사 전쟁담	진도군 진도읍 성내리 성동마을	조재언 (남, 1925년생)	589_MONA_20170505_SDR_ JJE_012
조선 사람이 일본에서 맨 먼저 먹어야 하는 뚜부	역사 전쟁담	진도군 진도읍 성내리 성동마을	조재언 (남, 1925년생)	589_MONA_20170505_SDR_ JJE_013
나는 어째야 쓰꼬!	역사 전쟁담	진도군 진도읍 성내리 성동마을	조재언 (남, 1925년생)	589_MONA_20170505_SDR_ JJE_015

설화제목	유형	조사마을	제보자	조사코드
동경제일고등무선전신학교 입학	역사 전쟁담	진도군 진도읍 성내리 성동마을	조재언 (남, 1925년생)	589_MONA_20170505_SDR_ JE_016
가고시마로 가자	역사 전쟁담	진도군 진도읍 성내리 성동마을	조재언 (남, 1925년생)	589_MONA_20170505_SDR_ JE_017
사십칠 대 일의 편입시험	역사 전쟁담	진도군 진도읍 성내리 성동마을	조재언 (남, 1925년생)	589_MONA_20170505_SDR_ JE_018
관용을 배우다	역사 전쟁담	진도군 진도읍 성내리 성동마을	조재언 (남, 1925년생)	589_MONA_20170505_SDR_ JE_019
동외리 어떤 부인에게 옳게 당하다	역사 전쟁담	진도군 진도읍 성내리 성동마을	조재언 (남, 1925년생)	589_MONA_20170505_SDR_ JE_020
돈 급할 때는 부모 밖에 없어	역사 전쟁담	진도군 진도읍 성내리 성동마을	조재언 (남, 1925년생)	589_MONA_20170505_SDR_ JE_021
전시공장이라 남자 넷에 여자 칠십 명 근무	역사 전쟁담	진도군 진도읍 성내리 성동마을	조재언 (남, 1925년생)	589_MONA_20170505_SDR_ JE_021
전시 군부 명령이 최우선	역사 전쟁담	진도군 진도읍 성내리 성동마을	조재언 (남, 1925년생)	589_MONA_20170505_SDR_ JE_022
5·18 광주민중항쟁에 참여한 작은 아들	역사 전쟁담	진도군 진도읍 쌍정리 통정마을	이행자 (여, 1942년생)	589_MONA_20170918_TJR_ LHJ_007

도깨비귀신담

설화제목	유형	조사마을	제보자	조사코드
애기업은 무당을 도깨비로 착각하다	도깨비 귀신담	진도군 임회면 굴포리 남선마을	강진간 (남, 1939년생)	589_MONA_20170609_NSR_ KJG_001
도깨비에 홀린 남자	도깨비 귀신담	진도군 임회면 굴포리 남선마을	강진간 (남, 1939년생)	589_MONA_20170609_NSR_ KJG_003
어머니가 들려준 도깨비 이야기	도깨비 귀신담	진도군 임회면 굴포리 남선마을	강진간 (남, 1939년생)	589_FOTA_20170609_NSR_ KJG_0010
도깨비가 잘 나오는 참나무등	도깨비 귀신담	진도군 임회면 굴포리 번답마을	박청길 (남, 1940년생)	589_FOTA_20170630_BDR_ PCG_009
비지랑굴의 도깨비	도깨비 귀신담	진도군 임회면 봉상리 봉상마을	윤춘엽 (여, 1947년생)	589_FOTA-20170422_BSR_ YCY_003
귀신이 만지면 아프다	도깨비 귀신담	진도군 임회면 봉상리 봉상마을	윤춘엽 (여, 1947년생)	589_FOTA-20170422_BSR_ YCY_004
도깨비가 업어서 건너준 다리	도깨비 귀신담	진도군 임회면 봉상리 송정마을	이평진 (남,1945년생)	589_FOTA-20170604_SJR_ LPJ_001
몽당 빗자루와 밤새 싸운 천하장사	도깨비 귀신담	진도군 임회면 상만리 석교마을	하양수 (남, 1945년생)	589_FOTA_20170424_SKR_ HYS_001
술잔을 받고 길을 비켜준 도깨비	도깨비 귀신담	진도군 임회면 죽림리 강계마을	소진덕 (여, 1929년생)	589_FOTA_20170415_KKR_ SJD_003
북산재에서 만난 도깨비	도깨비 귀신담	진도군 군내면 덕병리 한의마을	김수자 (여, 1953년생)	589_FOTA_20170624_HYR_ KSJ_001
도깨비가 나타나는 요골서당	도깨비 귀신담	진도군 군내면 송산리 상가마을	양상훈 (남, 1934년생)	589_FOTA_20170603_SGR_ YSH_003
날이 궂으면 마장재에서 나는 소리	도깨비 귀신담	진도군 군내면 정자리 정자마을	김행규 (남, 1945년생)	589_FOTA_20170518_JJR_ KHG_001
금창둠벙이 울고 도깨비가 요동치다	도깨비 귀신담	진도군 의신면 돈지리 돈지마을	박현재 (남, 1945년생)	589_FOTA_20170704_DJR_ PHJ_004

설화제목	유형	조사마을	제보자	조사코드
상여를 앞서 가던 노인의 정체	도깨비 귀신담	진도군 의신면 사천리 사하마을	차철웅 (남, 1954년생)	589_FOTA_20170716_SHR_CCW_003
이미 죽은 도깨비에게 놀림 받은 한씨	도깨비 귀신담	진도군 의신면 옥대리 청용마을	박종성 (남, 1937년생)	589_FOTA_20170502_CYR_PJS_004
씨름하자고 덤비는 도깨비	도깨비 귀신담	진도군 의신면 옥대리 청용마을	박종성 (남, 1938년생)	589_FOTA_20170502_CYR_PJS_005
도깨비와 씨름 한 판	도깨비 귀신담	진도군 의신면 초사리 초중마을	박동판 (남 1947년생)	589_FOTA_20170720_CJR_PDP_003
떡을 던진 이유	도깨비 귀신담	진도군 지산면 보전리 갈두마을	안장진 (남, 1944년생)	589_MONA_20170918_GDR_AJJ_004
천수꼴 도깨비 친구	도깨비 귀신담	진도군 지산면 인지리 독치마을	김봉의 (남, 1939년생)	589_FOTA_20170816_DCR_KBU_005
도깨비의 정체	도깨비 귀신담	진도군 진도읍 교동리 북상마을	박종민 (남, 1925년생)	589_FOTA_20170418_BSR_PJM_0010
도깨비로 보인 바윗독	도깨비 귀신담	진도군 진도읍 교동리 북상마을	박종민 (남, 1925년생)	589_FOTA_20170418_BSR_PJM_011

생활경험담

설화제목	유형	조사마을	제보자	조사코드
진도와 목포를 왕래한 황포돛배	생활 경험담	진도군 군내면 나리 나리마을	김기율 (남, 1950년생)	589_FOTA_20170717_NR_KGW_001
수백 명이 몰려와 고기 잡던 개매기	생활 경험담	진도군 군내면 나리 나리마을	김기율 (남, 1950년생)	589_FOTA_20170717_NR_KGW_002
우수영 장에서 돌아오다 좌초된 조각배	생활 경험담	진도군 군내면 나리 신기마을(무조마을)	김성조 (남, 1956년생)	589_MONA_20170419_MJR_KSJ_001
바람 불면 아싹아싹 깨지던 옹기	생활 경험담	진도군 군내면 녹진리 녹진마을	김성산 (남, 1938년생)	589_MONA_20170628_NJR_KSS_002
가득 실으면 가라앉고, 덜 실으면 돈이 안 되고	생활 경험담	진도군 군내면 녹진리 녹진마을	김성산 (남, 1938년생)	589_MONA_20170628_NJR_KSS_003
칠산 앞바다 삼치배에서 만난 태풍	생활 경험담	진도군 군내면 녹진리 녹진마을	김성산 (남, 1938년생)	589_MONA_20170628_NJR_KSS_004
진도에 최초로 심은 통일벼	생활 경험담	진도군 군내면 녹진리 녹진마을	김효종 (남, 1949년생)	589_MONA_20170526_NJR_KHJ_001
빚 7만원으로 배운 세상	생활 경험담	진도군 군내면 녹진리 녹진마을	김효종 (남, 1949년생)	589_MONA_20170526_NJR_KHJ_002
쉬지 않고 일만 하며 살아온 인생	생활 경험담	진도군 군내면 녹진리 녹진마을	명춘희 (여, 1938년생)	589_MONA_20170526_NJR_MCH_001
진도에서 실천한 친환경농업	생활 경험담	진도군 군내면 녹진리 만금마을	고만술 (남, 1940년생)	589_FOTA_20170603_MGR_GMS_004
봉침으로 효과를 본 허리통증	생활 경험담	진도군 군내면 녹진리 만금마을	조상심 (여, 1945년생)	589_MONA_20170528_MGR_JSS_001
구사일생으로 살아 돌아온 추자도 낚시	생활 경험담	진도군 군내면 죽전리 죽전마을	이승희 (남, 1935년생)	589_MONA_20170418_JJR_LSH_001
나무를 태워서 소금기를 빼는 화렴	생활 경험담	진도군 군내면 죽전리 죽전마을	이승희 (남, 1935년생)	589_FOTA_20170418_JJR_LSH_002
생명을 구한 침술	생활 경험담	진도군 고군면 지막리 지막마을	박석근 (남, 1933년생)	589_MONA_20170409_JMR_PSG_002

설화제목	유형	조사마을	제보자	조사코드
굵은 소금은 만병통치약	생활 경험담	진도군 고군면 지막리 지막마을	박석근 (남, 1933년생)	589_MONA_20170409_JMR_ PSG_005
진도를 부유하게 해준 전복 사업	생활 경험담	진도군 고군면 향동리 모사마을	김정환 (남, 1949년생)	589_MONA_20170507_MSR_ KJH_001
종묘사업에서 가두리로 전환	생활 경험담	진도군 고군면 향동리 모사마을	김정환 (남, 1949년생)	589_MONA_20170507_MSR_ KJH_002
반골만 매고 놀자는 반골레	생활 경험담	진도군 고군면 향동리 향동마을	김영일 (남, 1938년생)	589_FOTA_20170409_HDR_ KYI_001
오두막집으로 분가하다	생활 경험담	진도군 조도면 가사도리 가사도마을	문형주 (남, 1938년생)	589_MONA_20171009_GSDR_ MHJ_001
지게를 짊어지고 선창까지 달리기	생활 경험담	진도군 조도면 가사도리 가사도마을	문형주 (남, 1938년생)	589_MONA_20171009_GSDR_ MHJ_002
남 따라서 다 먹을라 하면 안돼	생활 경험담	진도군 조도면 가사도리 가사도마을	문형주 (남, 1938년생)	589_MONA_20171009_GSDR_ MHJ_003
가사도 한 마지기는 다르다	생활 경험담	진도군 조도면 가사도리 가사도마을	문형주 (남, 1938년생)	589_MONA_20171009_GSDR_ MHJ_004
가사도광산과 염전에서 일하다	생활 경험담	진도군 조도면 가사도리 가사도마을	문형주 (남, 1938년생)	589_MONA_20171009_GSDR_ MHJ_006
회한이 남는 젊은 시절	생활 경험담	진도군 조도면 가사도리 가사도마을	문형주 (남, 1938년생)	589_MONA_20171009_GSDR_ MHJ_008
김대중 대통령과 6촌간	생활 경험담	진도군 조도면 가사도리 가사도마을	장봉현 (남, 1933년생)	589_MONA_20171018_GSDR_ JBH_009
가치리로 농악 치러 다니다 만난 배필	생활 경험담	진도군 조도면 가사도리 가사도마을	장봉현 (남, 1933년생)	589_MONA_20171018_GSDR_ JBH_0010
다섯 살 아이가 젖먹이를 돌보다	생활 경험담	진도군 조도면 신전리 신전마을	박정인 (남, 1942년생)	589_MONA_20170819_SJR_ PJI_001
구사일생으로 살아난 아이	생활 경험담	진도군 조도면 신전리 신전마을	박정인 (남, 1942년생)	589_MONA_20170819_SJR_ PJI_002
고향 아이들의 텃세	생활 경험담	진도군 조도면 신전리 신전마을	박정인 (남, 1942년생)	589_MONA_20170819_SJR_ PJI_005
모래땅에서 캔 조개로 학용품 사기	생활 경험담	진도군 조도면 신전리 신전마을	박정인 (남, 1942년생)	589_MONA_20170819_SJR_ PJI_008
공부냐, 지게냐?	생활 경험담	진도군 조도면 신전리 신전마을	박정인 (남, 1942년생)	589_MONA_20170819_SJR_ PJI_009
노력만으로 자수성가하다	생활 경험담	진도군 조도면 신전리 신전마을	박정인 (남, 1942년생)	589_MONA_20170819_SJR_ PJI_0010
조기 배를 탄 열네 살 어부	생활 경험담	진도군 조도면 신전리 신전마을	박정인 (남, 1942년생)	589_MONA_20170819_SJR_ PJI_0011
저 놈 수덕 있다	생활 경험담	진도군 조도면 신전리 신전마을	박정인 (남, 1942년생)	589_MONA_20170819_SJR_ PJI_012
군산에서 탄 중선 배	생활 경험담	진도군 조도면 신전리 신전마을	박정인 (남, 1942년생)	589_MONA_20170819_SJR_ PJI_013
유자망 선원이 되다	생활 경험담	진도군 조도면 신전리 신전마을	박정인 (남, 1942년생)	589_MONA_20170819_SJR_ PJI_014
같은 쪽으로 노를 저으면 배가 기우뚱 기우뚱	생활 경험담	진도군 조도면 신전리 신전마을	박정인 (남, 1942년생)	589_MONA_20170819_SJR_ PJI_015
새 주인 찾기	생활 경험담	진도군 조도면 신전리 신전마을	박정인 (남, 1942년생)	589_MONA_20170819_SJR_ PJI_016
닻배는 닻이 5, 60개	생활 경험담	진도군 조도면 신전리 신전마을	박정인 (남, 1942년생)	589_MONA_20170819_SJR_ PJI_017

설화제목	유형	조사마을	제보자	조사코드
물을 파는 연평도 아낙네들	생활 경험담	진도군 조도면 신전리 신전마을	박정인 (남, 1942년생)	589_MONA_20170819_SJR_ PJI_018
연평도까지 삼일 걸리는 유자망배	생활 경험담	진도군 조도면 신전리 신전마을	박정인 (남, 1942년생)	589_MONA_20170819_SJR_ PJI_019
닻배 살림 준비	생활 경험담	진도군 조도면 신전리 신전마을	박정인 (남, 1942년생)	589_MONA_20170819_SJR_ PJI_020
왕등이 밖으로 벗어나면 죽는다·	생활 경험담	진도군 조도면 신전리 신전마을	박정인 (남, 1942년생)	589_MONA_20170819_SJR_ PJI_021
닻 오십개, 육십개가 그물을 잡고 있어	생활 경험담	진도군 조도면 신전리 신전마을	박정인 (남, 1942년생)	589_MONA_20170819_SJR_ PJI_022
닻배는 한 물 때 되면 끄집어 올려야 돼	생활 경험담	진도군 조도면 신전리 신전마을	박정인 (남, 1942년생)	589_MONA_20170819_SJR_ PJI_023
한식 때 떠 망중살 되면 돌아와	생활 경험담	진도군 조도면 신전리 신전마을	박정인 (남, 1942년생)	589_MONA_20170819_SJR_ PJI_024
여그 사람들은 쉴 때가 없어	생활 경험담	진도군 조도면 신전리 신전마을	박정인 (남, 1942년생)	589_MONA_20170819_SJR_ PJI_025
동생이 들고 있던 낫에 다리를 다치게 된 사연	생활 경험담	진도군 조도면 신전리 신전마을	박정인 (남, 1942년생)	589_MONA_20170819_SJR_ PJI_026
자식 키우려고 중선배 타다	생활 경험담	진도군 조도면 신전리 신전마을	박정인 (남, 1942년생)	589_MONA_20170819_SJR_ PJI_027
처갓집하고 낭장망을 했어	생활 경험담	진도군 조도면 신전리 신전마을	박정인 (남, 1942년생)	589_MONA_20170819_SJR_ PJI_028
목포에서 소목수를 데려다 목선을 짓다	생활 경험담	진도군 조도면 신전리 신전마을	박정인 (남, 1942년생)	589_MONA_20170819_SJR_ PJI_029
동생의 실수로 침몰한 화물선	생활 경험담	진도군 조도면 신전리 신전마을	박정인 (남, 1942년생)	589_MONA_20170819_SJR_ PJI_030
중선배 타고 화장질을 했어	생활 경험담	진도군 조도면 신전리 신전마을	박정인 (남, 1942년생)	589_MONA_20170819_SJR_ PJI_031
낭장망, 멸치어장을 새로 개발했어	생활 경험담	진도군 조도면 신전리 신전마을	박정인 (남, 1942년생)	589_MONA_20170819_SJR_ PJI_032
닻배보존회서 닻배를 탄 사람이 나밖에 없어	생활 경험담	진도군 조도면 신전리 신전마을	박정인 (남, 1942년생)	589_MONA_20170819_SJR_ PJI_033
신전리 말고는 그 닻배 만들 수 있 는 나무가 없어	생활 경험담	진도군 조도면 신전리 신전마을	박정인 (남, 1942년생)	589_MONA_20170819_SJR_ PJI_034
신전리서 나무 비어서 선주집으로 가	생활 경험담	진도군 조도면 신전리 신전마을	박정인 (남, 1942년생)	589_MONA_20170819_SJR_ PJI_035
뒷발질을 잘해야 하는 고비끼질	생활 경험담	진도군 조도면 신전리 신전마을	박정인 (남, 1942년생)	589_MONA_20170819_SJR_ PJI_036
나무와 목수만 있으면 닻배 만들 수 있제	생활 경험담	진도군 조도면 신전리 신전마을	박정인 (남, 1942년생)	589_MONA_20170819_SJR_ PJI_037
위도 파장금이에 색시집이 있었어	생활 경험담	진도군 조도면 신전리 신전마을	박정인 (남, 1942년생)	589_MONA_20170819_SJR_ PJI_038
선장보다 선주가 더 잘 알아야 해	생활 경험담	진도군 조도면 신전리 신전마을	박정인 (남, 1942년생)	589_MONA_20170819_SJR_ PJI_039
하노잽이, 전노잽이, 중착잽이	생활 경험담	진도군 조도면 신전리 신전마을	박정인 (남, 1942년생)	589_MONA_20170819_SJR_ PJI_040
닻과 웃꾸시, 아랫꾸시	생활 경험담	진도군 조도면 신전리 신전마을	박정인 (남, 1942년생)	589_MONA_20170819_SJR_ PJI_041
배 타러 간 아들을 걱정하는 시어머니	생활 경험담	진도군 조도면 여미리 율목마을	박막례 (여, 1937년생)	589_MONA_20170720_YMR_ PMR_001

533

설화제목	유형	조사마을	제보자	조사코드
13년간 시어머니 간병	생활 경험담	진도군 조도면 여미리 율목마을	박막례 (여, 1937년생)	589_MONA_20170720_YMR_ PMR_002
배타러 가는 남편 배웅	생활 경험담	진도군 조도면 여미리 율목마을	설대오 (남, 1938년생)	589_MONA_20170720_YMR_ PMR_004
칠산도 바닥 조기배	생활 경험담	진도군 조도면 여미리 율목마을	설대오 (남, 1938년생)	589_MONA_20170720_YMR_ SDO_001
기곗배 선원들에게 맞은 닻배 선원들	생활 경험담	진도군 조도면 여미리 율목마을	설대오 (남, 1938년생)	589_MONA_20170720_YMR_ SDO_002
구십리에서 잡은 깡패들	생활 경험담	진도군 조도면 여미리 율목마을	설대오 (남, 1938년생)	589_MONA_20170720_YMR_ SDO_003
장원기를 꽂고 들어오는 만선배	생활 경험담	진도군 조도면 여미리 율목마을	설대오 (남, 1938년생)	589_MONA_20170720_YMR_ SDO_004
굵은 조기는 우리 집 몫	생활 경험담	진도군 조도면 여미리 율목마을	설대오 (남, 1938년생)	589_MONA_20170720_YMR_ SDO_005
가득찬 물통이 더 편하다	생활 경험담	진도군 조도면 여미리 율목마을	설대오 (남, 1938년생)	589_MONA_20170720_YMR_ YMR_SDO_006
남자들이 전멸한 마을	생활 경험담	진도군 조도면 여미리 율목마을	설대오 (남, 1938년생)	589_MONA_20170720_YMR_ SDO_007
볕만 나면 이 잡는 게 일	생활 경험담	진도군 조도면 여미리 율목마을	설대오 (남, 1938년생)	589_MONA_20170720_YMR_ SDO_008
인명은 재천이라	생활 경험담	진도군 조도면 여미리 율목마을	설대오 (남, 1938년생)	589_MONA_20170720_YMR_ SDO_009
내 아깐 노래 어찌께 잊어부까	생활 경험담	진도군 조도면 창유리 곤우마을	한월례 (여, 1925년생)	589_MONA_20170720_GUR_ HWL_001
예쁘고 고왔던 소녀시절	생활 경험담	진도군 조도면 창유리 곤우마을	한월례 (여, 1925년생)	589_MONA_20170720_GUR_ HWL_002
말실수 안하려고 노인회관은 안가요	생활 경험담	진도군 조도면 창유리 곤우마을	한월례 (여, 1925년생)	589_MONA_20170720_GUR_ HWL_003
잘 생기시고 영리하셨던 아버지	생활 경험담	진도군 조도면 창유리 곤우마을	한월례 (여, 1925년생)	589_MONA_20170720_GUR_ HWL_004
큰애기 때는 맨 노래만 하고 춤추고 그랬어	생활 경험담	진도군 조도면 창유리 곤우마을	한월례 (여, 1925년생)	589_MONA_20170720_GUR_ HWL_005
사라진 섬타령	생활 경험담	진도군 조도면 창유리 곤우마을	한월례 (여, 1925년생)	589_MONA_20170720_GUR_ HWL_006
배가 고파 황토도 먹어봤다	생활 경험담	진도군 조도면 창유리 창유마을	장만인 (남, 1948년생)	589_MONA_20170720_CYR_ JMY_001
주낫배를 공격하는 나니떼	생활 경험담	진도군 조도면 창유리 창유마을	장만인 (남, 1948년생)	589_MONA_20170720_CYR_ JMY_002
꿩밥, 찰밥나무로 개떡을 해먹다	생활 경험담	진도군 조도면 창유리 창유마을	장만인 (남, 1948년생)	589_MONA_20170720_CYR_ JMY_003
갈포래 뜯어다 돼지비계 넣고 끓인 국	생활 경험담	진도군 조도면 창유리 창유마을	장만인 (남, 1948년생)	589_MONA_20170720_CYR_ JMY_004
톳밥도시락 이야기로 글짓기 일등	생활 경험담	진도군 조도면 창유리 창유마을	장만인 (남, 1948년생)	589_MONA_20170720_CYR_ JMY_005
조도에서 옷 장사를 시작했지	생활 경험담	진도군 조도면 창유리 창유마을	장만인 (남, 1948년생)	589_MONA_20170720_CYR_ JMY_006
다방이 일곱 개 였는데 이제는 없어	생활 경험담	진도군 조도면 창유리 창유마을	장만인 (남, 1948년생)	589_MONA_20170720_CYR_ JMY_007
개간한 밭 등기이전을 안해놨더니	생활 경험담	진도군 조도면 창유리 창유마을	장만인 (남, 1948년생)	589_MONA_20170720_CYR_ JMY_008

설화제목	유형	조사마을	제보자	조사코드
젊은이들 서울보다 조도가 낫다	생활 경험담	진도군 조도면 창유리 창유마을	장만인 (남, 1948년생)	589_MONA_20170720_CYR_ JMY_009
남의 소 반에 키운다	생활 경험담	진도군 조도면 창유리 창유마을	장만인 (남, 1948년생)	589_MONA_20170720_CYR_ JMY_010
매정 앞바다 간척사업	생활 경험담	진도군 임회면 고정리 매정마을	강돈지 (여, 1941년생)	589_MONA_20170417_MJR_ KDJ_001
톱밥, 수수밥, 쑥밥	생활 경험담	진도군 임회면 고정리 매정마을	강돈지 (여, 1941년생)	589_MONA_20170417_MJR_ KDJ_002
결혼 전에 한 세 가지 약속	생활 경험담	진도군 임회면 고정리 매정마을	강돈지 (여, 1941년생)	589_MONA_20170417_MJR_ KDJ_003
열세 명의 가족과 고생한 이야기	생활 경험담	진도군 임회면 고정리 매정마을	박용자 (여, 1939년생)	589_MONA_20170417_MJR_ PYJ_001
대가족 밥상 풍경	생활 경험담	진도군 임회면 고정리 매정마을	박용자 (여, 1939년생)	589_MONA_20170417_MJR_ PYJ_002
썩은 보리밥 먹기	생활 경험담	진도군 임회면 고정리 매정마을	이상덕 (여, 1934년생)	589_MONA_20170417_MJR_ PYJ_001
특이한 이름 석자	생활 경험담	진도군 임회면 고정리 매정마을	강보단 (여, 1938년생)	589_MONA_20170417_MJR_ KBD_001
젊은 노인회장의 포부	생활 경험담	진도군 임회면 고정리 매정마을	박재순 (여, 1938년생)	589_MONA_20170417_MJR_ PJS_001
굴포 바다에 침몰한 중국 배	생활 경험담	진도군 임회면 굴포리 남선마을	강진간 (남, 1939년생)	589_MONA_20170609_NSR_ KJG_004
뼈에 좋다는 명약 산골빠	생활 경험담	진도군 임회면 굴포리 남선마을	김상례 (남, 1936년생)	589_MONA_20170630_NSR_ KSR_001
안방까지 바닷물이 들었던 사라호 태풍	생활 경험담	진도군 임회면 봉상리 봉상마을	윤춘엽 (여, 1947년생)	589_MONA_20170422_BSR_ YCY_002
전깃불 단 것처럼 훤하네	생활 경험담	진도군 임회면 봉상리 봉상마을	윤춘엽 (여, 1947년생)	589_FOTA_20170422_BSR_ YCY_006
죽어서도 자식 생각하는 어머니	생활 경험담	진도군 임회면 봉상리 봉상마을	윤춘엽 (여, 1947년생)	589_FOTA-20170422_BSR_ YCY_007
초상집에서 며칠을 먹고 살던 풍경	생활 경험담	진도군 임회면 삼막리 하미마을	하영호 (남, 1945년생)	589_FOTA_20170612_HMR_ HYH_002
하미골에 있었던 세 개의 사창(社倉)	생활 경험담	진도군 임회면 삼막리 하미마을	하영호 (남, 1945년생)	589_FOTA_20170612_HMR_ HYH_003
하미에 살던 단골들	생활 경험담	진도군 임회면 삼막리 하미마을	하영호 (남, 1945년생)	589_FOTA_20170612_HMR_ HYH_007
시아버지의 며느리 훈육	생활 경험담	진도군 임회면 석교리 구분실마을	주광현 (남, 1945년생)	589_FOTA_20170424_GBSR_ JKH_003
의술과 인술의 산실 구분실 약국	생활 경험담	진도군 임회면 석교리 구분실마을	주광현 (남, 1945년생)	589_FOTA_20170424_GBSR_ JKH_004
산감 몰래 나무하기	생활 경험담	진도군 임회면 죽림리 강계마을	소진덕 (여, 1929년생)	589_MONA_20170415_KKR_ SJD_003
달리기 선수로 활약한 어린 시절	생활 경험담	진도군 임회면 죽림리 강계마을	소진덕 (여, 1929년생)	589_MONA_20170415_KKR_ SJD_005
옹기배가 많이 들어온 옹구막	생활 경험담	진도군 임회면 죽림리 강계마을	소진덕 (여, 1929년생)	589_FOTA_20170415_KKR_ SJD_002
뜨고, 널고, 띠고 한겨울 뜸발하기	생활 경험담	진도군 임회면 죽림리 강계마을	소진덕 (여, 1929년생)	589_MONA_20170415_KKR_ SJD_006
꿩과 노루 사냥	생활 경험담	진도군 임회면 죽림리 동헌마을	윤홍기 (남, 1951년생)	589_MONA_20170916_DHR_ YHG_004

설화제목	유형	조사마을	제보자	조사코드
보리밥으로 연명했던 살림살이	생활 경험담	진도군 임회면 죽림리 죽림마을	이송금 (여·1931년생)	589_MONA_20170613_JRR_LSK_001
배고픈 시절 매생이밥과 톳밥	생활 경험담	진도군 임회면 죽림리 죽림마을	이송금 (여·1931년생)	589_MONA_20170613_JRR_LSK_002
맞칠 사람, 고칠 사람 하면 나	생활 경험담	진도군 임회면 죽림리 죽림마을	이송금 (여·1931년생)	589_MONA_20170613_JRR_LSK_003
죽림 앞 갯벌에서의 조개잡이	생활 경험담	진도군 임회면 죽림리 죽림마을	이천심 (여, 1931년생)	589_FOTA_20170613_JRR_LCS_002
풀 캐고 나무하기	생활 경험담	진도군 임회면 죽림리 죽림마을	이천심 (여, 1931년생)	589_FOTA_20170613_JRR_LCS_003
우리는 즐거운 할머니 3인조	생활 경험담	진도군 임회면 죽림리 죽림마을	차화자 (여, 1936년생)	589_MONA_20170613_JRR_CHJ_001
일 많고 식구 많은 짭짤한 시집살이	생활 경험담	진도군 임회면 죽림리 죽림마을	차화자 (여, 1936년생)	589_MONA_20170613_JRR_CHJ_002
어렵게 낸 탑립마을 진입로	생활 경험담	진도군 임회면 죽림리 탑립마을	소두영 (여, 1941년생)	589_MONA_20170415_TRR_SDY_001
통발 놓아 문어잡기	생활 경험담	진도군 임회면 죽림리 탑립마을	소두영 (여, 1941년생)	589_MONA_20170415_TRR_SDY_002
최초로 전기가 들어온 탑립마을	생활 경험담	진도군 임회면 죽림리 탑립마을	소두영 (여, 1941년생)	589_MONA_20170415_TRR_SDY_003
주민 배고픔을 달래준 저수지 공사	생활 경험담	진도군 의신면 거룡리 사정마을	박석규 (남, 1946년생)	589_MONA_20170611_SJR_PSG_001
보리밭에 거름 내기	생활 경험담	진도군 의신면 금갑리 금갑마을	강용언 (남, 1946년생)	589_MONA_20170413_KKR_KYY_001
밤 뱃놀이를 즐긴 마을 청년들	생활 경험담	진도군 의신면 금갑리 금갑마을	강용언 (남, 1947년생)	589_MONA_20170413_KKR_KYY_002
두말없이 믿어준 친구 덕에 곱게 살아	생활 경험담	진도군 의신면 금갑리 금갑마을	곽남심 (여, 1932년생)	589_MONA_20170413_KKR_KNS_001
해남윤씨 가문 내력과 족보 편찬	생활 경험담	진도군 의신면 금갑리 금갑마을	윤주빈 (남, 1941년생)	589_MONA_20170613_KKR_YJB_004
처음으로 장에 가서 파래 팔던 날	생활 경험담	진도군 의신면 금갑리 금갑마을	이만심 (여, 1941년생)	589_MONA_20170413_KKR_LMS_001
고장이 잦아서 애태웠던 보리 타작기	생활 경험담	진도군 의신면 금갑리 금갑마을	이만심 (여, 1941년생)	589_MONA_20170413_KKR_LMS_002
지금은 반찬 한두 가지로 혼자 하는 식사	생활 경험담	진도군 의신면 금갑리 금갑마을	이만심 (여, 1941년생)	589_MONA_20170413_KKR_LMS_003
죽기 전에 한번이라도 보고싶은 아들	생활 경험담	진도군 의신면 금갑리 금갑마을	이만심 (여, 1941년생)	589_MONA_20170413_KKR_LMS_004
누우면 별이 보인 집 천장	생활 경험담	진도군 의신면 금갑리 금갑마을	조용자 (여, 1939년생)	589_MONA_20170413_KKR_JYJ_001
맨발로 울면서 도망간 두 손녀	생활 경험담	진도군 의신면 사천리 사하마을	김명자 (여, 1963년생)	589_MONA_20170827_SHR_KMJ_003
태풍에 터져버린 둑을 막기 위해 밀가루를 버리다	생활 경험담	진도군 의신면 옥대리 정지마을	김삼순 (남, 1943년생)	589_FOTA_20170623_JUR_KSS_002
배고팠던 시절의 닭서리	생활 경험담	진도군 의신면 초사리 초중마을	박동판 (남 1947년생)	589_MONA_20170720_CJR_PDP_001
마을회관을 새로 건립하기까지	생활 경험담	진도군 지산면 거제리 거제마을	박 청 (남, 1940년생)	589_MONA_20170828_GJR_PC_002
흉년에 말을 잡아먹다	생활 경험담	진도군 지산면 관마리 관마마을	윤영웅 (남, 1940년생)	589_FOTA_20170816_GMR_YYU_002

설화제목	유형	조사마을	제보자	조사코드
10대 시절의 힘들었던 객지생활	생활경험담	진도군 지산면 보전리 갈두마을	안장진 (남, 1944년생)	589_MONA_20170918_GDR_AJJ_001
주경야독(晝耕夜讀)의 길을 찾다	생활경험담	진도군 지산면 보전리 갈두마을	안장진 (남, 1944년생)	589_MONA_20170918_GDR_AJJ_002
수심이 적합한 양식장을 찾기까지	생활경험담	진도군 지산면 보전리 갈두마을	안장진 (남, 1944년생)	589_MONA_20170918_GDR_AJJ_003
어머니의 손끝에서 나왔던 무명옷	생활경험담	진도군 지산면 보전리 상보전마을	김민제 (남, 1939년생)	589_MONA_20170824_SBJR_KMJ_001
배고픈 그 시절에 먹었던 음식	생활경험담	진도군 지산면 보전리 상보전마을	김민제 (남, 1939년생)	589_MONA_20170824_SBJR_KMJ_002
젊은 시절 힘겹게 보냈던 서울생활	생활경험담	진도군 지산면 보전리 상보전마을	김민제 (남, 1939년생)	589_MONA_20170824_SBJR_KMJ_003
불타는 학구열	생활경험담	진도군 지산면 보전리 상보전마을	김민제 (남, 1939년생)	589_MONA_20170824_SBJR_KMJ_004
서남해 최초의 전복 양식	생활경험담	진도군 지산면 보전리 하보전마을	허 재 (남, 1946년생)	589MONA_20170624_HBJR_HJ_002
황복어 양식을 성공시킨 비결	생활경험담	진도군 지산면 보전리 하보전마을	허 재 (남, 1946년생)	589_MONA_20170624_HBJR_HJ_003
인공호흡으로 죽은 아이를 살리다	생활경험담	진도군 지산면 보전리 하보전마을	허 재 (남, 1946년생)	589_MONA_20170624_HBJR_HJ_005
서양화가로서의 꿈	생활경험담	진도군 지산면 보전리 하보전마을	허 재 (남, 1946년생)	589_MONA_20170624_HBJR_HJ_006
소포마을 사람들의 대흥포 간척 공사	생활경험담	진도군 지산면 소포리 소포마을	김덕춘 (남, 1931년생)	589_MONA_20170725_SPR_KDC_001
갯벌을 농토로 만들었으나	생활경험담	진도군 지산면 심동리 하심동마을	허경환 (남, 1949년생)	589_MONA_20170824_HSDR_HKH_001
풍파에 가족을 구해준 형제	생활경험담	진도군 지산면 인지리 독치마을	김봉의 (남, 1939년생)	589_FOTA_20170816_DCR_KBU_002
임방울이 소리하고 임상권이 줄타기 한 진도의 포장극단	생활경험담	진도군 진도읍 교동리 북상마을	박종민 (남, 1925년생)	589_MONA_20170418_BSR_PJM_001
일제강점기 진도읍에 있었던 명월관과 제진관	생활경험담	진도군 진도읍 교동리 북상마을	박종민 (남, 1925년생)	589_MONA_20170418_BSR_PJM_002
해방 되갖고 진도에 극장이 생겼제	생활경험담	진도군 진도읍 교동리 북상마을	박종민 (남, 1925년생)	589_MONA_20170418_BSR_PJM_003
야외 영사기로 나이롱극장을 시작하다	생활경험담	진도군 진도읍 교동리 북상마을	박종민 (남, 1925년생)	589_MONA_20170418_BSR_PJM_004
35미리 필름 기계 들여오려고 논도 다 팔았어	생활경험담	진도군 진도읍 교동리 북상마을	박종민 (남, 1925년생)	589_MONA_20170418_BSR_PJM_005
변사에 따라 손님이 더 들고, 덜 들고	생활경험담	진도군 진도읍 교동리 북상마을	박종민 (남, 1925년생)	589_MONA_20170418_BSR_PJM_006
유성영화도 소리 꺼불고 변사가 해	생활경험담	진도군 진도읍 교동리 북상마을	박종민 (남, 1925년생)	589_MONA_20170418_BSR_PJM_007
소구루마에 실린 가설극장	생활경험담	진도군 진도읍 교동리 북상마을	박종민 (남, 1925년생)	589_MONA_20170418_BSR_PJM_008
여러 섬에서 열린 가설극장	생활경험담	진도군 진도읍 교동리 북상마을	박종민 (남, 1925년생)	589_MONA_20170418_BSR_PJM_009
곡성영화의 시작을 열다	생활경험담	진도군 진도읍 교동리 북상마을	박종민 (남, 1925년생)	589_MONA_20170418_BSR_PJM_010
천안 성환읍에서 극장을 열다	생활경험담	진도군 진도읍 교동리 북상마을	박종민 (남, 1925년생)	589_MONA_20170418_BSR_PJM_011

설화제목	유형	조사마을	제보자	조사코드
성환극장 운영에 도움 준 고향 후배들	생활 경험담	진도군 진도읍 교동리 북상마을	박종민 (남, 1925년생)	589_MONA_20170418_BSR_PJM_012
뒤집힌 해남환에서 살아나온 이야기	생활 경험담	진도군 진도읍 교동리 북상마을	박종민 (남, 1925년생)	589_MONA_20170418_BSR_PJM_013
시제 모시는데 나락이 일곱 가마니	생활 경험담	진도군 진도읍 교동리 북상마을	박종민 (남, 1925년생)	589_MONA_20170418_BSR_PJM_014
홍갑수 안채봉 주연으로 명창대회를 붙였어	생활 경험담	진도군 진도읍 교동리 북상마을	박종민 (남, 1925년생)	589_MONA_20170418_BSR_PJM_023
시골돈하고 서울돈하고 틀려	생활 경험담	진도군 진도읍 교동리 북상마을	박종민 (남, 1925년생)	589_MONA_20170418_BSR_PJM_028
씻김굿 하고 뇌졸증 나았어	생활 경험담	진도군 진도읍 교동리 북상마을	박종민 (남, 1925년생)	589_FOTA_20170418_BSR_PJM_006
육백 평은 아홉마지기	생활 경험담	진도군 진도읍 교동리 북상마을	박종민 (남, 1925년생)	589_MONA_20170418_BSR_PJM_0038
바다는 해경, 육지는 경찰 소관	생활 경험담	진도군 진도읍 북상리 30번지 조규식 자택	조규식 (남, 1951년생)	589_MONA_20170609_BSR_JGS_002
임금님께 진상했다는 명품 진도김	생활 경험담	진도군 진도읍 성북길 12	차상행 (남, 1948년생)	589_MONA_20171110_BSR_CSH_001
한국에서 제일가는 진도 미역	생활 경험담	진도군 진도읍 성북길 12	차상행 (남, 1948년생)	589_MONA_20171110_BSR_CSH_002
진도 육로 교통 문제 해결	생활 경험담	진도군 진도읍 남동리 남동마을	김원홍 (남, 1939년생)	589_MONA_20171012_NDR_KWH_001
진도의 해상교통 발전	생활 경험담	진도군 진도읍 남동리 남동마을	김원홍 (남, 1939년생)	589_MONA_20171012_NDR_KWH_002
육로 수송 장려	생활 경험담	진도군 진도읍 남동리 남동마을	김원홍 (남, 1939년생)	589_MONA_20171012_NDR_KWH_003
진도 숙박시설 변천	생활 경험담	진도군 진도읍 남동리 남동마을	김원홍 (남, 1939년생)	589_MONA_20171012_NDR_KWH_004
이틀이면 뚝딱 짓는 외막	생활 경험담	진도군 진도읍 동외리 동외마을	서순창 (남, 1935년생)	589_MONA_20170420_DWR_SSC_002
외 종자 받아 외 재배하기	생활 경험담	진도군 진도읍 동외리 동외마을	서순창 (남, 1935년생)	589_MONA_20170420_DWR_SSC_003
장터에서 외 파는 외첨지	생활 경험담	진도군 진도읍 동외리 동외마을	서순창 (남, 1935년생)	589_MONA_20170420_DWR_SSC_004
논 갈아주고 갈이삯 받기	생활 경험담	진도군 진도읍 동외리 동외마을	서순창 (남, 1935년생)	589_MONA_20170420_DWR_SSC_005
소구루마로 장마다 한 바퀴	생활 경험담	진도군 진도읍 동외리 동외마을	서순창 (남, 1935년생)	589_MONA_20170420_DWR_SSC_006
소도 구루마도 돈 들여야 좋다	생활 경험담	진도군 진도읍 동외리 동외마을	서순창 (남, 1935년생)	589_MONA_20170420_DWR_SSC_007
왕무덤재에서 생긴 소구루마 사고	생활 경험담	진도군 진도읍 동외리 동외마을	서순창 (남, 1935년생)	589_MONA_20170420_DWR_SSC_008
70년대 문화원 순회공연 역사	생활 경험담	진도군 진도읍 동외리 동외마을	박병원 (남,1945년생) 김길록 (남,1953년생)	589_MONA_20170904_DWR_KGR, PBW_001
한복에 삼신 신고 미국 간 젊은이들	생활 경험담	진도군 진도읍 성내리 성동마을	조재언 (남, 1925년생)	589_MONA_20170505_SDR_JJE_001
세계박람회에 출품한 진도 육날삼신	생활 경험담	진도군 진도읍 성내리 성동마을	조재언 (남, 1925년생)	589_MONA_20170505_SDR_JJE_002

설화제목	유형	조사마을	제보자	조사코드
짚신 수출로 돈을 번 이천	생활 경험담	진도군 진도읍 성내리 성동마을	조재언 (남, 1925년생)	589_MONA_20170505_SDR_ JJE_003
짚신틀을 잘 보존한 며느리	생활 경험담	진도군 진도읍 성내리 성동마을	조재언 (남, 1925년생)	589_MONA_20170505_SDR_ JJE_004
짚신 엮는 틀 도투마리	생활 경험담	진도군 진도읍 성내리 성동마을	조재언 (남, 1925년생)	589_MONA_20170505_SDR_ JJE_005
공부하고 싶어 불효자가 되다	생활 경험담	진도군 진도읍 성내리 성동마을	조재언 (남, 1925년생)	589_MONA_20170505_SDR_ JJE_006
바람 방향으로 잡아낸 그림 의 오류	생활 경험담	진도군 진도읍 성내리 성동마을	조재언 (남, 1925년생)	589_MONA_20170505_SDR_ JJE_007
택시회사 경영부터 지금까지	생활 경험담	진도군 진도읍 쌍정리 두정마을	김덕수 (남, 1942년생)	589_MONA_20170918_DJR_ KDS_001
목탄차 운행기	생활 경험담	진도군 진도읍 쌍정리 두정마을	김덕수 (남, 1942년생)	589_MONA_20170918_DJR_ KDS_002
자식들만 위한다고 토라진 남편	생활 경험담	진도군 진도읍 쌍정리 통정마을	이행자 (여, 1942년생)	589_MONA_20170918_TJR_ LHJ_002
이사갔으니 동네사람들의 기득권을 인정해야제	생활 경험담	진도군 진도읍 쌍정리 통정마을	이행자 (여, 1942년생)	589_MONA_20170918_TJR_ LHJ_003
사둔 신뢰 때문에 가출하지 못한 사연	생활 경험담	진도군 진도읍 쌍정리 통정마을	이행자 (여, 1942년생)	589_MONA_20170918_TJR_ LHJ_004
진돗개 찾으려다 잃어버린 대학등록금	생활 경험담	진도군 진도읍 쌍정리 통정마을	이행자 (여, 1942년생)	589_MONA_20170918_TJR_ LHJ_006

소담

설화제목	유형	조사마을	제보자	조사코드
서마장자, 우마장자만 찾는 당골네	소담	진도군 임회면 봉상리 봉상마을	윤춘엽 (여, 1947년생)	589_MONA-20170422_BSR_ YCY_003
행암네 하남씨 해창 다녀오기	소담	진도군 임회면 봉상리 봉상마을	하영순 (남, 1945년생)	589_FOTA-20170424_BSR_ HYS_001
수탉도 내일 조도 가려나 보다	소담	진도군 임회면 용호리 호구동마을	김환산 (남, 1939년생)	589_FOTA_20170526_HGDR_ KHS_004
술 동우 감추기	소담	진도군 임회면 죽림리 강계마을	소진덕 (여, 1929년생)	589_MONA_20170415_KKR_ SJD_002
부인들을 속여서 술을 훔쳐 먹은 술꾼들	소담	진도군 의신면 만길리 도목마을	이춘홍 (남, 1940년생)	589_MONA_20170717_DMR_ LCH_003
자네가 참게, 박보! 이름이 뭔가, 박보!	소담	진도군 의신면 사천리 사하마을	김명자 (여, 1963년생)	589_MONA_20170827_SHR_ KMJ_006
꾀를 내도 죽을 꾀를 내다	소담	진도군 진도읍 포산리 포구마을	박상림 (남, 1935년생)	589_FOTA_20171024_PGR_ PSL_003
비가 와도 달리지 않는 양반	소담	진도군 진도읍 포산리 포구마을	박상림 (남, 1935년생)	589_FOTA_20171024_PGR_ PSL_004
밀주 단속을 피한 주인마님의 재치	소담	진도군 고군면 지수리 지수마을	김서규 (남, 1937년생)	589_MONA_20170423_JSR_ KSG_003

인생담

설화제목	유형	조사마을	제보자	조사코드
석현리 김해김씨들과의 묘역 갈등	인생담	진도군 고군면 도평리 도론마을	이영목 (남, 1945년생)	589_FOTA_20170703_DRR_LYM_004
인민재판에서 목사님을 살려준 책 도둑	인생담	진도군 의신면 금갑리 금갑마을	윤주빈 (남, 1940년생)	589_MONA_20170613_KKR_YJB_003
지랄병하는 신랑에게 시집가서 잘살고 있는 신부	인생담	진도군 의신면 만길리 원두마을	박주민 (남, 1940년생)	589_MONA_20170717_WDR_PJM_003
술에 취해 도둑으로 몰린 할아버지	인생담	진도군 의신면 사천리 사하마을	김명자 (여, 1963년생)	589_MONA_20170827_SHR_KMJ_001
천수 만수 구만수 백년 원수 내 원수	인생담	진도군 의신면 사천리 사하마을	김명자 (여, 1963년생)	589_MONA_20170827_SHR_KMJ_002
걱정했던 월계가 말년이 제일 좋다	인생담	진도군 진도읍 쌍정리 통정마을	이행자 (여, 1942년생)	589_MONA_20170918_TJR_LHJ_001

지명담

설화제목	유형	조사마을	제보자	조사코드
땅이름에 담긴 조상의 선견지명	지명담	진도군 군내면 나리 신기마을(무조마을)	김성조 (남, 1956년생)	589_FOTA_20170419_MJR_KSJ_001
잃어버린 고향, 광대도	지명담	진도군 군내면 나리 신기마을(무조마을)	김성조 (남, 1956년생)	589_MONA_20170419_MJR_KSJ_003
새가 춤추는 형국인 무조마을	지명담	진도군 군내면 나리 신기마을(무조마을)	김성조 (남, 1956년생)	589_FOTA_20170419_MJR_KSJ_001
위험한 울돌목 물살	지명담	진도군 군내면 녹진리 녹진마을	김성산 (남, 1938년생)	589_MONA_20170628_NJR_KSS_001
담배농사가 적격인 녹진	지명담	진도군 군내면 녹진리 녹진마을	김효종 (남, 1949년생)	589_MONA_20170526_NJR_KHJ_003
대꾸지라 불렸던 대사마을	지명담	진도군 군내면 녹진리 대사마을	문종욱 (남, 1948년생)	589_FOTA_20170717_DSR_MJW_001
금골산에서 떨어지면 살고 독굴산에서 떨어지면 죽고	지명담	진도군 군내면 녹진리 대사마을	문종욱 (남, 1948년생)	589_FOTA_20170717_DSR_MJW_003
조상들의 선견지명을 큰 들이 된 대야리	지명담	진도군 군내면 녹진리 대야마을	박병림 (남, 1950년생)	589_FOTA_20170624_DYR_PBR_001
벽파 앞에 멈춰버린 감부도	지명담	진도군 군내면 녹진리 대야마을	박병림 (남, 1950년생)	589_FOTA_20170624_DYR_PBR_002
오빠를 부르는 도깨비 불치	지명담	진도군 군내면 녹진리 대야마을	박병림 (남, 1950년생)	589_FOTA_20170624_DYR_PBR_003
어제바위와 피섬의 유래	지명담	진도군 군내면 녹진리 만금마을	고만술 (남, 1940년생)	589_FOTA_20170603_MGR_GMS_001
원님이 다니던 길	지명담	진도군 군내면 녹진리 만금마을	고만술 (남, 1940년생)	589_FOTA_20170603_MGR_GMS_002
도깨비가 자주 출몰하는 광재	지명담	진도군 군내면 녹진리 만금마을	고만술 (남, 1940년생)	589_FOTA_20170603_MGR_GMS_003
고래가 지나가던 녹진 앞바다	지명담	진도군 군내면 녹진리 만금마을	김종식 (남, 1940년생)	589_FOTA_20170528_MGR_KJS_002
며느리의 한이 서린 가심재	지명담	진도군 군내면 덕병리 덕병마을	이상문 (남, 1942년생)	589_FOTA_20170518_DBR_LSM_001

설화제목	유형	조사마을	제보자	조사코드
호랑이산보다 기세등등한 덕병사람들	지명담	진도군 군내면 덕병리 덕병마을	이상문 (남, 1942년생)	589_FOTA_20170518_DBR_LSM_004
학처럼 깨끗한 한의 사람들	지명담	진도군 군내면 덕병리 한의마을	김재근 (남, 1928년생)	589_FOTA_20170624_HYR_KJG_001
흔적뿐인 마가패마을	지명담	진도군 군내면 덕병리 한의마을	김재근 (남, 1928년생)	589_FOTA_20170624_HYR_KJG_002
너무나 아까운 동서샘	지명담	진도군 군내면 덕병리 한의마을	김재근 (남, 1928년생)	589_FOTA_20170624_HYR_KJG_003
발 담구고 놀던 시원한 도구통샘	지명담	진도군 군내면 덕병리 한의마을	김수자 (여, 1953년생)	589_FOTA_20170624_HYR_KSJ_002
연안차씨와 방귀등	지명담	진도군 군내면 둔전리 둔전마을	박세종 (남, 1938년생)	589_FOTA_20170528_DJR_PSJ_001
둔전리 팔경	지명담	진도군 군내면 둔전리 둔전마을	박세종 (남, 1938년생)	589_FOTA_20170528_DJR_PSJ_002
해은사와 용샘 그리고 조새바우	지명담	진도군 군내면 둔전리 둔전마을	박세종 (남, 1938년생)	589_FOTA_20170528_DJR_PSJ_003
뒤롱이묘와 금골산 유래	지명담	진도군 군내면 둔전리 둔전마을	박세종 (남, 1938년생)	589_FOTA_20170528_DJR_PSJ_005
세골함에서 안농까지 해원바닥	지명담	진도군 군내면 둔전리 둔전마을	박세종 (남, 1938년생)	589_FOTA_20170528_DJR_PSJ_006
금골마을과 안농의 유래	지명담	진도군 군내면 둔전리 둔전마을	박세종 (남, 1938년생)	589_FOTA_20170528_DJR_PSJ_007
진도의 백두대간 금골산	지명담	진도군 군내면 분토리 외동산마을	박규배 (남, 1936년생)	589_FOTA_20170424_YDSR_PGB_001
크게 번성했던 상가마을	지명담	진도군 군내면 송산리 상가마을	양상훈 (남, 1934년생)	589_FOTA_20170603_SGR_YSH_001
울둘목까지 연결된 동밖굴	지명담	진도군 군내면 송산리 상가마을	양상훈 (남, 1934년생)	589_FOTA_20170603_SGR_YSH_002
서쪽을 막기 위한 선바우독과 제방둑	지명담	진도군 군내면 송산리 송산마을	조재홍 (남, 1942년생)	589_FOTA_20170603_SSR_JJH_004
걸어가다 멈추어버린 지심매산	지명담	진도군 군내면 용장리 용장마을	곽재설 (남, 1943년생)	589_FOTA_20170413_YJR_KJS_001
바위 속에 보물창고가 있는 맘바등바위	지명담	진도군 군내면 용장리 용장마을	곽재설 (남, 1943년생)	589_FOTA_20170413_YJR_KJS_004
아흔아홉 골짜기 물이 모이는 정자리	지명담	진도군 군내면 정자리 정자마을	강남철 (남, 1955년생)	589_FOTA_20170518_JJR_KNC_001
물이 마르지 않는 망산 십샘	지명담	진도군 군내면 정자리 정자마을	김진일 (남, 1950년생)	589_FOTA_20170518_JJR_KJI_003
오동메산과 금골산 사이 살막재	지명담	진도군 군내면 정자리 정자마을	박옥준 (남, 1939년생)	589_FOTA_20170518_JJR_POJ_001
옛 지명에 담긴 조상님들의 선견지명	지명담	진도군 군내면 죽전리 죽전마을	이승희 (남, 1935년생)	589_FOTA_20170418_JJR_LSH_001
자연물로 유일무이한 수림석	지명담	진도군 군내면 죽전리 죽전마을	이승희 (남, 1935년생)	589_MONA_20170418_JJR_LSH_003
중국에는 장가계 진도에는 안가계	지명담	진도군 고군면 가계리 가계마을	허광무 (남, 1946년생)	589_FOTA_20170506_GGR_HGM_001
붉은 뱀의 혈자리에서 유래한 단사골	지명담	진도군 고군면 고성리 오일시마을	곽채술 (남, 1930년생)	589_FOTA_20170521_OISR_KCS_001
고성성터와 성안 샘	지명담	진도군 고군면 고성리 오일시마을	곽채술 (남, 1931년생)	589_FOTA_20170521_OISR_KCS_002

설화제목	유형	조사마을	제보자	조사코드
건너 마을의 남근바위	지명담	진도군 고군면 고성리 오일시마을	곽채술 (남, 1932년생)	589_FOTA_20170521_OISR_KCS_003
용꼬리 흠집이 있는 용담바위	지명담	진도군 고군면 금계리 금호도마을	양재복 (남, 1947년생)	589_FOTA_20170426_GHDR_YJB_001
낭골 굴바위와 통하는 마을 앞굴	지명담	진도군 고군면 금계리 금호도마을	양재복 (남, 1947년생)	589_FOTA_20170426_GHDR_YJB_005
묵재 정민익 선생이 세운 서당 관해정	지명담	진도군 고군면 금계리 금호도마을	양재복 (남, 1947년생)	589_FOTA_20170426_GHDR_YJB_007
방죽골 밑 저수지	지명담	진도군 고군면 금계리 회동마을	용홍태 (남, 1932년생)	589_MONA_20170507_HDR_YHT_001
중을 제물로 삼은 임선포와 걸어가다 멈춘 선모산	지명담	진도군 고군면 내산리 내동마을	고용범 (남, 1934년생)	589_FOTA_20170420_NDR_GYB_002
생이바우 천장에 새겨진 한시	지명담	진도군 고군면 내산리 내동마을	고용범 (남, 1934년생)	589_FOTA_20170420_NDR_GYB_003
왜군들의 시신을 매장한 왜덕산과 왜병골짜기	지명담	진도군 고군면 내산리 마산마을	이정국 (남, 1949년생)	589_FOTA_20170526_MSR_LJK_001
황조마을의 유래	지명담	진도군 고군면 내산리 황조마을	조윤환 (남, 1962년생)	589_FOTA_20170705_HJR_JYH_001
방아 찧는 소리가 들리는 방애꾸미	지명담	진도군 고군면 내산리 황조마을	조윤환 (남, 1962년생)	589_FOTA_20170705_HJR_JYH_002
소나무와 동백나무 숲이 우거졌던 황조마을	지명담	진도군 고군면 내산리 황조마을	조윤환 (남, 1962년생)	589_FOTA_20170705_HJR_JYH_003
물이 빠져 멀어진 선창	지명담	진도군 고군면 내산리 황조마을	조윤환 (남, 1962년생)	589_MONA_20170705_HJR_JYH_001
도룡뇽 형국의 도론리	지명담	진도군 고군면 도평리 도론마을	이영목 (남, 1945년생)	589_FOTA_20170703_DRR_LYM_001
도론리에서 발굴된 고려자기	지명담	진도군 고군면 도평리 도론마을	이영목 (남, 1945년생)	589_FOTA_20170703_DRR_LYM_003
원님이 행차하고 들어오는 길	지명담	진도군 고군면 도평리 도론마을	이영목 (남, 1945년생)	589_FOTA_20170703_DRR_LYM_006
소맥분 팔아 만든 제2방조제	지명담	진도군 고군면 벽파리 벽파마을	박영준 (남, 1927년생)	589_MONA_20170505_BPR_PYJ_001
솥뚜껑으로 시험한 오누이고랑	지명담	진도군 고군면 석현리 사동마을	박석환 (남, 1937년생)	589_FOTA_20170424_SDR_PSH_001
금날산에서 파지 못한 금	지명담	진도군 고군면 원포리 원포마을	임경웅 (남, 1942년생)	589_FOTA_20170422_WFR_LKY_002
자연산 석화와 뻘낙지가 유명한 원포마을	지명담	진도군 고군면 원포리 원포마을	임경웅 (남, 1942년생)	589_FOTA_20170422_WFR_LKY_003
노적봉 쌓아 배로 실어나른 원포선착장	지명담	진도군 고군면 원포리 원포마을	임경웅 (남, 1942년생)	589_FOTA_20170422_WFR_LKY_004
제주와 추자의 고깃배도 모여들던 원포선착장	지명담	진도군 고군면 원포리 원포마을	임경웅 (남, 1942년생)	589_FOTA_20170422_WFR_LKY_005
노루 사냥터로 이름난 노루목	지명담	진도군 고군면 원포리 원포마을	임경웅 (남, 1942년생)	589_FOTA_20170422_WFR_LKY_006
물이 흘러 미끄러운 지막리 기름바위	지명담	진도군 고군면 지막리 지막마을	조병재 (남, 1947년생)	589_FOTA_20170503_JMR_JBJ_001
땅이 비옥한 지막마을 들녘	지명담	진도군 고군면 지막리 지막마을	조병재 (남, 1947년생)	589_FOTA_20170503_JMR_JBJ_002
지막리에 있는 산과 바위들	지명담	진도군 고군면 지막리 지막마을	조병재 (남, 1947년생)	589_FOTA_20170503_JMR_JBJ_003

설화제목	유형	조사마을	제보자	조사코드
돔박골에서 하율로 불리는 유래	지명담	진도군 고군면 지수리 지수마을	김서규 (남, 1937년생)	589_FOTA_20170423_JSR_ KSG_001
나무하기 어려운 오산리 코베기산	지명담	진도군 고군면 지수리 지수마을	김서규 (남, 1937년생)	589_FOTA_20170423_JSR_ KSG_003
역사적 슬픔이 깃든 마산리 흰재	지명담	진도군 고군면 지수리 지수마을	김서규 (남, 1937년생)	589_MONA_20170423_JSR_ KSG_005
노루 잡은 개바위	지명담	진도군 고군면 지수리 지수마을	박양언 (남, 1934년생)	589_FOTA_20170411_JSR_ PYU_002
기세당당한 오메 사람들	지명담	진도군 고군면 지수리 지수마을	박양언 (남, 1934년생)	589_FOTA_20170411_JSR_ PYU_003
거북이가 알을 낳는 구자뜰	지명담	진도군 고군면 지수리 지수마을	박양언 (남, 1934년생)	589_FOTA_20170411_JSR_ PYU_004
물이 풍부한 지막리와 지수리	지명담	진도군 고군면 지수리 지수마을	박양언 (남, 1934년생)	589_FOTA_20170411_JSR_ PYU_005
세 번 이사한 향동마을	지명담	진도군 고군면 향동리 향동마을	김영일 (남, 1938년생)	589_FOTA_20170409_HDR_ KYI_002
제자들이 세운 향동리 학행비	지명담	진도군 고군면 향동리 향동마을	김영일 (남, 1938년생)	589_FOTA_20170409_HDR_ KYI_003
물이 너무 좋은 중리 큰샘	지명담	진도군 고군면 향동리 향동마을	김영일 (남, 1938년생)	589_FOTA_20170409_HDR_ KYI_004
공룡 발자국이 있는 초상재 넙적바위	지명담	진도군 고군면 향동리 향동마을	김영일 (남, 1938년생)	589_FOTA_20170409_HDR_ KYI_005
노래 부르고 넘어오는 소릿재	지명담	진도군 고군면 향동리 향동마을	김영일 (남, 1938년생)	589_FOTA_20170409_HDR_ KYI_006
향동 굴바위 추억	지명담	진도군 고군면 향동리 향동마을	박상철 (남, 1940년생)	589_FOTA_20170711_HDR_ PSC_001
원톳재를 넘다가 돌아가신 할머니	지명담	진도군 고군면 향동리 향동마을	박상철 (남, 1940년생)	589_FOTA_20170711_HDR_ PSC_002
향동마을의 5봉 5재	지명담	진도군 고군면 향동리 향동마을	박상철 (남, 1940년생)	589_FOTA_20170711_HDR_ PSC_004
향동초등학교의 유래	지명담	진도군 고군면 향동리 향동마을	박상철 (남, 1940년생)	589_MONA_20170711_HDR_ PSC_001
조리 모양의 매정리	지명담	진도군 임회면 고정리 매정마을	강보단 (여, 1939년생)	589_FOTA_20170417_MJR_ KBD_001
쩍골, 절골이었던 남선	지명담	진도군 임회면 굴포리 남선마을	강진간 (남, 1939년생)	589_FOTA_20170609_NSR_ KJG_001
원을 막아준 윤선도 공적비	지명담	진도군 임회면 굴포리 남선마을	강진간 (남, 1939년생)	589_FOTA_20170609_NSR_ KJG_005
청동기때부터 사람이 살았던 백동리	지명담	진도군 임회면 굴포리 남선마을	강진간 (남, 1939년생)	589_FOTA_20170609_NSR_ KJG_008
남선마을 인구 변화 추이	지명담	진도군 임회면 굴포리 남선마을	강진간 (남, 1939년생)	589_MONA_20170609_NSR_ KJG_002
공룡 발자국이 새겨진 시릿떡바위	지명담	진도군 임회면 굴포리 남선마을	이길삼 (남, 1937년생)	589_FOTA_20170630_NSR_ LKS_001
남선에 있는 고름장 터	지명담	진도군 임회면 굴포리 남선마을	이길삼 (남, 1937년생)	589_FOTA_20170630_NSR_ LKS_002
해지 모퉁이 돌에 새겨진 말 발자국	지명담	진도군 임회면 굴포리 남선마을	이길삼 (남, 1937년생)	589_FOTA_20170630_NSR_ LKS_003
학이 춤추는 형상의 무학재	지명담	진도군 임회면 굴포리 번답마을	박청길 (남, 1940년생)	589_FOTA_20170630_BDR_ PCG_001

설화제목	유형	조사마을	제보자	조사코드
쩍골이라고불렀던남선마을	지명담	진도군 임회면 굴포리 번답마을	박청길 (남, 1940년생)	589_FOTA_20170630_BDR_ PCG_003
달이 잘보이는 근월제 서당	지명담	진도군 임회면 굴포리 번답마을	박청길 (남, 1940년생)	589_FOTA_20170630_BDR_ PCG_004
소가 누워있는 소산들	지명담	진도군 임회면 굴포리 번답마을	박청길 (남, 1940년생)	589_FOTA_20170630_BDR_ PCG_005
동령포와 월출산 이름 속의 비밀	지명담	진도군 임회면 굴포리 번답마을	박청길 (남, 1940년생)	589_FOTA_20170630_BDR_ PCG_007
남선마을 역사를 찾기 위한 노력	지명담	진도군 임회면 굴포리 번답마을	박청길 (남, 1940년생)	589_FOTA_20170630_BDR_ PCG_008
날로 번창해간다는 번답마을 유래	지명담	진도군 임회면 굴포리 번답마을	박청길 (남, 1940년생)	589_FOTA_20170630_BDR_ PCG_010
60년 된 상미마을 역사	지명담	진도군 임회면 명슬리 상미마을	김구보 (남, 1942년생)	589_FOTA_20170918_SMR_ KGB_001
마을을 지켜주는 선바위, 호랑이 바위, 눈바위	지명담	진도군 임회면 명슬리 상미마을	김구보 (남, 1942년생)	589_FOTA_20170918_SMR_ KGB_002
전주이씨석보군파제각	지명담	진도군 임회면 봉상리 송월마을	이기정 (남, 1941년생)	589_FOTA-20170424_SWR_ LKJ_001
누구나 말에서 내려야 했던 송월리 하마석	지명담	진도군 임회면 봉상리 송월마을	이기정 (남, 1941년생)	589_FOTA_20170424_SWR_ LKJ_002
사제뜰에서 하미로 이사온 이유	지명담	진도군 임회면 삼막리 하미마을	하영호 (남, 1945년생)	589_FOTA_20170612_HMR_ HYH_004
위패 수가 가장 많은 하씨 제각	지명담	진도군 임회면 삼막리 하미마을	하영호 (남, 1945년생)	589_FOTA_20170612_HMR_ HYH_005
미륵이 떠내려가다	지명담	진도군 임회면 삼막리 하미마을	하영호 (남, 1945년생)	589_FOTA_20170612_HMR_ HYH_006
갑부가 사용한 절구통 한쌍	지명담	진도군 임회면 용호리 호구동마을	조 은 (남, 1936년생)	589_FOTA_20170526_HGDR_ JE_002
임사정(臨司亭) 지명의 유래	지명담	진도군 임회면 용호리 호구동마을	조 은 (남, 1936년생)	589_FOTA_20170526_HGDR_ JE_003
금광에서 번 돈으로 지은 100년 고택	지명담	진도군 임회면 용호리 호구동마을	조 은 (남, 1936년생)	589_FOTA_20170526_HGDR_ JE_004
팽나무 두 그루에 꽂아놓은 돌	지명담	진도군 임회면 용호리 호구동마을	김환산 (남, 1939년생)	589_FOTA_20170526_HGDR_ KHS_001
이야기로 도둑 잡은 노부부	지명담	진도군 임회면 용호리 호구동마을	김환산 (남, 1939년생)	589_FOTA_20170526_HGDR_ KHS_002
호랑이혈이라 소나무 숲을 만든 호구마을	지명담	진도군 임회면 용호리 호구동마을	김환산 (남, 1939년생)	589_FOTA_20170526_HGDR_ KHS_003
광석 초등학교 교명의 유래	지명담	진도군 임회면 용호리 호구동마을	김환산 (남, 1939년생)	589_MONA_20170526_HGDR_ KHS_001
강계 앞바다 두 개의 샘	지명담	진도군 임회면 죽림리 강계마을	최영심 (여, 1935년생)	589_FOTA_20170415_KKR_ CYS_001
바다 한 가운데 있는 갯섬	지명담	진도군 임회면 죽림리 동헌마을	윤홍기 (남, 1951년생)	589_FOTA_20170916_DHR_ YHG_002
물 반 고기 반	지명담	진도군 임회면 죽림리 동헌마을	윤홍기 (남, 1951년생)	589_MONA_20170916_DHR_ YHG_003
호랑이를 피해 죽림 성(城)터에 살던 사람들	지명담	진도군 임회면 죽림리 죽림마을	김명선 (남, 1947년생)	589_FOTA_20170817_JRR_ KMS_001
사라호 태풍에 진도까지 떠 밀려온 제주해녀	지명담	진도군 임회면 죽림리 죽림마을	김명선 (남, 1947년생)	589_MONA_20170817_JRR_ KMS_001

544

설화제목	유형	조사마을	제보자	조사코드
낭떠러지로 굴러 떨어진 죽림 흔들바위	지명담	진도군 임회면 죽림리 죽림마을	박순실 (여, 1930년생)	589_FOTA_20170415_JRR_PSS_001
젊은이들이 넘어뜨린 애기바위	지명담	진도군 임회면 죽림리 죽림마을	이길재 (남, 1938년생)	589_FOTA_20170415_JRR_LKJ_001
경치좋고 아름다운 죽림 마을자랑	지명담	진도군 임회면 죽림리 죽림마을	이송금 (여·1931년생)	589_MONA_20170613_JRR_LSK_004
6년 배움을 채워준 죽림 간이 학교	지명담	진도군 임회면 죽림리 죽림마을	이천심 (여, 1931년생)	589_MONA_20170613_JRR_LCS_001
살기좋은탑립마을	지명담	진도군 임회면 죽림리 탑립마을	소연단 (여, 1919년생)	589_MONA_20170415_TRR_SYD_001
산소에 불낸 사연	지명담	진도군 임회면 죽림리 탑립마을	윤영환 (여, 1940년생)	589_MONA_20170415_TRR_YYH_002
대학봉과 잿밭등	지명담	진도군 의신면 거룡리 사정마을	박석규 (남, 1942년생)	589_FOTA_20170611_SJR_PSG_001
씨름과 강강술래놀이터였던 백중봉	지명담	진도군 의신면 거룡리 사정마을	박석규 (남, 1943년생)	589_FOTA_20170611_SJR_PSG_002
금갑 만호가 다녔던 백봉산 만호길	지명담	진도군 의신면 거룡리 사정마을	박석규 (남, 1944년생)	589_FOTA_20170611_SJR_PSG_003
금갑진성 돌들을 굴양식에 사용하다	지명담	진도군 의신면 금갑리 금갑마을	윤주빈 (남, 1938년생)	589_MONA_20170613_KKR_YJB_001
옛날에 접도 가는 길	지명담	진도군 의신면 금갑리 금갑마을	윤주빈 (남, 1939년생)	589_MONA_20170613_KKR_YJB_002
재행(再行) 풍습으로 알게 된 금갑 마을의 유래	지명담	진도군 의신면 금갑리 금갑마을	황석옥 (남, 1931년생)	589_FOTA_20170511_KKR_HSO_001
금갑성에는 세 개의 문이 있었다	지명담	진도군 의신면 금갑리 금갑마을	황석옥 (남, 1931년생)	589_FOTA_20170511_KKR_HSO_003
무관심으로 방치된 금갑 만호 선정비	지명담	진도군 의신면 금갑리 금갑마을	황석옥 (남, 1931년생)	589_MONA_20170511_KKR_HSO_002
수군이 활을 쏘거나 사격 연습을 했던 사장등	지명담	진도군 의신면 금갑리 금갑마을	황석옥 (남, 1931년생)	589_FOTA_20170511_KKR_HSO_004
물맛이 아주 좋았던 만호 전용 샘	지명담	진도군 의신면 금갑리 금갑마을	황석옥 (남, 1931년생)	589_FOTA_20170511_KKR_HSO_005
낮에는 연기로, 밤에는 불빛으로 연대산 연대봉	지명담	진도군 의신면 금갑리 금갑마을	황석옥 (남, 1931년생)	589_FOTA_20170511_KKR_HSO_006
마을을 옮기게 한 송장바위	지명담	진도군 의신면 금갑리 금갑마을	황석옥 (남, 1931년생)	589_FOTA_20170511_KKR_HSO_007
금갑리에 여러 성씨가 모여 사는 이유	지명담	진도군 의신면 금갑리 금갑마을	황석옥 (남, 1931년생)	589_MONA_20170511_KKR_HSO_003
학동들이 뽑은 주량팔경	지명담	진도군 의신면 돈지리 돈지마을	박현재 (남, 1945년생)	589_MONA_20170704_DJR_PHJ_001
첨찰산에서 발원하여 길게 흐르는 의신천	지명담	진도군 의신면 돈지리 돈지마을	박현재 (남, 1945년생)	589_FOTA_20170704_DJR_PHJ_001
쇠목돌이에서 헤엄치기	지명담	진도군 의신면 돈지리 돈지마을	박현재 (남, 1945년생)	589_MONA_20170704_DJR_PHJ_002
떼무덤과 평지 들녘에 목화를 심다	지명담	진도군 의신면 돈지리 돈지마을	박현재 (남, 1945년생)	589_MONA_20170704_DJR_PHJ_003
격세지감이 느껴지는 감지평 들녘	지명담	진도군 의신면 돈지리 돈지마을	박현재 (남, 1945년생)	589_MONA_20170704_DJR_PHJ_004
감지평 들녘의 젖줄이었던 참샘	지명담	진도군 의신면 돈지리 돈지마을	박현재 (남, 1945년생)	589_FOTA_20170704_DJR_PHJ_005

설화제목	유형	조사마을	제보자	조사코드
송씨들의 자자유촌 초사리 초상마을	지명담	진도군 의신면 돈지리 돈지마을	박현재 (남, 1945년생)	589_FOTA_20170704_DJR_ PHJ_006
쌍계사 절고랑의 벼락바위	지명담	진도군 의신면 사천리 사상마을	박정석 (남, 1948년생)	589_MONA_20170411_SSR_ PJS_001
엎힌바위가 인장바위로 불리게 된 사연	지명담	진도군 의신면 사천리 사상마을	박정석 (남, 1948년생)	589_FOTA_20170411_SSR_ PJS_001
병풍 친 것 같은 평평바위	지명담	진도군 의신면 사천리 사상마을	박정석 (남, 1948년생)	589_FOTA_20170411_SSR_ PJS_003
동외리 서당 화재사건	지명담	진도군 의신면 사천리 사하마을	김명자 (여, 1963년생)	589_MONA_20170827_SHR_ KMJ_005
기와를 구웠던 잣굴	지명담	진도군 의신면 사천리 사하마을	박옥길 (남, 1942년생)	589_FOTA_20170606_SHR_ POG_001
시어머니에게 구박 받은 각시의 한이 서린 각시둠벙	지명담	진도군 의신면 사천리 사하마을	차철웅 (남, 1954년생)	589_FOTA_20170716_SHR_ CCW_002
운림산방을 복원하기까지	지명담	진도군 의신면 사천리 사하마을	차철웅 (남, 1954년생)	589_MONA_20170716_SHR_ CCW_001
동산이 구슬처럼 이어진 연주리	지명담	진도군 의신면 연주리 연주마을	조권준 (남, 1952년생)	589_FOTA_20170508_YJR_ JGJ_001
부유하고 기세등등했던 연주리	지명담	진도군 의신면 연주리 응덕마을	박복용 (남, 1936년생)	589_FOTA_20170518_EDR_ PBY_001
넙덕골 덕사동이 응덕마을로 된 이유	지명담	진도군 의신면 연주리 응덕마을	박복용 (남, 1936년생)	589_FOTA_20170518_EDR_ PBY_002
돔바위에서 돔을 낚시하다	지명담	진도군 의신면 연주리 응덕마을	박복용 (남, 1936년생)	589_FOTA_20170518_EDR_ PBY_004
누에머리와 정지머리 이야기	지명담	진도군 의신면 옥대리 정지마을	김삼순 (남, 1943년생)	589_FOTA_20170623_JUR_ KSS_001
의신면 마을 변천사	지명담	진도군 의신면 옥대리 중리마을	김영식 (남, 1936년생)	589_FOTA_20170509_JR_ KYS_001
짱배미에서 공치기를 하며 화합하던 풍습	지명담	진도군 의신면 옥대리 중리마을	김영식 (남, 1936년생)	589_MONA_20170509_JR_ KYS_001
마음을 곱게 쓰지 않아서 망한 구룡머리	지명담	진도군 의신면 옥대리 청용마을	박종성 (남, 1936년생)	589_FOTA_20170502_CYR_ PJS_003
경지정리로 사라져버린 사불계샘	지명담	진도군 의신면 창포리 가단마을	김신수 (남, 1950년생)	589_FOTA_20170521_GDR_ KSS_001
행귀샘의 물이 나오지 않은 사연	지명담	진도군 의신면 창포리 가단마을	김신수 (남, 1951년생)	589_FOTA_20170521_GDR_ KSS_002
대덕산의 여러 명칭	지명담	진도군 의신면 창포리 가단마을	김신수 (남, 1952년생)	589_FOTA_20170521_GDR_ KSS_003
음양의 형상을 띤 논배미	지명담	진도군 의신면 창포리 가단마을	김신수 (남, 1953년생)	589_FOTA_20170521_GDR_ KSS_004
유휴각(裕休閣)안에 세워진 철비(鐵碑)	지명담	진도군 의신면 칠전리 칠전마을	조규일 (남, 1937년생)	589_FOTA_20170823_CJR_ CGI_001
유서 깊은 서당 노암재(露巖祭)	지명담	진도군 의신면 칠전리 칠전마을	조규일 (남, 1939년생)	589_FOTA_20170823_CJR_ CGI_003
칠전 마을의 유래담	지명담	진도군 의신면 칠전리 칠전마을	조규일 (남, 1941년생)	589_FOTA_20170823_CJR_ CGI_005
읍내서 뺨 맞고 꿀재에서 눈 감춘다	지명담	진도군 의신면 칠전리 칠전마을	조규일 (남, 1942년생)	589_FOTA_20170823_CJR_ CGI_006
진도의물물교환칠전장터	지명담	진도군 의신면 칠전리 칠전마을	조규일 (남, 1943년생)	589_FOTA_20170823_CJR_ CGI_007

설화제목	유형	조사마을	제보자	조사코드
영산마을에 터를 일군 송씨들의 돌 떡판	지명담	진도군 의신면 침계리 영산마을	박행집 (남, 1942년생)	589_FOTA_20170504_YSR_ PHJ_001
쌀이 나온 광전굴	지명담	진도군 의신면 침계리 영산마을	박행집 (남, 1942년생)	589_FOTA_20170504_YSR_ PHJ_002
장수들이 돈치기 하던 장수바위	지명담	진도군 의신면 침계리 영산마을	박행집 (남, 1942년생)	589_FOTA_20170504_YSR_ PHJ_003
웃 영매 아랫 영매	지명담	진도군 의신면 침계리 영산마을	박행집 (남, 1942년생)	589_FOTA_20170504_YSR_ PHJ_004
매생이바위와 매생이둠벙	지명담	진도군 의신면 침계리 침계마을	조상인 (남, 1943년생)	589_MONA_20170502_CGR_ JSI_003
송군마을 언덕에서 한라산을 보다	지명담	진도군 의신면 초사리 송군마을	김종대 (남, 1939년생)	589_FOTA_20170508_SGR_ KJD_001
진도에서 맨 처음 사람이 살기 시작한 군포	지명담	진도군 의신면 초사리 송군마을	김종대 (남, 1939년생)	589_FOTA_20170508_SGR_ KJD_002
수십 척의 배들이 모여들었던 송군 앞바다	지명담	진도군 의신면 초사리 송군마을	김종대 (남, 1939년생)	589_FOTA_20170508_SGR_ KJD_003
부자들이 많은 초상마을	지명담	진도군 의신면 초사리 초상마을	박동양 (남, 1939년생)	589_FOTA_20170502_CSR_ PDY_003
마을로 굴러 내려온 충제봉의 바위	지명담	진도군 의신면 초사리 초중마을	박동판 (남 1947년생)	589_FOTA_20170720_CJR_ PDP_001
송장 닮은 바위가 있는 무서운 넘언들	지명담	진도군 의신면 초사리 초중마을	박동판 (남 1947년생)	589_FOTA_20170720_CJR_ PDP_002
단합이 잘 되는 칠전마을	지명담	진도군 의신면 초사리 초중마을	박동판 (남 1947년생)	589_MONA_20170720_CJR_ PDP_002
옛날 교통의 요지 꿀재	지명담	진도군 의신면 초사리 초중마을	박동판 (남 1947년생)	589_FOTA_20170720_CJR_ PDP_004
문둥이 골창, 진골	지명담	진도군 의신면 초사리 초중마을	박동판 (남 1947년생)	589_FOTA_20170720_CJR_ PDP_005
300년 된 학계 철비	지명담	진도군 의신면 초사리 초중마을	박동판 (남 1947년생)	589_FOTA_20170720_CJR_ PDP_006
초사리 해안가 기미마을	지명담	진도군 의신면 초사리 초하마을	신주생 (남, 1939년생)	589_FOTA_20170502_CHR_ SHS_002
샛금의 유래	지명담	진도군 의신면 초사리 초하마을	신주생 (남, 1939년생)	589_FOTA_20170502_CHR_ SHS_003
병사가 주둔했던 군포	지명담	진도군 의신면 초사리 초하마을	신주생 (남, 1939년생)	589_FOTA_20170502_CHR_ SHS_004
제주 말을 풀었던 몰막기미	지명담	진도군 의신면 초사리 초하마을	신주생 (남, 1939년생)	589_FOTA_20170502_CHR_ SHS_005
나란히 앉아있는 형제바위	지명담	진도군 지산면 거제리 거제마을	박 청 (남, 1940년생)	589_FOTA_20170828_GJR_ PC_001
마을에서 관리하는 동구 밖 하산	지명담	진도군 지산면 거제리 거제마을	박 청 (남, 1940년생)	589_FOTA_20170828_GJR_ PC_003
마을의 운세를 막는 망매산	지명담	진도군 지산면 거제리 거제마을	박 청 (남, 1940년생)	589_FOTA_20170828_GJR_ PC_004
이가네 벌안과 박가네 벌안	지명담	진도군 지산면 거제리 거제마을	박 청 (남, 1940년생)	589_MONA_20170828_GJR_ PC_001
갯포를 막아야 얻어진다는 거제 예명	지명담	진도군 지산면 거제리 거제마을	박 청 (남, 1940년생)	589_FOTA_20170828_GJR_ PC_005
아이 갖기를 빌었던 남근바위	지명담	진도군 지산면 관마리 관마마을	윤영웅 (남, 1940년생)	589_FOTA_20170816_GMR_ YYU_003

설화제목	유형	조사마을	제보자	조사코드
관매창이 관마리로 바뀐 이유	지명담	진도군 지산면 관마리 관마마을	윤영웅 (남, 1940년생)	589_FOTA_20170817_GMR_ YYU_004
삼별초 지씨와 노수신이 유배 왔던 거제	지명담	진도군 지산면 길은리 용동마을	박양수 (남, 1945년생)	589_FOTA_20170715_YDR_ PYS_004
용동리와 지도리를 잇는 이슨바우	지명담	진도군 지산면 길은리 용동마을	박양수 (남, 1945년생)	589_FOTA_20170715_YDR_ PYS_006
등등매 잔등과 어둠골 잔등	지명담	진도군 지산면 보전리 상보전마을	김민제 (남, 1939년생)	589_FOTA_20170824_SBJR_ KMJ_001
마을을 지켜주는 두 개의 검은 돌	지명담	진도군 지산면 소포리 소포마을	김덕춘 (남, 1931년생)	589_FOTA_20170725_SPR_ KDC_001
소포유래비와 들독	지명담	진도군 지산면 소포리 소포마을	김덕춘 (남, 1931년생)	589_MONA_20170725_SPR_ KDC_003
간척공사 이전의 소포마을	지명담	진도군 지산면 소포리 소포마을	김덕춘 (남, 1931년생)	589_FOTA_20170725_SPR_ KDC_004
웃심동이 망한 이유	지명담	진도군 지산면 심동리 하심동마을	허경환 (남, 1949년생)	589_FOTA_20170824_HSDR_ HKH_001
목 잘린 목섬	지명담	진도군 지산면 심동리 하심동마을	허경환 (남, 1949년생)	589_FOTA_20170824_HSDR_ HKH_004
죽은 총각을 묻은 성재 잔등	지명담	진도군 지산면 심동리 하심동마을	허경환 (남, 1949년생)	589_FOTA_20170824_HSDR_ HKH_005
동석산의 쌀 나오는 구멍	지명담	진도군 지산면 인지리 독치마을	김봉의 (남, 1939년생)	589_FOTA_20170816_DCR_ KBU_004
용샘에 도구통을 넣으면 우수영 울돌목에서 솟구친다고	지명담	진도군 진도읍 교동리 북상마을	박종민 (남, 1925년생)	589_FOTA_20170418_BSR_ PJM_003
철마산에서 나온 철마들	지명담	진도군 진도읍 교동리 북상마을	박종민 (남, 1925년생)	589_FOTA_20170418_BSR_ PJM_004
북상리가 원래 오씨촌이었다고 그래	지명담	진도군 진도읍 교동리 북상마을	박종민 (남, 1925년생)	589_FOTA_20170418_BSR_ PJM_005
물 좋고 마르지 않는 북상리 마을샘	지명담	진도군 진도읍 교동리 북상마을	박종민 (남, 1925년생)	589_FOTA_20170418_BSR_ PJM_0015
시신이 밀려온 시시밤골과 생꼭	지명담	진도군 진도읍 북상리 30번지 조규식 자택	조규식 (남, 1951년생)	589_FOTA_20170609_BSR_ JGS_001
새끼미, 매실리까지 포함하는 왜덕산	지명담	진도군 진도읍 북상리 30번지 조규식 자택	조규식 (남, 1951년생)	589_FOTA_20170609_BSR_ JGS_002
많은 성씨가 모여 사는 하율	지명담	진도군 진도읍 북상리 30번지 조규식 자택	조규식 (남, 1951년생)	589_FOTA_20170609_BSR_ JGS_003
석장 근처에는 유물이 꼭 있어	지명담	진도군 진도읍 북상리 30번지 조규식 자택	조규식 (남, 1951년생)	589_FOTA_20170609_BSR_ JGS_004
여우샘 때문에 하율로 이사한 사람들	지명담	진도군 진도읍 북상리 30번지 조규식 자택	조규식 (남, 1951년생)	589_FOTA_20170609_BSR_ JGS_005
제2의 홍콩이라고 불린 섬등포 꽃게 파시	지명담	진도군 진도읍 진도향교길 37-7	김복용 (남, 1947년생)	589_MONA_20171110_SYR_ KBY_001
상강 무렵에 열린 서거차 삼치 파시	지명담	진도군 진도읍 진도향교길 37-7	김복용 (남, 1947년생)	589_MONA_20171110_SYR_ KBY_002
남도만호가 하미실 하씨에게 병풍 선물한 사연	지명담	진도군 진도읍 남동리 남동마을	박병훈 (남, 1936년생)	589_FOTA_20170420_NDR_ PBH_002
진도읍 최초의 동외리 서당	지명담	진도군 진도읍 포산리 포구마을	박상림 (남, 1935년생)	589_FOTA_20171024_PGR_ PSL_001
흔적이 남아있는 성터와 성 뜰	지명담	진도군 진도읍 포산리 포구마을	박상림 (남, 1935년생)	589_FOTA_20171024_PGR_ PSL_002

풍속담

설화제목	유형	조사마을	제보자	조사코드
석불에서 나이만큼 뛰어내리기	풍속담	진도군 임회면 상만리 상만마을	이계진 (남, 1932년생)	589_FOTA_20170511_SMR_LKJ_003
다시 세운 장승	풍속담	진도군 군내면 덕병리 덕병마을	이상문 (남, 1942년생)	589_MONA_20170518_DBR_LSM_001
돌장승에 소 피 뿌리는 액막이	풍속담	진도군 군내면 덕병리 덕병마을	이상문 (남, 1942년생)	589_FOTA_20170518_DBR_LSM_002
삼별초 군사들의 원혼과 돌장승	풍속담	진도군 군내면 덕병리 덕병마을	이상문 (남, 1942년생)	589_FOTA_20170518_DBR_LSM_003
지금은 사라져버린 물레방아	풍속담	진도군 군내면 분토리 한사마을	박성배 (남, 1938년생)	589_MONA_20170603_HSR_PSB_001
송산과 상만은 진도 문헌방	풍속담	진도군 군내면 송산리 송산마을	조재홍 (남, 1942년생)	589_FOTA_20170603_SSR_JJH_001
정성을 다해 모셨던 송산마을의 별신제	풍속담	진도군 군내면 송산리 송산마을	조재홍 (남, 1942년생)	589_FOTA_20170603_SSR_JJH_002
세등마을의 미륵제와 별신제	풍속담	진도군 군내면 세등리 세등마을	곽재복 (남, 1940년생)	589_FOTA_20170606_SDR_KJB_001
지바구산에서 정성을 다해 모시는 충제	풍속담	진도군 군내면 정자리 정자마을	강남철 (남, 1955년생)	589_FOTA_20170518_JJR_KNC_002
개웅 물흐름기로 고을의 길흉을 점치다	풍속담	진도군 고군면 가계리 가계마을	허광무 (남, 1946년생)	589_FOTA_20170506_GGR_HGM_002
금호도 숲속 암반 위에서 모시는 당제	풍속담	진도군 고군면 금계리 금호도마을	양재복 (남, 1947년생)	589_FOTA_20170426_GHDR_YJB_002
범벅과 설 음식 나눠먹기	풍속담	진도군 고군면 금계리 금호도마을	양재복 (남, 1947년생)	589_FOTA_20170426_GHDR_YJB_003
나무 위에 아이를 업혀놓는 장례 풍습	풍속담	진도군 고군면 금계리 금호도마을	양재복 (남, 1947년생)	589_FOTA_20170426_GHDR_YJB_004
잎을 피워 비를 점치는 팽나무	풍속담	진도군 고군면 금계리 회동마을	용홍심 (여, 1928년생)	589_FOTA_20170507_HDR_YHS_001
바닷물이 갈라지는 칫등	풍속담	진도군 고군면 금계리 회동마을	용홍태 (남, 1932년생)	589_FOTA_20170507_HDR_YHT_001
허씨문중 시제는 온동네 잔칫날	풍속담	진도군 고군면 원포리 원포마을	임경웅 (남, 1942년생)	589_FOTA_20170422_WFR_LKY_007
정월 대보름 당심애굴 통과하기	풍속담	진도군 고군면 원포리 원포마을	임경웅 (남, 1942년생)	589_FOTA_20170422_WFR_LKY_008
머슴들과 나무하며 부른 짓봉산 타령	풍속담	진도군 고군면 지막리 지막마을	박석근 (남, 1933년생)	589_MONA_20170409_JMR_PSG_003
친정나들이에 동생과 주고받은 산타령	풍속담	진도군 고군면 지막리 지막마을	박석근 (남, 1933년생)	589_MONA_20170409_JMR_PSG_004
음력 시월에 모시는 산제	풍속담	진도군 조도면 가사도리 가사도마을	문형주 (남, 1938년생)	589_FOTA_20171009_GSDR_MHJ_003
지금은 사라진 씻김굿	풍속담	진도군 조도면 가사도리 가사도마을	문형주 (남, 1938년생)	589_FOTA_20171009_GSDR_MHJ_001
화장말고 상여로 해라	풍속담	진도군 조도면 가사도리 가사도마을	문형주 (남, 1938년생)	589_MONA_20171009_GSDR_MHJ_007
초분을 하는 이유	풍속담	진도군 조도면 가사도리 가사도마을	문형주 (남, 1938년생)	589_FOTA_20171009_GSDR_MHJ_005
정월 대보름 놀이의 추억	풍속담	진도군 임회면 고정리 매정마을	이화자 (여, 1938년생)	589_MONA_20170417_MJR_PJS_001

설화제목	유형	조사마을	제보자	조사코드
참나무등에 있던 독담벌	풍속담	진도군 임회면 굴포리 남선마을	강진간 (남, 1939년생)	589_FOTA_20170609_NSR_ KJG_007
망자가 단 가마 상여와 상여집	풍속담	진도군 임회면 삼막리 하미마을	하영호 (남, 1945년생)	589_FOTA_20170612_HMR_ HYH_001
마을의 안녕과 풍년을 기원하는 거러지 제사	풍속담	진도군 임회면 삼막리 하미마을	하영호 (남, 1945년생)	589_FOTA_20170612_HMR_ HYH_009
죽은 아이를 장사지내는 아장목	풍속담	진도군 임회면 상만리 상만마을	이계진 (남, 1932년생)	589_FOTA_20170511_SMR_ LKJ_006
구술샘에서 불 피우는 기우제	풍속담	진도군 임회면 죽림리 죽림마을	이천심 (여, 1931년생)	589_FOTA_20170613_JRR_ LCS_001
말 타고 장가 가던 시절	풍속담	진도군 임회면 죽림리 탑립마을	윤영환 (여, 1940년생)	589_MONA_20170415_TRR_ YYH_001
충제(蟲祭)가 없어진 이유	풍속담	진도군 의신면 거룡리 사정마을	박석규 (남, 1945년생)	589_FOTA_20170611_SJR_ PSG_004
진도의 상여소리가 전 세계로	풍속담	진도군 의신면 돈지리 돈지마을	조오환 (남, 1949년생)	589_MONA_20170913_DJR_ JOH_001
어머니의 구성진 엿타령	풍속담	진도군 의신면 돈지리 돈지마을	조오환 (남, 1949년생)	589_MONA_20170913_DJR_ JOH_002
한 집안의 엿타령 역사	풍속담	진도군 의신면 돈지리 돈지마을	조오환 (남, 1949년생)	589_MONA_20170913_DJR_ JOH_003
지금은 사라진 청용 농악	풍속담	진도군 의신면 돈지리 돈지마을	조오환 (남, 1949년생)	589_MONA_20170913_DJR_ JOH_004
지극정성으로 제사를 모시는 할아버지의 태도	풍속담	진도군 의신면 돈지리 향교마을	강송대 (여, 1941년생)	589_MONA_20170624_HGR_ KSD_002
강성봉에 모여서 충제를 지내다	풍속담	진도군 의신면 옥대리 중리마을	김영식 (남, 1936년생)	589_FOTA_20170509_JR_ KYS_002
자손없는 걸인들을 위한 마을 제사	풍속담	진도군 의신면 옥대리 중리마을	김영식 (남, 1936년생)	589_FOTA_20170509_JR_ KYS_003
유골을 잘 묻어준 포크레인 기사	풍속담	진도군 의신면 옥대리 청용마을	박종성 (남, 1939년생)	589_MONA_20170502_CYR_ PJS_001
정월대보름 팽돌이 세우기	풍속담	진도군 의신면 초사리 초중마을	김광철 (남, 1956년생)	589_FOTA_20170811_CJR_ KGC_001
가물면 뫼 파고 산에 불 피고	풍속담	진도군 진도읍 교동리 북상마을	박종민 (남, 1925년생)	589_FOTA_20170418_BSR_ PJM_001
애기가 죽으면 동우에 넣어 묻었어	풍속담	진도군 진도읍 교동리 북상마을	박종민 (남, 1925년생)	589_FOTA_20170418_BSR_ PJM_007
죽은 딸을 신작로 가운데다 묻은 서외리 사람	풍속담	진도군 진도읍 교동리 북상마을	박종민 (남, 1925년생)	589_FOTA_20170418_BSR_ PJM_008
바닷가로 밀려온 시신에 대한 대처	풍속담	진도군 진도읍 북상리 30번지 조규식 자택	조규식 (남, 1951년생)	589_MONA_20170609_BSR_ JGS_001
매실리 자갈밭 옆 묘지	풍속담	진도군 진도읍 북상리 30번지 조규식 자택	조규식 (남, 1951년생)	589_MONA_20170609_BSR_ JGS_004
제각을 복원하고 다시 모신 당산제	풍속담	진도군 진도읍 북상리 30번지 조규식 자택	조규식 (남, 1951년생)	589_FOTA_20170609_BSR_ JGS_006
그믐날 열두 시 넘으면 제를 모신다	풍속담	진도군 진도읍 북상리 30번지 조규식 자택	조규식 (남, 1951년생)	589_FOTA_20170609_BSR_ JGS_007
강강술래 가사의 유래	풍속담	진도군 진도읍 남동리 남동마을	박병훈 (남, 1936년생)	589_FOTA_20170420_NDR_ PBH_001
상여를 함께 떠매던 성동리 상조계	풍속담	진도군 진도읍 성내리 성동마을	조재언 (남, 1925년생)	589_FOTA_20170505_SDR_ JJE_001

설화제목	유형	조사마을	제보자	조사코드
귀하디 귀한 상여 조립자	풍속담	진도군 진도읍 성내리 성동마을	조재언 (남, 1925년생)	589_FOTA_20170505_SDR_JJE_002
동네 창고에 썩어가는 북, 장구	풍속담	진도군 진도읍 성내리 성동마을	조재언 (남, 1925년생)	589_FOTA_20170505_SDR_JJE_003
술을 맛있게 담그는 법	풍속담	진도군 진도읍 성내리 성동마을	허춘심 (여, 1941년생)	589_MONA_20171009_SDR_HCS_001
홍주와 박문주	풍속담	진도군 진도읍 쌍정리 두정마을	이평은 (남, 1936년생)	589_FOTA_20171009_SJR_LPE_001
박문주 제조법	풍속담	진도군 진도읍 쌍정리 두정마을	김덕수 (남, 1942년생)	589_FOTA_20170918_DJR_KDS_001
삼과 짚으로 엮는 짚신	풍속담	진도군 진도읍 쌍정리 두정마을	김덕수 (남, 1942년생)	589_FOTA_20170918_DJR_KDS_002
짚신 만드는 삼 손질법	풍속담	진도군 진도읍 쌍정리 두정마을	김덕수 (남, 1942년생)	589_FOTA_20170918_DJR_KDS_003
청등으로 만든 산태미	풍속담	진도군 진도읍 쌍정리 두정마을	김덕수 (남, 1942년생)	589_FOTA_20170918_DJR_KDS_004
무명베를 잘 짠 누님	풍속담	진도군 진도읍 쌍정리 두정마을	김덕수 (남, 1942년생)	589_FOTA_20170918_DJR_KDS_005
선산에 위패로 모신 아버지	풍속담	진도군 진도읍 포산리 포구마을	박상림 (남, 1935년생)	589_FOTA_20171024_PGR_PSL_005
제사는 자시에 모셔야 한다	풍속담	진도군 진도읍 포산리 포구마을	박상림 (남, 1935년생)	589_FOTA_20171024_PGR_PSL_007
모조밥과 미역국을 길거리에 뿌리는 해창마을 거리제	풍속담	진도군 진도읍 해창리 해창마을	김동심 (여, 1935년생)	589_FOTA_20171028_HCR_KDS_001

풍수담

설화제목	유형	조사마을	제보자	조사코드
세등은 새가 둥지를 튼 형국	풍수담	진도군 군내면 세등리 세등마을	곽재복 (남, 1940년생)	589_FOTA_20170606_SDR_KJB_002
친정 명당자리를 차지한 입석조 할머니	풍수담	진도군 군내면 세등리 세등마을	곽재복 (남, 1940년생)	589_FOTA_20170606_SDR_KJB_003
정자리는 암소가 넓은 들녘을 품은 형국	풍수담	진도군 군내면 정자리 정자마을	김진일 (남, 1950년생)	589_FOTA_20170518_JJR_KJI_001
두 날개를 돌로 눌러놓아야 하는 학의 혈, 지막리	풍수담	진도군 고군면 지막리 지막마을	조병재 (남, 1947년생)	589_FOTA_20170503_JMR_JBJ_004
일제가 박은 오봉산 쇠말뚝	풍수담	진도군 임회면 굴포리 남선마을	강진간 (남, 1939년생)	589_FOTA_20170609_NSR_KJG_0011
어명을 받은 어사묘	풍수담	진도군 임회면 굴포리 남선마을	강진간 (남, 1939년생)	589_FOTA_20170609_NSR_KJG_0012
죽림 저수지 둑에 있는 묘	풍수담	진도군 임회면 죽림리 죽림마을	최수봉 (여, 1929년생)	589_MONA_20170415_JRR_CSB_001
말이 물을 먹는 혈, 갈마음수형	풍수담	진도군 의신면 초사리 초상마을	박동양 (남, 1939년생)	589_FOTA_20170502_CSR_PDY_001
골목에 엽전뿌리고 명당에 묘 쓰기	풍수담	진도군 의신면 초사리 초하마을	신주생 (남, 1939년생)	589_FOTA_20170502_CHR_SHS_001
용동은 여의주를 가진 용 형국	풍수담	진도군 지산면 길은리 용동마을	박양수 (남, 1945년생)	589_FOTA_20170715_YDR_PYS_001

설화제목	유형	조사마을	제보자	조사코드
음양 조화형 풍수	풍수담	진도군 지산면 길은리 용동마을	박양수 (남, 1945년생)	589_FOTA_20170715_YDR_PYS_002
지력산 명당을 찾아라	풍수담	진도군 지산면 길은리 용동마을	박양수 (남, 1945년생)	589_FOTA_20170715_YDR_PYS_003
소리마을 거문고 혈	풍수담	진도군 지산면 소포리 소포마을	김덕춘 (남, 1931년생)	589_FOTA_20170725_SPR_KDC_005
학 혈인 박좌수 묘	풍수담	진도군 지산면 심동리 하심동마을	허경환 (남, 1949년생)	589_FOTA_20170824_HSDR_HKH_003
지리학박사 지관이 내빼불었어	풍수담	진도군 진도읍 교동리 북상마을	박종민 (남, 1925년생)	589_FOTA_20170418_BSR_PJM_002
양무골 '매화락지'에 시아버지 묏을 쓰게 된 사연	풍수담	진도군 진도읍 쌍정리 통정마을	이행자 (여, 1942년생)	589_MONA_20170918_TJR_LHJ_005